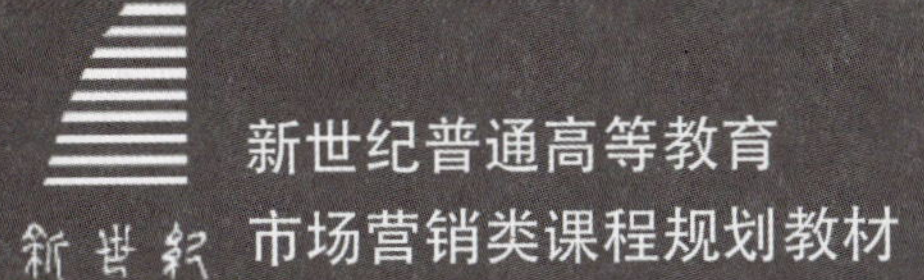

新世纪普通高等教育
市场营销类课程规划教材

渠道管理

(第三版)

QUDAO GUANLI

总主编 郭国庆
主　编 郑锐洪
杨明睿

大连理工大学出版社

图书在版编目(CIP)数据

渠道管理 / 郑锐洪，杨明睿主编. -- 3版. -- 大连：大连理工大学出版社，2021.7(2023.3重印)
新世纪普通高等教育市场营销类课程规划教材
ISBN 978-7-5685-3029-3

Ⅰ. ①渠… Ⅱ. ①郑… ②杨… Ⅲ. ①企业管理－销售管理－高等学校－教材 Ⅳ. ①F274

中国版本图书馆CIP数据核字(2021)第097444号

大连理工大学出版社出版
地址：大连市软件园路80号　邮政编码：116023
发行：0411-84708842　邮购：0411-84708943　传真：0411-84701466
E-mail：dutp@dutp.cn　URL：https://www.dutp.cn
大连永盛印业有限公司印刷　　大连理工大学出版社发行

幅面尺寸：185mm×260mm　　印张：17　　字数：384千字
2013年10月第1版　　2021年7月第3版
2023年3月第2次印刷

责任编辑：王晓历　　责任校对：李明轩
封面设计：对岸书影

ISBN 978-7-5685-3029-3　　定　价：52.80元

新世纪普通高等教育市场营销类课程规划教材编审委员会

乔　辉　武汉工程大学
申文青　广州大学松田学院
史保金　河南科技大学
孙晓红　渤海大学
陶化冶　山东工商学院
王　鹏　山东财经大学
王素梅　长江师范学院
王伟芳　北京石油化工学院
王伟娅　东北财经大学
吴国庆　河南科技学院
姚　飞　天津工业大学
伊　铭　上海商学院
于国庆　大连艺术学院
于　宁　东北财经大学
张德南　大连交通大学
赵瑞琴　河北农业大学
郑　红　北京第二外国语学院
郑锐洪　天津工业大学
朱德明　三峡大学
朱捍华　上海金融学院

前　言

《渠道管理》(第三版)是新世纪普通高等教育教材编审委员会组编的市场营销类课程规划教材之一。

在现代消费品的营销链条中,渠道是其中较复杂微妙、难以掌控又具潜在能量和张力的要素和环节。渠道作为一条主线,只有将企业的产品、品牌、服务、价格、促销以及货物、资金、人力、信息、管理等营销要素有机地串联起来,才能产生协同效应,实现顾客价值。打个比方,如果各种营销要素是一颗颗的"珍珠",渠道就是联系各个营销"珍珠"的"链子",它在企业营销组合中起到了纽带和平台的作用。

我国营销实务界有"渠道驱动"和"品牌驱动"两大流派的分野,企业可以通过渠道建设创建自己的核心竞争优势,特别是中小企业。根据营销大师菲利普·科特勒的思想,营销的根本是"顾客价值"的创造与传递,而营销渠道正是企业传递、实现顾客价值的重要途径。渠道是构成经典营销 4Ps 组合的重要环节,因为"企业要想通过产品、价格或促销战略获得持续性竞争优势已经变得越来越困难"(伯特·罗森布洛姆),而"在产品和市场竞争高度同质化的今天,唯有传播和渠道才能创造真正差异化的竞争优势"(菲利普·科特勒)。可以说,渠道日益成为企业构建竞争力的主要力量,不少企业将渠道作为无形资产来经营。党的二十大报告提出加快构建新发展格局、着力推动高质量发展是全面建设社会主义现代化国家的首要任务,在促进、推动国内国际经济大循环的进程中,企业分销渠道的规划、建设、管理、创新都将发挥重要作用。

从教学来讲,"渠道管理"属于营销专业深化拓展课程,构成整体营销理论体系的重要组成部分。鉴于渠道管理在企业营销中的重要地位,很多专科、本科和 MBA 陆续开设了该门课程。但问题是,因为渠道管理的实战性,很少有人敢于挑战这一课程,致使高校渠道管理的师资缺乏,这是影响这门课程推广的重要原因,所幸这种情况正在改观,不少职业经理人转型进入高校,"渠道管理"课程也正在各高校蓬勃兴起。

从教材来看,目前图书市场上关于渠道管理的教材总体不多,具有实用价值的就更少,因为从事渠道管理工作的职业经理人没有时间或没有理论储备去编写好的培训教材,大学教授又大多缺乏一手的渠道管理经验而找不到感觉。国外具有代表性的教材包括伯特·罗森布洛姆的《营销渠道:管理的视野》和安妮·T. 科兰等的《营销渠道》等。虽然其中渠道理论研究的文献较多,内容具有系统性、逻辑性,案例也比较丰富,印制精美,但文字有些晦涩,方法不具可操作性,案例大多是美国案例,不适合我国国情。

国内现有的渠道管理教材大多是借鉴美国学者的渠道管理理论和美国的经验,缺乏可读性和实用性。而渠道本身具有本地化、排他性的特点,面对复杂多变的中国市场环境,仅仅依靠西方的渠道理论解决中国的渠道管理问题是不够的,但要编写一本具有本土化特征的应用型渠道管理教材也不是一件易事,它对编著者的理论水平和实践经验提出了挑战。只有既具有企业渠道管理经验又具有营销专业的理论功底,才可能把渠道管理问题说清楚,才能给读者以有效的理论指导和策略方法的指引,否则只是隔靴搔痒。所幸编者曾在企业做了八年的营销经理，对渠道管理有着丰富的经验和深刻的感悟，再加上在高校讲授“渠道管理”课程多年，为本教材的编写提供了强有力的理论基础和实践经验的保证。

本教材定位为本科及研究生层次的应用型教材，编写的时候是以企业渠道管理的“实际工作过程”为逻辑展开的。本教材本着“渠道价值链”的思想，从渠道概述、渠道战略模式、渠道设计、渠道成员选择、渠道激励、渠道控制、渠道冲突、渠道维护、渠道评估与创新的演进逻辑诠释渠道管理的真谛。值得一提的是，本教材创新性地设计了“渠道维护”一章以及诸多前沿专题内容，特别讨论了深度分销与渠道扁平化、直销与传销、渠道的“逆向重构”、渠道的“助销模式”、渠道战略联盟、中国经销商转型以及电子渠道、新媒体渠道等前沿渠道主题，其中很多章节都是原创内容，是编者多年企业渠道管理经验的结晶，具有很强的可操作性和宝贵的实用价值，特别适合高等院校市场营销专业以及经济类、工商管理类相关专业本科生、研究生学习使用，也是企业营销经理人不可多得的枕边工具书和管理培训教材。

为了奉献一本学生易学、教师好教的应用型教材，编者特别注重渠道理论的创新性以及方法策略的操作性，注重理论与实践的贴近，注重方法策略向管理技能的转化。本教材站在制造商的角度谈渠道建设与管理，考虑代表性及其理论高度，同时突出渠道管理的策略与方法。本教材体现出以下显著特征：

1. 突出体系完整性

本教材遵循渠道“认知→战略→设计→建设→激励→控制→冲突→维护→评估→创新”的逻辑思路设计内容，构成渠道管理循序渐进的知识模块和能力模块，符合企业营销渠道管理的实践逻辑，便于学生学习和理解掌握。

2. 讲究理论可读性

本教材在编写过程中尽量避免使用晦涩的语言和冗长的语句表达含混的思想，而是力求深入浅出，文字流畅，用简明扼要的语言准确传达渠道管理的策略与方法要领，同时补充渠道管理的前沿知识以提高可读性。

3. 追求案例本土化

渠道管理具有很强的本土化特征，因此，本教材在编写过程中大多使用本国企业的案例、新近的案例、我们身边的案例以及编者经历的案例，以增强案例的贴切性与说服力。

4. 力争方法实用性

本教材特别重视充实操作策略与方法部分的内容，其中不少的策略与方法，比如寻找客户的“反向追踪法”，客情关系管理的“距离感原则”，应收账款的“过程控制”“窜货及其治理方略”等，都是编者多年实践经验的总结。

事实上，渠道的功能在于解决产品或服务的有效分销以及消费者购买（消费）的便利性问题，这既是一个企业经营问题，更是一个社会民生问题，而渠道的建设与完善担负着创建中国特色的商品流通体系以及及时、有效地满足人民群众美好生活需要的重任。为此，本教材进行了思政视角的思考，融入了习近平新时代中国特色社会主义思想以及二十大报告精神。

本教材配套微课、电子教案、课件、大纲、习题及答案。本教材推出视频微课及知识拓展链接，学生可即时扫描二维码进行观看与阅读，真正实现教材的数字化、信息化、立体化。本教材立求增强学生学习的自主性与自由性，将课堂教学与课下学习紧密结合，力图为广大读者提供更为全面且多样化的教材配套服务。

本教材由天津工业大学郑锐洪和大连工业大学杨明睿任主编。具体编写分工如下：郑锐洪编写第一章至第八章，杨明睿编写第九章。本教材在呈给我国知名营销学者、中国人民大学商学院郭国庆教授审阅时得到充分肯定："内容充实，形式新颖，很有特色。"寥寥数语的简单评价，给编者充分的肯定与莫大的鼓舞。

在编写本教材的过程中，编者参考、引用和改编了国内外出版物中的相关资料以及网络资源，在此表示深深的谢意！相关著作权人看到本教材后，请与出版社联系，出版社将按照相关法律的规定支付稿酬。

限于水平，书中仍有疏漏和不妥之处，敬请专家和读者批评指正，以使教材日臻完善。

编　者

2023 年 3 月

所有意见和建议请发往：dutpbk@163.com
欢迎访问高教数字化服务平台：https://www.dutp.cn/hep/
联系电话：0411-84708445　84708462

第一篇　渠道认知

第二篇　渠道建设

第三篇　渠道管理

第四篇　渠道创新

附图　本教材基于企业渠道管理“实际工作过程”的知识结构

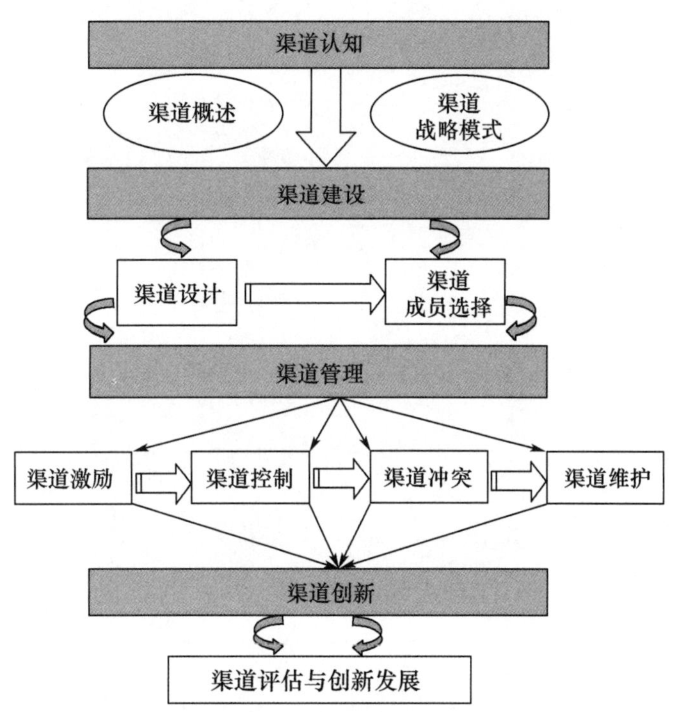

第一篇

渠道认知

营销的本质在于创造顾客价值和传递顾客价值，企业通过渠道“传递产品或服务价值，实现顾客价值（菲利普·科特勒）”。渠道运行具有内在规律性，渠道如水，顺势而为。

本篇共分为两章：

- 第一章　渠道概述
- 第二章　渠道战略模式

第一章 渠道概述

学习目标

了解分销渠道

知识目标

- 理解渠道的内涵界定
- 了解渠道的功能与特点
- 了解渠道的地位与作用
- 认识深度分销与渠道扁平化

能力目标

- 掌握渠道的系统构成与运作流程
- 学会区分分销渠道与营销渠道
- 把握我国渠道管理领域的新变化

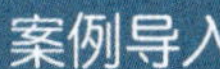

格力与小米10亿赌约的背后

2013年年末，央视年度人物颁奖晚会上，雷军戏言小米5年内营业额超过格力，如果超过的话，雷军希望董明珠能赔偿自己一元钱。董明珠也不甘示弱，回应称如果要赌就赌10个亿，这就是所谓的“10亿赌约”。作为拥有互联网基因的小米PK实体制造的扛把子格力，两家相争，一时吸引了不少群众的关注度。董明珠在2018中国企业领袖年会期间接受采访时就表示：跟雷军的赌局已经基本胜出。其实与雷军的赌局本身并没有什么意义，两者不具可比性。因为格力是做实体经济的，而小米是做互联网的，属于轻资产。

当很多人还在纠结小米是“互联网模式”，格力属于“实体制造业模式”的时候，2017年4月8日，小米之家北京世贸天阶店开业，小米集团吹响了进军顶级商圈的号角。2017年年中，小米集团创始人、董事长兼CEO雷军曾宣布将在未来3年开1 000家店。2017年11月5日，全球首个小米之家旗舰店落户深圳万象天地，这是小米新零售探索之路上的新里程碑，全新的视觉设计加上黑科技荟萃的体验交互展示了小米在探索新零售道路上的不断突破。小米武汉旗舰店在武汉楚河汉街盛大开业，这是继小米之家深圳旗舰店、小米之家南京旗舰店后第三家小米之家旗舰店，也是全国第500家小米之家。

在2018年9月19日成都召开的小米集团新零售招标大会上，小米集团宣布：将在全国开放小米零售体系，并将于年底前全面覆盖优质商圈，给更多的"米粉"带去更丰富的产品体验和更优质的体验式消费服务。同时，阿里的盒马鲜生、京东的京东之家都在线下发力频频开店，互联网企业大有从地上转入地下之势。

看了上面的消息，大家觉得还有必要争论互联网和实体哪个才是王者吗？新商业专家、共响圈创始人陈涧辉先生推崇：新商业时代，没有体验就没有未来。新商业经济的一大特点就是：体验消费。以小米为代表的新零售企业以"互联网基因＋爆品战略"为品牌服务核心，劲爆助力企业适应新零售形势下的体验消费的互动需求。相信有更多的新零售品牌不断加入这个行列，探索适合信息经济发展的全新模式。

（资料来源：作者根据网络资料编写）

【问题思考】 实体企业与互联网企业谁才是未来的赢家？

第一节　渠道的内涵界定

一、渠道的概念

在汉语中，"渠道"二字原意为"沟渠、河道"，即"在河、湖或水库等周围开挖的水道，用来引水排灌"。对于企业的销售工作而言，渠道的寓意很明确，首先就是要有"河、湖或水库"（源源不断的产品），其次就是需要"开挖水道"（建设渠道网络），目的是"引水排灌"（实现销售和满足需求）。我们用"渠道"来描述商品流通的现象，认为商品从制造商到消费者的流通过程中，自然地形成了商品分销的轨迹，即商品流通的渠道。

本教材采用美国市场营销协会（AMA）关于渠道的定义：渠道又叫分销渠道、营销渠道，是指参与商品所有权转移或商品买卖交易活动的中间商所组成的统一体。

渠道还可以更加通俗地定义为：企业赖以将其产品或服务有效销售出去的所有中间环节或过程，即该企业的分销渠道。因此，渠道也被称为"销售通路""流通渠道""营销渠道"，它是企业分销活动的载体。

渠道的起点是制造商（厂家），终点是消费者（个人或组织），中间商（分销商）包括经销商、批发商、代理商、零售商、经纪人等，它们共同构成了商品分销的链条（Chain），即分销链。需要说明的是，本教材中制造商与厂家、中间商与分销商经常在同一意义上使用。企业的分销渠道可直接可间接，可长可短，可宽可窄，视具体企业、具体商品的情况而定。不同层级的消费品分销渠道如图1-1所示。

渠道的概念可以从制造商（厂家）、分销商（中间商）、消费者（顾客）和营销研究者四个视角来理解。在制造商看来，它需要集中不同的中间商，将自己生产的产品送到消费者手中，因而，通常以产品在不同渠道成员之间的流转来理解渠道。

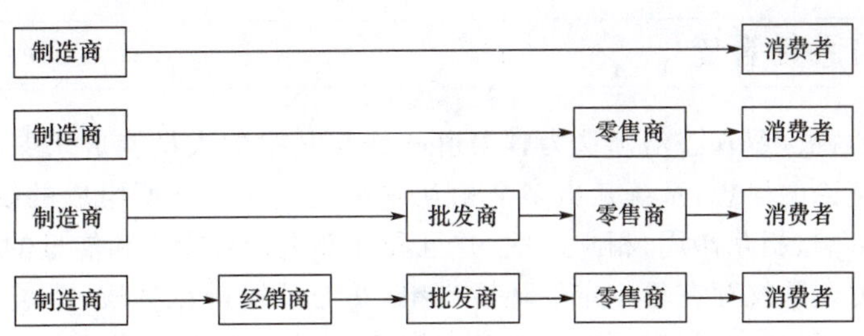

图 1-1 不同层级的消费品分销渠道

国内外学者对渠道的界定见表 1-1。

表 1-1 国内外学者对渠道的界定

作者或机构	对渠道的界定
美国市场营销协会	企业内部和外部的代理商和经销商的组织机构，通过它们的运作，商品才得以上市销售
著名的营销学家斯特恩	分销渠道是促使产品或服务顺利流通到消费者手中，被消费或使用的一整套相互依存的组织
美国学者迈克尔·R·辛科塔等	分销渠道又叫作营销渠道，是由为消费者和商业用户创造时间、地点和所有权效用的机构所构成的网络
美国学者伯特·罗森布洛姆	营销渠道是为实现分销目标而受管理控制的外部关联组织，企业通过建立渠道与消费者接触。营销渠道的本质是使消费者能够方便地在任何时间、任何地点，以任何方式购买到他们想要的产品与服务
美国学者佩尔顿	渠道是在获得、消费、处置产品和服务过程中，为了创造顾客价值而建立的各种交换关系
美国学者菲利普·科特勒	大多数生产商都要和营销中介机构打交道，以便将其产品提供给市场，营销中介机构组成了分销渠道（也称贸易渠道或营销渠道），分销渠道是促使产品或服务顺利地被使用或消费的一整套相互依存的组织
美国学者斯特恩、艾斯利、科兰等	营销渠道可以看成一系列相互独立的组织机构，它主要从事为最终的消费或使用提供产品或服务的活动。营销渠道不仅以适当的地点、价格、数量和质量来提供商品和服务以满足人们的需求，而且能通过有关单位（如零售商、批发商、企业销售部、办事处）的促销活动刺激需求。因此，我们应当把渠道看成一个和谐的网络系统，它通过提供时间、地点、销售形式、产品和服务为最终用户创造价值
中国学者李飞	分销渠道是指商品所有权从生产者或商人手中转移至消费者手中所经过的路径；营销渠道是指采购原材料和销售成品引起所有权转移所经过的路径

表 1-1 中，“分销”的概念是相对于“直销”而言的，分销体现销售的多个层次和环节，即销售的过程性。分销相对于直销还显示出目标市场的扩散效应，具有市场覆盖的优势，往往为大多消费品企业所采用。

二、渠道的系统构成

美国学者伯特·罗森布洛姆认为,“渠道和参与其中的人员构成了一个复杂、动态的系统。”根据系统论的思想,系统是由多个相互联系的个体要素所组成的统一体。系统各要素之间相互影响、相互作用、相互制约,并且和外部进行着物质和能量的交换,由此形成系统的运行动力。系统存在于一定的环境当中,并与环境进行物质、能量和信息的交换,在投入—转换—产出的过程中不断进行自我调节,以获得自身的发展。

渠道是一个自循环的系统,系统本身具有其内在的动力源泉,即渠道利益的分配,其控制机制在于渠道利益的平衡。渠道系统具有开放性、整体性、能动性的特点。

换句话说,渠道各要素、各成员之间因为利益关系而形成一个上下游紧密衔接、互动的交易整体和系统,即一条渠道“价值链”,体现出渠道作为一个系统的特征。企业的产品、服务和品牌通过在这条渠道价值链中流动实现其价值增值,顾客也在其中满足自己的需求和获得使用价值,以此达到企业的经营目标。企业渠道运作系统如图 1-2 所示。

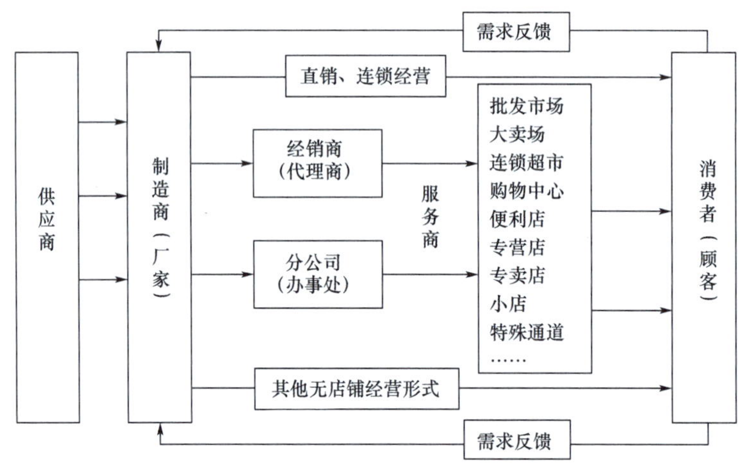

图 1-2　企业渠道运作系统

三、分销渠道与营销渠道的区别

在经典市场营销理论中,渠道处于一个非常重要的位置,它是营销 4P 策略组合的重要组成部分(表 1-2),是企业通过营销实现产品价值的重要环节。企业发展的实践证明:“能够把产品卖出去,把货款收回来才是硬道理”。怎么卖?通过什么方式卖?怎样卖才更加有效?这些都是渠道管理需要解决的问题。

表 1-2　经典市场营销理论内容

经典市场营销理论板块	核心内容
市场营销理念	营销基本概念、营销观念演进
营销环境与机会分析	营销环境、消费者行为、组织市场、市场调研
营销战略(STP)	市场细分(Segmentation)、目标市场选择(Targeting)、市场定位(Positioning)
营销 4P 策略组合	产品(Product)、价格(Price)、渠道(Place)、促销(Promotion)
营销管理与营销创新	营销管理与控制、市场营销创新

需要说明的是,在营销 4P 策略组合中,Place 原意是指实现销售的地点、区域,我国

学者在翻译西方营销著作时将 Place 意译为渠道、通路，堪比自然界的“渠道”“通路”，形象传神，体现出汉语的逼真性、微妙性，能够很生动地体现出流通渠道的特征。

其实，在英文中，分销(Distribution)指下游的销售，与中文没有歧义，渠道(Channel)指的是管道，如水管、隧道等，组合在一起构成“分销渠道”(Distribution Channel)，有人将此译为“销售通路”。后来又有人创造出“营销渠道”(Marketing Channel)，其内容与“分销渠道”也没有太大区别，而且人们习惯了不做具体区分。

在我国的教科书中，大多没有对分销渠道与营销渠道进行严格的区分，在同一意义下可以交替使用。但根据我国学者的研究，分销渠道与营销渠道这两个概念实际上是有区别的，两者的内涵大小存在差异。

一般来讲，分销渠道由制造商、中间商(分销商)、消费者构成，表明的是一个企业产品生产—流通—消费的过程，专指产品价值实现的过程，这是专业“分销”的内涵；而营销渠道包括供应商、制造商、中间商(分销商)、服务商、消费者，其价值链更长，内涵更丰富，环节更多、更复杂，除“分销”的内容外，还包含原材料供应过程的管理、分销过程中其他服务机构的管理等。

具体来讲，分销渠道包括制造商(厂家)、分销商(经销商、批发商、代理商、零售商、经纪人等)、消费者(个人或组织)；营销渠道包括供应商(原材料、人力资源、资金等)、制造商(厂家)、分销商(经销商、批发商、代理商、零售商、经纪人等)、服务商(调研、广告、咨询、会计、法律、投资等机构)、消费者(个人或组织)。分销渠道与营销渠道的区别如图 1-3 所示。

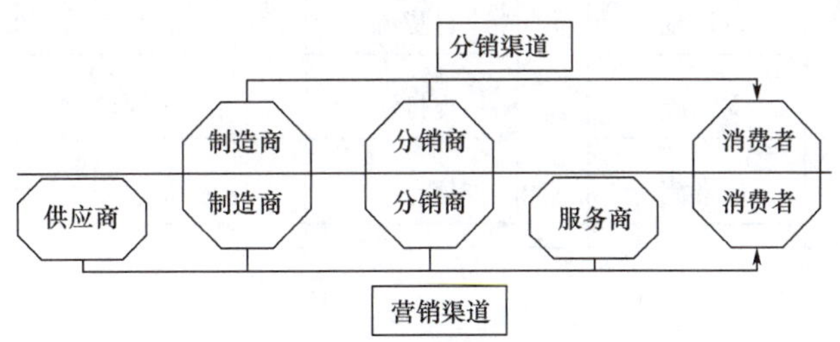

图 1-3　分销渠道与营销渠道的区别

例如，我们早上喝一杯咖啡，它的咖啡豆也许源于哥伦比亚的山区，由山区农民采集，小贩进山收集，再卖给咖啡原料供应商；供应商再将咖啡豆卖给咖啡生产厂家，经过长途货运(或者船运)，咖啡豆到达工厂；工厂进一步加工咖啡，进行调味和分装，设计包装和进行营业推广。在这个过程中，市场调研公司、营销咨询公司、广告公司、公共关系公司，甚至银行、律师事务所、会计师事务所都有可能参与其中，成品咖啡由此进入渠道领域，再经过经销商、批发商、零售商等终端环节，咖啡进入百姓家庭，我们才能喝到香浓的咖啡。

显然，营销渠道的内涵和范围要大过分销渠道，但在本教材中，我们不做太大区分。

第二节　渠道的功能与特点

伯特·罗森布洛姆认为，“营销渠道反过来又影响着成千上万消费者的生活，使得他们能够借助渠道，方便、快捷地享受来自全球的商品和服务。”营销渠道具有改善人们生活的重要功能。

一、渠道的运作流程

渠道的诸多功能在实际运作中表现为各种流程，使用“流”(Flow)的概念，是为了更加形象地表现渠道系统性、动态性、流动性的特征，企业的产品、服务和品牌通过在渠道中“流动”实现价值和增值。这些渠道的功能流由不同的渠道成员在不同的时间、地点和情景下完成，体现出内在的程序性、逻辑性。渠道的运作流程如图 1-4 所示。

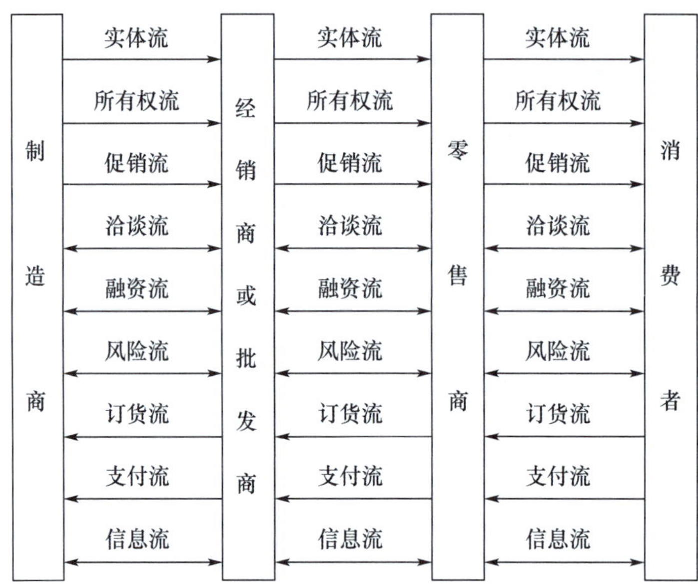

图 1-4 渠道的运作流程

1. 实体流

实体流是指产品或服务从生产制造商转移到中间商、零售商，然后通过中间机构转移到最终消费者的实体流转过程。

2. 所有权流

随着产品或服务的流转，产品所有权从一个渠道成员转移到另一个渠道成员，这种实际流动构成产品或服务的所有权流。

3. 促销流

促销流是指一个渠道成员通过广告、人员推销、宣传报道、销售促进等活动，对另一个渠道成员或消费者施加影响的过程。

4. 洽谈流

洽谈流是指产品实体和所有权在各渠道成员之间进行流转时，对价格、促销和交易条件所进行的谈判活动和过程。

5. 融资流

融资流是指渠道成员伴随着商品所有权转移所进行的资金融通的活动和过程。渠道成员之间可以相互提供资金融通。例如，分销商在货物售出后，再向制造商支付货款，就是制造商为分销商提供资金融通服务，为其提供流动资金；而如果是分销商预付货款，就是分销商为制造商提供资金融通服务；如果是分销商允许消费者以分期付款的方式购买商品，就是分销商为消费者提供消费融资服务。

6. 风险流

风险流是指各种风险伴随着商品所有权的转移在渠道成员之间的流转。

7. 订货流

订货流是指渠道的下游成员向上游成员发送订单的过程。

8. 支付流

支付流是指货款从下游渠道成员向上游渠道成员流动的过程。例如，顾客向零售商购买商品，顾客支付货款给零售商，零售商通过银行或其他金融机构向上一级渠道成员支付货款，直到货款到达制造商处。

9. 信息流

信息流是指各个渠道成员之间为了开发新产品和实现促进商品流通相互传递市场信息的活动。

综上所述，渠道具有九个功能流。在这九个功能流中，实体流、所有权流、促销流是前向流程，即从制造商流向消费者。订货流和支付流是后向流程，是从消费者流向制造商，而洽谈流、融资流、风险流、信息流是双向流程。

二、渠道的功能

渠道的功能在于使产品从生产者转移到消费者的过程顺畅、高效，其本质在于为顾客创造价值。换句话说，渠道的主要功能是能够使消费者在任何时间、任何地点，以任何方式便利地购买到他们想要的产品与服务。渠道在企业营销活动中的主要功能是销售，使商品或服务顺利地转移到最终用户手中，同时还发挥一系列其他的辅助功能。渠道所发挥的功能主要包括以下几个：

1. 销售功能

企业通过渠道实现产品销售，实现企业经营目标，获取利润，这是渠道具有的最直接、最基本也是最有效的功能。渠道成员通过富有创造力的方式，把能够满足顾客需要的产品和服务信息，以顾客乐于接受的形式，传递给消费者，满足消费者的需求，实现产品价值，达到赢利目标和市场占有目标。

2. 沟通功能

渠道具有上下沟通商品信息，联系渠道成员之间客情关系的功能。商品的渠道是以产品的流通为载体，实现企业与供应商、中间分销机构及终端消费者相互沟通的桥梁或纽带。通过渠道开展的促销活动，其实质就是与客户之间进行沟通。

3. 洽谈功能

洽谈是生产者或经营者寻找潜在购买者，并与之接触、实现交易的活动。渠道成员之间的关系是交易关系，交易对象的寻找、交易条件的形成、渠道成员之间的权利和义务关系等都需要通过谈判来完成。在具体工作中，洽谈表现为争取订单、形成订单和接受订单等一系列活动。

4. 服务功能

渠道还具有为下游渠道成员提供服务的功能。从延伸产品角度来说，服务构成了产品价值的一个重要组成部分，随着产品不断同质化，现代企业间竞争的焦点转变为服务。企业通过渠道实现的服务主要指为最终用户所提供的服务，包括送货、安装、维修、培训等。

5. 信息功能

渠道成员通过市场调研收集和整理有关消费者、竞争者及市场营销环境中的其他关联者的信息，并通过各种途径将信息传递给渠道内的其他成员。渠道通过双向的信息反馈机制，为企业营销决策提供依据。

6. 物流功能

物流主要是商品在流通环节的运输、储存及配送活动。商品从制造商处出厂到最终用户消费，中间要经过实体产品的运输、储存及配送过程。渠道就是商品流通的“沟渠”和“水道”，是商品流通和实现交易的“通道”，物流功能是其题中应有之义。

7. 承担风险功能

承担风险是指在商品流通的过程中，随着商品所有权的转移，市场风险在渠道成员之间的转移和分担。因为渠道是一个“分销链”，由很多个渠道成员或环节组成，每个渠道成员承担各自的分销责任、获取各自的分销利益、承担各自的分销风险。

8. 融资功能

渠道也是一个融资的通道。不论是制造商品，还是销售商品，都需要投入资金，以完成商品所有权转移和实体流转。渠道成员为执行渠道功能需要进行独立的投资，在产品通过渠道销售实现产品价值的同时实现资金的流通。渠道组织的独立融资，使生产厂商能够快速回笼资金，提高生产厂商的资金使用效率。

三、渠道的特点

渠道要素是所有营销要素中最复杂的要素，产品、品牌、价格、资金、人员、广告、促销、客户关系、服务等都通过渠道这条“价值链”来整合和实现其价值。渠道又是千变万化的，经济发展水平的差异，地区文化、习惯的不同，使渠道表现出明显不同的特点。但从总体来讲，渠道具有以下几个特点：

1. 本地化

由于每一个地区消费者的购物习惯不同，因此每一个企业在每一个地区的渠道都具有本地的特征，都打上了当地人们消费文化的烙印。例如，上海人购物喜欢去超市，因为超市环境好，产品质量有保障，所以，上海的连锁超市非常发达；广州就不一样，广州人比较喜欢平民化的生活，购物还是喜欢去自由市场（如菜市场），甚至喜欢就在楼下小巷里的小店里买东西，所以，广东的“士多店”很发达。

2. 排他性

渠道的排他性是指在某些渠道中，如果某一类产品被某一个企业或品牌抢先占领，那么其他企业或品牌就很难进入，就可能被排斥到该渠道之外。例如，某学校的食堂，这是一个特殊渠道，又叫“特殊通道”，每个月会消耗大量的大米、食用油、味精等，这是一个很好的大客户，如果大米用了“中粮”的、食用油用了“福临门”的、味精用了“莲花”的，其他品牌就很难进入，要进入也要花费大力气。所以，渠道的排他性决定了企业应该抢先占领一些优质渠道、特殊通道，以获取渠道竞争优势。

3. 独特性

渠道的独特性是指每一个企业的渠道网络都和其他企业的渠道网络不同，每一个地区的渠道结构都和其他地区的渠道结构不同，每一种渠道模式都有其不同的特征。换句话说，每一个企业都可以在其目标市场建立自己独特的渠道结构和模式，开展差异化营销，形成企业独特的渠道竞争优势。例如，娃哈哈的“联销体”渠道结构、格力的“区域股份制公司”渠道模式、联想的“联想 1+1”连锁经营模式等，都是具有显著独特性的渠道结构模式，形成了企业的竞争力。

4. 不可复制性

渠道的不可复制性又叫不可替代性，这是由渠道的本地化和独特性决定的。一个企业在某一个国家、某一个地区具有完善的渠道网络，但它不能将其搬到另一个国家或另一个地区，目标市场渠道网络的建设都必须从头开始，一步一步地构建，没有捷径可走。例如，“欧莱雅”在欧洲可谓网络密布，销售顺畅，但到了中国市场，除了请中国明星代言外，还重点建设其系列产品在中国的销售渠道，包括经销商、直营店、专卖店等。渠道不像产品那样可以大规模生产和复制，这就决定了渠道建设和渠道管理的复杂性和艰难性。

第三节 渠道的地位与作用

渠道专家伯特·罗森布洛姆认为，企业要想通过产品、价格或促销战略获得“持续性竞争优势”（不易被竞争对手迅速或轻易模仿的竞争能力）已经变得越来越困难，而渠道战略的最大特点正是很难在短期内为竞争者所模仿。菲利普·科特勒则认为，在产品和市场竞争高度同质化的今天，唯有“传播”和“渠道”才能创造真正差异化的竞争优势。由此可见，渠道建设与管理在企业经营和创建企业竞争优势方面具有重要地位。

一、渠道的地位

在整个营销的运作体系中，渠道作为一条主线，将企业的产品、品牌、服务、价格、促销以及货物、资金、人力、信息、管理等营销要素有机地连接起来，产生了协同效力，实现了营销的价值。如果整个营销体系像一条“珍珠项链”，那么，渠道就是联系各个营销“珍珠”的那条“链子”，渠道在营销体系中具有举足轻重的地位。

在中国营销实务界也存在两大流派的争论：一是渠道驱动，二是品牌驱动。换句话说，有人认为渠道建设更重要，有人则认为品牌建设更重要，迄今没有得出最后的结论。

事实上，企业在初创阶段，需要渠道推力实现产品销售，随着企业产品通过渠道流通逐渐被消费者所接受，会形成品牌效应，品牌的拉力又反过来带动渠道、促进渠道发展。可以说，企业通过渠道进行产品渗透、扩散可以形成品牌，提高企业及品牌知名度，反过来，品牌知名度高，对渠道的建设也是有帮助的，两者相辅相成、互相促进，这是广大中小企业可借鉴的发展之路，“海天”的成功就是一个典型的例子。所以，对于中国企业而言，渠道驱动也许比品牌驱动更加重要，渠道建设是它们获取竞争优势的关键要素之一，很多企业把渠道建设作为其营销发展的优先策略。

1. 谁拥有渠道，谁将拥有未来

随着市场经济的深入发展，企业越来越感受到销售的艰难，因为“只有把产品销售出去才是硬道理”，所以，有人提出“谁拥有渠道，谁将拥有未来”的观点。事实上，从 2000 年开始，营销界的目光开始投向渠道，并掀起了一轮“渠道革命”，渠道日益取代广告、品牌成为企业竞争的焦点。生产企业积极构建和调整自己的渠道，流通企业则加大力度并购、扩张自己的终端零售网络，一时间风起云涌，渠道的争夺日趋白热化。

2000 年中石化与中石油对加油站的争夺，2001 年 TCL 对自身销售队伍和网络进行整顿，娃哈哈实施“蜘蛛战役”，达能的中国并购布局，宝洁的经销商职能调整，沃尔玛、家乐福、麦德龙的大踏步推进，华润、华联等连锁企业的快速并购和扩张，苏宁、国美等家电连锁渠道的兴起，无不体现中国企业营销战对渠道的关注和争夺。可以说，在产品、广告、促销等营销手段广泛化和高度同质化的今天，渠道以其特有的本地化、排他性、独特性(不可替代性)以及不可复制性等特点成为企业营销的亮点，企业间竞争制胜的关键。娃哈哈、联想、TCL、格力等企业，以其对渠道的成功建构和运作，为中国企业树立了典范，同时展示出渠道本身所具有的内在力量以及渠道在现代企业竞争中所处的举足轻重的地位，同时开启了一个“渠道制胜”的时代。

2. 渠道日益成为企业竞争力的主要力量

企业竞争力，实质上是一种比较竞争优势，它是保证企业持续发展的力量。然而，现代企业越发感觉到很难塑造自己持续发展的独特竞争优势。信息技术的发展，资本的力量，使得科技信息的透明度提高，产品的创新容易模仿、跟进，企业很难构建技术壁垒，形成持久的技术优势。而广告特别是促销，由于其超常规发展，同质化也比较严重，很难形成一种持久的独特性。因此，人们的眼光不约而同地聚焦渠道，因为稳定、高效的渠道网络很难建成，而这种网络一经形成，便能发挥其有效性、经济性、可控性、持久性优势，成为推动企业发展的一种持久的动力，竞争中甩开对手、克敌制胜的一种无形而可怕的力量。

3. 将渠道作为无形资产来经营

品牌是企业的无形资产，品牌、形象、服务能够为企业创造价值，这一点毋庸置疑，但将渠道看作企业的无形资产，去投资、去经营，还属于新思维。过去，我们往往将渠道的投入和建设视为成本，而不是把它看作一种资源。得知小天鹅洗衣机在合资过程中，以其渠道折价 1.6 亿元入股时，人们才真切感受到渠道的价值。得知脑白金在企业转卖过程中，其渠道网络折价 4 亿元，人们才真正感受到渠道的“可贵”。渠道在营销过程中作用的增强、地位的提高，使越来越多的企业开始关注渠道，开始经营渠道，将渠道的建设作为一种战略性投资加以重视，这是一种趋势，它预示着渠道制胜时代的来临。

案例分享

轩尼诗收购文君酒——“意在渠道”

继帝亚吉欧成功收购水井坊17%的股份之后，剑南春旗下的文君酒被法国轩尼诗控股收至麾下，这是为什么呢？

文君酒本身品牌价值巨大，它发轫于明朝万历年间的临邛寇氏烧房，有“一曲凤求凰，千古文君酒”的美誉。20世纪80年代末，文君酒曾一度跃居川酒前列，年销售额近3亿元，而之后该品牌光芒渐去。目前文君酒厂年产各类饮料酒3万多吨，拥有文君品牌系列产品100多种，年产原酒能力2 800吨，极具收购价值。

而轩尼诗一直在高端酒产品中位于前列，其背后庞大的LVMH集团已经成为全球较大的奢侈品集团，旗下品牌涵盖了奢侈品的所有行业，其中包括路易·威登（Louis-Vuitton）。

白酒业内人士认为，轩尼诗此次收购的真实意图是以文君酒为跳板收购文君酒背后的剑南春，以全面铺开产品在国内市场的销售渠道。可以说是“项庄舞剑，意在渠道”。轩尼诗作为干邑的领导品牌之一，与大多数洋酒一样，目前的销售渠道大多局限于娱乐场所等即饮市场，在消费量更大的中餐即饮市场上，远不是中国本土白酒的对手。因此，借助控股中国传统白酒，将使洋酒进一步掌握白酒销售渠道，进一步延伸自己渠道的一个捷径。

目前我国整个白酒行业，渠道成为中外酒业集团市场争夺中的稀缺资源。国内酒业企业近来也明显加快了渠道扩张的步伐和加强了渠道网络建设的力度。而洋酒巨头要想快速建立渠道优势，并购合作无疑是较有效的选择。目前剑南春已完成改制，销售网络遍布全国，且利用旗下金剑南、银剑南等子品牌进行了有效的渠道扩张，在生产规模和品牌方面也有不少斩获，而旗下的文君子品牌不仅有品牌历史积淀，而且规模适中，销售网络成熟，可以给轩尼诗增加不少渠道和品牌的筹码，该收购可谓是极其核算之举啊！谁拥有渠道，谁将拥有未来。轩尼诗收购文君酒意在渠道。

（资料来源：新浪网）

二、渠道的作用

对于企业来说，渠道战略模式选择、渠道的设计与成员选择直接决定了产品或服务能否顺利地到达消费者的手中，科学的渠道设计与完善的渠道管控是企业市场竞争力的直接体现，而渠道的管理与控制是否和谐、有效则是产品稳定销售的保障，关乎企业的可持续发展前途。因此，营销渠道不仅是一个基本营销要素，而是企业参与市场竞争的有力武器，甚至成为不少企业构建竞争优势的重要途径。许多企业通常是在考虑了产品、价格和促销这些因素之后才开始关注渠道。不过，近些年，企业忽视渠道的情况有所改变，主要原因是企业的销售环境发生了很大变化，渠道的设计与管理在企业销售中发挥的作用也越来越显著。具体来讲，渠道的作用主要表现在以下几个方面：

1. 节约流通费用

有效的渠道管理可以为企业节约大量的产品流通费用。一方面，企业在削减制造成本和内部营运成本方面已经花费了大量的精力，如组织重组并购、流程再造和组织扁平化等，都是为了削减成本。不过，企业在节约制造成本和内部营运成本方面成果越显著，就说明在这些方面进一步节约成本与费用的潜力越小。另一方面，随着市场竞争越来越激烈，渠道费用越来越高，这两个方面的共同作用，使得企业越来越重视流通费用的节约，也需要比过去更加专注于渠道设计和管理。

2. 与中间商协作共赢

近些年，渠道权力正在从生产制造商向中间商转移。这种趋势在西方发达国家已经表现得非常明显，例如，一些大型零售商(沃尔玛、家乐福、麦德龙等)已经成为渠道的控制者或渠道运行中的主要角色。在中国，这种趋势也已经出现。中国家电产品的渠道正面临着深刻的变化：综合性家电连锁企业(国美、苏宁)对传统的渠道构成了严重的威胁。它们最显著的特征是经营规模大、资本雄厚、跨地域连锁经营、掌握着庞大的销售网络，是一个高效率、专业化的零售终端。凭借其雄厚的资本和巨大的规模，这些家电连锁企业以承担市场风险的方式(一次性买断一定批量的产品)获得生产企业最大限度地让利，这使它们在零售价格上具有明显的优势。它们的出现，不仅意味着家电渠道的格局要重新构建，更意味着市场的主控权可能将要由厂家转移到商家手中。

零售商越来越把自己看成是消费者的采购代理人，而非生产制造商的销售代理人。它们以低毛利、低价格的方式经营，在与生产制造商打交道时，讨价还价的力量越来越大。这一趋势要求制造商必须认真地考虑渠道策略，与中间商既合作又竞争，以求达到双赢。

3. 保持竞争优势

渠道策略有以下三个重要特点：

(1)它是长期的，为了建立和维持一个顺畅而高效的渠道系统，企业需要长期立足于市场，保持持久的竞争优势。

(2)它需要通过组织机构和人来实施，既要有较大的人力资源投入，又要有较大的财力投入。

(3)要基于企业间关系和企业间人员的互动，为满足渠道系统顺畅而高效的运行要求，所有渠道参与者都需要密切配合。

正因为渠道策略有这些特点，所以，企业一旦通过渠道策略获得竞争优势，其他企业就难以在短期内模仿。因此，它比产品、价格和促销等要素更能提供可持续的竞争优势。

4. 维持效益可持续增长

在激烈竞争的市场上，企业效益可持续增长的压力越来越大，也越来越困难。企业常常要回答这样的问题：企业如何在成熟的市场或增长缓慢的市场上迅速成长？这时，企业除了争夺竞争对手的市场之外，别无他选。这就要求企业一方面少失误或不犯错误，另一方面要有中间商的支持与合作。高效率的渠道是企业实现销售目标、维持效益增长的源泉。

第四节 渠道管理领域的新变化

一、我国营销渠道的演进

改革开放以来，中国的营销环境风云变幻，中国经销商在短短的二十几年中就经受了无数次的市场洗礼，经历了从官商、坐商到行商、服务商，再到分销物流商的角色演变过程，我国市场主流渠道也经历了国营配销体系—批发市场—经销商(代理商)—零售商连锁经营—基于电子渠道的直销与网络营销的不断发展过程。究其原因，这是社会经济和科学技术发展的结果，也是渠道演进的结果，是营销革命的必然。

1.20 世纪 80 年代的国营配销体系——官商

20 世纪 80 年代的中国仍然实行的是计划经济，其主要的商业流通形式是国营商业的配销体系，如供销社、糖酒公司、百货公司等。那时的“经销商”实际上并不是真正意义上的经销商，而是配销商、官商，他们不需要开拓市场、提供服务，更不需要让顾客满意。他们手里掌握着商品及其分配大权，因而高高在上。20 世纪 80 年代是一个产品短缺的年代，是崇尚产品制胜的时代，谁手上拥有商品，谁就享有掌握百姓生活的大权。

2.20 世纪 90 年代初批发市场兴起——坐商

20 世纪 90 年代，我国个体经济开始跃上历史舞台。当时一些有胆量、有头脑、有眼光的人士开始从事个体经营，国营商业中的有识之士也纷纷下海，独立门户。一时间中国流通市场如火如荼，浙江义乌、广东大沥、武汉汉正街等一大批具有强大渗透能力的大市场如雨后春笋般涌现出来，其吞吐量之大、辐射力之强让人惊叹。批发市场显示出巨大的能量，取代保守、落后的国营商业，成为商业主角。20 世纪 90 年代初是一个市场饥渴的年代，只要有产品，不愁销售；同时也是一个广告制胜的时代，只要大力度投放广告，很快就会打出一个“名牌”来，产品很快就会畅销大江南北。伴随着批发市场的兴起，经销商(代理商)成为时代渠道的主旋律。

当然，20 世纪 90 年代初也是一个浮躁的时代，经销商都是坐商，等客上门，等着收钱，依赖好的产品，依赖厂家的广告投入，同时不择手段，甚至不顾厂家的价格体系肆意冲货，造成市场混乱。随着市场竞争的加剧，坐商的弊端开始显现出来，批发市场模式也受到挑战，曾经风光一时的批发市场开始走向衰落，批发商急需转变经营方式。终端卖场的崛起直接冲击批发市场，消费者对便利、实惠和购买服务的要求直接促进了深度分销、直销和连锁经营业态的兴起。

3.20 世纪 90 年代末连锁经营业态兴起——行商(服务商)

1997 年，家乐福上海曲阳店开张是一个标志，沃尔玛、麦德龙、欧尚等国际零售巨头陆续登陆中国，展开中国布局，本土企业(如华联、农工商、华润、苏果等)也加速连锁扩张，一时间，批发市场衰落，零售终端连锁经营兴起，中国商业进入连锁经营和终端制胜时代。连锁经营正在各行各业逐步展开，如零售商业、百货业、家电业、家居业、服装业、化妆品业、药品业、餐饮业、美容业、汽车销售业等，可以预测，连锁经营在相当长的时期内都将是我国商品流通的主要渠道。

此时的经销商(代理商)、批发商不得不转型为行商和服务商。大型零售终端和连锁企业的加速扩张，不断挤压经销商的生存空间。一方面，大型零售和连锁企业不断要求和厂家直接合作，撇开经销商；另一方面，经销商也因为不能承受零售企业巨额的通路费用而主动放弃一些零售终端。此时的经销商已经沦为配角，要在夹缝中生存，必须走出去，积极主动开拓业务，送货上门，充当行商和服务商的角色，做好服务工作，以服务取胜，覆盖一些大型零售商不能覆盖的区域。同时，厂家也需要经销商对大部分连锁企业提供销售和配送服务，这对经销商在开拓、管理、配送、服务方面提出更高要求。由此，很多经销商顺应了形势，成为这个时代厂家进行深度分销和终端配送的主力军，在终端制胜的环境中找到了自己的位置，有的甚至干脆直接从经销商转变成为零售商，创建属于自己的连锁企业。

4. 新世纪渠道新趋势——基于电子渠道的直销与网络营销

随着科技的发展和数字技术的普及，互联网络成为人们生活的一个重要组成部分，在渠道领域也表现为，传统渠道逐渐衰落，基于电子渠道的直销与网络营销蓬勃兴起，并逐渐发展成为新的渠道主潮流。网络渠道是一种企业和顾客间即时反应的交互式信息交流、交换渠道形式，其主要优势在于即时性、开放性、直接性、交互性。在我国，阿里巴巴、淘宝网、当当网、卓越网的成功经营为业界树立了榜样，以戴尔为代表的网络直销模式的成效有目共睹，在全国掀起了一股电子商务的风潮，大大小小的企业都开始建立自己的网络平台，开拓企业的电子化渠道。

案例分享

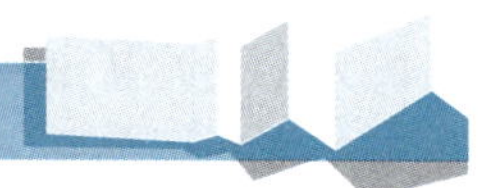

山西煤老板 10 亿元建全国最大酒业 B2C

一瓶出厂价 490 元的 53 度飞天茅台，经手几重流通渠道终端价格已经达到 1 098 元。山西煤老板出资 10 亿元建成了全国最大酒类营销网站酒仙网，并期望借规模和渠道优势将酒价砍低 30%～50%。时尚的 B2C 模式用在酒类购销上，能否复制淘宝“淘衣服”的神话？

酒类行业 B2C(Business to Customer)并不是新鲜事，在酒仙网出来之前，烟酒在线、美酒在线、美酒网等已经有一定的行业知名度。之所以酒仙网的出现令行业震动，完全是因为酒仙网背后财力雄厚的出资方规划的大手笔：总投资 10 亿元。同其他的酒类 B2C 平台一样，酒仙网 CEO 叶晓丽称：“网站将采取电子商务与物流配送的方式进行营销，3 年内建成 500 家配送网点，5 年达到 100 亿元销售规模。”

(资料来源：根据《南方都市报》相关报道整理)

二、我国渠道管理面临的问题

我国改革开放以来才推行市场经济，引进市场营销，迄今不过四十年，却走过了西方营销上百年的路程。我国营销日新月异，渠道也经历了多次根本性的变革，发展到今天呈现出多种渠道百花齐放的繁荣景象，但目前我国渠道管理领域仍然存在一些问题需要解决。

1. 信息沟通不畅

对多数企业来说，营销沟通都是一个薄弱环节，尤其是在渠道内部各层次、环节之间，往往存在信息沟通不及时、沟通手段落后、信息不对称、信息失真的情况，经常造成误解，导致决策失误，形成渠道的矛盾和冲突。

2. 渠道管理不规范

分销商经营管理队伍素质低是一个普遍的现象，经常造成管理无章法，需要制造商帮助提高市场意识和经营能力。在渠道方面有完善的管理文件和操作规范的企业实在是凤毛麟角，即使是管理制度非常严格、正规的企业，也很容易忽视渠道管理制度的建立。

3. 渠道冲突严重

渠道成员之间存在冲突是一种相当普遍的现象，但以经销商跨区域窜货和乱价为主要特征的渠道冲突严重，会危及渠道的健康发展。另外，以拖欠货款、低价倾销等为特征的渠道短期行为也相当普遍，对渠道造成破坏。

4. 地方保护主义严重

地方政府为了保护本地区的经济发展，片面地限制外地产品在该地区销售，严重阻碍了渠道建设和管理的通畅。

5. 分销商经营道德缺失

大多数分销商欲壑难填，缺乏应有的品牌忠诚度，唯利是图，频繁地改换门庭，不肯做长远打算，不肯进行市场投入，或者仗着自身的渠道优势向制造商漫天要价，缺乏合作精神，追求眼前利益，不具有建立伙伴关系的意识。

6. 渠道成本居高不下

渠道成本主要包括渠道网络的建设成本以及铺货成本，还有包括为了打通各种关节、维系渠道关系而耗费的“交易成本”，由于分销商大多缺乏品牌营销意识，追求短期行为，因此使得渠道的交易成本和管理成本上升，这些成本居高不下加剧了渠道的负担。

7. 渠道面临“大户问题”

在企业建设渠道的时候，往往都比较喜欢大的、实力强的经销商，但在渠道管理过程中，往往有一些大经销商（大户）和大零售商（超级终端）因其实力足以改变或控制其合作伙伴的销售政策，难免反客为主，对厂家提出过分要求，甚至反控厂家，使厂家十分为难，这类现象被厂家称为“大户问题”。“店大欺客、客大欺店”讲的就是这个道理。“大户问题”在我国商品流通领域日趋严重，使厂家十分头疼，比如大卖场、大型连锁超市现在就掌握着渠道的话语权，“家乐福炒货风波”“格力、国美事件”的发生就说明了这一点。

8. 线上与线下渠道难以兼顾

随着近些年来电子商务的发展，人们的消费观与购物习惯发生了变化，人们习惯于在网上购物，以网店为平台的互联网渠道的地位与作用日益显著，企业的市场拓展出现了新的难题：究竟以线下经销商、批发商、实体店销售为主还是以网店销售为主？如果同时拓展线下与线上渠道，又怎样平衡两者在渠道资源配给、销售价格、促销政策、客户关系上的分配？事实上，很多企业对此都非常纠结，当今互联网环境下不上网销售不行，上网以后线上线下价格冲突、关系冲突、窜货等问题又难以解决，所以迄今还没有找到好的解决方案。

除此之外，渠道管理中还可能存在排他性交易（要求其渠道成员只准销售自己的产品，或至少限制销售其直接竞争对手的产品）、强迫经营全部产品、灰色营销、价格歧视、价格强制（强令中间商执行公司拟定的价格）等不正当竞争手段和非伦理商业行为。

三、我国渠道管理的发展趋势

近年来，随着市场经济的深入开展，我国市场环境的不断变化，消费者购买心理与行为也在发生变化，企业间竞争加剧，促使市场渠道也不断发生变革，以适应现代竞争的要求。从企业渠道管理的层面看，我国渠道的发展显示出以下趋势和特征：

1. 渠道体系由金字塔式向扁平化方向转变

传统渠道的模式是：厂家—总经销商—二级批发商—三级批发商—零售商—消费者。这种金字塔式渠道体系存在以下缺陷：一是厂家难以有效控制销售渠道，厂家的销售政策不能得到有效落实；二是多层结构不利于提高效率，商品的中间环节加价多，零售价格高，不利于竞争；三是单项式、多层次的流通使信息不能准确、及时反馈；四是渠道层次多，增加了渠道风险。物流供应链架构的复杂性导致每个分销环节都潜伏着风险，过多的分销层次增大了资金积压和囤货风险，如一家公司出现问题，可能会产生连锁反应，影响到供应链上多家公司。

渠道体系扁平化是指企业依据自身的条件，利用现代化的管理方法和高科技手段，最大限度地使生产者直接把商品出售（传递）给最终消费者，以减少销售层级。具体来说，就是由多层次的批发变为一层批发，即渠道结构成为制造商—经销商—零售商的模式。一些企业在大城市设立配送中心，直接面向经销商和零售商提供服务。渠道体系扁平化发展有利于改进传统渠道体系的诸多问题，能够增加网点、降低成本、提高制造商对渠道的控制力。

2. 渠道运作由总经销商为中心向终端建设为中心转变

销售要解决两个问题：一是如何把产品放到消费者的面前，让消费者见得到；二是如何把产品放入消费者心中，让消费者愿意买。不同时期，企业解决这两个问题的方式不同。20 世纪 90 年代后期，企业多是在销售通路的顶端，通过大户政策来开展工作，但当市场饱和时，其弊端明显。

（1）厂家把产品交给经销商，经销商一级一级分销下去，由于网络不健全、通路不畅、终端市场铺开率不高、渗透深度不足等，经销商无法将产品分销到厂家所希望的目标市场上。结果厂家的广告消费者在电视上可以天天见到，但在零售店却见不到产品。

（2）产品进入零售店摆放在什么位置？如何展示陈列？POP 广告如何张贴？补货是否及时？这些终端工作经销商往往做得不到位，影响终端销售力。

（3）厂家的销售政策无法得到经销商的全面执行，其结果是，厂家促销力度大，而促销效果差。

(4)厂家、经销商利益矛盾,厂家无法确保一个稳定的市场,经销商无序经营、窜货、降价倾销现象严重。

(5)厂家为调动经销商的积极性,投入成本高,导致厂家经营无利。

针对这些情况,厂家开始以终端建设为中心来运作市场。在终端市场进行各种各样的促销活动,激发消费者的购买欲望,使消费者愿意买;同时,通过对代理商、经销商、零售商各环节的服务与监督,使产品及时到达终端,提高产品的铺市率,使消费者买得到。

3. 渠道成员之间的关系由交易关系向伙伴关系转变

在交易关系中,每个渠道成员是独立的经营实体,每个成员追求个体利益最大化,甚至不惜牺牲渠道和整体利益。在伙伴关系渠道中,厂家和经销商一体化经营,厂家对渠道实行集团控制,经销商形成整合的体系,渠道成员为实现自己和大家的共同目标努力,通过建立渠道"伙伴关系"实现双赢或多赢。建立伙伴关系渠道的方式如下:

(1)联合促销。例如,共同做广告,由经销商发布广告,厂家给予补贴;陪同销售,厂家派销售人员协助经销商针对其下级客户进行销售活动;提供销售工具,厂家为经销商提供样品、POP 等。

(2)专门产品。厂家为经销商提供专门产品,可以增强销售网络的凝聚力,减少消费者购买时的价格比较。如厂家为大的零售商专门生产某一种产品,经销商买断某一品牌经营等。

(3)信息共享。共享市场调查、竞争形势、消费者动向等方面的信息。

(4)加强培训。厂家为渠道成员提供专业培训,促进市场理念共识的形成。

4. 市场重心由大城市向小城市和农村市场延伸

以前企业以大城市为重心开发目标市场,在省会城市设立销售机构,在大城市进行市场竞争。目前,一些企业则将市场重心移到地、县级市场,在地、县级市场设立销售机构。例如,双汇集团在一个省设立的办事处达到二十多个。以大城市为重心,容易出现市场空白点,重心下移,在地区设销售中心,能够做好地区市场,以县为中心设办事处,能够做好县城、乡镇、村级市场。"渠道扁平化""渠道重心下移"成为一种趋势。

企业对经销商的政策也发生了变化,从重点扶持大客户转移到重点扶持二、三级经销商。例如,美的的新渠道战略是"弱化一级(经销商),加强二级(经销商),决胜三级(终端分销商)",美的集团的小家电经销商以前都在大城市,现在要让地、县级经销商占总经销商的三分之二,一级经销商只负责给美的提供资金,二、三级经销商做市场,给二、三级经销商提供强有力的支持,提高其竞争力,通过做"小方块"实现更高的市场覆盖率。

5. 渠道激励由给经销商资金向让经销商学会赚钱转变

一些经销商是以个体户为基础发展起来的,经营素质不高,有四点不足:市场开发能力不足、促销能力不足、管理能力不足、自我提高能力不足。所以,厂家对经销商的激励措施不仅仅是让利,而是让其掌握赚钱的方法,进行培训,应该"授人以渔",而不是"授人以鱼"。厂家对经销商的激励从直接给资金到重点提供学习培训机会,以提高经销商的经营能力为重点。有的企业安排经销商去国内外的知名大学学习,作为厂家送给经销商的福利，获得了长远的利益。

6. 渠道电子化、虚拟化并与社交媒介融合

互联网的出现改变了人类的生活方式、工作方式，也改变了企业商业活动的渠道模式，同时，电商模式的出现也导致了消费者购买行为的变化。现阶段我国传统分销模式正在受到来自互联网、移动互联网、物联网等新型渠道的冲击，网络平台交易已经成为当今商品交易的重要渠道，我国电子商务正逐步走向成熟，淘宝、京东、苏宁易购、1号店、唯品会、大众点评、携程等电商平台大行其道。另外，随着信息科技的发展，渠道电子化、虚拟化并与媒介融合正在发展成为一种趋势，互联网特别是移动互联网已经成为商品交易的主要载体和平台，如QQ、微信、支付宝等平台正在逐渐拓展其销售功能，演变成为人们乐于使用的交易、销售渠道。但现代网络渠道的异军突起也为我国渠道管理带来了新的挑战。

专　题

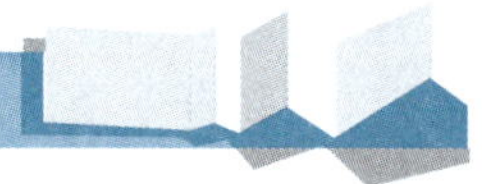

深度分销与渠道扁平化

一、深度分销是一种渠道趋势

“深度分销”是一种渠道技术，它是指企业通过一定的手段和方法，将产品尽可能销售到目标市场的每一个层次和每一个角落，达到渠道丰满和随手可及。这是很多企业都希望达到的分销目标。其中，横向的深度分销指的是区域市场的密集分销，即找更多的客户进行分销，目的是实现“渠道丰满”；纵向的深度分销指的是“渠道重心下移”，深入基层市场开展分销，目的是实现目标市场的精耕细作。例如，青岛啤酒在某市不但进入卖场、连锁超市、便利店、批发市场销售，还进入菜市场、酒店、餐馆以及KTV、娱乐城等任何可能的场所销售，这就是横向的深度分销；同时，该啤酒品牌还借助经销商的力量，不但在中心城区销售，还深入郊区及郊县下属的村镇进行销售，这就是纵向的深度分销。

在目前的中国消费品市场，深度分销是一种趋势，只有开展深度分销，才能实现销量最大化和市场占有率最大化。中国经销商群体是中国市场“深度分销”的主要力量。因为中国市场地域辽阔，地区经济发展极不平衡，各行业特点又不一样，各地区风土人情差异很大。所以，必须重视经销商群体，利用经销商的力量，发挥其本地化的分销优势，进行“深度分销”，才能达成企业的经营目标。如宝洁、娃哈哈、格兰仕等成功企业，始终高举“深度分销”的大旗，充分利用经销商的资源，将产品分销到了市场的各个层次、各个角落，获得了巨大的市场回报。据统计，目前以卖场、连锁为代表的新兴渠道尽管在中心城市势头强劲，但从全国的总体销量看，其份额不足30%，就商业发达的北京、上海、广州而言，其份额也不超过50%，也就是说，以经销、批发为代表的传统渠道仍然是中国流通商业的主流渠道，在相当长的时期内经销商的分销功能不可忽视。

例如，中山华帝燃具股份有限公司(以下简称华帝)自2010年开始就着力进行渠道的深耕，在加大产品结构调整和加强中高端产品销售的基础上，建成了200多家“华帝生

活体验馆”、1 774 家全国统一标准专卖店，其中新形象店 1 686 家，2011 年在县城市场新开 400 家专卖店，在乡镇市场新开 2 000 家专卖店。同时，华帝在加强与国美、苏宁合作的基础上，设立新兴渠道部，开展网购、团购布局。为了不与经销商渠道发生产品和价格的冲突，华帝开辟了网购专用产品线，且已与淘宝、京东商城、卓越等知名网络运营商达成协议。

然而，“深度分销”究竟该多深？这是业界争论的问题。是越深越好吗？显然不能得到完全认同。消费品企业必须开展“深度分销”，这是不争的事实，但“深度分销”也有一个“度”的问题，横向的深度分销可以无孔不入，但纵向的深度分销必须给分销商保留一定的市场空间，要有一定的市场容量才能吸引和留住分销商。目前很多成功的企业已经将分销机构设置到了县级市，甚至重点乡镇。

案例分享

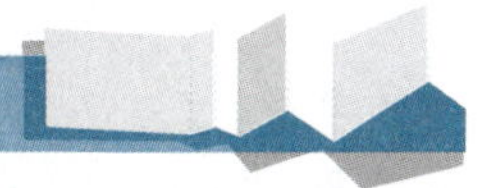

康师傅的“通路精耕”

为了解决销售渠道效率低、流通费用高、难以掌握货流情况，以及渠道间窜货、乱价等恶性竞争的问题，要求企业直接渗透到渠道中去，减少渠道的销售环节，合理布局经销商的区域，从而形成合理的价差，康师傅把其称为“通路精耕”。

“通路精耕”主要从三个方面入手：

1. 降低渠道的层次，对于重要城市，寻找能够直接为零售点服务的批发商作为经销商，康师傅把其形象地称为“邮差”，意喻能够主动配送的人。少了一道中间环节，减少了渠道“盘剥”，货物能够以合理的价格到达消费者手中。
2. 合理划分区域，保证每个“邮差”都有合适的销售区域，这是市场价格稳定的前提。
3. 提供优质的服务，有专门的推广业务代表协助“邮差”拜访零售点，帮助其拓展市场。

康师傅的“通路精耕”销售渠道如图 1-5 所示。

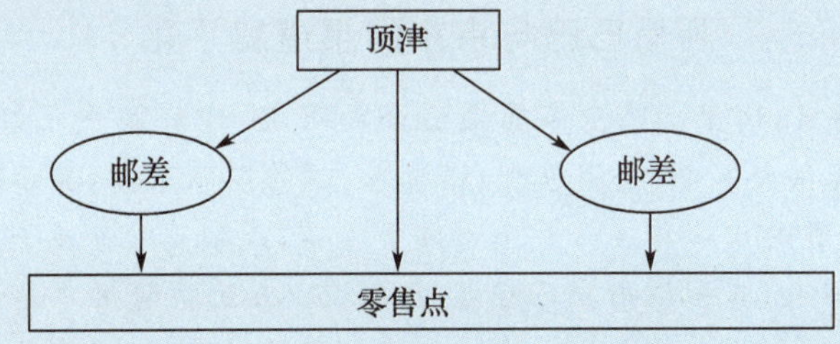

图 1-5 康师傅的“通路精耕”销售渠道

“通路精耕”使康师傅更加贴近市场，与客户之间的关系更加紧密，对于新上市的产品可以保证在较短的时间内十分顺畅地到达区域内各个零售点。而经销商在稳定的区域内获得丰厚利润的同时也提升了自身“商誉”，是典型的“双赢”。“通路精耕”的策略使康师傅在中国市场取得了巨大的成功，引领了“深度分销”的潮流。

（资料来源：根据“中国营销传播网”胡滨的文章整理）

二、渠道扁平化是一种管理必然

渠道扁平化一方面是指企业通过减少中间分销商层级,使产品通过最简短的销售体系流向消费者,目的是提高渠道管理效率和销售的有效性;另一方面,企业可以通过建立更多的直接销售渠道,包括直供零售商(直接面对零售终端)和自建销售渠道(直接面对消费者),以加强企业对零售终端和终端消费者的把控,提高整体渠道效率。

其实,“扁平化”是一种组织管理思想,目的是通过增大管理幅度,减少管理层次和中间环节,提高组织管理的效率。业界将这一思想运用于渠道管理,提出“渠道扁平化”,旨在通过精简渠道环节,以提高渠道管理的效率和效益,增强渠道的可控性,同时更加有效地接近消费者。可以说,渠道扁平化思想的核心就是减少渠道层次和环节,增加渠道管理幅度,实现渠道重心下移和目标市场的细分经营。

事实上,现代整合营销4C理论强调便利性和与消费者沟通,要建立与消费者有效沟通的平台,渠道必须向消费者有效靠近和延伸,客观上支持渠道向扁平化方向发展。渠道扁平化的典型形式有分公司制(直营制)、自营连锁、直销、渠道重心下移等,它的确可以通过减少中间渠道环节及费用,使价格更加具有比较优势,服务更加直接到位,信息反馈更加准确快捷,能够有效提高渠道运作的有效性。

直销、连锁经营、网络营销等“新兴渠道”的兴起,越来越要求经销商与厂家建立直接的供货关系,客观上推动“渠道扁平化”的进程。让很多厂家头疼的经销商管理问题也促使一些厂家希望通过“扁平化”提高渠道效率和加强对渠道的控制。加之最近几年商业竞争加剧,产品和价格的竞争白热化,迫使生产企业将渠道重心下移,把目光瞄准广大的农村乡镇市场,去获取渠道纵深环节的利润,也加深了人们对“渠道扁平化”思想的认同。

案例分享

阿里巴巴与京东的渠道扁平化

2014年7月10日,阿里巴巴宣布其渠道全面下沉,实现扁平化经营,多平台将在全国2 600多个县市提供大家电“全国包邮、送货入户”的贴心服务,显示出阿里巴巴向全国三、四级市场全面挺进的信心与决心。如新疆奎屯市,是伊犁哈萨克自治州直辖的一个县级市,人口仅有31万人,其手机用户已经超过14万人,互联网用户超过2万人。因为当地居民在网络购物的“卓越表现”,奎屯市进入了阿里巴巴在2013年发布的电商百佳县行列,排名第97位。奎屯市市长等相关领导还参加了阿里巴巴在2014年7月举办的“首届中国县域经济和电子商务峰会”。在阿里巴巴的重点客户群中,类似奎屯这样颇具电商消费能力和消费意识的三、四级市场还有3 500多家,阿里巴巴看到了中国三、四级市场的巨大空间,因此决意下沉渠道,服务基层终端。在阿里巴巴发布的《2013年中国县域电子商务发展指数报告》中,阿里巴巴对县域电商市场做出了这样的判断:“县域电子商务对于未来5～10年中国电子商务持续、健康的发展具有战略价值。”2013年12月,阿里巴巴入股海尔旗下的日日顺,2014 年 6 月其又与中国邮政达成战略合作,此举被视为阿里巴巴渠道下沉的表征,是为向三、四级市场拓展架设物流通道。

另一网商巨头京东也在 2013 年启动了渠道下沉的扁平化战略,京东已经迈开了走向农村的步伐。京东在向三、四级市场下沉的过程中,选择了自营物流系统和第三方物流混合的模式。京东的物流系统目前已经覆盖了全国 1 700 多个区县,但对于一些偏远的县城、农村地区,还未达到完全覆盖,在这些地区只选择和第三方物流企业合作。而最近京东在三、四级市场的物流体系建设开始发力,以推广"先锋站"的模式来拓展和建立县域地区的物流体系。具体做法是:京东启动对集团物流系统内有潜力的员工进行培训,然后选拔优秀者奔赴全国各个区县,建立业务推广的"先锋站",并承担京东业务的物流配送工作。

(资料来源:根据《中国企业报》2014 年 7 月 21 日的报道编写)

本章小结

本章作为开篇首先理清了渠道、分销渠道、营销渠道的基本内涵,介绍了渠道的结构及其构成要素,分析了渠道的作用、功能与特点,讨论了我国渠道的演进及其发展趋势。其中,主要强调了渠道具有的本地化、排他性、独特性、不可复制性的特点和优势;提出了渠道日益成为企业竞争力的主要力量,不少企业将渠道作为无形资产来经营;深度分销是一种渠道趋势、渠道扁平化是一种管理必然的渠道管理创见。

思考与练习

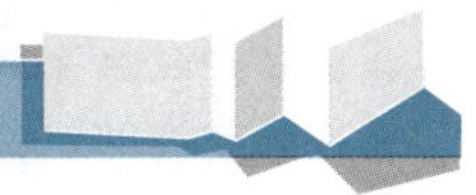

一、名词解释

分销渠道　深度分销　渠道扁平化

二、选择题

1. 分销渠道又叫营销渠道,是指参与商品所有权转移或商品买卖交易活动的(　　)所组成的统一体。

A. 制造商　　B. 中间商　　C. 服务商　　D. 消费者

2. 渠道具有本地化、排他性、独特性、(　　)的特点,因此,渠道要素日益成为企业竞争力的主要力量。

A. 可复制性　　B. 不可复制性　　C. 同一性　　D. 分散性

3. 在我国渠道管理的变化趋势中,渠道成员之间的关系正在由交易关系向(　　)转变。

A. 竞争关系　　B. 伙伴关系　　C. 管理关系　　D. 对立关系

三、简答题

1. 从严格意义上讲分销渠道与营销渠道有什么区别?
2. 营销渠道在企业营销活动中承担了哪些主要功能?
3. 近年来我国营销渠道领域发生了哪些新的变化?

四、论述题

请你谈谈我国市场营销渠道发展的未来趋势。

训练设计

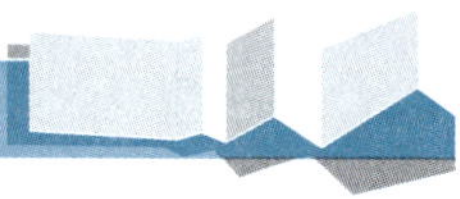

设计一场学生辩论赛，以“现代企业营销是渠道驱动还是品牌驱动”为辩论主题，换句话说，在企业营销活动中你认为“是渠道更重要还是品牌更重要”。将学生分成若干小组，自由选择正方或者反方，或者抽签决定正方或者反方，给一周的准备时间，在课堂上安排辩论，组建第三方专家评委点评和打分，作为小组平时成绩，最后由老师点评。

应用分析

江小白入川记：深度分销的另类玩法

酒业一直有句名言：西不入川，东不入皖。江小白却硬生生在四川这个酒窝子里创造了一个行业传奇。很多人认为是江小白传播做得好，却不知江小白的渠道分销和推广能力做得更好。成都是中国酒业江湖兵家必争之地，全球酒业的名片之都(每年3月成都的春季糖酒会是中国第一大展会)，中国小瓶白酒三大制高点市场之一。四川和安徽的白酒品牌在行业内依靠创新的商业模式和渠道模式引领整个中国的白酒市场。在其根据地市场更是建立了强大的品牌渠道壁垒，让中国绝大多数行业品牌对这两个省是战略性放弃。但江小白却硬生生在四川这个酒窝子里创造了一个行业传奇。

1. 确定战略定位

四川由1个成都，17个地市，3个州，共183个区、市、县组成，类似一只巨大的螃蟹，其市场布局也是由一个蟹肚、两个蟹钳、若干蟹脚组成的。蟹肚、蟹钳、蟹脚在市场布局的不同阶段，其市场地位、作用和进度战略定位都是不同的。成都作为四川省会，就是蟹肚，是整个市场的供给和造血中心，蟹钳成形即可对主要竞争对手进行钳制，比如搞定南充就搞定了川东北，打下西昌就搞定了川西，这就是蟹钳的战略地位。蟹脚只起锦上添花的作用，拿下蟹脚即意味着整个市场已进入进退自如的状态。

从品牌战略而言，中国城市发展高度集中化，一、二线城市和三、四线城市差距越来越大，文化差距越来越大，品牌只会从一、二线城市往三、四线城市延伸与渗透，消费者对品牌的追求永远是落后市场追随先进市场。因此必须聚焦一切资源于战略市场蟹肚成都，如果成都的样板市场雏形没有打造出来，就没有根据地，在整个战略布局中就没有样板效应，没有引爆点。但只要用最快的速度把蟹肚雏形打造出来，效果就会立竿见影。

“打下成都，引爆全川”的战略定位明确之后，江小白采用深度分销模式作为核心战术，明确直建队伍、直建终端的打法，把成都分成7个大区、7个纵队、1个大本营和4个办事处。江小白快马加鞭组建队伍，通过普查后，制定出作战线路图，7个区分片60个业务小区，每个业务小区200～260个终端。

在铺市阶段，为了更快速高效地抢占终端，江小白制定每个网点送6瓶的策略(AB类店单店单策打法)，用空间换时间，只有先快速进入终端，踢出这临门一脚，后续动作才能跟进。在铺市阶段如果遇到以前滞销的老产品，则一对一进行更换，重新维护客情提升品牌新形象。

2. 借势雪花渠道

江小白的直营队伍在成都这个蟹肚市场进行深度分销的过程中，发现每个区域都有一部分优质网点没法攻破，更有一些制高点网点因为被配送商或竞品买了酒水专供，江小白根本就进不了卖场。由于渠道上受到一定的阻碍，江小白对成都渠道结构进行了一次清查，惊喜地发现了一个突破口——雪花啤酒的渠道。

雪花啤酒在成都有200多个一、二级经销商，10个亿的大盘子，市场占有率达到75%以上，通过深度分销用专业化业务水平精耕着每一个片区、每一家网点，许多AB类优质网点与这些经销商有着深厚的客情。而江小白的产品和雪花啤酒是反季节互补性产品，啤酒旺季是在10月之前，而江小白是在10月之后。如果让雪花啤酒的经销商经营江小白的话，从运营维度来看，成本降低了，效率提高了，人、车、仓库的平均效益都会提高，同时又丰富了产品结构，还能构建起自己的渠道壁垒，何乐而不为呢？

江小白嫁接了雪花三分之一的配送商，在成都市场打通了渠道，让江小白无须在渠道上花费精力与竞品博弈，无须在非战略方向消耗有限的资源。江小白可以将有限的人力、物力、财力聚焦在消费者这个支点上撬动成都市场。

3. 深度分销——我为江小白代言

经过江小白几十个兄弟拼命三郎似的打法，江小白进入了成都每一条街巷，让江小白的身影出现在数千家大大小小的餐厅、火锅店、串串店、大排档、面馆……你一日三餐任何一个消费场景下都能看到江小白。就这样一天天侵蚀着你的心智，一天天在你的内心建起品牌小形象，一天天条件反射般念着“我是江小白，生活很简单”“吃着火锅唱着歌，喝着小白划着拳”。消费者慢慢从听说过到看到过到了解过，我们通过多轮的网点覆盖和终端生动化营造，让绝大多数消费者都对江小白非常熟悉了，然后开始撬开消费者的嘴，让他们真正喝起来。

为了解决最后消费者动销问题，江小白制定了“我为江小白代言”活动。活动这么进行：用餐的消费者只需拿着江小白或“我为江小白代言”的电影通告卡合影上传微博和微信朋友圈，并附上一行文字：“我们相聚×××（消费者用餐的餐厅名），我们为江小白代言”。分享完毕之后，我们的推广小伙伴就会顺势打开2～4瓶江小白为他们倒上，并说道：“哥，酒不够的话，餐厅里有卖哦！”小伙伴们一气呵成把开盖、消费体现、销售动作做完。

“我为江小白代言”不单单是为了消费体验而做体验，它是基于三个痛点来设计的：①餐厅这种三五好友相聚的消费场景缺少一个情绪媒介点爆相聚氛围；②产品基于消费场景火热氛围的二次传播；③消费者真正开瓶畅饮，而不再是只喜欢我们的文案。这个活动解决了产品在消费场景的二次传播，解决了消费者开盖喝起来的体验问题，解决了产品与消费者场景互动问题，一举三得。

最后，值得一提的是，在移动互联网时代，传统企业要懂得借助新营销重新定义自己，借助新营销的力量为自己的品牌升级转型。

（资料来源：根据网络有关报道资料编写）

【问题讨论】

1. 江小白在成都是怎样进行深度分销的？
2. 江小白的深度分销策略有何独到之处？

第二章 渠道战略模式

学习目标

认识渠道战略模式

知识目标

- 了解三种典型的分销战略
- 了解传统渠道模式
- 了解新兴渠道模式
- 了解其他无店铺渠道模式

能力目标

- 学会分析渠道战略的影响因素

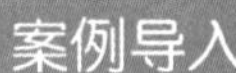

小米:线上、线下融合拓展疆域

小米是国内成功的电商企业典型,创业之初主要依赖互联网渠道销售,创造了中国企业营销的传奇。而事实是,光靠互联网,小米是做不到现在的规模和市场份额的。随着小米产品线的拓展与营销的深入,小米近年来在巩固网络渠道的同时,着力拓展了线下连锁专卖店渠道,线上线下相互配合,互为犄角,取得相得益彰的效果。

小米是怎样做的呢?比如,小米的1S,官方售价1 499元。小米实施饥饿营销,号称放出20万台小米1S让网民来抢购,但实际上只出了5万台,其余全部以1 379元的批发价放给了联通国代爱施德,爱施德加价100元放给各大零售终端,零售端再以建议零售价1 799元销售给消费者。小米公司主要负责产品和话题的炒作,并着力建立口碑、媒体炒作与跟进,形成品牌影响力,制造紧俏抢手的声势,经销商则负责线下的销售。

很多人在网上抢不到小米手机,饥饿营销的效果就出现了。实际上不是消费者抢不到,而是小米压根儿不想以这个零售价格卖给消费者。说到底,也不是小米不想以这个零售价卖给消费者,而是因为要是小米都在网上满足了消费者的需求,线下渠道就只能啃骨头了,那线下渠道还怎么生存呢?小米的做法实质上是对线下渠道的保护。小米老板雷军很清楚,在偌大的中国市场,不做线下渠道小米很难做大规模。虽然线下手机渠道被冲击得很厉害,但就全国范围而言线下渠道依然分布广泛,老百姓仍有店铺购物习惯,不做线下渠道就不会有足够的渗透率。事实上,目前小米销售收入中约50%来自线下,联通国代爱施德在小米渠道拓展中立下了汗马功劳。

(资料来源:胡介埙.分销渠道管理(第四版),大连:东北财经大学出版社,2018)

【问题思考】 小米采用的是什么样的渠道模式?

第一节　三种典型的分销战略

企业在进入某区域开拓市场之前，销售经理必须先进行目标市场分销战略的选择，包括密集分销、独家分销和选择分销。这三种战略明显互相排斥，销售经理只能选择其中一种进行操作。因为这三种分销方式有显著差异，各自存在优势和劣势，销售经理只有根据自身的产品特点、企业资源情况、分销环境及需要进行选择，才能确定合适的分销战略。分销战略一经选择就确定了目标市场渠道建设的未来方向。

一、密集分销

所谓密集分销，是指厂家在一个目标市场通过尽可能多的经销商、批发商、零售商等分销机构销售其产品。密集分销属于宽渠道结构。

在密集分销中，由于制造商在同一层次的中间环节中选用尽可能多的中间商分销自己的产品，使产品在目标市场上的销售有铺天盖地之势，从而达到最广泛地覆盖目标市场的目的，尽快地实现销量最大化和市场份额最大化的目标。日用消费品和大部分食品，工业品中的标准化产品及通用化商品，需要经常补充和替换或用于维修的商品，替代性强的商品等多采用这种渠道方式。

采用密集分销的优势包括：市场拓展迅速、市场覆盖面广，能够在短时间内实现销量最大化；分销商多、客户多、顾客接触率高，能够迅速提升产品及品牌知名度，进而迅速提高销售业绩；分销支持力度强，能够充分利用中间商的力量。

采用密集分销的劣势包括：厂商控制渠道较难，容易出现价格战并导致价格混乱；厂商前期需花费大量的人力、物力（寻找客户、铺货、广告轰炸、促销）；分销商之间竞争异常激烈，容易引发渠道冲突；容易导致分销商缺乏忠诚度，因利而聚，利尽则散。

总之，密集分销能够在短时间内达到目标市场销量最大化的效果，但对厂家的渠道管理能力无疑是一个巨大的挑战，处理不好则会因为分销商之间的恶性竞争和价格战而崩溃，出现昙花一现的情形。所以，采用密集分销战略必然要求厂家制订相应的市场治理方案。

二、独家分销

独家分销是指厂家在一个目标市场只通过一家中间商销售其产品。独家分销又称为区域总经销，属于窄渠道结构。

在独家分销中，因为制造商在同一层次的中间环节中只选用唯一的一家中间商来进行商品的分销，所以，从速度上看，市场拓展的速度不是很快，可谓不温不火；从分销的规模即覆盖面来看，还有很多潜在销售点未进入；从价格体系来看，零售价相对高一些；从市场秩序来看，井井有条，没有激烈的竞争和冲突。其实，这些都是独家分销的特点。独家分销是一种最为极端的专营型渠道，主要适用于一些技术性强、价值高的商品，大众消费品不太适合采用独家分销。

采用独家分销的优势包括：分销管理工作比较简单，在一个地区只要服务好一个分销商就足够了；市场井然有序，某种意义上渠道容易控制；分销商竞争程度低，价格体系比较稳定，价格及促销容易控制；厂家不需要投入太多的渠道开拓费用，渠道费用低。市场秩序稳定，不容易出现地区渠道冲突，出现市场问题也容易解决。

采用独家分销的劣势包括：因为是独家分销，中间商在该市场没有直接的竞争对手，所以容易固守市场，不思进取，渠道无活力；市场覆盖面有限，容易出现市场空白；推广人员、服务人员有限，顾客接触率低；厂家会过分依赖该中间商，容易出现大户问题，使该渠道难以控制。所以，如果选择独家分销，分销协议必须对双方的权利和义务进行详细约定，否则，日后很容易引发争议和冲突。

总之，一个分销商的能力毕竟是有限的，在市场上往往既有强项又有弱项，不可能满足厂家对市场开拓管理的全方位需求。因此，选择独家分销需要冒很大的管理风险和市场风险。

三、选择分销

选择分销是指厂家在一个目标市场通过精心挑选的一家或几家特约经销机构进行渠道组合以销售其产品。选择分销属于组合型渠道结构。

在选择分销中，制造商在同一层次的中间环节中选择少数中间商（如两三家）分别组合进行商品的分销。选择分销是根据一定标准对销售该企业产品的分销商进行选择和组合，以形成合理分工及高效合作型的销售渠道。这种渠道战略多为产品线较多的消费品、消费品中的选购品和特殊品、工业品中的零配件销售等所采用，是一种中宽渠道结构形式。通过选择渠道成员并进行渠道成员组合销售，厂家对该市场渠道的控制力得以加强。

采用选择分销战略，分销商的选择和组合是关键。分销商的选择主要考虑其经营特点（商场型、批发型、小店型、周边开发型）、渠道网络及范围、销售规模、销售能力、管理能力、资金实力、诚信状况、价格遵守度、协作水平、物流能力和信息处理能力等。选择范围不只限于批发商、经销商、代理商，还包括特定的零售商及中介机构等。

采用选择分销的优势包括：可以选择不同类型、特点，具有不同资源优势的分销机构，充分发挥分销商的功能；通过选择组合，可以实现市场覆盖率的最大化、销量最大化；有选择和渠道组合就有竞争，有利于渠道控制；通过选择和渠道组合，顾客接触率较高，有利于提高销售效率。

采用选择分销的劣势包括：难以挑选到合适的具有不同特点和资源优势的分销商；因为对目标市场渠道层次类型的划分有难度，所以难以做到选择的高度匹配；对多个分销商的协调和资源整合也具有挑战性，特别是在价格体系的平衡、渠道界限的划分方面，处理不好则会引发渠道冲突；企业选定的是少数经销商，存在一定的风险，与未选择的客户之间也存在协调问题；经销商也可以选择销售竞争对手的产品，企业不能完全控制经销商。

三种典型分销战略的优势和劣势对比分析见表 2-1。

表 2-1　三种典型分销战略的优势和劣势对比分析

分销战略	优　势	劣　势
密集分销	能够快速实现市场覆盖 迅速扩大销量和影响力 利用经销商资源以节省费用	容易出现恶性竞争 容易出现乱价、窜货 渠道控制难度大
独家分销	能够保证市场秩序 分销层次和价格层次稳定 业务管理相对简单	渠道无竞争、无活力 渠道价格偏高、难控制 能力有局限、风险大
选择分销	能够实现市场覆盖率最大化 能够保证销量、兼顾利润 合理组合、能够防范风险 优势互补、便于渠道控制	分销需要协调、组合 考验整体运筹能力

案例分享

云南《印象丽江》的“有选择”分销

玉龙雪山，这座全球少有的城市雪山，既是丽江旅游的核心品牌，又是云南的5A级景区之一。根据丽江打造世界级精品旅游胜地的发展目标，玉龙雪山旅游开发区先后投资10亿元，在50平方千米范围内，开发了甘海子、冰川公园、蓝月谷、云杉坪、牦牛坪等景点以及雪山高尔夫球场和印象丽江大型实景演出。

旅游营销渠道模式有三种：独家代理制、密集式分销和有选择的分销。从国内景区的市场实践来看，独家代理制的渠道模式，不利于景区的市场发展。多数景区主要采用密集式分销，其渠道主体是成千上万的中小旅行社。其中，大型景区有时也会深入客源地市场开展远程促销。中小型景区由于实力有限，团队客源主要依靠地接旅行社。

《印象丽江》的开演恰在国内刮起的一阵“印象系列”旋风之后，《印象刘三姐》、《印象西湖》和《印象海南岛》等让观众多少有点“闻印象反感”。因此，《印象丽江》首先面临的问题就是如何迅速启动市场。如果按照传统方式，完全依赖地接旅行社，景区不仅要向旅行社大幅让利，而且会使《印象丽江》导入市场的速度放慢。为了做到既保持门票价格不变，又能迅速打开市场，经过认真思考，景区管理层决定采取“有选择”分销的方式。

所谓“有选择”，是指景区并不针对所有旅行社实行分销，而是抓住旅游分销链上的某些关键环节，跟少数旅游代理商合作，逐步建立多层次的营销渠道。景区之所以这样做，是为了改变旅游市场的游戏规则，加强对客源市场的营销控制力。

具体操作可以分为三个方面：

其一，瞄准港澳台地区的高端客源，首先突破台湾市场，树立《印象丽江》大型实景演出的高端品牌形象，吸引大陆旅行社跟进。

其二，深入客源地市场，针对大型组团社直接促销。比如在珠三角地区，跟南湖国旅、西部假期合作，将《印象丽江》纳入其西部旅游常规线路。同时，借助其同业宣传平台，面向珠三角地区的其他组团旅行社，大力宣传包括《印象丽江》在内的线路品牌。

其三，销售平台前移至昆明，以授予代理权的方式，跟大型地接社建立战略合作关系。这样，既体现了景区对龙头旅行社行业地位的充分认可，又确保了团队客源的大幅增长，还消除了中小旅行社低价竞争的市场空间。

（资料来源：作者根据网络资料编写）

四、选择分销的操作策略

一般来说，消费品企业既要实现目标市场销量的最大化和市场份额的最大化，又要保持市场的稳定和企业的可持续发展，采用选择性分销的渠道组合策略是一个不错的选择。企业可以在一个地区选择2～3家，甚至3～5家分销机构分销自己的产品，这样，分销商不会太多，也不会太少，可以最有效分销，又能实现渠道控制。其中，选择什么样的分销商、怎样组合就是关键，一个重要指导思想就是：选择的分销商要实现错位经营、优势互补，才能达到最好的组合分销效果，避免选择同一类型、同样特点的分销商以引发恶性竞争。

分销商的组合选择可以遵循以下思路：

1. 根据地域选择

根据目标市场的地理分界进行划分，每个分地区选择一个分销商负责分销。如武汉市场，可划分为武昌、汉阳、汉口，只要在这三个区域内各寻找一个经销商即可。这是最初级的选择组合方法，由于现代商业连锁和电子商务的发展打破了自然地理的界限，这种方式受到质疑和挑战，其局限性也非常明显。

2. 根据产品线选择

有的企业有多条产品线，关联度高的产品可以选择同样的渠道（分销商）进行分销，但如果企业有多条但关联度不高的产品线，则可以根据产品线不同而分别寻找不同的分销商进行分销，组建不同的渠道网络，实现销售的有效性和组合销量的最大化。例如，TCL有白色家电（空调、洗衣机等）、黑色家电（彩电、抽油烟机等）、电话、手机、电脑等关联度不高的产品线，在目标市场就可以根据产品线特征选择不同的分销商进行分销。

3. 根据渠道层次类型选择

一个目标市场的渠道可以根据各渠道成员的经营特点区分为不同的渠道层次。以一个城市的消费品渠道为例，主要有零售类（购物中心、大卖场、连锁超市、专营店、专卖店）、批发类（批发市场、小店）和特殊通道（含机团消费）。这三种渠道类型在经营方式、利益追求、服务要求等方面都存在显著差异：零售类分销机构要求高促销，需要高费用，讲究终端营销和品牌；批发类分销机构不需要高服务，喜欢低价格；特殊通道分销机构讲究高毛利，多采用灰色营销手段。所以，企业可以根据自身产品的特点和企业的分销目标选择具有不同优势特点的分销商，负责不同类型渠道的分销，以发挥渠道资源的整合优势。

案例分享

鹰金钱成都市场的渠道组合

广州鹰金钱（罐头）集团当初进入成都开拓市场时，范经理考虑到大卖场、连锁超市、批发市场、周边分销有各自不同的特点和要求，决定选择一个善于经营商超的经销商负责大卖场、连锁店的分销，选择一个批发市场的批发商负责小店、菜市场的分销以及周边市场的开发，于是找到了三家分销商组成了该企业产品在成都的分销结构，由范经理负责协调。三家分销商分别属于个体、集体和国营,各自有自己的优势和特点,在市场上是对手,有竞争,平时是朋友,互通有无,大家分工合作,其乐融融,“鹰金钱”的销量上去了,品牌知名度提高了,厂家投入加大了,大家赚的钱也更多了。范经理运筹市场,也左右逢源,游刃有余。实践证明,渠道有效组合能够实现公司产品的最有效分销和渠道的最有效管理,当然也对销售经理的渠道设计及管理协调能力提出挑战。

(资料来源:作者根据网络资料编写)

第二节 传统渠道模式

我国发展市场经济不过 30 年,企业开展市场营销的时间也较短,因此,营销带有明显的中国特色。就渠道而言,中国市场经历了“国营配销体系—分散的批发市场—专业化分销(经销商、代理商、分公司)—直销、连锁经营—电子渠道等新兴渠道模式”的发展历程。从目前市场实际看,尽管直销、连锁经营、网络营销等新兴渠道模式蓬勃兴起,逐渐成为渠道领域的新潮流,但以经销商、代理商、分公司为主体的传统渠道的商品分销份额仍然大过新兴渠道的贡献,主要原因为中国市场巨大,市场发展不平衡,广大的农村乡镇市场和不发达地区市场仍然需要众多经销商、代理商去完成商品的分销工作,是企业实现深度分销的重要力量,因此,可以说,在相当长的一段时期内,以经销商、分公司为代表的传统分销模式仍将在中国市场中存在并扮演重要的角色。

一、经销商模式

1. 认识经销及代理关系

经销是指经销商从厂家那里先把商品买来,然后制定适当的价格进行分销。厂家可以在经销商把商品卖给最终顾客前收回货款,使资金尽快回笼。如果经销商卖不完商品,一般不退还厂家,只能自行处理,有时甚至因此出现亏损。经销使原本属于生产厂家的一部分利润转化为经销商的风险收入。经销有利于提高经销商对商品销售的积极性和能动性。

经销商是指将购入的商品以批量销售的形式通过自己所拥有的渠道向零售商、批发商或其他组织和个人销售以获取利润的商业机构。经销商分为独家经销商和特约经销商等不同形式。代理商的性质与经销商基本一致,都是借助厂家商品的销售获利的商业机构,厂家要借助它们实现商品分销的目的,只是经销商具有商品的所有权,代理商不具有商品的所有权。因此,代理商也经常被归为经销商模式这一类。

2. 经销商与代理商的区别

虽然经销商与代理商在功能和作用上有较多相似之处,但两者所获得的回报和承担的风险是不一样的,原因就在于两者在经营性质和工作流程上存在多个层面的差异。经销商与代理商根本的区别在于经销商在渠道中具有商品的所有权,可以自由定价,而代理商不具有商品的所有权,只能执行厂家的价格政策。经销商与代理商的区别见表 2-2。

表 2-2　　经销商与代理商的区别

类　别	经销商	代理商
双方关系	与厂商是一种买卖关系	与厂商是一种委托代理关系
经营地位	以独立法人的身份签订合同	以厂商的名义签订合同
利润来源	获得经营利润(差价)	赚取佣金(提成)
库存	保持适当的库存	多半只有样品而无存货,依订单进货
经营自主性	经营活动过程不受或很少受供货商限制	经营活动完全受供货商指导和限制
所有权	拥有商品的所有权	不拥有商品的所有权
独立性	独立的经营机构	不一定是独立机构
对称性	与供货商责权对等	供货方权力较大
角色	以自己的名义从事销售活动	以厂商的名义从事销售活动
售后服务	在售后服务方面,一般是自己承担责任	在售后服务方面,一般在合同中注明不负此责任
售后责任	发生索赔事件时,一般是自己承担责任	发生索赔事件时,一般在合同中注明不负此责任

3. 经销商模式的优缺点分析

世界上没有十全十美的事物,任何一种渠道模式都有其存在的理由,又都有其发挥作用的特定环境和条件。经销商模式是 20 世纪 90 年代以来我国市场分销渠道的主流模式,它在我国经济发展过程中发挥了重要的作用。经销商模式的优、缺点分析见表 2-3。

表 2-3　　经销商模式的优、缺点分析

类　别	指　标	内　容
优点	经济性	能够利用经销商的渠道资源(包括资金、人员、销售网络等),成本费用比较低,比较经济
	有效性	能够利用经销商的分销、配送优势,实现产品的快速销售和市场覆盖,比较有效
	专业化	可以利用经销商的人脉、商誉、社会关系,发挥其本地化、专业化分销优势
缺点	应收账款风险	根据中国国情,经销商大多要求赊销,因而伴随应收账款问题,可能会出现呆账、坏账
	市场支持风险	经销商有自己的经营目标,有其独立的利益,可能出现对厂家的产品、品牌推广支持不力
	渠道控制风险	经销商是独立的经济实体,拥有商品所有权,厂家对其产品的价格和流向可能很难控制
适用范围及条件	企业发展初级阶段	在企业发展的初级阶段,由于经济实力不足,往往需要借助经销商的力量分销其产品
	单位价值较低的大众化产品	大众产品的销售追求市场覆盖率,需要借助经销商的辐射、扩散功能才能实现销量最大化
	经济欠发达和渠道较分散地区	边远落后的地区渠道分散,分销成本高,因此,需要借助经销商以降低成本和提高有效性

4. 经销商模式在我国不可或缺

由于中国市场过于庞大和复杂，各地区经济环境不同，各地消费者的购买和消费行为差异很大，加上各行业经营特点又不同，所以，在我国实现渠道的完全“扁平化”是很困难的，因此，消费品的分销工作必须借助经销商的力量，发挥其本地化的分销优势，开展“深度分销”，实现企业产品分销的最大化。如宝洁、娃哈哈、格兰仕、美的、联想等成功企业，始终高举“深度分销”的大旗，充分利用经销商的力量，将产品分销到市场的各个角落，获得了巨大的市场回报。换句话说，在中国，完全“非中间化”还只是一种梦想，经销商的作用不可替代，经销商仍然不可或缺。

在中心城市市场，零售终端扮演主角，但不能覆盖全部市场，分散的消费群，特别是中国广大的农村乡镇市场，仍然需要经销商、分销商去覆盖，去承担深度分销和物流的重要功能。因为中国市场的复杂性，任何一个企业都无力将分公司或连锁店扩张到中国所有的县和乡镇，就算机构建到这一层次，也会无力支撑其巨额的渠道运作费用，无力承担这一庞大、复杂体系的管理工作。此外，随着大终端的扩展，对厂家的配送能力也是一个考验，在厂家不能直接送达的城市和地区，还需借助经销商的储运力量，对大终端提供及时准确的配送服务。因此，经销商虽然不再为现代城市商业的主角，但仍然是广大中国市场流通商业的主要力量。而且，中国市场经济发展在各个行业都锤炼出一批有实力、理念和能力超群的经销商，它们最了解中国市场，最了解中国消费者，具有本地化资源优势，因而它们是中国市场进行“深度分销”的中坚力量。

因此，业界有人主张：厂家要和经销商均衡合作，厂家不应再承担过多的流通职能；经销商能做好的，都交给经销商去做；能利用社会资源的，就不越俎代庖。相应地，厂家不要一味缩减经销商的规模和经营区域，不能弱化经销商职能。

案例分享

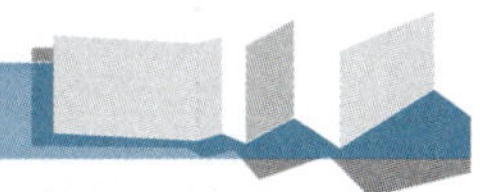

娃哈哈的“联销体”模式

娃哈哈公司的“联销体”是国内快消品界一种广为人知的经销网络搭建模式。也正是借助这个独特的经销网络，才迅速成就了娃哈哈首屈一指的国内饮料大王地位。那么，娃哈哈公司的“联销体”模式到底有何特殊之处，“联销体”模式又是如何为娃哈哈公司的发展助跑的呢？

娃哈哈“联销体”模式初步形成于20世纪90年代末国内快消品渠道由大流通市场向流通与现代渠道并存的转型阶段。在该阶段，娃哈哈公司逐步摒弃了各地以国营糖酒公司为主的经销商群体，转而发展个体经营的经销批发客户为地区经销商。同时娃哈哈公司借助自己的品牌实力和层出不穷的竞争力产品，向各新兴经销商收取经销保证金。

每到年底(12月份)，娃哈哈公司都会在杭州总部召开全国经销商大会，而经销商参会的一个最基本条件就是要交齐来年的保证金，并与娃哈哈公司签订下一年度的经销合同。保证金的缴纳额度为全年度任务额的15%～20%(签订合同的条件为如数缴纳保证金)。

经销商向娃哈哈公司缴纳的保证金，以预付款的形式存到娃哈哈公司账户，娃哈哈公司以高于中国人民银行的同期利率向经销商支付利息，同时要求经销商在每次用预付款提货后的15个工作日内将预付款补齐。这样既保证了经销商的利益，也保证了娃哈哈公司在经销商群体中的号召力。

（资料来源：作者根据网络资料编写）

二、分公司模式

1. 分公司模式的含义

分公司模式是指制造企业在各目标市场设立自己的分公司或办事处，开展自主经营（或称直营），以独立核算和控制销售渠道及终端的渠道模式。其中，制造商的自营销售组织与制造企业生产部门相对独立，它实际承担着企业产品的分销职能，是企业前向一体化的战略体现。当制造企业由于某种原因决定不采用或仅利用部分中间商时，公司就要设置独立的销售分支机构，并负责完成应由中间商完成的职能。

例如，海尔渠道模式最大的特点就在于海尔几乎在全国范围内都建立了自己的销售分公司——海尔工贸公司。海尔工贸公司直接向零售商供货并提供相应支持，同时将很多零售商改造成了海尔专卖店。当然海尔也有一些批发商，但海尔分销网络的重点并不是批发商，而是更希望和零售商直接交易，构建一个属于自己的零售分销体系。

2. 分公司模式的优势和劣势

一般认为，企业建立分公司，开展直营是一种主动型、控制型的渠道模式，它具有销售及时有效、信息沟通便捷、利于管理、便于服务、减少控制环节、提高效率以及方便控制的优势，被一些大企业在重点市场采用。分公司模式的优势和劣势见表2-4。

表2-4　　分公司模式的优势和劣势

优　势	劣　势	适用范围及适用条件
（1）有利于企业制定针对性的销售策略和利于渠道控制 （2）进入目标市场渠道的谈判成本低，开拓市场速度更快 （3）独立性强，不会受制于大中间商 （4）政策灵活，在竞争中更容易获得主动地位 （5）更容易获得企业人、财、物、技术等方面的支持 （6）制造企业自营销售组织及其成员对企业的忠诚度更高	（1）前期组建成本很高 （2）对企业的管理能力要求很高 （3）售后服务和维修成本需要自己承担 （4）不易形成规模效益 （5）容易产生惰性和企业腐败 （6）退出成本也很高	（1）企业发展成熟阶段 （2）经济发达地区、渠道密集地区、中心城市市场 （3）单位价值较高的产品 （4）销量足以支持费用时 （5）管理水平足以控制时 （6）目标在于掌控渠道时

案例分享

TCL自建销售公司赢得渠道主动权

TCL是一家位于广东惠州，以生产电话机起家的国有企业，后进入家电行业，经过20多年的努力，发展成为我国家电行业实施一体化经营的知名跨国企业。TCL集团有限公司在其发展的过程中，成功地采用了企业自建渠道（建立分公司）的策略，创造了我国家电发展史上的奇迹。

一、实行"分公司"渠道模式

对TCL来讲,主要有两种渠道可供选择:一是像其他家电生产厂家那样,通过批发商实现产品分销;二是绕过批发商直接面对零售商。为配合家电产品的全国市场销售,TCL自1993年开始就正式组建了电器销售公司,并在各个省区成立分公司,成为国内最早建立和拥有自己独立营销网络的电子企业之一。

销售公司成立后,TCL按照"大区—分公司—经营部—分销商"的组织结构,步步为营,精耕细作,把网络逐步建立到了农村的城乡接合部。TCL将全国划分为7个大区,建立了32家分公司、200家经营部、400家分销点、200多个专营连锁店和800多个特约维修专营店,并拥有数千家由各个省区分公司授权的经销商,直属用户服务网遍及全国。TCL网络是当时中国家电行业最庞大、最细腻的营销服务网络。

TCL鼎盛时期销售网络员工达6 000余人,其中约1 500人从事上门服务,约1 500人从事一线导购,约1 200人从事业务及客户管理,约1 200人从事各机构财务管理,其余约500人从事网络内的人事、信息、市场推广等管理工作。营销网络中的管理层次可分为:大区总监、分公司总经理、经营部经理和产品经理。

二、对"分公司"渠道的管理

TCL对渠道的管理特色主要表现在两个方面:一是人员管理;二是经销商管理。

在人员管理上,TCL主要推行以下几点:

一是人员本地化。

二是靠企业文化凝聚人。TCL公司认为,员工要有一个共同的企业核心价值观。企业核心价值观是企业经营目标、观念和行为准则的基础,是企业的凝聚力所在。TCL作为一个大型企业集团,每个所属企业的管理风格可以有所不同,但核心价值观应该都是"敬业、团队、创新"。TCL企业文化在渠道管理中的运用主要体现在:对员工的信任、授权和培训方面;为经销商、消费者创造价值,保证其利益,灌输TCL品牌概念;对社会承担必要的义务与责任。

三是为每一个员工发展提供机会。

四是注意提高员工素质。

五是设立激励机制。除较高的奖励与福利外,公司还以公司股份作为重要的激励手段。在TCL公司,股份的49%是员工的,按公司规定,只要在TCL公司工作,不论在什么岗位,工作满一年就可分到不同份额的股份。

在经销商管理上,TCL把厂商看作一个利益共同体。因此,管理好经销商的关键在于双方拥有共同的未来,这样才会有长期稳定的合作以及实现双赢。因而TCL公司首先加强理念上的沟通,力求经销商能够理解并接受TCL的理念;其次,在双方利益一致的基础上,要有共创品牌的意识,即共创名牌商品和名牌商号。通过加强"客情关系"管理,增进了厂、商之间的感情,促进其共同发展,实现双赢。

(资料来源:渠道网)

第三节　新兴渠道模式

中国市场的分销渠道具有很强的代表性，不仅因为我国市场巨大，渠道结构复杂，存在多样化的商品分销渠道，而且市场环境日新月异，渠道模式多变，当代技术导向的新兴渠道模式正在不断涌现。20 世纪 90 年代以来，直销、连锁经营在我国兴起，并逐渐发展成为消费者喜欢、企业乐于采用的商品分销模式。而随着信息技术的发展，以互联网为平台的分销渠道模式逐渐吸引消费者的眼球，渠道变得越来越短，市场反应越来越迅速，消费者越来越喜欢新兴的渠道购物方式，因而，电子渠道等其他无店铺经营模式越来越显示出强大的生命力。

案例分享

汽车新兴渠道模式——城市展厅

近些年，汽车市场上出现了不同于传统汽车 4S 店的城市展厅，这些展厅的店面大小不一，通常建在城市中心，交通相对便利，除了展示车型外，一部分店面仅提供单纯销售的功能，另一部分除了车辆销售功能外还承担了售后维修等功能。

目前市场上的城市展厅实际上分为两种：一种是不需要专门的土地资源新建网点，可以选择在城市的已有建筑物内通过改建、扩充建构服务网点形成，它承担的功能较 4S 店简单。4S 展厅承担包括整车销售、零配件、售后服务、客户服务及公司日常行政办公等功能，而城市展厅除了承担销售车辆的功能之外，同时也发挥了形象展示的窗口作用。另外一种城市展厅打造的则是一种全球统一高标准的 4S 店模式，如奥迪正在全国建设或开业的城市展厅。

其实城市展厅并不是新鲜事物，它是 4S 店的原始存在方式之一，伴随着 4S 店的不断扩张而慢慢衍生。近些年，城市展厅模式被一些实力不济的经销商所采用，但是由于 4S 店横行，它们没有多少生存空间，但是随着终端市场越来越复杂，各品牌之间的竞争越来越激烈，4S 店也需要把触角伸展到各个角落，甚至是直接把产品送到顾客面前或者手中，许多城市展厅就作为 4S 店的二级店出现了。当厂家意识到城市展厅是一种便捷有效的方式，以及 4S 店的弊端凸显的时候，才把其扶正，允许新加盟的经销商采用城市展厅的营销形式。

（资料来源：作者根据网络资料编写）

一、直销模式

1. 直销模式的含义

如果制造商不经过中间商环节，直接将产品或服务出售给消费者或最终用户，则这种渠道模式被称为直接销售模式，简称直销模式（也称直接分销、自产自销或者直接销售）。直销（直营）模式属于“非中间化”的渠道模式。如果制造商经过中间经销商、批发商、零售商，将产品或服务出售给消费者或最终用户，则这种渠道模式被称为间接销售模式。

这种“非中间化”的直销模式的特点是尽可能地减少中间环节而直接将产品或服务销售给消费者，它能够减少中间环节，降低渠道运作费用，提高渠道效率，同时，企业实施直销模式使得渠道信息反馈更快捷、更准确，便于渠道决策，使得渠道服务更方便、更到位，便于增进和维护客情关系，而且便于控制渠道价格和加快资金周转。正因为如此，不少企业开始探索和采用这种新兴的渠道模式。例如，雅芳是典型的有店铺直销，戴尔是典型的网络直销，而平安保险则主要是通过人员直销，其他如天津天狮、中山完美、上海玫琳凯等也都是直销模式的成功典范。

互联网的普及和网络生活的丰富，使得通过电子渠道的直销成为企业一种新的销售方式，通过互联网的购买行为也成为普通百姓一种新的生活方式，因此，通过建立企业网站或建立网店等电子商务平台进行产品分销在企业中已经非常普遍，俨然成为一种商务潮流和趋势，预计在不久的将来，网络化的直销必将成为营销的趋势，主宰渠道。

直销的形式多样化，并不断有新的形式出现，我们将这些形式归纳为两类：有店铺的直销和无店铺的直销。有店铺的直销与无店铺的直销模式比较见表 2-5。

表 2-5　有店铺的直销与无店铺的直销模式比较

有店铺的直销模式	无店铺的直销模式
(1)制造商专卖店	(1)人员直销
(2)销售门市部	(2)网络直销
(3)销售陈列室	(3)电视直销
(4)销售服务部	(4)电话直销
(5)合资分销店	(5)直接邮购
(6)租赁卖场	(6)目录营销(DM)
	(7)自动售货机
	(8)其他媒体营销(手机、电台、报刊)

2. 直销模式的优劣势分析

直销有助于企业更好地根据顾客的需求提供产品和服务，并与顾客建立起更为密切而牢靠的关系。这种优势主要表现在：直销渠道实现了生产与消费的紧密结合，使得两者之间的相互依赖关系得到了最有效的保证。与间接销售方式相比，在直销方式下，生产者与消费者之间的陌生、隔阂乃至矛盾(如时间矛盾、空间矛盾、品种与数量矛盾、价格矛盾、产品设计与实际需求矛盾、信息隔阂等)，借助于生产者与消费者的直接接触，都能够很好地得到减轻和化解。

直销模式的优势具体表现在以下几个方面：

(1)免去了层层加价、多次倒手、多次搬运等环节，有利于降低营销成本和销售价格，提高渠道产品竞争力和市场分销效率。

(2)生产者与购买者、消费者直接接触，既有利于改进产品和改善服务，也便于控制价格，同时也为人们获得高水平的销售服务提供了可能。

(3)直销减少了中间环节，减少了应收账款，回款迅速，加快了企业资金周转。

在现代渠道管理中，虽然生产商拥有对渠道的控制权，但是实际上在中间商进行商品分销的过程中，具有非常高的交易费用和风险。要控制零售价就要防止层层加价，要极其全面、仔细地监督中间商的行为。企业要求迅速返回货款，可是经常会碰到中间商不配合的情况，而在直销方式下，这些问题都迎刃而解了。企业采用直销模式有相当大的自主权和选择余地来优化销售活动的过程。

但是，并不是任何企业在任何情况下采用直销方式都是最佳的选择。一般来说，企业考虑是否采用直销，取决于生产与消费在时间、空间、数量上矛盾的大小及企业解决上述矛盾的能力。如果企业产品的保质期短、体积大、单位价值高，或者渠道控制的愿望强烈，则可考虑采用直销来完成商品销售。

采用直销模式可能带来的负面效应包括以下几个方面：

(1)由于一切流通职能均由生产者承担，增加了资金占用时间和固定投入费用。

(2)生产者承担全部市场营销风险，无法利用中间商资源分担风险。

(3)由于直接销售具有一定的指向性，市场覆盖范围可能具有局限性。

过去，因为消费者居住分散，购买产品的数量零星，因而单凭企业自身的力量，不借助中间商，无法使产品接触到更多的消费者。但是，在当今互联网时代，这些负面因素都可以在一定程度上得到消除，因为网络生活模糊了人们生活的界限，也极大地拓展了企业的商业空间。由此看来，直接销售与间接销售的优缺点是互补的。企业应当根据所面临的市场环境和自身条件，合理地选择分销方式。

案例分享

戴尔的直销模式

戴尔电脑以直销模式掀起了个人电脑行业的一次革命，凭借直销模式，戴尔当时已经成为全球个人电脑销量第一的公司。

一、戴尔的网上直销模式

电子商务的出现，给非直销企业提供了采用直销模式的契机。戴尔采用的网上直销模式借助的是第三方连锁直销平台。戴尔在美国的销售更多的是依靠网络，基本上可以不设门店。因此，我国的直销企业根据国情推出了一种本土化的直销模式——电脑直销。用户在直销店，如果看中了样品，只要留下电话和地址，就可以放心地回家等待和样品一模一样的产品送到手中，货到之后满意再付款。这是一种建立在连锁经营网络之上的直销模式，配送不再是由厂家配送给经销商，而是直接交到用户手中。

二、戴尔网上直销的流程

下面以戴尔公司的直销网站为例来分析和说明其物流过程。

戴尔公司的网站实际上提供了一个跟踪和查询消费者订货状况的接口，消费者可以查询从发出订单到货物送到消费者手中整个过程的订货状况，戴尔对待任何消费者(个人、公司或单位)都采用订制的方式销售计算机，所以其物流服务也是配合这一政策而制定的。戴尔的物流从确认订货开始，确认订货以收到货款为标志，在收到货款之后需要两天时间进行生产准备、生产、测试、包装、发运准备等。戴尔在我国的工厂设在厦门，其物流的发货委托给了一家货运公司，并承诺在货款到账后2～5天送货上门，某些偏远地区的用户每台还要加收200～300元的运费。

三、戴尔直销模式的管理

1. 直接的客户关系

戴尔的销售部门分成两部分，即负责大客户的LCA和负责小型机构和家庭消费者的HSB。销售代表与客户建立直接的关系，指定的销售代表负责固定的客户，专业的销售团队负责一个固定的区域或者一个固定的行业。客户有任何要求，都可以找到固定的人员来提供服务。戴尔与客户之间没有中间商，直接控制着与客户的关系，戴尔的竞争对手通过经销商进行销售，这些厂家无法像戴尔那样直接响应客户的要求。对于重要客户，戴尔还免费向其提供优选网站，客户可以得到特殊的折扣并直接在网上下订单，查阅生产状况、运输状况、维修记录和采购记录。

2. 按订单生产

产品销售出去后，销售代表将客户的订单传给生产线，工人按照客户的订单进行生产并检测。而且戴尔可以按照客户的要求，将客户需要的各种各样的硬件和软件集成在电脑里，并一起进行测试。然后，戴尔可以按照客户的要求将电脑运输到其指定的任何地点。其他竞争对手却不同，在客户采购电脑时，电脑已经生产出来了，厂商只能根据客户的要求重新调整配置。这样，既造成成本的增加，也造成质量的下降。

3. 专业的支持和服务

客户收到电脑的第二天，戴尔技术工程师会亲自上门安装，开箱时的任何质量问题都可以在第一时间得以解决。客户还享受终身的技术支持服务。客户遇到电脑故障时，可以通过免费的800电话向技术支持工程师咨询。如果是硬件或者其他需要上门解决的故障，工程师在致电后的第二个工作日上门维修。只要客户采购的是戴尔电脑，以上所有服务都是免费的。另外，戴尔还提供专门的服务网站，提供每周7天、每天24小时的服务。

4. 以客户为导向的研究和开发体系

戴尔不专注于专有技术的开发，而是向客户提供最需要的技术。戴尔的销售代表与客户有直接的关系，听取客户的意见并把这些意见反馈给研发部门，研发部门以客户需求为导向来设计产品。这使得戴尔电脑的技术不断得以更新，生命周期得以延长。

四、戴尔直销模式遇到的挑战

在我国市场，戴尔电脑的直销模式也面临挑战，主要是来自信息到达、物流配送和消费者购买习惯的挑战。我国市场地域辽阔、科技不发达、网络还不普及、商品信息难以到达，物流配送有时也很困难，而且，大多数人习惯在店里购物，所以，戴尔不得不进行渠道策略调整，尝试分销，以适应我国的市场环境。

事实上，戴尔分销模式的建立只是戴尔战略变革的一个信号。戴尔在我国的销售在一至三级城市仍以直销为主，在四至六级城市将建立以分销为主的新渠道模式，可以肯定的是，“直销＋分销”的混合销售模式将在一段时期内共同存在。

（资料来源：渠道网）

二、连锁经营模式

连锁经营在发达国家已经取得了巨大的成功。在我国，连锁经营自20世纪80年代后期起步，20世纪90年代初逐渐兴起，并得到了迅猛发展。尤其在上海、北京、深圳、广州等城市，连锁经营正在以超乎想象的速度飞速发展。连锁店正以一种强大的力量进入我们的生活，并影响和改变着都市人们的消费习惯和生活方式。我国的连锁经营已进入了加速发展阶段，它将是21世纪我国零售业最具增长潜力的经营模式。

1.连锁经营的含义

连锁经营是一种商业组织形式和经营制度，是指经营同类商品或服务的若干企业，以一定的形式组成一个联合体，通过企业形象的标准化、制度化、专业化实现资源共享，从而实现规模经营，达到规模效益的渠道模式。

有些学者认为，连锁经营是指企业以同样的方式、同样的价格在多处以同样名称的店铺出售某一类商品或提供某种服务的经营模式。美国贸易法规定，连锁企业是至少有在一家总店控制下的10家以上经营相同业务的分店。而在我国拥有三家以上名称、形象、经营内容和管理方式相同的具有业务联系的销售门店，就可以称为连锁经营商店。

20世纪90年代以来，连锁经营作为一种新兴的零售商业模式，已经在我国各行业蓬勃兴起，如家电行业的苏宁、国美，零售行业的华联、联华、华润，IT行业的联想“1+1”专卖店、清华同方，服装行业的李宁、雅戈尔，餐饮行业的小肥羊、谭鱼头等，其他如美容美发、化妆品、家居、装修、教育、图书、音像制品等行业也都大力开展连锁经营，有人说，现在连卖牛腩粉都要“连锁经营”，可见连锁经营模式的魅力之大。

2.连锁经营的特征

连锁经营的本质是：把独立的、分散的商店联合起来，形成覆盖面很广的大规模销售体系。它是现代化工业发展到一定阶段的产物，其实质是把社会大生产的分工理论运用到商业领域中，使之分工明确，相互协调，形成规模效应，共同提升企业的竞争力。连锁经营模式具有以下几个显著特征：

(1)经营理念的统一

经营理念是一个企业的灵魂，是企业经营方式、经营构想等经营活动的根据。一个成员店作为连锁商店的一分子，不论其规模大小、地区差异，都必须坚持一个共同的经营理念。这一理念体现在与购物有关的一切物质和精神环境上，要为消费者提供“优雅的购买环境”“快捷的服务”“衷心的关怀”“流行的消费”等。

(2)识别系统的统一

连锁商店要在众多店铺中树立统一的企业形象，包括外部视觉形象和内部装修与商品陈列等。这种统一的企业识别系统(CI)和经营商标不仅有利于消费者识别该企业，更重要的是使消费者产生一种深刻的认同感。

(3)商品和服务的统一

连锁经营中的各店铺经营的商品都是经过精心挑选的统一规格的产品、按消费者的消费需求而设计的最佳商品组合，并不断更新，提供的服务也经过统一的规划，对所有店铺的服务实行标准化，使消费者对连锁商店形成稳定的预期，即消费者无论到哪家店铺，都保证可以享受到连锁商店所提供的一致的商品和一致的服务。

(4)经营管理的统一

连锁经营商店接受总店统一管理，实行统一的经营战略和营销策略，遵循统一的规章制度。包括对员工统一作息、统一着装、统一考核和奖励，各连锁店统一采购、统一配送、统一确定价格、统一调整价格和促销等，以提高管理效率和规范性。

连锁经营就是在上述四个统一的前提下，实行专业化管理及集中规划，形成协同效应，使企业加快资金周转，增强讨价还价能力，使物流综合配套自成体系，从而取得规模效应。四个统一是连锁经营模式的精髓，它有助于保障连锁企业的产品和服务质量，有助于形成连锁企业的品牌效应，有利于进行快速复制和扩张，有利于开展规模经营。

3. 连锁经营的优势

连锁经营作为当今我国市场产品分销渠道的主流模式，部分地取代了传统批发市场的功能，且因其巨大的网络覆盖、顾客购买的便利性和体验性，以及名牌渠道的品牌效应，越来越受到顾客的青睐，也越来越得到企业的重视。连锁经营的主要优势见表 2-6。

表 2-6　连锁经营的主要优势

主要优势	具体表现
大量采购优势	连锁经营企业大多成立采购中心，统一采购，原因是规模化采购，具有讨价还价能力，可以降低采购费用，降低产品价格
市场覆盖优势	连锁店由若干连锁网点构成，形成一个产品分销的网络，具有对目标市场占领的功能和强大的市场影响力
品牌影响优势	连锁经营实行标准化经营与管理，具有统一的品牌形象标识，具有强大的品牌形象影响力，能够形成“品牌渠道”
联合促销优势	连锁经营企业的最大资源就是拥有众多的连锁门店，可以利用各门店之间联合促销，扩大促销效果，获得规模效益
成本分摊优势	连锁经营企业下属若干连锁门店，可以分担总公司的管理费用和经营费用，如采购、人工、物流、市场推广等费用，以降低市场风险
内部化优势	连锁经营企业各连锁门店之间还可以实现信息、资源共享，通过沟通、学习和联合，协调解决经营中的困难，共享成果

案例分享

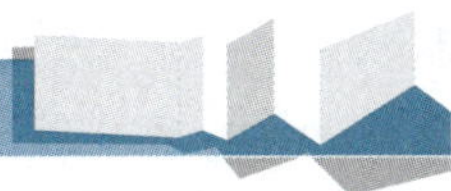

联想“1+1”专卖店的连锁经营

连锁经营作为国外一种成熟的经营方式在我国已被越来越多的企业认同。从 1998 年 8 月开始，联想率先将一种具有联想特色的特许专卖模式——联想“1+1”专卖店带进了我国的电脑行业。联想“1+1”专卖店的建立填补了我国信息产业在特许经营专卖领域的空白，开启了 IT 行业特许连锁经营的先河，也为联想带来了辉煌的成就。

一、商业模式

联想的商业模式是把联想“1+1”的商标授予加盟方，与其共享联想商誉，同时以特许经营合同为纽带，向加盟方传授经营管理经验。建立一个专门针对家庭和个人客户提供消费信息产品和服务的连锁经营体系。

二、经营特色

联想"1+1"特许专卖店是充分分析顾客需求和细分市场的结果。它面向个人和家庭顾客,满足他们对联想消费信息类产品的购买需求,旨在建成一条精品渠道。联想"1+1"专卖店体系以"规范、专业、亲和"为单店特色,而整个体系遵从"六个统一":

1.统一产品和价格

专卖店销售指定的联想消费信息类产品及解决方案,顾客不仅可以得到联想"1+1"家用电脑全线产品,还可以方便地购买到笔记本电脑、软件以及其他配套产品。同时各专卖店采用统一的销售价格,避免了专卖店之间恶性的价格竞争。

2.统一理念

经营理念是将各个特许专卖店相互联结在一起的内在链条。对外,联想"1+1"特许专卖店的服务理念是"专业、规范、亲和";对内,联想则倡导团队合作精神。

3.统一布局

依据各城市的购买力,合理规划,保证专卖店体系的合理覆盖,满足顾客购买的便利性需求,同时避免渠道冲突。

4.统一形象

统一CI管理,包括统一Logo,统一店面的文字、色彩与图案,树立渠道品牌形象。

5.统一管理

联想成立了专门部门负责所有专卖店的接口和管理工作。通过统一的网络化信息管理系统,管理各地专卖店的进销存和日常运营;具有十几本"管理手册"和"开业手册",对专卖店进行统一的资格认证、人员管理,使运营政策、培训计划、推广计划、奖惩规定等各项管理制度标准化、流程化,并保障贯彻落实。

6.统一服务

所有专卖店岗位遵循统一的服务规范流程运作,执行统一的服务项目及服务政策。

"六个统一"涵盖了特许经营模式CIS的一致性、产品服务组合的一致性、经营管理方式的一致性和经营理念的一致性,清晰地描述了联想"1+1"特许专卖店体系发展的特征。为切实保障"六个统一"得到贯彻,联想"1+1"特许专卖店着力加强服务功能,向客户提供统一规范的专业化的售前、售中、售后一条龙服务,旨在更好地服务客户,更好地满足家庭和个人客户现在及未来的需求。

(资料来源:渠道网)

4.连锁经营的分类

连锁经营按照不同的标准可以划分为不同的类型:

(1)按照所有权构成分类

按照所有权构成不同,连锁经营可以划分为正规连锁、自愿连锁和特许连锁。

①正规连锁(Regular Chain,RC)。美国在工业、商业普查和统计中所认定的连锁商店均为正规连锁,即单一资本经营,有两个或两个以上分店,统一经营管理的连锁商店。而国际连锁商店协会对正规连锁的定义为:以单一资本经营的由10个以上分店组成的零售业或饮食组织。

正规连锁的主要优势包括:规模优势(高度统一,总部拥有全部所有权);经济优势(批量进货采购,降低管理费用,减少中间环节);技术优势(总部专业规划和设计,共享技术)。

②自愿连锁(Voluntary Chain,VC)。美国商业部对自愿连锁的定义为:由批发企业牵头,成员在保持资本相对独立的前提下自愿组成的集团。日本商业部则认为:自愿连锁是由许多零售企业自己组织起来的,在保持各自经营独立的前提下联合一个或几个批发企业,建立起总部组织,使进货及其他业务统一化,以达到共享规模效益的目的。

自愿连锁的成员店资产独立,人事安排自理,经营上有很大的自主权,但经营的商品必须全部或大部分从总部或同盟内的批发企业进货,而批发企业则需要向零售企业提供规定的服务。

③特许连锁(Franchise Chain,FC)。特许连锁是指连锁店的分店同总部签订合同,取得使用总部商标、商号、经营技术及销售总部开发的商品的特许权,经营权仍集中于总部。在餐饮、便利店、旅馆等行业,连锁企业通常会在开设了一定数量的正规连锁店后,便考虑用特许连锁的方式发展加盟店。自 20 世纪 80 年代以来,特许连锁的发展速度已超过了其他两种连锁形式。

特许连锁的主要优势为:特许人将大大降低投资成本,加快扩张步伐,增强企业知名度,稳定市场份额;而被特许人将减少失败风险,借用促销策略,接受指导和培训,稳定商品供应、财务支持等。

(2)按照业种形式分类

按照业种形式的不同,连锁经营可以划分为商品零售连锁、餐饮零售连锁、服务零售连锁等。

①商品零售连锁。连锁作为一种组织形式可用于各种零售经营形式,如超级市场、折扣商店、专业店、方便店和百货商店等,从而产生了超市连锁、专业商店连锁、方便店连锁、百货商店连锁等。

②餐饮零售连锁。餐饮零售连锁能提供标准化、系列化、大众化的饮食服务,典型的例子就是麦当劳和肯德基等遍及世界各地的快餐连锁店。中国的永和豆浆、马兰拉面等也具有一定影响力。

③服务零售连锁。服务零售连锁主要是同一服务项目间的连锁。从服务业连锁经营的历史来看,采用正规连锁、自愿加盟和特许连锁进行扩展的方式普遍存在。例如,美国的洗衣店大多采取正规连锁经营的形式;中国台湾地区的美容美发店也较多采用正规连锁经营的形式;快速冲印业的连锁经营更为普遍,柯达公司就是采取这种形式开拓中国市场的。

(3)按照地理区域分类

按照地理区域的不同,连锁经营可以划分为国际性连锁、全国性连锁和区域性连锁。

大多数国际性连锁、全国性连锁都是从区域性连锁发展而来的,国际性连锁、全国性连锁由于分布广泛、距离远、区域差距大,还可按层次设立区域性管理机构,协调本区域内各分店的经营活动,但整个经营决策仍由总部统一控制。区域性连锁虽然规模不及全国性连锁,但其所在的区域内分店密度更大,更接近居民的生活区,在集中化、市场细分化方面做得更好。例如,美国的普尔斯马特、法国的家乐福等都已在我国设立连锁经营店,我国的超市发、天客隆连锁公司一开始仅在北京设立连锁店,后来又在全国一些大中城市设立连锁店,现在也已在莫斯科等地设立了连锁经营店,今后还有可能扩展到澳大利亚、美国。

三、复合渠道模式

由于企业所面临的细分市场客户消费行为之间存在差异，采用任何一种单一的渠道模式都只能覆盖部分目标市场，无法达到预期的市场覆盖率要求。同时，随着社会的进步和技术的迅猛发展，新渠道形式的不断涌现也为企业提供了更多的渠道选择方案。企业既可以选择通过建立销售队伍、直邮销售、电话营销或互联网营销等方式直接销售，也可以采取利用批发商、代理商和零售商等分销商间接销售。鉴于每一种渠道模式都有自己独特的优势及局限性，因此，明智的企业会选择整合不同渠道的优势，或不同地区采用不同渠道模式，利用多种渠道来销售自己的产品。事实上，绝大多数的家电产品、日用消费品、服装、食品和化妆品企业等都在综合使用经销商、代理商、批发商、超级市场、百货公司、便利店和专营店、专卖店，甚至电子商务等方式销售自己的产品，形成复合渠道模式。

复合渠道，也称多渠道系统，它是一家企业同时利用几种渠道模式来销售其产品的渠道体系。利用复合渠道销售产品，可以给企业带来很多的好处，如扩大市场覆盖面以实现销量最大化、适应不同顾客群的购买需求、有效降低分销成本、获得更加全面准确的市场信息、促进渠道创新和市场竞争等，但复合渠道的实施也会面临管理难度大的挑战。

企业构建复合渠道能够获得如下一些好处：

(1)扩大市场覆盖面。当不同细分市场的顾客在购买(选择渠道)习惯方面存在较大差异时，任何一种渠道模式都将无法满足所有顾客的购买需求，不能覆盖整个目标市场，只有利用多条渠道的组合才能达到较大的市场覆盖效果。

(2)降低渠道成本。因地制宜地利用各种渠道的优势进行组合，通常可以大幅度降低渠道成本。如那些采用传统渠道的企业，增加网络渠道或采用无店铺经营模式即可降低成本。

(3)增加销售的定制化程度，提高渠道效力。采用复合渠道时，企业可以利用不同渠道的特点对不同顾客提供差异化服务，更好地实现定制化营销。在企业间技术上的差异不断缩小的当今市场，构建起多条有效的特色渠道俨然已成为提高竞争力的一种明智选择。

可以说，现代消费者已经不再满足于从单一渠道获取商品信息和购买商品，特别是电子商务的兴起，丰富了销售的渠道形式。网络销售成为一种新趋势，消费者往往通过多种渠道获得商品信息和购买产品。消费者可能通过宣传单得知产品目录和促销信息，到网上进行搜索比较，进入零售店观看实物形态，最后通过电脑或手机下订单购买。

复合渠道的缺点就是加大了渠道管理的难度，容易引发渠道冲突。采用复合渠道将使不同渠道之间产生冲突的可能性大大增加，不同渠道之间的价格差异很可能会引发窜货、乱价，这些都对实施复合渠道的企业提出了更高的管理要求。

案例分享

“珠江”啤酒的渠道组合策略

“珠江”啤酒是华南地区较大较知名的啤酒品牌，其在华南地区的深度分销采用了多渠道的策略组合，并且把市场拓展到了海外。“珠江”啤酒的主要渠道模式及策略如下：

1. 采取直销＋经销商＋代理商的渠道模式

多层次的分销方式能够有效实现渠道覆盖、配送服务、品牌影响并进而达到促进销量的目的，三个相补充的渠道模式能打开珠江啤酒的网络渠道，从而实现渠道深度化。

2. 开通网络营销渠道

面对竞争激烈的啤酒市场环境以及快速发展的信息科技，珠江啤酒早就开通了电子渠道，好的弥补传统服务渠道的不足之处，帮助珠江啤酒实现了渠道网络化销售，有效提高了市场占有率，开拓了更广阔的市场空间。

3. 渠道互补策略

2004年开始与英特布鲁集团合作，利用了它在国际市场上庞大的销售网络，将珠江啤酒销往海外市场，借以实现"借船出海"的目的。同时英特布鲁旗下"贝克"啤酒则可以借助珠啤销售渠道，进一步打开中国高端啤酒市场。此外，借市场上的合作珠啤得以进一步拓展欧洲、南美和亚洲的韩国、东南亚等地市场，实现了双赢。

4. 开发特殊通道

珠江啤酒企业还组织专门的销售队伍开拓特殊通道，作为辅助销售渠道，如酒吧、网吧、KTV、饭店等。

（资料来源：作者根据网络资料编写）

第四节　其他无店铺渠道模式

无店铺渠道模式是指制造商和经销商不通过实体店，直接向消费者提供商品或服务的一种营销方式。与传统渠道模式相比，它避免了传统渠道中间环节过多，容易导致渠道冲突以及厂商和中间商不得不投入大量资金开设店铺、装修设计、广告促销、招聘人员、保证存货，从而导致经营成本大大增加等缺陷，实现了短渠道经营，在降低渠道成本的同时，提高了渠道效益。无店铺渠道模式一般包括直接邮购、目录营销、电话营销等以传统媒体（电视、报纸、广播等）为基础的营销渠道，新媒体渠道（互联网、多媒体销售、互动电视直销）以及自动售货等。

一、直接邮购

直接邮购，简称直邮，是通过邮局向家庭或企业寄送附有寄件人地址的广告，实现与潜在顾客或已有顾客进行业务联系和实现销售的一种方法。直邮营销者通过寄送各种邮件、信件、传单、宣传单、广告及其他产品信息（如音带、录像带，甚至计算机磁片和光盘等），开发客户，以达到销售的目的。直邮营销者希望出售产品或服务，为推销员收集有关线索，传播信息或为忠实的顾客提供礼品。

直接邮购的优点是它能更有效地选择目标市场，实现个性化销售，经营比较灵活，运作费用较低。尽管使用该方法每千人接触成本较采用大众媒体要高，但所接触的群体成为顾客的成功可能性较大。事实证明，直接邮购在销售诸如书籍、杂志和保险方面十分有效，并且越来越多地被用来销售新奇的产品、服饰、精美食品和工业产品等。邮购业务的成功很大程度上依靠公司管理邮件和顾客名单的能力、管理存货的能力、提供优质产品以及树立一个以顾客利益为中心的良好形象的能力。

随着消费者对直邮越来越了解，因此每一种尝试都应有创意，尽可能完善，以达到既定的目标。过去最简单的邮包不过是一封信或一件衣服，现在直邮目录中加入了许多其他的新对象，应慎重考虑这些要素是否适合直接邮寄。数据库技术的迅速发展，使得直邮公司能迅速准确地处理大量数据和邮包，直接推进了直邮行业的发展。

二、目录营销

目录营销是一种早在20世纪就出现的直复营销形式或工具。许多著名的消费品销售公司，如西尔斯(Sears)、沃尔玛(Wal-Mart)等都是目录营销实践的先锋。伴随着传统的目录营销在商业零售领域越来越广泛地应用，大型卖场、连锁超市、便利店、专卖店均采用这种模式，并且该模式将继续在各行业零售领域扮演重要角色。在美国，平均每个家庭每年至少要收到50份商品邮购目录，这些邮购目录大多由普通商品零售商寄出，如沃尔玛、家乐福、万客隆等公司，都采用了这种形式，并且取得了非凡的业绩。这些公司经营品种齐全，通过目录营销可以将丰富的产品信息传达给目标顾客，尤其可以准确传达公司门店的促销信息，刺激消费者的购买欲望，达到提高客流量和促进销售的效果。

例如，零售业巨头万客隆作为亚洲区较大的连锁超级货仓商场之一，凭借其庞大的顾客数据库资料，每月向顾客邮寄商品目录，通报最新商品的情况，发布本期商品促销的信息。另外，万客隆的会员每隔一段时间都会收到公司征询意见的电话，了解顾客对公司商品的引进、价格、维修以及售后服务等方面的意见。公司实行累计购买金额积分，顾客通过购物卡积分可以得到促销优惠或奖品，每当自己的消费达到一定的金额时，消费者都会得到一定价值的赠品或折扣优惠。

案例分享

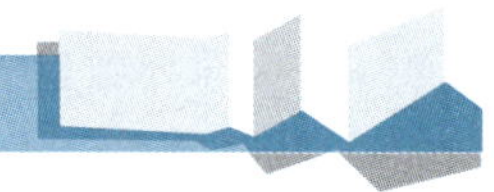

“红孩子”的目录营销

“红孩子”成立于2004年6月，是在中国做目录营销很成功的公司之一。公司先后3次顺利地吸引了美国著名风险投资公司NEA、北极光和KPCB共计3 500万美元的投资，成功地站到了中国较受欢迎的投资企业前列。

红孩子刚进入市场时，目录营销和电子商务方式在母婴用品领域已经有了相当的影响。一类企业是以传统门店与目录相结合，如丽家宝贝；另一类企业是专业电子商务网站，如皮皮网等。为了避开那些已经站稳脚跟的先进入者的锋芒，红孩子没有成立门店，选择了目录直投的方式，每月都将产品印刷成刊，免费投递到可能的用户手中。

红孩子公司认为要迅速获得市场的认同，最简单、最直接的方式就是低价。所以，尽管当时北京母婴市场上的平均利润率约21%，红孩子公司坚持只赚10%的利润。结果，不仅遭到同行怨恨，还导致了供货商的全面封杀。为了遵守厂方给出的价格，红孩子公司只能在赠品上做文章，向顾客赠送红孩子本身的贴牌产品。除低价外，红孩子公司的快速发展主要得益于其独特的业务模式以及由此带来的核心竞争力：快速反应和整合。公司将供应、销售、物流、呼叫中心和行政管理都配合在一起。公司在全国主要城市设置了妇婴产品电子呼叫中心，将呼叫中心和网站绑定。呼叫中心一旦接到订单，立即同时传给物流、财务和供应商管理系统。红孩子公司的物流系统在接到订单后，负责在24小时内将货配齐，运给客户，并负责收款。红孩子公司所销售的产品都是知名品牌，所以，红孩子公司认为，自己只是一个平台和营销渠道。

（资料来源：改编自胡疆的文章《红孩子之路》，2018年5月14日）

三、电话营销

电话营销是随着现代技术的出现而发展起来的一种渠道模式，通过利用和发挥电话的功能，内向接收和外向拨打电话，以此获得客户信息，激发客户需要和进行业务交易。

外向拨打电话寻找客户作为营销的一种手段，在操作过程中容易受到指责，因为这种方式被很多人认为具有侵犯性而不受欢迎。但作为企业间沟通的一种手段，也许更具商业价值。对某些公司而言，外向拨打电话是销售组合的一个关键要素，一种制胜手段。内向接收电话，不论对消费者还是对企业间市场都是电话营销领域崛起的新手段，它的发展是与以媒体为基础的直接反应广告的发展相联系的。由于这种方法能够得到快速反应与行动，因此对消费者和广告商都很有吸引力。800免费电话和低价电话的采用进一步改进了这种方法，这使得潜在消费者在接电话、打电话时免去了为了联络生意需要付费的压力，使电话营销变得轻松而自然。目前，电话营销已经成为消费品市场一种主要的直接营销工具。

由于输入了大面积电话服务装置，营销者可以向顾客或潜在顾客提供免费的电话号码，以便使顾客受到印刷广告或电视广告、直接邮件以及目录广告的刺激后，通过电话订购有关的产品或服务，或者通过电话提出投诉或建议。营销者也能通过电话直接向消费者和企业推销，找出需求信息，联络远程的顾客。此外，电话营销还能提高公司的推销效率，尤其能节约营销过程的开支，因为电话营销几乎不需要固定的投入。由于，人们对于陌生人电话的防范心理，电话营销往往不被人信任，而是让人反感，因此，虽然不少企业利用电话进行营销，如保险、房地产等，但效果并不好，特别是现代互联网、移动互联网的兴起，电话营销将会被取代。

四、直复营销

直复营销是公司采用一定的媒体，通过与目标顾客直接接触，获得顾客直接的反馈信息，从而实现产品或服务销售的一种营销方式。从分销层次看，直复营销属于短渠道模式。

信息技术的发展，使得同时处理大量电话并与顾客进行沟通的手段出现，企业纷纷采用这种直接沟通的销售方式。电视、电台、报刊也可被用于向顾客推销产品，企业在这些媒体上发布直复广告，从中听到或读到有关某种商品信息的顾客可打免费电话订货。

在各种媒体的直复营销中，电视正在成为一种日益重要的媒体。企业可通过无线电视网或闭路电视将产品直接推销给消费者，具体操作的方式有：

1. 直复广告

直复营销者购买电视广告时间，通常为60秒到120秒，这样可以详细地、有说服力地介绍产品。顾客可以拨打免费电话订购商品。实践证明，在推销杂志、书刊、小型家用电器、唱片、影带以及其他产品方面，直复广告非常有效。

2. 家庭购物频道

整个电视节目或整个频道都可以用来推销商品或服务。例如，美国的家庭购物网(HSN)每天24小时播出商品或服务的信息，商品类别涉及珠宝、台灯、玩具娃娃、服饰、电动工具、电子消费品等，节目主持十分生动，顾客通常可以通过HSN买到物美价廉的商品。

3. 互动电视营销

互动电视营销也叫视频信息系统，是一种通过电缆或电话线联结消费者电视机和销售者计算机信息库的双向装置。视频信息系统提供各个制造商、零售商、银行、旅行社以及其他组织的商品目录，消费者使用一台普通电视机和电视机顶盒(通过双向电缆联结视频系统的专门装置)，便可启动键盘订购商品。

五、自动售货

自动售货是指通过自动售货机或其他自助售货设备来销售商品，如自动售货机、自动柜员机、自动售报、机场的自助办理登机卡、地铁的自助售票等，都是典型的自动售货方式。自动售货机一般被放在商店、医院、机场、地铁和其他公共场所内，以便于顾客购买，同时提高渠道覆盖率和销售效率。自动售货主要用于饮料、休闲食品、金融产品等包装比较标准的商品销售，随着信息化水平的提高，这种渠道模式越来越普遍。

还有一些企业开发和设置一些其他形式的自动售货设备。例如，一家鞋业公司在它的几个分店里都设有自动售货机器，顾客可以向机器说明他所需要的鞋子的式样、颜色和尺码，然后机器便会按照顾客的要求在屏幕上显示出鞋子的图像。如果顾客所需要的鞋子在本店没货，他可以拨打旁边的电话，并输入信用卡的号码以及送货地点，该公司将提供送货上门服务。又如一家零售商在机场的电话亭设立自动购物点，顾客可以看到在电视屏幕上介绍的各种产品，如玩具、箱包、图书等，也可以触碰屏幕，指出感兴趣的产品。在某一类产品中，如顾客对某品牌的箱包感兴趣，录像就会介绍此种箱包的优点。如果顾客想订购，可以再碰一下屏幕，指明其对包装、送货、签收的要求。最后顾客可将信用卡插入机器的收银口支付，整个交易便完成了，所购的商品会很快送到指定地点。

专　题

新媒体渠道

新媒体营销是利用当代最新通信媒体，如互联网、互动电视、手机移动终端等，将商品信息传送给消费者，再由消费者利用通信媒体，以单向或双向的信息传递以完成订购、销售、支付、物流等流程的网络营销方式。

所谓新媒体渠道(简称新媒渠)，就是借助传统媒体、移动通信、互联网及服务业媒体，低成本获取庞大客户资源，省去实体网络构建成本，媒体利用其庞大的信息受众规模和稳定便捷的渠道网络，充分发挥产品销售渠道集信息流、商流、物流和资金流四流合一的功能，在第三方企业（广告商）和消费者、客户之间搭建沟通和贸易桥梁，为第三方企业（广告商）提供市场分析、客户选择、营销策划、活动实施、产品代理、信息告知、交易谈判、货物配送、资金回笼、服务延伸、顾客维护等系列化、专业化渠道服务的新型业务形态。

这里所说的媒体有以下四种类型：第一类就是传统媒体，如报纸、电视、杂志、广播等；第二类就是互联网；第三类为移动通信；第四类为传统的服务行业，如银行、邮政、酒店、学校、机场、电影院等。这些媒体的核心资源包括：一是媒体界面；二是顾客资源；三是遍及全国的销售网点。

案例分享

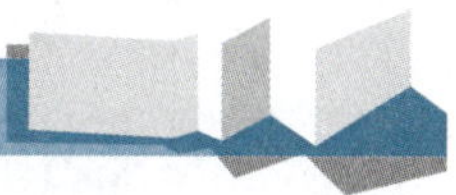

古井贡：开创"互联网＋酒"新渠道格局

中国白酒文化源远流长，但在当今互联网营销时代，其市场拓展也面临挑战。古井贡是中国白酒行业浓香型酒的知名品牌，2016 年 10 月 31 日，安徽古井集团董事长梁金辉一行现身苏宁总部，与苏宁云商董事长张近东共同出席"苏宁云商·古井贡酒战略合作发布会"。苏宁易购与古井贡酒分别作为电商、白酒行业领军企业，签署了战略合作协议，共同推进白酒行业营销的互联网转型与产业合作升级。发布会上，双方联合推出了"45 度古井贡酒 1989"，并由苏宁全渠道独家发售。双方表示，以此款产品为标志，白酒行业将全面进入以用户体验为核心、线上线下融合发展的新媒体渠道运营模式。

凭借此款定制产品，一方面苏宁将通过线上线下融合的全渠道平台，快速提升产品曝光度、拓宽产品销售渠道；另一方面，苏宁也将整合政企大客户以及线上线下经销商资源。独家负责"45 度古井贡酒 1989"的团购和分销渠道建设。这是白酒行业首个由互联网新渠道负责单品全面操盘的合作案例，也是白酒行业流通渠道升级中具有里程碑意义的事情。当年的"双 11"，双方携"45 度古井贡酒 1989"战略新品，通过营销资源共享、品牌互动营销、多样化合作等方式，给市场带来了亮点，为消费者带来了更多实惠和消费体验，最终实现了品牌与销售的快速、协同发展。

（资料来源：尹元元等主编. 渠道管理（第二版），人民邮电出版社，2017）

新媒渠作为一种新型的服务业态、一种全新的商业模式，充当的是一个资源整合者的角色，采用的是资源整合型的平台化运营模式。

新媒渠的特点是企业媒体化、媒体渠道化、渠道媒体化、渠道平台化。所谓企业媒体化就是指企业本来需要借助媒体推广自己的产品、品牌及形象，而企业，特别是知名企业，在运作过程中本身就变成了一种媒体，承担着接收信息和传递信息的功能。媒体渠道化是指原来的一些纯粹媒体，现在已经演化为不仅是媒体，同时又是有力的销售渠道，如电话推销、电视购物、互联网电子商务、手机、114 查号台、携程旅行网等，都是一渠多能。科技的发展使得媒体渠道化成为潮流。渠道媒体化是指很多知名的销售渠道承担着新时期信息的接收与传递，甚至品牌推广的功能。渠道平台化是指渠道逐渐演变为产品销售和信息积聚的综合平台，如沃尔玛、苏宁等。

本章小结

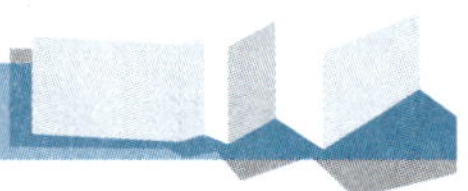

本章主要讨论了渠道作为一种营销战略及其主要模式的优势和劣势，有助于企业进行正确的渠道模式选择。首先介绍了三种典型的分销战略：密集分销、独家分销、选择分销；然后讨论了传统渠道（经销商模式、分公司模式）、新兴渠道（直销模式、连锁经营模式、复合渠道模式）和其他无店铺渠道模式；分析了我国复杂市场环境下复合渠道模式的发展趋势；讨论了新媒体渠道专题。

思考与练习

一、名词解释

密集分销　选择分销　连锁经营　复合渠道

二、选择题

1. 在渠道战略选择中三种典型的分道战略包括密集分销、独家分销和（　　）。

A. 经销商分销　　B. 选择分销　　C. 批发商分销　　D. 网络分销

2.（　　）包括直邮、目录营销、电话营销等营销渠道和新媒体渠道（互联网、多媒体销售、互动电视直销）、自动售货等。

A. 直销渠道　　B. 无店铺渠道　　C. 分销渠道　　D. 电子渠道

3. 传销又叫“多层次营销”，是一种以（　　）为理论基础，以人情为联系纽带，以人际传播推广为主要形式的商品营销方式。

A. 市场营销学　　B. 市场倍增学　　C. 市场策划学　　D. 市场传播学

4. 连锁经营按照所有权构成不同可以划分为正规连锁（直营连锁）、自愿连锁和（　　）。

A. 国际性连锁　　B. 特许连锁　　C. 非正规连锁　　D. 区域性连锁

三、简答题

1. 经销商与代理商有什么区别？
2. 连锁经营模式具有哪些特征？
3. 什么是新媒体渠道？

四、论述题

怎样区分直销与传销这两种分销模式？

训练设计

通过自己的观察或实地调研，找出一个实施复合渠道模式的企业案例，绘制该企业的复合渠道结构图并分析其各自的目标顾客及分销功能。

应用分析

苹果全球体验式渠道模式构建

苹果创始人乔布斯认为,IT公司主攻的战场应该是消费者的右脑与左心房:科技产品应该参与到消费者的生活之中,与他们一起激动、幻想和创作。基于这种理念,苹果公司提出了以用户为中心的数码生活、数字生活(中枢)战略,该战略的主旨就是,搭建一个由消费者主导的产业生态圈。苹果在全球打造的是数字生活全面体验的空间,店内的区域都以"方案解决区域",与用户进行直接、有效的交互,而不是推销产品,形成较好的口碑及品牌形象。在此基础上,苹果搭建了以整合第三方销售渠道为主的体系,国外主要通过与运营商合作方式销售产品,中国主要是以授权方式销售产品。

一、渠道策略:体验为王

为了尽可能地贴近更多的消费者,扩大"果粉"以外的消费者对苹果产品的认知,苹果零售店精心设计了呈现"数字生活中枢"的用户体验场。苹果零售店打造的是数字生活全面体验的空间,店内的区域都以"方案解决区域",与用户进行直接、有效的交互,而不是推销产品。苹果零售店实际就是苹果与用户零距离交互的场所,它提供了一种企业与用户之间最便捷的通讯方式,在用户体验中收集需求,体验即交互,实现了企业与用户最大限度地无缝对接。

体验一:为了实现产品与顾客生活体验的契合,店里没有晃眼的灯光、嘈杂的音乐或者推销产品的售货员,顾客可以摆弄各种机器。

体验二:店里设有一对一的零售店会籍,对顾客进行面对面的电脑操作私人培训。

体验三:天才吧(Genius Bar)是苹果的另一个创新,让顾客可以与维修人员面对面地进行问题检修。

二、苹果在美国、欧洲等海外市场的销售渠道体系

1. 运营商渠道

(1)运营商独家代理渠道

在独家代理商合作框架的约束下,无论是苹果自有渠道销售的产品还是运营商渠道销售的产品,都需要用户与运营商签订一定时限的网络使用合同,以提升绑定用户的作用。

(2)未来可能采取运营商定制

随着苹果发展iPhone的核心战略逐渐从以盈利增长为核心向以用户基数增长为核心的转变,未来苹果有可能改变其现有的运营商合作策略,放开其产品同意以运营商定制的方式来销售iPhone。

2. 苹果自有渠道

(1)直营店

实体渠道即苹果在各个国家或地区建立的自有产品销售渠道,主要包括苹果产品的专卖店、体验店等多种实体店面,当然这样的店面的数量不会很多,主要是根据地区的用户需求和市场环境来确定专卖店的建设布局。

(2)网络商店

网络渠道即苹果的网上商店，也就是苹果建设的电子商务B2C商城，当然其销售的都是苹果自有的一些商品。

二、苹果在中国的销售渠道模式

1. 总代理方式

苹果授权在某地区的代表，代行苹果的一些职能，并经销苹果产品，所经营的产品可以以现金购买，也可以是销后结账。

2. 经销商方式

经销商直接经营苹果产品，销售的苹果产品需要现金购买。苹果经销商全国共有两家，分别为中国邮电器材总公司和深圳天音公司，两个经销商在各省省会城市、直辖市分别建有自己的分公司，是苹果公司在中国大陆的指定渠道经销商。通过这两家公司的营销网络，能够覆盖全国各地、市、县、乡的各级零售店。

3. 零售终端方式

零售终端方面，苹果采取了授权专卖店、卖场连锁店以及网上授权零售三种方式相结合的路线。在中国主要有电器零售公司国美电器、苏宁电器、迪信通电器及全国其他各省共80家左右当地较大的电器零售商或手机零售商，这些零售商和苹果公司签有直供协议，不通过代理直接从苹果公司进货，比普通零售商享有更大的价格优势和市场支持。见表2-7。

表2-7　　苹果中国的渠道布局

类别	定位	分布
体验店	苹果零售店在中国的定位类似于旗舰店	在中国内地各大中城市布局
综合零售商	位于综合零售商的个人电脑销售专区	有国美电器、苏宁电器、迪信通电器等
优质经销商	专营苹果产品，倾力打造Mac和iPod平台，为用户提供了解相关知识的本地中心	如英龙华辰、酷动、新亚、Life Style等
授权经销商	网点式分布，最便捷的购买渠道，数量最多	美承、金数码等70多家授权经销商

(资料来源：根据苹果公司官方网站资料编写)

【问题讨论】

1. 苹果公司采用的是什么样的渠道战略？

2. 苹果的渠道模式战略有什么独特之处？

第二篇

渠道建设

渠道建设的根本任务是绘制企业营销渠道的“蓝图”，构建企业产品或服务分销的通路和框架。渠道建设在关注传统渠道的同时，更需要关注新兴渠道的发展。

本篇共分为两章：

- 第三章　渠道设计
- 第四章　渠道成员选择

第三章 渠道设计

设计渠道结构

学习目标

知识目标

- 了解渠道设计的内涵和内容
- 了解渠道设计的原则和目标
- 了解渠道设计的环节和过程

能力目标

- 学会分析渠道设计的影响因素
- 掌握渠道设计的策略与方法
- 掌握渠道的“逆向重构”策略

案例导入

“电商＋纸媒”：阿里巴巴“码上淘”

从2015年开始，传统媒体相继进入转型阶段，报纸媒体作为传统媒体的代表，开始尝试各种各样的经营思路但效果不佳。阿里巴巴“码上淘”的推出，就算业界的一线曙光，无疑让纸媒企业看到了新的转型机遇。大多数纸媒曾经做过的电商都被看作“伪电商”，没有技术支撑，没有商户囤积，电商从何谈起？而这次阿里巴巴的“码上淘”，将以“电商＋纸媒”的创新方式开始新的尝试。阿里巴巴提供技术、商户、物流平台，纸媒则负责贡献出他们的读者受众群体资源，并通过报纸媒体在各地的发行渠道，弥补线上很难达到的目标群体。而现代生活节奏越来越快，碎片时间也被不停占据，如果能在等地铁、公交和等人的时候吸引人们关注“码上淘”，相信对于年轻人来说也是另一种乐趣。除了看小说、看电视，又多了一种消磨时间的有趣方式，那就是进入“码上淘”。

从阿里巴巴的投资动向看，阿里巴巴似乎对传统媒体很感兴趣，从收购到合作不断迎合传统媒体的受众群体。其实，传统媒体的价值一直被低估，或者一直未得到充分的开发，它所带给人们的不仅仅是传播新闻的价值，而是新闻背后包含的传媒集团高权威、多资源、强背景等更深层面的社会价值。相信“云式野心”正是相中了传统媒体的这一特点才开始更深层次挖掘纸媒。

（资料来源：根据《渤海早报》相关报道编写）

【问题思考】 传统纸媒的转型给现代企业渠道设计什么启示？

第一节　渠道设计的内涵与内容

在企业的渠道建设和渠道管理过程中，渠道设计是战略性的必需环节，也是基础的环节，它属于渠道战略管理的内容，决定着企业营销的未来发展方向。

一、渠道设计的内涵

渠道设计是指企业为了实现销售目标，根据自身产品的特点，结合企业内部及外部环境条件，对各种备选渠道模式进行评估和选择，从而开发新型的营销渠道模式或改进现有营销渠道的过程。渠道设计是企业对于自身产品未来的营销渠道的长度、宽度和分销模式的提前规划。

产品一旦进入市场，企业就需要根据自身的产品、价格、促销等营销组合要素设计营销渠道，以实现销售目标。企业也可以通过营销渠道的设计获得市场竞争优势。广义的渠道设计包括在公司创立之时设计全新的渠道模式，以及改变或再设计已有的渠道模式，对于后者，也称为营销渠道再造，是市场营销人员经常要做的事情。

二、渠道设计的内容

渠道设计主要是制造商的职责，但批发商和零售商也同样面临渠道设计的问题。对零售商来说，渠道设计是从制造商与批发商入手的，为了获得可靠的产品供应，零售商要从渠道的下游向渠道的上游进行设计。而批发商处于渠道的中间位置，其渠道设计的决策需要从两个方向入手，既要考虑上游的供应情况，又要了解下游的需求情况。渠道设计应该具有战略性和前瞻性，它引导着企业分销工作的未来方向。渠道设计的内容包括：

1. 渠道的长度与宽度

(1)渠道的长度

渠道的长度是指构成营销渠道的层级、环节的多少，或者说构成营销渠道的不同层级渠道成员的多少。根据渠道的长度可以把渠道划分为长渠道和短渠道。长渠道主要表现为经销、代理、批发等形式，短渠道主要表现为直销、连锁经营、网络营销等形式。有的人也把长渠道称为间接渠道，把短渠道称为直接渠道。

①长渠道

长渠道(间接渠道)的优点是具有扩散效应，可以利用各级渠道成员的资源，发挥它们的作用，做到层层分销、深度分销，每个渠道层级都发挥“变压器”的功能，扩大市场影响力。长渠道的缺点是不易控制产品的价格和流向，流通成本高，容易逐级加价，导致产品价格提高，不利于价格竞争，同时也容易出现跨区域窜货的情况。长渠道主要适用于大众消费品的分销，能够最大限度地发挥辐射、扩散效果。例如，日化产品、家用消费品就适合采用长渠道，如宝洁、维达、娃哈哈、金龙鱼、美的等企业就始终坚持长渠道，利用经销商和批发商的力量进行分销。

②短渠道

短渠道(直接渠道)的优点是目标明确,具有显著的指向性,能够直接击中目标消费群,可控性强。同时,短渠道减少了许多中间环节,节约了流通成本,有利于产品价格的竞争。另外,短渠道还能够实现信息的有效到达和反馈,能够使服务更直接、更快捷、更到位,有利于提高服务质量,使顾客满意。短渠道的缺点是其市场覆盖面有限,不容易迅速提高产品销量和市场占有率,不易开展深度分销,建设成本也较高。短渠道主要适用于工业品、耐用消费品和高档消费品,一些生鲜食品、时尚消费品和品牌产品也常常采用直销、连锁经营等短渠道形式。

(2)渠道的宽度

渠道的宽度是指渠道同一层次选用中间商数目的多少,多者为宽、少者为窄。企业使用的同类中间商多、产品在市场上的分销面广则为宽渠道。如一般的日用消费品(毛巾、牙刷、洗发水等),由多家批发商、经销商分销,再转卖给更多的零售商,能大量地接触消费者,大批量销售产品。反之,如果企业使用的同类中间商少、营销渠道面窄则为窄渠道,它一般适用于专业性强的产品或贵重、耐用消费品。有的人也把宽渠道称为密集分销,把窄渠道称为选择分销。

①宽渠道

宽渠道就是企业在一个目标市场中采用尽可能多的渠道成员分销其产品,把产品分销到市场的各种渠道、各个角落,开展深度的、密集的分销,做到无孔不入。宽渠道的优点是有利于在目标市场实现市场覆盖最大化、销量最大化,有利于市场竞争。但宽渠道的缺点是容易造成各种渠道之间的价格不平衡,容易引发窜货、乱价等渠道冲突,对制造商的管理水平提出挑战。宽渠道主要适用于大众消费品的分销,能够迅速提高销量和市场份额。例如,食品、日化品、日用消费品、家居产品等通常采用宽渠道形式。

②窄渠道

窄渠道就是企业在一个目标市场选择部分合适的渠道成员分销其产品,只把产品分销到市场的部分渠道或部分地区,目的是满足部分特定消费者的需求。窄渠道的优点是具有明确的针对性和指向性,有效击中目标消费群,有利于提升品牌档次,渠道可控性强;窄渠道的缺点是市场覆盖面和市场影响力有限,渠道建设成本也较高。窄渠道一般适用于工业品、耐用消费品和高档消费品的分销,一些专业的、特殊的商品也常常采用窄渠道形式。例如,高档时装、珠宝、高档钟表、高级汽车等,常常采用窄渠道形式。

长渠道与宽渠道(以食品、日化产品为例)见表3-1,短渠道与窄渠道(以汽车为例)见表3-2。

表3-1　　长渠道与宽渠道(以食品、日化产品为例)

	大卖场	连锁超市	批发市场	菜市场	餐饮酒店	便利店、小店	购物中心	特殊通道
厂家								
经销商								
批发商								
零售商								
顾客								

表 3-2　　短渠道与窄渠道(以汽车为例)

	汽车交易市场	4S 专卖店	特殊通道
地区代理商			
专卖店			

2. 传统渠道与新兴渠道

传统渠道是指改革开放初期在我国流通市场普遍采用的渠道形式,包括经销商、代理商、批发市场、百货商场、士多店、组织市场、特殊通道、人员销售等渠道形式。

随着市场经济的深入开展,新兴渠道不断涌现,传统渠道逐渐失去昔日的光芒,成为我国商品流通的辅助渠道。但传统渠道也不可或缺,它们仍然扮演着商品分销的重要角色。例如,由于我国市场结构的特殊性,传统渠道还将在相当长的一段时期内存在,并且承担我国辽阔市场深度分销和物流配送的重要功能,批发市场虽然逐渐衰落,但小店因其便利而不可忽视。同时,传统渠道也不得不进行与时俱进的渠道转型,以适应新时期商品分销的需要。例如,新时期经销商大多转型为深度分销商或物流配送商,承担基层市场和郊区市场的深度分销功能,代理厂家承担城市市场商品的物流配送功能,如传统百货商场也正在升级换代,逐渐转型为大型购物中心。

新兴渠道,顾名思义就是指随着科学技术的进步和我国经济的发展而诞生的有别于传统渠道的渠道形式,如以电子商务、网络营销为特征的电子渠道,以人员推销和互联网为销售平台的直销,以连锁经营为特征的现代零售业,融生活、购物、娱乐为一体的现代购物中心(Shopping Mall),以及电视购物、自动售货、目录营销等其他渠道形式。尤其是电子商务,正在通过人们经济生活中的各种要素融入传统渠道中,由电子商务引发的网络营销正在大踏步走进企业经营和家庭生活中。因此,美国学者伯特·罗森布洛姆强调,“营销渠道的战略、设计与管理必须把电子商务当作是营销渠道和分销系统中一个完整的组成部分。”

不难发现,网络技术的兴起,使互联网成为我们学习、生活和工作的重要组成部分。当今的网络已经发展成为一个独立的信息流、商流、物流、资金流的交互平台,网络营销颠覆了整个营销体系,电子渠道颠覆了传统的分销渠道,现代企业应该重新思考和设计自己的渠道结构,以适应“市场网络化、网络渠道化”的竞争需要,未来以网络为平台的渠道形式必将主宰企业的渠道格局。可以说,网络时代的营销面临全面的更新和挑战,传统渠道逐渐衰落,新兴渠道日渐兴起,新兴渠道代表着渠道发展的未来,现代“5G”手机的推广和“物联网”技术的出现都预示着这种趋势。

案例分享

IKEA(宜家)的“体验式”渠道设计

IKEA 是由坎普拉德于 1943 年创立的一家瑞典家居用品企业,创立之初主要经营文具邮购、杂货等业务，后转向以家具为主业，在不断扩张的过程中，经营的产品范围扩展到涵盖各种家居用品。经过70多年稳健的发展，宜家已经成为全球最大的家居用品零售商。如此辉煌的业绩与其独特的“体验式”渠道策略是分不开的。

一、自设卖场控制渠道

宜家的渠道策略是独立地在世界各地开设卖场，专卖宜家自行设计、生产的产品，直接面向消费者，控制产品的终端销售渠道。目前，宜家在全世界36个国家和地区拥有292家大型门市(其中258家为宜家集团独自拥有，34家为特许加盟)。每年印刷量高达一亿本的IKEA商品目录中，收录大约12 000件商品。

二、IKEA成为体验的地方

宜家是一个家具卖场的品牌，也是家具的品牌。通过一系列运作，IKEA卖场在人们眼中已不仅是一个购买家居用品的场所，它代表了一种生活方式，所以当你看到追求时尚的年轻人提着印有IKEA标志的购物袋神采飞扬地走出宜家卖场，你不必惊讶。

宜家的成功在于它整合了商流和物流。宜家在全球拥有46个贸易公司(TSO)，每一家贸易公司的员工负责监督产品生产，以及试验新方案、商谈价格、检查质量，贸易公司的员工同时还负责监督宜家供应商在社会环境、工作条件和环保等方面的工作。此外，它还整合了商流和物流的核心理念——体验生活方式。在人们心中，宜家(IKEA)已经和麦当劳、星巴克一样，成为一种生活方式的象征。

三、卖场的人性化布局

宜家的商场布置显示了其对顾客的重视。IKEA的卖场设计有其标准规范，进入商场后，地板上有箭头指引顾客按最佳顺序逛完整个商场。主通道旁边为展示区，展示区的深度不会超过4米，以保证顾客不会走太长的距离。展示区按照客厅、饭厅、工作室、卧室、厨房、儿童用品及餐厅的顺序排列。这种顺序是根据顾客习惯而制定的，客厅最重要，饭厅是人们处理日常事务的地方，家庭办公室紧随其后，卧室是最后一个大型家具区。这种展示方式有利于给客户一个装饰效果的整体演示，同时还有利于连带购买。

四、DIY的渠道体验方式

宜家最为人们津津乐道的特点还有DIY(Do It Yourself)，宜家的所有家具都需要顾客自行组装。宜家为所有家具都配备十分具体的安装说明书，顾客可以根据说明书轻松地把家具组装起来，在节省搬运费的同时，也增加了动手的乐趣。另外，平板包装对于宜家来说节省了成本，对于顾客来说则方便了购买和搬运流程。

3. 大众渠道与特殊通道

根据渠道本身运作的特点和渠道所销售产品的特点，可将渠道划分为大众渠道和特殊通道。

大众渠道一般是指批发市场、百货商场、大卖场、连锁超市、购物中心、便利店、专营店、专卖店、社区小店、自动售货(自动柜员机、自动售货机，机场、医院等公共场所的自助设备)、电子渠道(电视、手机、互联网购物)等普通消费品的销售渠道。大众渠道一般销售大众消费品，其开发和管理遵循营销的规则，一般使用营销的策略和方法就能奏效。

特殊通道一般是指有别于大众渠道的渠道形式，包括组织市场(政府采购、军队采购）、机团消费（机关单位发福利、小店采购）、特殊消费场所（医院、学校、机关食堂、监狱、铁路、机场、美容厅、酒店、餐馆、卡拉 OK、娱乐城、俱乐部）以及特殊的个人（如明星、名人、领导人等）。

案例分享

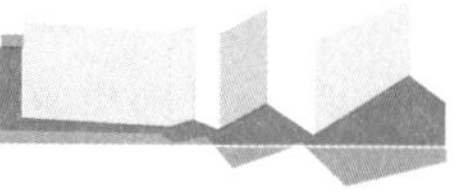

薇姿的“药房专销”

薇姿（Vichy）是法国欧莱雅集团旗下的品牌，进入我国才十来年之久，已取得年销售额超过 15 亿元的骄人业绩，毫无争议地成为目前我国药妆市场的“领头羊”。而其业绩，并不输给普通的大众日化品牌，甚至是更胜一筹。原因在哪里？是因为薇姿另辟蹊径，开发了化妆品的药妆渠道。

一、薇姿进入药店销售

欧洲护肤品的销售渠道首先是超市，其次是药店，而后才是百货商店。只有极少数化妆品能够通过严格的医学测试得以进入药店，而薇姿则是其中之一。

薇姿选择药店这一独特的渠道加上其优良的品质，树立起了独特的化妆品品牌形象，在化妆品渠道选择上取得了关键性的突破，并在我国市场上培养起了一批忠诚的购买者。同时，薇姿独特的渠道选择策略也引起了越来越多的化妆品品牌的注意，已经有不少化妆品品牌开始探索进入药店销售。原因包括：

1. 欧莱雅集团对薇姿产品的定位是中高档化妆品，因此适宜采用直销的方式。所以，可供选择的渠道可以是连锁药店、化妆品连锁超市、网络营销、化妆品专卖店、美容连锁机构等。

2. 药店通常能让消费者感到“健康、放心”，而薇姿正是一个给肌肤带来健康护理的品牌，这与药店的专业形象是不谋而合的，事实上，在药店销售反而给消费者一种更加专业的健康形象，而这种建立在消费者心中的形象是任何宣传都难以取得的。

3. 薇姿选择在大型药店设立高档专柜，或者在高档商场内的药店里出售，不仅衬托出它护肤方面的专业性，而且增强了购买者对这种专业性的信任感。并且同时将免费的健康护肤咨询、专业皮肤测试与化妆品营销结合在一起，为消费者提供专业化的服务。

4. 为了配合选择药店销售的渠道策略，薇姿在产品包装上也很符合药店所倡导的健康形象。薇姿的包装以蓝、白两色为主，清雅自然，没有过多的修饰，十分符合品牌清新健康的形象。

二、开发药妆渠道的好处

1. 避实就虚。化妆品竞争市场是一个激烈无硝烟的战场，各种档次的品牌琳琅满目，且多数聚集在百货商店“拼杀”。薇姿护肤品以药店为主要渠道，避开了与其他竞争品的正面冲突，相对减少了市场压力与经营风险。

2. 另类终端。国内药店主要销售药品，作为化妆品，薇姿以专柜营销形式在药店终端出售，形象出众且视觉冲击力强，有鹤立鸡群之优势。薇姿独进药房，这本身就相当吸引消费者关注，再结合其高质量的专业服务，自然会更加赢得消费者好感，从而使消费者产生购买冲动。

3. 形象专业。药店具有很强的专业性，薇姿选择进入大型药店，不仅显示了护肤专业性，而且增加购买者的信任感，这对薇姿的品牌理念起到强力推动作用。薇姿的销售人员均为药剂师，这更有利于提升品牌的专业形象。

4. 特色服务。长期现场皮肤测试，使消费者对自己的皮肤类型有正确直观的认识；根据测试结果，针对顾客皮肤问题，提供产品方案；建立消费者档案，定期诊察皮肤，更加完善薇姿的服务形象，增强薇姿品牌忠诚度、美誉度，为薇姿的新产品开发提供便捷而可靠的信息。

（资料来源：渠道网）

知识链接

灰色营销

灰色营销是企业的销售人员通过向买方代理人个人（如采购人员）出让某种利益而销售商品的营销方式。其中出让的利益包括给回扣、请吃、请玩、送昂贵的礼品等，或提供其他不直接以金钱表示的好处。灰色营销与其他非道德营销行为（如"窜货"问题、虚夸广告、虚假降价行为等）相比有一个重要区别，就是买卖双方都有道德问题，双方都在一定程度上通过损害他人或社会的利益而使自己获利。所以，灰色营销的双方是"灰色利益共同体"。

（资料来源：根据庄贵军等的文章整理）

总而言之，灰色营销是指一些企业在开发特殊销售渠道时往往不遵循营销的规则，而是采用一些非营销的不正当手段（如请吃请喝、高额回扣、金钱贿赂等）达到销售产品目的的经营活动或行为。

灰色营销行为导致灰色营销渠道的形成，这种现象在政治集中化程度高的国家比较常见。所以，营销大师科特勒在市场营销 4P 要素中增加了两个 P（Politics Power；Public Relationship），由此提出了 6P 理论。事实上，灰色营销的存在导致采购人员为了牟取个人私利，往往不考虑购买产品的品质、质量、品牌和价格等因素，甚至出现购买假冒伪劣产品的情况，给所在机构造成损失，是一种对顾客利益不负责任的非伦理企业行为。据媒体报道，有的医院药品的采购、建筑公司建筑材料的采购过程中存在灰色营销现象。

第二节　渠道设计的原则与目标

一、渠道设计的原则

企业在进行渠道设计时，既要追求销量和市场覆盖的最大化，又要考虑投入成本、企业的资源状况，考虑如何通过最小的投入、最有效的管理，达到渠道效益最大化的问题。渠道的设计是要讲究科学的，不能盲目贪大，也不能随意行事。没有哪一种渠道形式、结构是绝对好的，关键要根据企业的具体情况和需要进行因地制宜的设计和选择。因此，我们提出营销渠道设计的八大原则：顾客导向原则；最大效率原则；发挥优势原则；利益均沾原则；分工合作原则；覆盖适度原则；稳定可控原则；协调平衡原则。

1. 顾客导向原则

现代营销追求“顾客导向”，企业必须将顾客的需求放在第一位，以顾客导向的经营理念设计渠道，方便顾客购买，这是4C营销中便利性(Convenience)的要求。因此，需要通过周密细致的市场调查研究，不仅提供符合消费者需求的产品，而且使营销渠道的建设充分为目标消费者的购买提供方便，满足消费者在购买时间、地点以及售后服务上的需求。

2. 最大效率原则

渠道的效率主要是指渠道在产品销量和市场份额上的有效性，它是衡量分销效果的最主要指标。有效的渠道设计应该是能够实现渠道充满、实现销量和市场覆盖最大化。企业选择合适的渠道模式，目的在于提高流通的效率，不断降低流通过程中的费用，使分销网络的各个阶段、各个环节、各个流程的费用合理化、销量最大化。

3. 发挥优势原则

企业在设计、选择营销渠道时，要注意发挥自己的特长，确保企业在市场竞争中的优势地位。现代营销的竞争是综合性的整体竞争，企业应当依据自己的优势，选择合适的渠道模式，达到最佳的经济效应和良好的客户反馈。同时企业也要注意通过发挥自身优势来保证渠道成员间的合作，贯彻企业的渠道战略方针与政策。

4. 利益均沾原则

销售管理的实质是利益管理，利益是渠道运转的驱动力。合理分配渠道利益是渠道管理与渠道合作的关键，目标是实现双赢和共同发展，而利益分配的不公常常是渠道成员之间发生冲突的根源。因此，企业应该设计一整套渠道利益分配方案，根据渠道成员承担的职能、投入的资源和取得的成绩，合理分配各渠道层次成员的利益。

5. 分工合作原则

渠道成员之间不可避免地存在着竞争，因此，企业在设计、选择营销渠道模式时，要充分考虑渠道成员之间的竞争性和竞争强度，避免直接竞争，设计优势互补的渠道。一方面鼓励渠道成员之间的有益竞争，另一方面又要积极引导渠道成员之间的合作，加强渠道成员的沟通，协调其冲突，从渠道竞争走向渠道竞合，实现既定目标。

6. 覆盖适度原则

根据经济学“规模经济”和“规模不经济”的原理，企业在设计、选择营销渠道时，仅仅考虑流量最大化、降低费用是不够的，还应考虑其具体情况和管理能力，不能盲目贪大求全。因此，在营销渠道设计过程中，也应避免扩张过度、分布范围过宽和过广，以免造成沟通和服务困难，导致无法控制和管理目标市场。

7. 稳定可控原则

企业在设计、选择营销渠道时，还要遵循可控性的要求。因为企业的营销渠道模式一经确定，便需花费相当大的人力、物力、财力去建立和巩固，整个过程往往是复杂而漫长的。所以，企业一般不会轻易更换渠道模式及成员。覆盖适度、畅通有序和可控性是营销渠道稳固发展的基础，只有保持渠道的相对稳定和可控，才能进一步提高渠道的效益。

8. 协调平衡原则

企业在设计、选择营销渠道时，应该注意各个营销渠道层次和类型渠道成员之间的协调平衡，不能只追求自身利益的最大化而忽视其他渠道成员的局部利益，应合理分配各个成员间的利益。这种协调平衡主要体现在价格体系的制定和渠道促销资源的分配方面，应该兼顾各个渠道成员的利益，实现它们之间的优势互补，比如经销商、大零售商和批发商之间就存在着各自优势特点不同、承担功能不同的状况，需要厂家进行协调和平衡，不能厚此薄彼。有人总结可口可乐公司成功的渠道"真经"就是"协调平衡，各渠道平衡发展"。

二、渠道设计的目标

有人认为，营销就是在适当的时间、通过适当的方式、以适当的价格、把适当的产品销售给适当的顾客的企业经营行为。其中"通过适当的方式"就是营销渠道的设计问题。设计营销渠道主要是解决如何找出企业商品到达目标市场的最佳途径以提高分销效率的问题。所谓"最佳"，是指以最低的成本或费用，通过最有效的渠道方式，把商品适时地送到企业既定的目标市场中去。俗话说，"条条大路通罗马"，渠道设计就是要寻找其中"最短"或者"最有效"的路径。

从生产商的角度来看，营销渠道设计的目标就是更有效地实现分销。具体来讲，在设计营销渠道时，必须要先了解所选定的目标客户购买什么产品、在什么地方购买、为何购买、何时购买以及如何购买，同时还要清楚客户在购买产品时想要和所期望的服务类型和水平，在此基础上，才能设计出更加有效的渠道组合。

营销渠道设计的目标主要有以下几个：

(1)货畅其流。渠道如水，顺势而为，商品流通通畅是渠道设计的基本要求。

(2)渠道充满。渠道的设计需要考虑各种渠道的优化组合，实现流量最大化目标。

(3)渠道平衡。渠道的优化组合要考虑各种渠道之间利益的协调、平衡及整合。

(4)便于开拓新市场。开渠犹如修路，要将渠道之"路"修到企业的目标市场中去。

(5)便于提高市场占有率。渠道的设计、选择要看该渠道是否有利于提高产品铺市率。

(6)便于提升产品知名度。渠道的设计、选择要看该渠道是否有利于提升品牌影响力。

(7)便于顾客购买。渠道的设计、选择要看该渠道是否满足顾客购买便利性的需求。就像可口可乐公司的经营原则那样，不但"乐于买""买得起"，还要"买得到"，能够触手可及。

(8)利于提高经济效益。渠道的设计、选择要比较预期的成本投入和预期效益。

(9)利于实现渠道控制。渠道的设计、选择还要考虑渠道成员能否服从和忠诚。

综上所述，营销渠道设计的根本目标就是确保设计的渠道结构能适合企业市场定位的需求，能够充分发挥企业的资源优势，实现渠道销量的最大化和市场占有率的最大化，并确保制造商能够对渠道进行适度控制及具有一定的渠道调整和完善的灵活性，以便于渠道的持续发展。

第三节　渠道设计的影响因素

企业在设计营销渠道时，必须充分考虑内外部多方面的约束和影响因素，然后在理想渠道与可行渠道之间进行权衡、比较和选择。渠道结构的设计属于渠道管理的战略问题，关系到企业的生存与发展。因此，渠道模式的选择既要适应变化的市场环境，又要能够发挥企业资源优势，还要最大限度地让顾客满意。要达成这一目标，首先就必须了解渠道设计的影响因素，并对目前企业的渠道状况、覆盖的市场范围及公司的绩效、面临的挑战等方面有一个清醒的认识和把握，才能设计出适合企业的高效的渠道模式。

一、影响渠道设计的主要因素

营销渠道设计受到多种因素的影响，包括企业目标、产品、市场、组织、中间商、竞争者等。市场的特性影响着分销的战略，进而影响着营销渠道设计。企业的产品及其生产特性对产品的分销提出了技术上的要求，也对营销渠道的设计产生了影响。企业营销渠道的建立和运行需要一定的资源，因此要受到企业实力和财务基础的重要制约。同样，中间商作为营销渠道的重要组成部分，它的特长与能力也是渠道设计需要考虑的一个重要因素。企业还必须密切关注竞争者的动向及其营销渠道的设计，采用相同或完全不同的营销渠道来开展竞争。市场环境的变化，技术上的革新，经济周期的作用，都会促使企业适当改进和变更其分销网络，以适应外部环境。

1. 企业战略目标

企业的渠道设计首先取决于企业的战略目标。如果企业需要进入国际市场，就必须以立足世界的眼光设计国际型的营销渠道；如果企业计划发展成为国内知名企业（或品牌），就需要立足国内市场的开发进行渠道设计，比如哪个市场为先，哪个市场为后，哪个市场为重点，哪个市场为补充，哪些需要分销，哪些需要直营等，都要做出选择；如果企业只想在地方发展，成为地方品牌，其渠道选择又会不同，完全可以选择直营或连锁经营。

所以，企业在进行渠道设计之前必须先分析企业的战略目标，了解企业战略目标、市场目标、分销目标，了解其与现有渠道的匹配程度，了解宏观政治和经济环境、技术环境、行业集中程度、产品的市场生命周期及购买者行为等要素对营销渠道结构的影响，了解企业以往进入市场的步骤、经验，同时还要对企业的渠道现状进行分析，知己知彼，明确企业的战略方向，才能制定好营销渠道战略。

2. 企业产品特点

产品的用途、产品的定位等因素对营销渠道结构的选择都是很重要的。

（1）单位产品价值。单位价值低的产品，如消费品中的便利品和工业品中的标准件，其营销渠道可以适当长些。一般而言，产品单位价值越低，营销渠道越多，渠道越长。

（2）体积与重量。体积过大或过重的产品，应选择直接渠道或中间商较少的间接渠道，如大型设备、水泥、矿石、谷物、饮料、啤酒等应减少运输距离和重复搬运次数。

(3)产品易腐性。易腐(如蔬菜、海鲜)及保质期很短(如奶制品、熟食品)的产品宜采用较短的渠道，可减少中转过程而不至于使产品变质或失效。

(4)产品标准化。高标准化产品应该比低标准化产品采用更长、更宽的渠道。而标准化低的产品，尤其是定制产品的顾客数量少，可以进行直接销售。

(5)产品时尚性。式样、款式变化快的产品，应多采用直接营销渠道，尽可能缩短分销在途时间，尽早上柜以免错过流行季节。

(6)产品的季节性。具有季节性的产品应采取较长的营销渠道，要充分发挥批发商的作用。

(7)产品线。产品线越长，表明产品数量越多，往往需要通过中间商分销，以扩大销售面。

(8)产品组合。产品组合横向越广，生产商向用户直接销售的能力越强；产品纵向越深，享有独家经营权的经销商就越有可能从中获得好处。

(9)产品市场生命周期。产品生命周期的不同阶段，对营销渠道的选择是不同的，如处于衰退期的产品就要压缩营销渠道。

(10)技术性和售后服务。具有高度技术性或需要经常服务与保养的产品，营销渠道要短。对于非标准化的产品则最好由企业销售代表直接销售，便于安装与指导消费者使用，而中间商往往缺乏这方面必要的知识。需要安装调试的产品或要维持长期售后服务的产品，一般应由公司直销或由独家经销商来销售。

3. 消费者特点

消费者或市场的特点是渠道结构设计中最为关键的因素，以下有关消费者因素的几个主要方面是在渠道设计时需要进行考虑的。

(1)消费者数量。消费者数量的多少决定市场容量的大小。不论是消费品市场还是工业品市场，消费者数量的多少是企业决定是否采用中间商的一个重要因素。消费者数量多，对于分销能力有限的企业来说，要满足消费者的需求存在相当大的难度，因此，企业可以考虑使用中间商进行分销；反之，当消费者数量比较少时，则可考虑采用直接渠道分销。

(2)消费者集中度。消费者集中度指消费者在特定地理空间上的分布密度，又称人口的地区密度。消费者市场比较集中时，适宜开展直营，建立分公司进行销售，可以进行连锁经营或直销；反之，消费者市场比较分散时，则需要采用中间商进行分销。

(3)消费者购买行为。消费者购买行为体现在很多方面。例如，购买批量、购买频率、购买的季节性及购买的介入程度等。在购买批量方面，购买批量越大，单位分销成本越低，因此可以考虑采取短渠道直销；反之，消费者购买批量越小，越需要利用长渠道分销。在购买频率方面，购买频率高的产品，需要通过中间商来分销。在购买的季节性方面，季节性强的产品，制造商很难在短时间内达到较高的铺货率，在淡季会造成渠道闲置浪费，因此，应使用较长的渠道来分销。在购买的介入程度方面，消费者的购买介入程度高时，可选用短而窄的渠道；反之，选择长而宽的渠道。

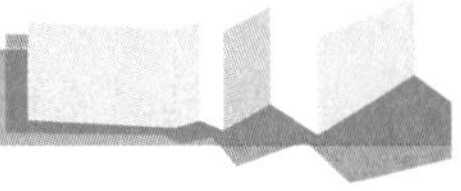

案例分享

"香飘飘"的"特渠营销"

杯装奶茶市场，浙江香飘飘是最早进入的品牌之一，全年销量已突破十亿。立顿、相约、优乐美等品牌奶茶一直想超越，却难望其项背，无法撼动香飘飘的位置。香飘飘靠什么赢得了市场位置?

1."盘中盘"校园攻势引领消费

香飘飘奶茶的市场营销巧妙移植了"盘中盘"模式。所谓的"盘中盘"就是从小盘定点牵动大盘运作，而其小盘的启动点不是餐饮，而是选在了消费领袖较多的大学校园，牢牢盘踞大学校园内外的便利店，利用这些人的影响力和拉动力，先启动小盘，在形成流行热潮时，才逐步扩延到周边居民区的便利店和商场超市。其市场布局初期设定了杭州、成都、南京、北京等几个有辐射力的大中城市，做深做透，而后向周边城市辐射，借势成事，水到渠成。进入校园的方式有：

(1)与消费领袖居多的有影响力的大学学生会合作，以香飘飘和学生会的名义联办社会实践和娱乐活动，并提供香飘飘奶茶作为奖品，有效树立了品牌形象的知名度和美誉度。

(2)与校学生会合作组织了一批勤工俭学的学生，不定期地在校园便利店附近举办现场试饮促销活动，并利用学生群体的从众效应，制造了火爆抢购的销售场面，形成了品牌口碑的传递效应。

2.特渠营销——延伸网吧渠道

随着连锁网吧的规模化和连锁化，网吧渠道对企业的产品经营和品牌传播起到了推波助澜的作用，不容忽视。香飘飘了解到一般的网吧都有饮料和休闲食品出售，但品种很少，价格昂贵，据许多网吧经营人介绍，食品的销售在其总营业额中的占比不足1%，他们只是将其看作为网友提供的超值服务，而没有将其列为盈利主项。在调研中发现，许多网吧的发烧友经常自带饮料和食品，其知道网吧里的东西贵而且品种少，干脆从网吧附近的零售店就近购买，既便宜，可供选择的品种又多。

所以，香飘飘根据这点制定了联动营销模型，将网吧作为形象终端，以拉升品牌形象，加深消费者的品牌印记；而将网吧周边的零售店作为大批量铺货的重点，从四面八方包抄网吧，使其联动起来，一边在拉，一边在销。

在网吧，主要通过墙面POP、堆头陈列、易拉宝和电脑开机首页作为宣传媒体和方式；在零售店，主要靠POP，尽量与网络游戏的角色和语言结构对应起来，引导其拿到游戏厅饮用。香飘飘在与网吧维系客情关系时，也通常运用搭赠(如冰柜或微波炉)、返利或买断陈列等方式来取得对网吧渠道的优先控制权。

(资料来源：改编自中国营销传播网相关文章)

【问题思考】 香飘飘的渠道设计给我们什么启示?

4.分销商特点

在考虑市场基础时，渠道结构设计应着重分析现有分销商的现状、特点及要求，在兼顾和发挥现有分销商资源优势的前提下设计、选择合理的营销渠道结构模式。

(1)可得性。考虑分销商的可得性需要解决两个问题:一是在现有分销商中是否存在适合经营本企业产品的分销商?二是如果存在,它们是否可以有效地经营本企业产品?在现有分销商不能有效地销售企业产品的情况下,企业不得不重新建立自己的销售渠道,此时要考虑所选渠道模式能否找到合适的分销商。

(2)成本。采用分销商的成本情况是评价渠道的重要方面。如果采用某类分销商而使得企业负担过高的费用,在设计渠道时就可以考虑不采用这类分销商。但是,要注意不能把成本因素看得过重而忽视了渠道目标。过分看重成本是渠道结构设计的一个误区,它可能导致企业倾向于利用成本最低的分销商而舍弃一些高端渠道(如大卖场、购物中心),而使得产品不能有效地覆盖市场和企业不能提供必要的服务,从而导致顾客的不满意和销售不力。渠道结构设计要权衡渠道效益(销量、利润、品牌价值)与渠道成本之间的关系。

(3)服务。在选择分销商类型,甚至设计渠道长度时,涉及分销商可以为顾客提供的服务问题。考察分销商的服务情况,就是比较分销商所提供的服务与顾客对分销商服务的要求之间的关系。企业在进行渠道结构设计时,要考虑分销商的服务水平与顾客的服务期望之间的平衡问题,能够提供让顾客满意的服务的分销商才是好的分销商。

5. 竞争者特性

行业不同,企业间营销渠道的竞争方式也不同。竞争者的营销渠道对企业的营销渠道设计具有重要影响,企业应对竞争对手的销售地点、渠道类型、产品或服务特点、市场规模、消费者特点与规模等进行分析,还要对竞争对手的分销策略(如销售密度、销售性质、渠道成员及渠道结构等)进行分析,从而有助于设计自身的营销渠道。

一般地,企业可以采用积极竞争或标新立异两种竞争策略,即选择与竞争对手相同的营销渠道或回避竞争对手、采用不同的营销渠道。例如,消费品生产厂家如果觉得自己的产品在品牌、价格、质量上有竞争优势,就可以将其产品与竞争对手的产品在零售店中摆放在一起销售。此外,如果竞争对手在其传统的营销渠道中占据了绝对优势,企业的实力无法与竞争对手传统的营销渠道竞争时,就可以采取完全不同的营销渠道策略。比如,日本石英电子表在进军美国市场时,采取避开瑞士名表占据绝对优势的传统钟表销售渠道——钟表店,而是根据产品价廉物美、样式新颖的特点,建立了由零售商、超级市场所构成的销售渠道,因此迅速获得了成功。再如,美国雅芳公司也避开了传统的营销渠道,训练漂亮的年轻女性,挨家挨户上门推销化妆品,建立直销形式的营销渠道,也获得了成功。

6. 企业资源因素

企业在设计营销渠道时,还需要考虑下列企业自身的条件因素,企业经营不是儿戏,要实事求是,不能好高骛远。没有绝对好的或不好的渠道模式,只有适合自己的才是最好的。所以,企业需要根据自身情况进行渠道选择。

(1)企业的规模与实力。企业规模大、实力强,对渠道模式就具有更大的选择余地,可以考虑采用直接渠道,建立分公司直营或建立专卖店进行连锁经营,也可利用中间商进行分销,渠道建设的规模、范围也可以更大。而中小企业则常常需要依赖中间商来经销其产品以节约成本,还需要选择部分市场进入以降低风险。

(2)企业的管理人才与管理水平。管理人才与管理水平是企业管理的重要因素,不同渠道模式对管理人才及其管理水平的要求也不同。例如,建立分公司或成立专卖店就相对复杂一些,对管理人才及企业管理水平的要求就高一些,相对而言,利用经销商进行分销就会简单一些,因为很多市场问题会留给经销商处理。因此,企业需要根据自身管理人才储备情况及管理水平选择渠道模式。

(3)企业产品组合状况。具有多条产品线的大型企业,在营销渠道设计时可以有多种选择,可以直营、分销、连锁经营,也可以根据不同产品线特点选择不同渠道模式。这类企业往往市场占有率高、产品销量大,能够分担分销成本,所以可以直接向大型零售商供货;而产品种类少、规模小的企业则不得不依靠批发商和零售商来销售其产品。此外,企业产品组合的关联度高,往往可以利用同一营销渠道;而产品组合关联度低,则常常需要对不同产品线设计不同的营销渠道。

(4)企业控制渠道的愿望。通过考察渠道长短与渠道控制性特点发现,短而窄的渠道特点是容易控制,如直销、连锁经营等;而长而宽的渠道特点是难以控制,如经销、代理、批发等。企业可以根据自身对渠道控制愿望的强弱偏好设计和选择不同的营销渠道模式。

综上所述,制造商的产品信誉、资金状况、经营管理能力等,决定了它能在多大程度上控制营销渠道及选择什么样的渠道模式。大制造商信誉好、实力强,可以建立自己的销售力量,随心所欲地选择渠道成员;反之,小制造商力量小、财力弱,缺乏管理销售业务的经验及能力,则只能借助中间商销售产品,并施加有限影响。

二、影响渠道设计的其他因素

1.影响渠道设计的主客观因素

现实经济中的营销渠道决策,常常要受到许多主客观因素的影响,主要包括:

(1)制造商和中间商之间的信息不畅通

在许多情况下,制造商和中间商之间由于信息不畅通,缺少做出有效决策所必需的信息资料,导致决策缓慢或失真,这对制造商是极其有害的,同时也必然影响到中间商的利益。

(2)企业不经常调查、研究营销渠道

由于不经常调查、研究营销渠道,企业做出决策就会缺少充分的信息,并不能确切掌握现行营销渠道的特性,一旦外部环境或企业的战略方向发生改变,企业将很难快速做出反应,修正其营销渠道。

(3)制造商无法独自做出全部渠道决策

制造商无法独自做出全部渠道决策,一是因为制造商可以选择批发商,让批发商再去选择零售商或工业买方;二是批发商可能要建立自动连锁,并决定向哪些制造商进货;三是大型或有声望的零售商也可能越过批发商而自己选择供货者。所以,决策往往是由各方面共同做出的。即使制造商做出了决策,也还需要说服中间商来同意自己的意见,因为被选中的批发商或零售商,可能不会对参与经营感兴趣。例如,要使超级市场经营新的产品,就会非常困难。事实上,由于环境和竞争的不断变化,尽管制造商的愿望是做出及执行合理的渠道决策,但实际上实施的却往往不是原来设计的渠道模式。

(4)生产企业没有专人负责营销渠道的管理工作

信息资料短缺及缺乏调研现象的存在,很大程度上是由于大多数生产企业没有专人负责营销渠道的管理工作,因此也就没有专人负责检测营销渠道的效果,既而做出的营销决策就会是片面的。实际上,大部分企业的营销渠道决策是由负责实体分销、产品计划、市场调查和包装的工作人员做出的,但这些人员往往缺乏全面综合的预测能力。

(5)营销渠道混乱

营销渠道内存在的严重混乱状态,如渠道内部的责权不清、管理混乱以及外部环境的变化,增加了渠道决策的复杂性。例如,传统的卫生用品分销是通过药房,而现在大部分卫生用品是通过零售商销售,而卫生用品生产企业却往往由于内部原因或对外界环境变化的忽视,未能及时改变营销渠道的决策。

2. 影响渠道设计的制约因素

(1)市场潜力与风险

通过对公开数据和搜集的原始数据进行评估,企业可以大致预测市场潜力与可能遇到的风险,并比较企业的生产能力和风险承受力。

(2)渠道畅通性

保持市场营销渠道的畅通,是企业持久占领市场的基本要件,而渠道能否持续畅通,很大程度上取决于中间商在市场竞争中作何选择。如果中间商不再经营本企业的产品,企业的销售渠道就会中断。因此,保持市场营销渠道的畅通性,是任何企业都不可忽视的重要问题。从某种意义上说,它比建设新的渠道更为重要。

(3)渠道控制

高级营销观念特别强调对渠道的控制,以便及时了解产品的销售去向、销售时间、销售数量及销售地点,准确估量产品在市场上的地位及变化趋势,为企业营销组合的改进提供信息。

(4)渠道费用

渠道费用包括渠道的开发和维护所投入的资金。总的来说,高额投资有利于扩大销售网,增加销售,提高企业知名度,但可能使利润下降或价格上涨;低费用经销有利于低价促销,但可能由此缩小销售网而丧失一部分市场。企业应运用投入产出法进行合理选择。

此外,企业的生产能力也是一项制约因素,一旦出现销售激增,而企业的生产不能跟上去,渠道的实物流出也会出现中断。

第四节 渠道设计的过程与方法

一、渠道设计的过程

渠道设计的过程要求建立渠道目标和考虑限制因素,识别主要的渠道选择方案和对其做出评价。

1.建立渠道目标

营销渠道设计是一个系统工程，当企业进行具体营销渠道设计时，首先就要建立渠道目标。如何建立某一特定的渠道目标呢？一般是在分析目标顾客对服务要求的基础上，辨别顾客的需要，据此确立企业的营销渠道目标。

(1)目标顾客对服务的要求

在设计营销渠道时，分销人员必须要了解目标顾客对服务的要求，即人们在购买产品时想要的和所期望获得的服务的类型和水平。如果生产者无力提供这些服务，就需要营销中介机构了。营销渠道需满足以下五种服务要求：

①批量大小。批量是营销渠道在分销过程中提供给顾客的单位数量。例如，一汽大众公司偏好能大批量购买的渠道，而消费者却想要那种能允许购买一辆汽车的渠道。很明显，必须为大批量购买者和家庭购买者建立不同的营销渠道。

②等候时间。等候时间即营销渠道中的顾客等待收到货物的平均时间，顾客通常喜欢快速交货渠道。

③空间便利。空间便利是指营销渠道为顾客购买产品所提供的便利程度。例如，海尔为顾客提供更大的购买空间便利，它有众多的经销商，其较高的市场分散化帮助顾客节省运输和寻求成本，以及提供 24 小时上门维修服务的方便。

④产品品种多样化。产品品种多样化是指营销渠道提供的产品花色、品种等的宽度。一般来说，顾客喜欢较宽的花色、品种，因为这使得实际上满足顾客需要的机会更多。比如，汽车购买者买汽车喜欢选择经营多家品牌的经销店，而不是只有单一品牌的经销店。

⑤服务支持。服务支持是指营销渠道提供的附加服务，如信贷、交货、安装、维修等。服务支持越强，渠道提供的服务工作越多。营销渠道设计者必须了解目标顾客的服务产出需要。提高服务产出的水平意味着渠道成本的增加和对服务水平的改进。而折扣商店的成功则表明了在商品能降低价格时，消费者更愿意接受较低的服务产出。

(2)建立渠道经营目标

有效的渠道设计首先要考虑达到什么目标，进入哪些市场。渠道经营目标因产品特性的不同而有所不同。常见的渠道经营目标见表 3-3。

表 3-3　　常见的渠道经营目标

目　标	操作说明
顺畅	最基本的功能，直销或短渠道较为适宜
增大流量	追求铺货率，广泛布局，多路并进
便利	应最大限度地贴近消费者，广设网点，灵活经营
开拓市场	一般较多地倚重中间商，待站稳脚跟后，再组建自己的网络
提高市场占有率	渠道拓展和渠道维护至关重要
扩大品牌知名度	争取和维护客户对品牌的信任度与忠诚度
经济性	要考虑渠道的建设成本、维系成本、替代成本及收益
市场覆盖面和密度	多家分销组合分销或者采用密集分销
控制渠道	厂家应重点加强自身能力建设，以管理、资金、经验、品牌或所有权来掌控渠道主动权，实现渠道“软控制”

2. 确定渠道的长度和宽度

(1)确定渠道的长度

渠道长度指为完成企业的营销目标而需要的渠道层次的数目。营销渠道按长度可以分为零层渠道(直接渠道)、一阶渠道、二阶渠道和三阶渠道(产品由生产商卖给代理商,再到批发商,再到零售商,最后到最终消费者)。企业应该根据自身的条件、特点及分销目标确定渠道的长度。确定渠道长度需要考虑的一个主要问题是资源利用与渠道控制的关系。长渠道与短渠道比较见表3-4,影响渠道长度选择的因素见表3-5。

表3-4　长渠道与短渠道比较

渠道类型	优点及适用范围	缺点及基本要求
长渠道	市场覆盖面广;厂家可以将中间商的优势转化为自己的优势;减轻厂商费用压力;适用于一般消费品销售	厂家对渠道的控制程度较低;增加了服务水平的差异性;加大了对中间商进行协调的工作量
短渠道	厂家对渠道的控制程度高;适用于专用品、时尚品及顾客密度大的市场区域	厂家要承担大部分或者全部渠道功能,必须具备足够的资源;市场覆盖面较窄

资料来源:编者整理

表3-5　影响渠道长度选择的因素

影响因素	短渠道选择	长渠道选择
市场因素:		
潜在顾客规模	小	大
地理分散程度	低	高
顾客集中度	高	低
交易准备期	长	短
顾客地位	高	低
产品因素:		
体积	大	小
易腐性	高	低
单位价值	高	低
标准化程度	低	高
技术特性	高	低
毛利率	低	高
生产企业因素:		
规模	大	小
财务能力	高	低
控制愿望	高	低
管理专长	高	低
顾客知识	高	低
营销中介因素:		
可得性	低	高
成本	高	低
质量	低	高

资料来源:编者整理

(2)确定渠道的宽度

渠道宽度是指在渠道的每一层次上所需分销商的数目,它反映了在任一渠道层次上的竞争程度以及市场领域中的竞争密度。决定渠道宽度的三个因素为:所需的渠道投资水平、目标消费者的购买行为和市场中的商家数目。与目标市场渠道宽度相关的一个重要特性是分销机构的市场覆盖。如果市场覆盖面太窄,厂商就难以实现其销售目标。因此,目标市场渠道宽度设计可分为三个级别:独家分销、密集分销和选择性分销。独家分销、密集分销与选择性分销的比较见表3-6。

表 3-6　　独家分销、密集分销与选择性分销的比较

分销类型	优　点	缺　点
独家分销	市场竞争程度低；厂家与经销商关系较为密切；适用于专用产品的分销	因缺乏竞争，顾客的满意度可能会受到影响；经销商对厂家的反控制力强
密集分销	市场覆盖率高；容易提高销售量和提高产品知名度，比较适合日用消费品的分销	市场竞争激烈，渠道管理难度大；厂商的营销意图不易实现，易出现市场混乱
选择性分销	能比密集分销取得经销商更大的支持；同时能够比独家分销给消费者带来更大方便	难以选择合适的经销商优化组合；难以确定经销商区域界线；考验协调能力

3. 分配渠道任务

(1)明确渠道成员的职责

营销渠道成员的职责主要包括：推销、渠道支持、物流、产品修正、售后服务以及风险承担。

(2)为渠道成员分配渠道任务

从生产商的角度出发，在渠道成员中分配任务的主要标准包括：

①降低分销成本。

②增加市场份额、销售额和利润。

③分销投资的风险最低化和收益最优化。

④满足顾客对产品技术信息、产品差异、产品调整以及售后服务的要求。

⑤保持对市场信息的了解。

同时，在渠道成员之间分配渠道任务时，需要考虑以下因素：渠道成员是否愿意承担相关的营销渠道职责；不同的渠道成员所提供的相应职能服务的质量；生产商希望与顾客接触的程度；特定顾客的重要性；渠道设计的实用性等。

4. 选择渠道成员

渠道成员选择过程如图 3-1 所示。

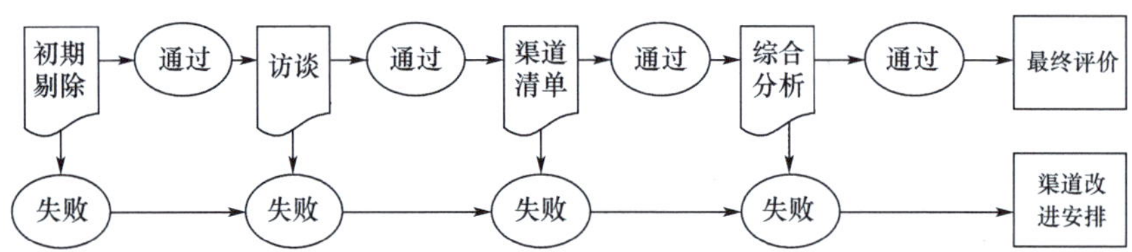

图 3-1　渠道成员选择过程

(1)初期剔除

用剔除法将不符合基本要求的分销商迅速剔除，基本要求主要包括规模、技术设备、现有经营产品、信用等级、服务水平、市场知名度等。

(2)访谈

对已经满足了基本要求的分销商进行进一步考察，考察时可以把初期剔除工作当作这一步骤的基础。下面是分销商在访谈中应回答的一些问题：

①分销商愿意让其销售人员参加由生产商/供应商安排的讲座吗？

②分销商会不会定期培训其销售人员?

③分销商的销售人员及其主管的教育程度和职业背景如何?

④分销商是否拥有技术力量?

⑤分销商是否拥有产品检测和维修设备的能力?

⑥分销商拥有多大的仓储能力?

⑦分销商是否曾成功地为一些互补型产品提供过高水平的服务?

⑧分销商还服务于哪些其他客户和消费者?

⑨分销商销售人员的推销能力如何?

⑩分销商的现有设施是否足以应对新增加的业务?

(3)渠道清单

访谈之后,生产商需要用渠道清单来评价入选的分销商。渠道清单中含有一些特殊的标准和权重,根据分销商回答每一个问题所得的分数以及这一个问题的权重,生产商将为其一一打分。通过渠道清单,生产商还可以发现某些问题的评分经过修正之后是否能够改变对分销商的总评。

(4)综合分析

对分销商的综合分析要从更系统化的角度集中于几个重要的决策来进行。主要从以下两个方面进行分析:

一是在不同的销售层次下计算经销商的成本。生产商需要在不同销售额的假设下评价不同渠道的成本,这种分析是将直接渠道和分销商之间的成本差异进行比较。

二是分销商销售的能力。分销商销售的能力一般从分销商在特定区域内的覆盖程度、互补型产品的销售以及在特定目标市场上的全部销售额三个方面进行分析。

(5)最终评价

即使我们不考虑不同销售层次下的成本或经销商的业务能力,仍有一些关键性的因素可以将不符合要求的分销商排除在外。通常这些因素包括:分销商不良的财务记录、正在经营竞争对手的产品、拒绝遵守生产商的价格政策、销售灰色市场产品、声誉不佳、不能提供有效的服务等。

(6)渠道改进安排

生产商的渠道目标不能仅限于设计一个良好的渠道系统,以推动其运转。渠道系统还要进行定期调整与改进,以适应市场新的动态。

二、渠道设计的方法

目前渠道设计的方法有两类:一类是“点—线—面”渠道布局法,另一类是营销渠道的逆向重构法。在这里先介绍前一类方法。营销渠道布局工作的实质,就是设计营销渠道中“点、线、面”这三个要素的选择、投入与配合,这是市场营销渠道布局的关键。

“点”是指市场营销力量(包括人、财、物等)在市场中所选择的关键点,通常是优势区位,企业通过对“点”的选择和抢占,来争取竞争的主动权或适度回避竞争对手,以进入现有竞争格局中的薄弱地带,形成局部优势。“点”作为整个渠道的支撑,是营销渠道设计的基础。

“线”是指渠道实际流通的线路，在“线”中可以实现营销过程中的实体流、信息流等各种流程的运行，以实现渠道动态的功能，保障企业机制的健康运行。“线”也要以“点”作为出发点、终止点或中转站，通过“点”上的基础设施实现运动中所需要的储存、调运等功能。线路受环境变化的影响是经常变化的。环境的变化，比如新的道路的开通、地方经济的发展、人口的流动等，会使原来的运行路线变得不再经济或有效率，因而需要重新评估和设置营销渠道。

“面”是点、线所构成框架的总体功能和综合作用，主要指区域的划分、渗透以及在区域中确立企业强有力的竞争地位，建立起阻止竞争对手进入的壁垒和长期获利的机制。

1.“点—线—面”方法的一般原则和过程

(1)阶段性

渠道布局是一个过程，需要经过许多步骤来完成，其中前一个步骤的完成又为下一个步骤的开展提供了前提条件。因此，渠道布局工作既要通盘周密计划，又要严格按照“点—线—面”的顺序进行。

(2)地域性

阶段性是从时间延续的角度来说的，地域性原则是从空间布局的角度来看待渠道布局。一般来说，企业所能投入的营销力量是有限的，因此为了达到最佳效果，就要在合适的区域内有重点地投入营销力量。例如，20 世纪 60 年代，美国大多数的快餐店都设在大城市的繁华地带，而麦当劳则将营业重点放在了城市近郊区域，这一策略取得了很大成功。

(3)层次性

这里所说的层次性主要指营销渠道组织上的层次性，通过设置合理而有效的层次结构，渠道管理组织能够更有效地推进渠道布局进程，实现既定的渠道布局战略，因此层次性构成了渠道布局的组织保障。

企业在进行“点—线—面”布局战略之前，要预先完成一些准备工作，主要包括市场调研、寻找竞争优势并在此基础上形成企业总体布局战略。市场调研要求准确、客观，这是渠道布局的基础。企业还必须把自己放在整个产业的竞争格局中寻找自身独特的竞争优势，作为营销渠道布局的支撑。在对市场和企业都有充分了解的基础上，企业要制定总体渠道布局战略，明确行动的方向、重点和阶段，并围绕这一战略开展宣传。

2.“点—线—面”营销渠道布局的设计步骤

(1)布置网点

对于企业营销渠道布局来说，网点要有关键点(即优势区位)和切入点。关键点是指客观上形成的对企业经营、产品销售起重要作用的市场区域和销售集中区域。例如，高档家电在大中城市，御寒皮衣在东北、西北等市场区域，以及上海的南京路、淮海路，北京的王府井、西单，广州的北京路、上下九等商家必争之地，都构成了企业经营的关键点。这些点对于企业营销具有重要意义，因此行业中各企业都会不遗余力地去争夺，竞争十分激烈。这就要求企业具有很强的竞争实力，或企业拥有一种重大创新的新产品可以直接打入关键点。反之，如果企业实力不足，就要寻找现有市场竞争格局中的薄弱环节，即市场切入点，先打入市场保证生存，再寻找机会发展，即避免与实力强大的竞争对手硬碰硬，而采取避实击虚的策略建立生存空间。这一策略常常被中小企业所采用。

(2)疏通渠道

“线”是企业营销渠道中的一个关键因素，关系到整个渠道的运行成本与灵活性。由于营销渠道中实际存在实体流、所有权流、资金流、信息流以及促销流等多种流程，这些流程有些运行是相一致的，有些则需要经过不同的线路、不同的途径传递，因此企业的营销战略线路非常复杂，其中某些线路担负多种流程功能，需要从多种角度看待这一线路的效率，以及线路中渠道成员承担各种流程功能的能力。需要注意的是，营销环境的变化对渠道线路效率的影响极大，特别是交通运输发展、信息基础设施完善常常能提供更快、更好的渠道线路。

(3)地域扩张

地域扩张主要是指销售范围的渗透和覆盖。地域渗透主要是指运用多种营销、宣传、公关手段，使消费者对产品了解、产生印象并试用，这时要综合考虑消费者购买心理和各种影响因素。地域覆盖主要是指建立消费者的偏好、对本企业产品消费的习惯和定势，建立牢固的销售根据地，建立区域市场的进入壁垒，阻止竞争对手的进入。

专　题

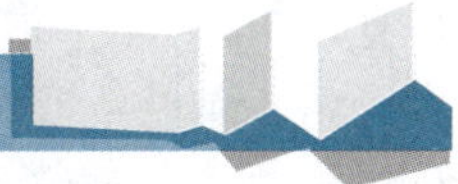

渠道的“逆向重构”

很多企业在市场上的成功源于一个特殊的营销理念：“倒着做渠道”，即开发市场不像通常的逻辑那样先向一级批发商销售，再由一级批发商向二级批发商推广，直至产品最终到达零售商和最终消费者手中。渠道设计也可以采用这种逆向思维。

一、渠道逆向重构的概念

1.什么是渠道逆向重构?

渠道逆向重构，又称“倒着做渠道”，是指制造商不直接寻找分销机构进行分销，而是自己先切入终端市场，直接操控零售终端和最终消费者，通过做好销售终端，扩大产品及品牌影响，从而吸引中间分销机构主动加入产品分销行列的一种经营模式或渠道建设方式。

在渠道逆向重构中，制造商先向零售商和最终消费者推销，当产品达到一定销量时，二级批发商闻风而动，要求经销该产品；当二级批发商的销量达到一定规模时，一级批发商竞相要求经销该产品，于是制造商在一级经销商之间进行招标，条件优惠者获得经销权。有些企业依靠“倒着做渠道”这一营销策略，无往而不胜，因此这一手段常被企业视为“秘而不宣”的经营“法宝”。

2.为什么要逆向重构渠道?

采取渠道逆向重构，是因为新企业、新产品进入市场之初，由于其知名度和信用度较低，与经销商谈判的地位也很低，如果按传统的营销渠道由高级别的经销商做起，可能不得不接受经销商苛刻的“市场准入”条件，如赊销或货物铺底、大规模的宣传促销、降价、退货等,企业答应这些条件无异于自掘坟墓,不答应又难以进入市场,很多新企业、新产品经营失败就在于此,怎么办?答案很简单:“倒着做渠道”。目的就在于引起级别较高的经销商注意,取得与经销商的谈判地位,获得较低的“市场准入”条件,增强经销商对新产品的信心。

3. 渠道逆向重构如何行之有效?

渠道逆向重构绕过了大经销商(实际上是既得利益的获得者),直接对传统上不受重视的最终消费者和终端经销商销售,他们很容易认同新产品,“市场准入”条件很低,经销热情很高,所以,前期针对终端市场的推广很容易收到成效。

例如,某食品企业开拓重庆市场时就采用了“倒着做渠道”的策略。该企业进入重庆市场多年,但市场一直没有起色,销售额仅维持在每年五百万元左右。针对这种情况,企业及时改变了渠道策略。企业找到一家规模较大、信用较好的经销商,但经销商信心不足。于是企业的销售业务员主动表示要承担经销商的销售工作、协助客户销售,直接针对最终消费者和终端经销商(如零售店铺、路边店)铺货和送货。不到三个月,经销商发现市场铺货和销量明显有起色,统计显示,销售的该品牌产品竟有百分之六七十是该销售业务员卖出去的。经销商自然信心大增,主动提出要做该产品的经销商,而且愿意现款现货经销,并且开始动用所有的渠道力量分销该产品。结果仅一年的时间,销售额就猛增到四千五百万元,第二年销售额达六千万元。这一做法就是典型的渠道逆向重构,又叫作“协助客户销售”,是新产品开拓市场行之有效的方法之一。

渠道逆向重构这种渠道建设方式适用于那些没有品牌知名度的中小企业产品的市场推广。那些为产品打不开销路而发愁、为经销商提出过高的“条件”而犯难的厂长、经理和销售业务员们,当产品通过传统渠道方法无法很好地销售时,不妨试试“倒着做渠道”,它可能会成为打开新市场的“金钥匙”。

二、渠道逆向重构的操作策略

1. 控制零售终端做到“随手可得”

渠道的最终目的是将产品在消费者需要的地方、需要的时间里送达需要的消费者手中,所以成功的渠道策略就是为消费者提供JIT(Just In Time,即时式)服务。例如,日用消费品主要通过零售商向消费者销售,制造商应该通过渠道支持、服务零售终端,实现如可口可乐般“随手可得”的零售覆盖目标,让消费者能随手买得到、买得起。

2. 拓展渠道宽度以增加流量

建立一个完善的营销渠道,必须要有一个宽大的基础层——一定数量的同样功能和作用的经销商。一方面,在中心城市,根据市场需要进行渠道布点工作,所选择的基础层的经销商要有一定的密度,能覆盖目标市场区域;另一方面,在同一区域的经销商本身又可以进行分工,除了对士多店供应产品的批发配送商外,一些渠道对百货商品有较强的供货能力,另一些渠道专门做连锁超市的供应工作,而大型卖场如“家乐福”“沃尔玛”则会接受制造商的供货。制造商通过建立这样一个有“宽度”的配送批发商的渠道成员层面来支撑渠道,向目标零售终端供应产品,并且把产品多层次地呈现给目标消费者。

3. 动态循环的渠道改变“富人游戏”规则

在传统的渠道建设方法中,制造商在选定了总经销商或代理商后,总是致力于用广告和促销活动唤起消费者的消费欲望，以拉动市场，力求将消费者在零售终端表现出的消费需求、相关需求信息传递给零售商，零售商则根据需求信息去寻求相关产品，然后从批发市场进货，从而使产品在渠道中流动起来，这被称为市场推广"拉"的策略。有人认为好的、大量的广告就是渠道循环的原动力，会最终带动渠道各环节运转起来。但是这要求制造商拥有比较雄厚的资金实力，对于一些资金实力弱的企业来说，完全可以采取动态循环的渠道来推广产品。

4. 有弹性的渠道控制以适应新的市场变化

逆向重构策略弹性控制原则，要求渠道体系可随市场竞争情况压缩或扩张渠道环节以提高竞争力。渠道长，产品流通环节多，一旦某个环节出现问题，渠道调整见效慢，不利于市场竞争；渠道短，产品流通环节少，一旦某个环节出现问题，渠道调整见效快，市场竞争力较强。

渠道究竟是长好还是短好，要随市场竞争情况进行适度、适时调整。为了保持竞争优势，必须对渠道体系进行有弹性的控制，并不是选择了一级经销商或总经销商，渠道的逆向重构就完成了，企业还需要协助大经销商做好向下一级经销商分销产品的工作，保持对各层次一定数量经销商的控制，尤其是控制好零售终端的批发配送商层面，要和这一层面的经销商保持长期的客情关系，因为它是整个渠道结构的基础。在竞争趋于激烈时，企业要对多环节的渠道进行压缩，减少流通层次，缩短渠道长度，使其变为短而窄的渠道结构。同时企业还必须回到加固基础层面的工作上来，制定鼓励基础渠道层面的政策，通过对批发配送商层面控制的加强，从而强化对零售终端的控制，以掌握市场竞争的关键点。

5. 以中心城市带动周边市场的方法达到规模经济

渠道的逆向重构策略要求在中心城市实施较为密集的渠道策略，以使产品获得较高的市场占有率和品牌认可度。中心城市的消费潮流会带动周边城市的消费。这在我国内地市场表现得尤为明显，产品在中心城市的市场占有率越高，越有利于产品向周边城市辐射。从销售体系成熟后产品实现销售的情况来看，中心城市的销售额在整体销售额中只占20%，而周边市场却占到80%，有的产品周边市场占有率甚至高达90%。每个企业在其市场拓展计划中都把中心城市作为必争之地，一旦在中心城市取得成功，就可能占领这个区域的其他市场，即所谓的"中心造市，周边取量"。

为什么"中心造市，周边取量"能够行之有效？究其原因，除了品牌在中心城市的树立起到了很大的消费带动作用之外，流通上的影响也是主要因素。一个产品在中心城市的市场占有率的提高、参与经营的批发商增多，会导致产品的流通环节非常通畅。只要厂家的价格体系稳定，产品的质量有效期较长，那么产品流通的辐射能力也就越强。

本章小结

营销就是在适当的时间、通过适当的方式、以适当的价格、把适当的产品销售给适当的顾客的企业经营行为。其中"通过适当的方式"就是渠道设计。在企业的渠道建设和管理过程中，渠道设计是战略性的环节，也是基础性的环节，决定着企业营销的未来发展方向。渠道设计是企业对于自身产品未来的营销渠道的长度、宽度和分销模式的提前规划。本章主要介绍了渠道设计的原则和目标、渠道设计的环节和过程、渠道设计的结构和内容，分析了渠道设计的影响因素，探讨了渠道设计的策略与方法，最后讨论了渠道的“逆向重构”问题。

思考与练习

一、名词解释

渠道设计　新兴渠道　特殊通道　灰色营销

二、选择题

1. 渠道设计是企业对于自己产品未来的营销渠道的长度、宽度和（　　）的提前规划。

A. 分销模式　B. 产品结构　C. 价格体系　D. 媒介策略

2.（　　）是指构成营销渠道的层级、环节的多少，或者说是构成营销渠道的不同层级渠道成员的多少。

A. 渠道的长度　B. 渠道的宽度　C. 渠道的深度　D. 渠道的关联度

3. 营销渠道的宽度是指渠道同一层次选用的（　　）数目的多少，多者为宽、少者为窄。

A. 中间商　B. 供应商　C. 制造商　D. 服务商

4. 电子渠道、直销从渠道分类上属于（　　）模式。

A. 新兴渠道　B. 传统渠道　C. 特殊通道　D. 间接渠道

三、简答题

1. 营销渠道设计应该遵循哪些基本原则？

2. 影响渠道设计的制约因素有哪些？

3. 什么是渠道的“逆向重构”？

四、论述题

营销渠道设计应考虑哪些主要影响因素？请加以说明。

训练设计

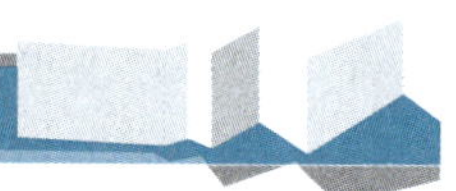

1. 在消费品市场或工业市场中选出任何一种你感兴趣的产品，根据渠道结构的以下三个方面找出该产品的渠道结构：(1)该产品经过的层次数；(2)分销密度；(3)销售该产品的中间商种类。它为什么要以该方式进行分销？它能否通过其他渠道结构进行更合理的分销？

2. 分组调查某一种日用消费品的营销渠道，详细说明选择该营销渠道的影响因素有哪些。

3. 设计一场课堂辩论赛，围绕主题“是长渠道、宽渠道好还是短渠道、窄渠道好”展开辩论。

应用分析

DHC独特的通信销售渠道设计

在各种媒体频繁露面的DHC却很少在商场化妆品专柜或商业街的专卖店里出现。其实，DHC采取的是一种叫作“通信销售”的独特销售模式。凭借其独树一帜的销售模式，DHC很快就得到了日本消费者的认可。同时，也在美国、瑞士、韩国和中国等全球市场风行。

一、新颖的通信销售

采用通信销售的DHC，一直被认为是化妆品界的戴尔，它独特的销售模式也给化妆品界带来了很多活力。因为通信销售没有任何中间环节，它通过电话、互联网、传真和信件订购商品，可以节省店铺建设、人员雇佣等一系列成本，这种方式的好处是保证消费者能够得到物美价廉的产品，让消费者得到最大的实惠。对于地域广大、人口众多的中国市场来说，通信销售方式可以让更多的消费者在第一时间里享受到DHC的体贴和关怀。

由于采用通信销售模式，DHC得以将节约的中间环节费用用于市场调研和产品研发，保证产品的优质和完善产品线；由于通信销售模式省去了代理商经销费用，DHC也得以提供比同类产品更低的价格，为顾客提供更加便捷和快速的服务。而这种通信销售模式的实施，使顾客用自己的感觉去判断，避免了在商场导购人员劝诱下的购物压迫感和非理性消费。同时，DHC的通信销售模式杜绝了假货的流通，获得了顾客的信任。

二、立体的传播

为使自己的化妆品系列产品能够迅速深入目标受众，DHC启动了立体式的传播。充分利用电视广告、网络营销（社区、论坛、博客、QQ群）等宣传方式，迅速让中国市场的消费者了解这一品牌。同时，DHC提供体验式的消费，通过免费试用等方式让消费者体验到了DHC产品的高品质和优良的服务特征。这一人性化的服务在使顾客更为青睐DHC的同时也为DHC自己的营销创造了机会。

三、独特的会员制

会员制是DHC通信销售模式的一大特色，DHC在自己的网站为会员和非会员提供了操作非常简易的电子商务平台，消费者通过网站输入自己的用户名和密码，选择自己需要的产品代码和数量，就可以进行轻松购物；800免费电话的开通，使消费者不仅可以咨询美容信息和产品信息，也可以电话下订单购物。DHC为其会员提供免费试用装。加入DHC会员的程序非常简单，只需通过电话或上网索取DHC免费试用装，以及订购DHC商品自动就成为DHC会员，无须缴纳任何入会费与年会费。新品上市时，会员可优先获赠试用装。同时，DHC会员还可获赠由DHC主办的《橄榄俱乐部》杂志，杂志包含了产品目录、美容体验信息、美容化妆技巧课堂等内容，成为DHC与会员之间传递信息、双向沟通的纽带。此外，DHC会员还享有积分换礼品等多项优惠。采用会员制大大提高了DHC消费者的归属感，拉近了DHC与消费者之间的距离。

四、多渠道协同

DHC拓展多种销售渠道，为消费者提供了产品获得的便利性。在这一点上，DHC和戴尔可以说是异曲同工。在北京、上海等二十几个城市，DHC实行速递配送，货到付款；同时，DHC还开通了邮购服务，消费者可以在邮局通过邮购获得自己需要的产品。

（资料来源：根据中国轻工业信息网相关报道编写）

【问题讨论】

1. DHC的通信销售模式有什么优势？
2. DHC独特的渠道设计对于中国企业有何启示？

第四章 渠道成员选择

渠道成员选择

学习目标

知识目标

- 了解渠道成员选择的原则
- 了解渠道成员选择的标准
- 了解渠道成员选择的策略

能力目标

- 掌握渠道成员选择的方法
- 掌握渠道成员资信评估与风险防范
- 把握渠道成员选择的误区

案例导入

好经销商实在难寻

某建材品牌进入市场已经一年多了，目前经销商数量有100多个，但忠诚的、优质的经销商却不多。由于是新品牌，销售人员为了快速出业绩，于是去找一些市场上比较成功的大经销商，经过努力，也说服了一些代理大品牌的"大客"。一年下来，大经销商对新品牌不够重视，企业并未收到预期的业绩。"经销商都是人家的好"，"好经销商太稀缺了"，很多厂家都发出这样的感叹。

而企业开发的一些规模稍小的经销商，三个月才发一批货，业绩极不理想，于是销售人员砍掉了第一批发货少的经销商，同时又开发了一批新分销商，一年下来，大部分地区的经销商都换了一次，陷入"开发新经销商—发货—销量低—配合差—淘汰经销商—再找新经销商"的恶性循环，问题重重，主要包括：

1. 七成的经销商都是新的，经销商开发、维护成本增加。
2. 经销商与厂家的磨合不够，理念与行动难以同步。
3. 品牌口碑不佳，经销商对厂家的信心严重不足。

如此困局令该企业的营销经理十分困惑，找"大客"不合适，小经销商又没业绩，究竟找什么样的经销商才合适？为什么好经销商如此难寻？

很多新品牌都遭遇过这样的问题，在经销商管理方面"急功近利"。其实，"罗马不是一天建成的"，经销商的成长也非一日之功。对于部分经销商来说，先天不足、素质不高、实力不强是它们的"共性"，与它们打交道，我们需要换换脑筋，还需要有耐性。

（资料来源：作者根据网络资料编写）

【思考】为什么好渠道商难寻？

选择怎样的渠道成员作为制造商的合作伙伴直接影响到制造商生产的产品是否能够及时、顺利地转移到消费者手中，制造商分销的成本和制造商的服务质量，制造商制定的营销目标能否顺利实现，产品及制造商在消费者心目中的形象。但是，不少制造商发现，渠道成员的选择并不是一件轻松的事情。渠道成员有不同类型，其形象、声誉和市场影响力也有很大差别，而且具有不同的利益目标，制造商要找到合适的渠道成员并不容易。本章将主要从生产制造商的角度来讨论渠道成员选择的相关问题。

第一节　渠道成员选择的原则

渠道成员的选择要求企业能对自身有清晰的认识，对渠道的发展变化有准确的把握，对消费者的需求有深切的感知。这样，企业才能知道什么样的渠道成员是适合自己的，才能选对渠道成员。只有合适的渠道成员才能为公司今后的渠道管理打下良好的基础。

要实现渠道的目标，就要正确地选择渠道成员，使所建立的渠道适用而且有效。于是，渠道的目标被转换成选择渠道成员的原则，成为指导渠道成员选择的纲领。一般来说，应遵循的原则包括以下几个：

1. 目标市场原则

要到哪里“开矿”，就要把“路”修到哪里，这是最基本的选择渠道成员的原则。企业建设渠道，就其最基本的目标来说，就是要把自己的产品打入目标市场，让那些需要企业产品的最终用户或消费者能够就近、方便地购买。用麦当劳的一句话来概括，就是“顾客在哪里，我们就把店开到哪里”。根据这个原则，渠道管理人员应当注意所选择的渠道成员的影响范围、渠道成员的顾客类型以及顾客类型与企业目标市场的吻合程度等。

2. 形象匹配原则

制造商应该根据自身在行业里所处的层次、级别选择在目标市场上处于相应层次、级别的分销商，以求对等和匹配（门当户对），便于合作和交流，切忌盲目贪大和攀高枝，以避免“大户问题”。因为商品渠道或销售地点不仅是现有商品的销售出口，也是建立企业形象、商品形象，让消费者产生购买欲望的信息载体。在一个具体的局部市场上，显然应当选择那些能够代表本企业形象、又愿意全力销售公司产品的渠道成员。

3. 分工合作原则

分工合作原则是指所选择的渠道成员应当在经营方向上一致，在专业能力方面互补，能够有效承担企业商品的分销功能。制造商的主要职责是开发产品和推广品牌，而分销商的主要职责是将商品分销到渠道，再分销给消费者，分工协作实现双赢。某些商品的销售需要专门的知识和经验，那些不具备相应的知识和经验的渠道成员就不能被选择为该商品的渠道成员。

4. 发挥优势原则

渠道成员的选择不但要考虑目标市场的需求、购买习惯和消费习惯，同时，还要考虑企业的销售目标和企业现有的资源状况，特别是现有的中间商状况，以最大限度地发挥企业现有资源的优势，进行因地制宜地选择。另外，在选择渠道成员时还要注意其成长性、前瞻性的未来发展优势。

5. 效率、效益原则

所谓渠道效率，是指一条渠道运行的投入产出比，渠道效率主要体现在实现产品销量和市场覆盖两个方面，即有效性。效率、效益原则要求企业在建设一个渠道时必须考虑该渠道能够给企业的产品销量和市场覆盖带来的贡献预期，还要考虑该渠道的费用投入预期，并进行比较和分析。一个间接渠道的运行效率，在很大程度上取决于渠道成员的经营管理水平、对有关商品销售的努力程度以及渠道成员的“商圈”。

6. 共同发展原则

渠道作为一个整体，每个成员的利益来自成员之间的彼此合作和共同的利益创造活动。从这个角度来说，联合渠道成员进行商品分销就是把彼此之间的利益“捆绑”在一起。只有所有成员具有共同的愿望、共同的抱负，并且具有合作精神，才可能真正建立一个有效运转的渠道。因此，选择渠道成员时还要树立与分销商共同发展的理念，并选择具有共同发展意愿的分销商一起开拓渠道和管理渠道，实现共同的市场目标。

上述渠道成员选择的原则是从渠道的目标角度提出的，是实现高效率渠道的基本要求。它们是一个有机整体，反映着建立商品分销系统，厂商共同合作、共享繁荣的要求。按照这些原则来选择渠道成员，将可以保证所选择的渠道成员具有较高的素质以及良好的团队合作精神，提高渠道的运行效率。在具体选择渠道成员之前，要根据上述原则对各个可选择的渠道成员进行全面考察和认真分析。为了保证渠道建设的质量，必须严格考察渠道成员是否符合选择条件。

第二节　渠道成员选择的标准

企业在明确渠道的目标以及选择渠道成员的原则之后，还要制定一系列定性与定量相结合的评估标准，以便在多个潜在渠道成员之间进行选择。对于渠道成员选择的标准，要根据企业实现渠道目标和渠道策略的需要，综合考虑各方面的因素。一般而言，可以从渠道成员的能力、渠道成员的可控性和渠道成员的适应性三个方面进行评价。

案例分享

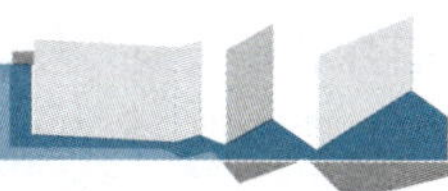

艾普森公司的中间商选择

日本的艾普森公司是制造电脑打印机的大厂家。当该公司准备扩大其产品线，增加经营各种计算机时，该公司总经理杰克·沃伦(Jack Whalen)对现有的配销商颇为不满，也不相信它们有向零售商店销售其新型产品的能力，因此他决定秘密招聘新的配销商以取代现有的配销商。

杰克·沃伦雇用了一家名为赫展拉特尔的招募公司，并给予下述指示：

(1)寻找在褐色商品(电视机等)或白色商品(电冰箱等)方面有两步配销经验(工厂到

配销商再到经销商)的申请者。

(2)申请者应是领袖型的企业,愿意并有能力建立自己的配销机构。

(3)他们将被付与8万元的年薪和奖金以及37.5万元的资金,用于帮助他们建立企业。他们每人各出资2.5万元且每人均可持有企业的股票。

(4)他们将只经营艾普森公司的产品,但可经营其他公司的软件。每个配销商将配备一名负责培训工作的经理和一个设备齐全的维修中心。

招募公司在寻找合格、目的明确且有希望的候选人时遇到了很大的困难。他们在《华尔街日报》上刊登的招聘广告(没有提及艾普森公司)吸引了近1 700封请求信,但其中多半是不合格的求职者。于是,该公司利用电话簿上的黄纸印刷的商业电话号码得到了最后的配销商名称,并打电话与其第二常务经理联系。公司安排了与有关人员会见,并在做了大量工作之后提出了一份最具资格的人员名单。杰克·沃伦会见了他们,并为其12个配销区域选择了12名最合格的候选者。招募公司因该招聘工作得到了25万元的酬金。

(资料来源:作者根据网络资料编写)

一、渠道成员的能力标准

能力标准是选择渠道成员的主要评估标准,通过对能力的具体评估可以大致判断渠道成员与厂商合作的可能性,具体包括经营思路、合作意愿、价值观、经营信誉、销售实力、信用及财务状况、管理能力、管理权延续和稳定性、产品线结构等几个方面。

1. 经营思路

经营思路决定着一个渠道成员的命运,现在不同的经营思路决定未来不同的出路,企业的经营思路可以是坐在家里等电话,只供大户,而忽视小订单,也可以是走出去,周期性地拜访客户,强化服务优势,铸造诚信经商的口碑,编织销售网络。应选择与企业经营思路相近的渠道成员。中国的市场营销环境处于快速变化的时期,如果没有适应新营销环境的经营思路,渠道成员所积累的客户、经销网络就没有价值。制造商要了解渠道成员的经营思路,应从以下几个方面着手:

(1)市场认知度

在市场认知度方面,主要考察渠道成员对当地市场的熟悉程度。包括潜在渠道成员是否了解当地市场包含多少个市、县,总人口以及城市人口的数量,各县的经济差距,各县的交通情况,大企业和批发市场的存在情况等。潜在渠道成员对当地的市场规模、行政区划、基础资料、市场特点有较好的理性认识,标志着其有比较清晰的营销理念。

(2)经营状况

在经营状况方面,主要了解渠道成员经营的手段是否落后,是否有与现代科学相匹配的经营方式。许多渠道成员仍然处于一种原始的经营状况,如凭感觉进货、卖货,月底、年底盘账无计划、无组织等。

(3)服务态度

在服务态度方面,主要了解渠道成员对送货、铺货的态度,对下线客户的服务程度。对铺货的重视程度、对编织网络的重视程度、对售点的周期性拜访和对客户的服务程度是一个渠道成员经营思路的直接反映。如果一个渠道成员对自己经营的各产品业绩、赢利状况了如指掌，对当地市场的基本特点非常熟悉，并且积极拜访售点，增强客户服务，强化销售网络，那么基本上可以肯定其经营思路是清晰的。

2. 合作意愿

合作意愿决定了渠道成员与制造商今后关系的融洽性和长久性。通常制造商选择渠道成员不止是为了一笔买卖，而是要长期“结亲”，因此制造商应在产品和愿望两个方面考核渠道成员。

(1)产品方面

认同产品的功能及市场潜力，重视产品，是当好渠道成员的前提。一个渠道成员很难认真地去销售其认为没有市场潜力的产品。重视产品是成为该产品渠道成员的必要条件，因为重视才能产生责任心，而责任心又是驱使渠道成员努力工作的直接动力。制造商可以通过直接询问来了解渠道成员是否对产品有认同感。

(2)愿望方面

渠道成员销售产品，不仅对制造商、消费者有利，而且对渠道成员也有利。销售渠道作为一个整体，由多个渠道成员构成，每个成员的利益来自成员之间的彼此合作。只有每个渠道成员都有良好的合作愿望和发展抱负，才能实现彼此高效的沟通和渠道管理效率的提高。

3. 价值观

价值观主要考核的是渠道成员是否有激情和进取心。部分渠道成员赚钱以后就丧失了前进的动力，不再亲自经营，而是把企业交给亲戚或朋友。渠道成员的毅力和对事业的投入程度，通常与市场的培育程度成正比。对于具有良好态度和企业家精神的渠道成员来说，通常具备良好的事业观和利润观。有进取心的渠道成员会不断充实自己，主动参加各种培训，对未来充满信心。

4. 经营信誉

多数厂商都会避免与没有良好信誉的渠道成员建立关系。相对信誉而言，渠道成员的经验和能力并非首要的考虑因素。渠道成员的信誉可通过同行口碑和同业口碑的途径获得。

(1)同行口碑

同行口碑是指目标市场的其他渠道成员对该渠道成员的评价，包括是否有恶意窜货、砸价、经营假冒伪劣产品、赖账等劣迹。通过其他渠道成员了解备选渠道成员的经营能力、经营状况，与代理企业的合作信誉状况，处理与客户之间关系的能力等，是了解备选渠道成员经营信誉的主渠道。

(2)同业口碑

同业口碑是指其他制造商以及上游供应商、下游服务商对该渠道成员的评价。同业口碑也可作为判断渠道成员经营信誉的重要参考依据。没有不透风的墙，如果该渠道成员不遵守渠道的规则，不讲究信用，其他同业人士也会知道。同业口碑是了解渠道成员经营信誉的辅助渠道。

案例分享

信任来自信誉

广东某知名食品企业到成都选择代理商，在入围的六家企业中，有一家个体户相比之下起步较晚、规模较小，销售队伍人员也不多，但却就是这家个体户取得了经营代理权！下面是该食品企业总经理的一段话，他告诉我们选择这家个体户真正的原因：

“当初这家企业的实力连竞标的资格都没有。有一天，我在西南食品城看见他们夫妻俩服务态度很好，我让助理有意伪装成是专门推销冒牌产品的人员，如果他们愿意经销，我们可给其丰厚的利润回报，结果他们坚决不卖！这就是我为什么邀请他们参加竞标的原因。到产品发布会的那一天，他提前半小时就到达了宾馆，而有的商家竟迟到了几十分钟，我看中的是他个人的信誉。”

其结果正如该食品企业所料，那家个体户后来不但把市场做起来了，还成了成都有名的渠道成员，目前已是一家拥有数百万资产的食品经贸公司。

（资料来源：作者根据网络资料编写）

5. 销售实力

在选择渠道成员时，销售实力是很重要的标准。判断其销售实力的方法有很多，可以从资金实力、库房面积、配送能力、市场覆盖范围、市场占有率等方面加以评估。

(1)资金实力

资金实力是选择渠道成员的首要标准。制造商应选择资金雄厚、财务状况良好的渠道成员，因为这样的渠道成员能保证及时回款，还可以在财务上向生产厂商提供一些帮助，如分担一些销售费用，提供部分应付款，向下线客户提供赊销等，从而有助于扩大产品销路。

(2)库房面积

库房面积与销售额成正比。制造商应主动到现场了解渠道成员的仓库，既可以了解其面积大小，还可以了解其经营品种，以及竞争对手的产品库存情况。同时，还可以根据仓库产品的摆放以及清洁状况来判断渠道成员的仓库管理能力。此外，根据渠道成员现有的产品库存，还可以推算其大概的库存资金和流动资金。

(3)配送能力

渠道成员的配送能力是其实力的重要体现。未来能够生存的渠道成员只可能是“配送中心”式的渠道成员。在美国等发达国家，除生鲜类产品存在批发市场外，其他类型产品的批发市场已经消失殆尽，但“配送中心”式的渠道成员仍然生存得很好。

考察渠道成员的配送能力，必须注意以下四点：

①渠道成员必须具备配送意识，认识到只有具备配送功能才能生存。

②必须组建配送机构，选择配送人员、配送工具。

③必须实现低成本配送。很多渠道成员不敢或不愿意开展配送的原因是无法承担高额的配送费。

④在配送区域过大的情况下，应建立配送中心。

(4)市场覆盖范围

考察渠道成员的市场覆盖范围是从地理区域上判断其销售网络的建设情况。通过了解车辆的吨位可以判断渠道成员覆盖的范围以及终端的类型。面包车主要供应短距离、市内的终端；两吨以下的送货车主要供应中等距离的零售商或批发商；两吨以上的送货车主要供应长距离的批发市场。要了解渠道成员的运输能力与市场覆盖范围，可以询问渠道成员车辆的数量、车辆的型号、司机的数量等。

(5)市场占有率

要了解渠道成员是否拥有厂商所期望的那部分市场以及市场占有率。需要特别注意的是，要了解该渠道成员的市场范围是否太大，以致有可能与其他渠道成员重叠。总而言之，厂商应坚持“最大占有，最小重合”的原则。

目前，在中国家电行业内，许多企业都会优先选择国美、苏宁等专业连锁企业。实际上，这些连锁企业的资金实力并不一定很强，但由于它们现金流充裕、规模庞大、销量巨大，因此，它们无疑是非常正确的选择。这些连锁企业也是企业优先选择的渠道成员。

6. 信用及财务状况

调查渠道成员的信用及财务状况是一个必要环节。这项标准在渠道成员的选择中，被大量制造商采用。需要收集的信用与财务信息及调查事项包括：注册资金、实际投入资金是否充裕；必备的经营设施（仓储、运输、营业场地等）能否承受目前业务；付款的方式；资金周转率、利润率；银行贷款能力；税款是否合法缴纳；欠账的程度；放账的程度。

7. 管理能力

厂商一般不考虑将管理过于落后的渠道成员作为合作对象，因此在选择渠道成员时，管理能力是一个关键因素。但是，管理能力受诸多因素的影响，因而很难下定论。渠道成员到底管理能力如何？其中关键的一点就是看其组织、培训和稳定销售队伍的能力。销售人员通过直接询问、现场观察等方式，可以大致了解渠道成员的管理能力。具体应了解以下几个方面：

(1)物流管理能力

要了解渠道成员有无库管，有无库房管理制度，有无出库、入库手续，有无库存周报表、报损表、即期破损断货警示表，断货、即期、破损、丢货现象是否严重等。

(2)资金管理能力

要了解渠道成员有无财务制度，有无会计、出纳，有无现金账、销售报表；是否执行收支两条线；是否有“自己的直系亲戚，谁用钱谁自己从抽屉里拿”的现象。

(3)人员管理能力

要了解渠道成员的人员管理情况，主要包括：是否有业务人员？业务人员中亲属所占比例为多少？有无人员管理制度？业务人员是否服从管理？有无清晰的岗位职责分配制度？业务人员是自己找地方卖货，拿销量提成，还是按线路周期性拜访客户，通过综合指标考评发薪金？

8. 管理权延续和稳定性

渠道成员多由其所有人或发起人管理。渠道成员中有许多，尤其是二、三级经销商，大多是独立经营的小公司。如果渠道成员的管理阶层经常发生变动，非常不利于制造商与之合作。因此，一定要选择管理权延续且稳定的渠道成员，以继续保持良好合作。

9. 产品线结构

应从以下四个方面考察渠道成员经销的产品线结构：竞争对手的产品；兼容性产品；互补性产品；产品质量。

销售人员应尽可能避免选取直接经营竞争对手产品的渠道成员，应寻找经营兼容性产品的渠道成员，因其从根本上不对自身产品构成威胁。经营互补性产品的渠道成员也是目标渠道成员，因为通过经销这类产品，可为顾客提供更好、更全面的服务。在产品质量方面，制造商应选择经营产品质量比自己产品质量好，至少不低于自己产品质量的渠道成员，尽量不要把自己的产品同“劣质”“无品牌”的产品放在一起。

以上标准并非适用于所有公司的所有情况，但基本指明了选取渠道成员时需要考虑的主要因素，因而具有较高的参考价值。每个企业都应该根据自己的渠道目标、方针制定一系列相应的具体标准。中兴通信经销商资格标准见表 4-1。

表 4-1　中兴通信经销商资格标准

项　目	指　标	具体要求
资格要求	合法性	合法有效的营业执照、有效税务登记证、组织机构代码证、银行开户许可证、法人身份证
	业内经验	具有分销产品的销售经验和良好业绩，具有较强的业务理解能力和良好的服务能力，能够为最终用户提供有竞争力的解决方案
	资金	注册资金为 50 万元以上
	服务资质	具备二星级服务资质(行业标准)
	销售人员要求	具有两年以上的渠道管理相关工作经验
	财务及经营状况	财务状况良好，无不良经营记录和债务，需提供经过合法会计师事务所审计的上一年度的资产负债表、损益表、现金流量表
运作平台要求	支持系统	与中兴通信商务要求相符合的基于局域网和广域网的互联网接入手段和办公设备、人员，可以妥善管理中兴通信统一给予的商务信息，能够随时访问中兴通信的相关网站和通过各种手段与中兴通信业务人员保持良好沟通
	物流平台	具备仓储、授权区域范围内各地、市间可互相配送的能力；具备存储记录系统，能够对货物流向进行实时检索和统计
业务要求	销售目标承诺	承诺年度进货额不低于 50 万
	订单管理	项目订单，必须按中兴通信项目订单通知单的要求从一级渠道进货；分销订单，按分销价格从一级渠道进货，按照用户指导价格自行销售
	信息反馈	按中兴通信的信息反馈制度提供分产品、分区域的销售信息及需求流动预测
渠道管理要求	基本要求	能够按照中兴通信的要求积极拓展经销渠道，提升中兴通信品牌价值，并能对经销渠道进行规范化管理，不得进行跨区、跨行业销售，低价扰乱市场秩序等违反中兴通信渠道原则的行为
发展与机会	综合指标	考核期 6 个月。不能达到要求者，降级处理并按相应代理级别认证

二、渠道成员的可控性标准

尽管渠道成员的能力对于企业选择渠道成员来说至关重要，但是企业对于渠道成员的可控制程度也是很重要的评估标准。一般而言，企业希望对于渠道成员有较高的控制程度。如果一个企业选择了势力强大的渠道成员，这个渠道成员却依强欺弱，企业反倒会受对方所控制。从可控性角度评价渠道成员，就是看企业控制某一个候选渠道成员的可能性。此时，渠道成员的经营能力强大，反倒不是好事。渠道成员可控性的评估，可以从控制内容、控制程度和控制方式三个方面来考核。

1. 控制内容

从控制内容上评估渠道成员的可控性，就是要找出企业可以从哪些方面控制渠道成员。例如，企业可以控制或者影响渠道成员的哪些营销决策？企业可以控制或者影响渠道成员的哪些渠道功能？企业能否抵制渠道成员可能的投机行为？等等。

2. 控制程度

从控制程度上评估渠道成员的可控性，就是要指出企业在某一个方面控制渠道成员可以达到的程度。例如，企业可能实施绝对控制，即不仅控制渠道成员的数量、类型、产品，还要控制渠道成员的促销政策以及价格政策。此时，渠道成员就类似于企业的分支机构，要根据企业的指令从事销售活动。企业还可能对渠道成员实施较低程度的控制，通常只通过提供帮助来影响渠道成员的营销方式和营销行为。

3. 控制方式

从控制方式上评估渠道成员的可控性，就是要指出企业可以用什么方法在哪些方面控制渠道成员。例如，企业可以通过渠道治理结构的某种安排控制渠道成员的投机行为吗？企业能够使用自己所拥有的渠道权力影响渠道成员在产品价格方面的决策吗？企业可以通过良好的关系或彼此之间的高度信任而相互影响和相互控制吗？

三、渠道成员的适应性标准

对渠道成员选择的适应性标准，主要分析、评价渠道成员对企业渠道的适应能力，以及对环境变化的应变能力。

对渠道成员的适应性评估以定性评价为主，例如，通过访谈了解渠道成员的经营理念和发展思路，以便判断它融入企业原有渠道的难易程度；通过了解渠道成员的发展历史，判断其处理危机的能力和应变能力；通过实地考察，了解渠道成员的基础设施和人员素质，由此既可以看出渠道成员对企业的适应能力，也可以看出渠道成员在环境发生变化时可能做出的反应。

上述分析了三方面选择渠道成员的评估标准。图 4-1 进一步综合上述几种评估标准，简明扼要地说明选择渠道成员需要考虑的关键标准。

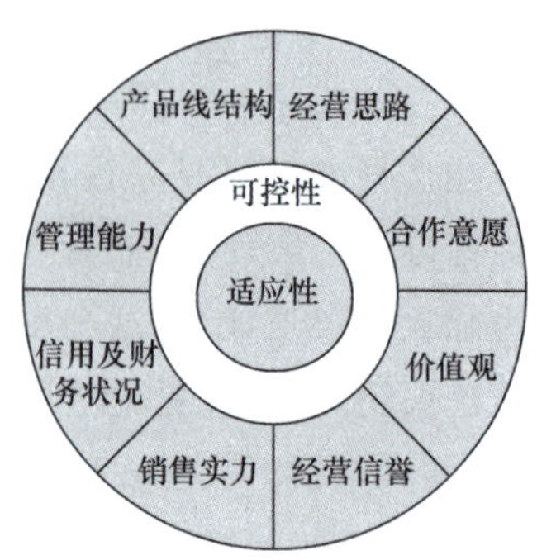

图 4-1 选择渠道成员需要考虑的关键标准

知识链接

一位资深的渠道管理专家认为，一个好的渠道成员应该具备以下条件：

1. 良好经营信誉——在行业内或区域市场内具有良好的名声或口碑。
2. 市场理念一致——与制造商在对行业前景、市场拓展方面的看法不谋而合。
3. 经销产品无竞争性——该经销商现在所经销的产品中没有直接竞争的产品。
4. 具有销售网络优势——该经销商在当地市场已经建立了一个良好的销售网络。
5. 有兴趣与热情——对厂家的产品和品牌很认可且具有积极的销售热情。
6. 有同类产品经验——经销具有同样性质和类别的产品并已积累相当经验。
7. 良好员工队伍素质——有一定数量的销售人员，具有市场意识和执行能力。
8. 经营场所具有区位优势——经销商的办公及储运地点最好接近目标渠道。
9. 有资金动员能力——经销商资金充足，能够满足旺季促销的资金要求。
10. 有仓储配送优势——经销商具有足够大的仓库和足够多的运输车辆。
11. 具有社会影响力——经销商在当地有一定的社会地位和市场影响力。
12. 经销商具有个人魅力——经销商本人在专业知识、个人品德方面值得称道。

第三节　渠道成员选择的方法

随着市场竞争的加剧与渠道关系的复杂化，厂商选择渠道成员的策略也在不断发生变化。单一的选择策略越来越少，而更多的是厂商根据市场、行业、产品及竞争特点等采用不同的策略组合来新建、调整或重构渠道体系。了解了一定数量的渠道成员并根据标准进行分析、评估以后，企业就要选择合适的渠道成员。对渠道成员的合理选择是一个复杂的综合评估过程，其中可采用的方法和策略有很多，总的来说包括定量和定性两种。

一、渠道成员选择的途径

实际上，许多公司是通过现有的销售人员寻找渠道成员的，因为对于拥有独立销售队伍的企业来说，获得潜在渠道成员名单是一件很容易的事情。原因很简单，销售人员通过长时期在销售现场和分销商经常性交往和接触，可以掌握有关地区的大部分分销商的基本信息，也可以通过现有客户介绍，从而找到合适的渠道成员。然而，对于新创立的企业来说，寻找可能的渠道成员是一项重要的工作，也是一项困难的工作。除了公司销售人员外，公司还可以发动内部人力资源的关系网络来获得潜在的渠道成员。企业大致可以通过以下几种方式寻找到合适的渠道成员：

1. 专业性批发市场

许多城市有小商品市场或各个行业的专业品批发市场，在这些地方，经常会看到店铺门口或是店里面挂有“××地区总经销、总代理”等各式各样的招牌。大的分销商往往都会在批发市场设置门面销售产品和扩大影响，大部分分销商为了扩大自己的知名度，还会要求厂家给其制作类似的招牌、条幅等。

2. 媒体广告

销售人员到达一个新的市场，可以先买几份当地的报纸，观看当地的电视台，收听当地的广播台或到街上走走，或许就能发现同类产品的经销商名称。当地报纸、广告牌等媒体上通常有同类产品的广告，其中有“由××公司总经销、总代理”“供货热线(电话号码)”等字样，追随这些线索，就可以找到目标渠道成员。

3. 工具书

工具书包括当地的电话号码簿、工商企业名录、地图册、手册、消费指南、专业杂志等。尤其是电话号码簿含有很多企业信息，一般情况下，比较有经验、有实力的分销商都会在当地电话号码簿上刊登自己公司的名称，媒体上也通常有同类产品的广告，且有“由××公司总经销”的字样。

4. 广告公司

当地的广告公司对当地的媒体、市场情况比较了解，它们为了争取作为公司的广告代理商，必然会详细告知本地分销商的情况。因此，可以先找当地广告公司作为广告代理，再通过广告公司介绍合适的分销商。

5. 招商广告

企业如果通过其他途径找不到合适的分销商，或者企业实力很强又想趁机扩大影响，可以通过刊登招商广告的方式寻找客户。刊登招商广告时可以详细说明对分销商的要求，并且可以较全面地了解其情况，然后进行挑选。这种方式见效快，一般都能找到好的分销商，但费用较高，主要是通过媒体刊发广告的费用，不太适合小企业。

6. 产品展销会、订货会

各个行业每年都会举行各种各样的产品展销会、订货会，厂商云集，很多专业性的经销商都会参会。这是厂商展示产品、品牌的地方，也是很多企业寻找分销商的有利机会和途径。厂商可以根据自己所在行业展销会、订货会召开的时间和地点，结合自己寻找分销商的目标市场要求，选择性参与一些地方的展销会、订货会，借机寻找分销商，同时达到展示公司产品及品牌形象的目的。

7. 顾客和中间商

企业可以通过正式或非正式的调查，了解顾客在所处的区域内对不同中间商的看法，以便确定企业未来的合作伙伴。另外，通过咨询现有中间商或让现有中间商推荐，企业也可能找到新区域的潜在客户。需要特别提醒的是，通过同一行业里的顾客、员工和客户介绍都是非常有效的寻找分销商的方式，因为同行信息相通，比较了解，容易获得目标市场客户信息，特别是好客户信息，朋友介绍的客户因比较了解，值得信任。

8. 网上查询

企业可以运用现代信息技术，通过因特网，尤其是访问专业网站寻找、筛选渠道成员，渠道管理人员可以用这种方式搜寻到某一行业中很多同一类型或不同类型的企业。通过这些网站信息，企业可以找到很多未来可能的合作伙伴，而且几乎不需要花费什么费用。但网上信息真假难辨，需注意甄别。

二、渠道成员选择的策略

渠道成员的选择从某种程度上来说也是双向的：对制造商而言，是在选择渠道成员；对渠道成员来说，是在选择供应商。因此，在选择渠道成员的具体操作中，不要忘记制造商自身的因素也会影响到对渠道成员的选择，根据企业自身情况采用不同的策略才是合适的做法。以下介绍几种实践中企业选择渠道成员时行之有效的实用策略。

1. 分两步走选择策略

对于刚进入某一行业的厂商或者刚进入某一个区域市场的厂商来说，由于所面临的环境相对陌生，必然要经历一个从不适应到适应的过程，因此在渠道成员的选择上，不必恪守一步到位的原则，而通常采取分两步走选择策略。

在渠道建立初期，可以接受与一些条件基本符合厂商选择标准甚至低于选择标准的渠道成员合作，这样可以迅速在该行业或该区域市场建立渠道体系，尽快启动市场。待时机成熟，产品在市场上逐步树立了良好的形象，终端消费开始大面积"解冻"，企业的"招募力"增强后再选择符合厂商选择标准甚至高出选择标准的渠道成员，并且逐渐淘汰低层次的渠道成员。

采用两步走选择策略的好处是上手快，容易启动市场。其不足之处是如果处理不当，容易使厂商给渠道成员留下"过河拆桥"的印象，甚至引发渠道动荡。因此，厂商在建立渠道体系之初，就应该与渠道成员有明确的约定，并加强对渠道成员的辅导，争取让渠道成员尽快成长起来，以符合厂商的选择标准。

2. 针锋相对选择策略

针锋相对选择策略就是对于属于市场跟随者性质的制造商，选择同行业中市场领先者的渠道成员作为自己的渠道成员的一种策略。针锋相对选择策略适用于实力较强的市场进攻者。对于它们来说，其市场地位通常仅次于市场领先者，因此，在选择渠道成员的时候，通常以市场领先者作为参照或目标。

很多市场进攻者在渠道成员的选择上都采用针锋相对选择策略，例如，饮料行业中的可口可乐和百事可乐；日化行业中的宝洁和联合利华；儿童牛奶饮品行业中的娃哈哈和乐百氏；快餐行业中的麦当劳和肯德基等。甚至有些企业选择渠道成员的原则往往简单到竞争者的产品出现在哪里，企业的产品就出现在哪里。这也就是为什么人们会在大多数超市里，看到左手边是可口可乐的饮料，右手边就是百事可乐的产品，同时也是在肯德基的几步开外必然会看到麦当劳的缘故。

3. 逆向拉动选择策略

逆向拉动选择策略适用于那些踏踏实实耕耘市场的市场追随者。市场追随者相对于刚刚进入市场的厂商来说，对市场竞争状况有更深入的了解，对消费者需求有更清晰的把握。但同时，市场追随者又缺乏像市场进攻者那样紧随市场领导者展开竞争的资源。因此，另辟蹊径选择渠道成员开拓市场就成了其矢志不渝的追求。

逆向拉动选择策略的主要方法是通过消费者的感受，刺激消费者，由消费者拉动市场，进而拉动终端渠道与之合作，从而帮助其逐步建立起整套渠道体系。随着渠道向扁平化方向发展，越来越多的厂商开始尝试或选择逆向拉动选择策略来构建其渠道体系。

采取逆向拉动选择策略的好处是厂商对渠道成员的话语权较强，对消费者的影响深入。其不足之处是厂商前期对消费者市场的培育投入较大，周期较长。

案例分享

重庆"冰点"水的成功正是由于其采用了逆向拉动选择策略。重庆"冰点"水在推出产品之前，曾经以一个生活中真实故事为题材，通过在报纸上的"冰点寻果"征文启事和拍摄"冰点柔情"MTV等表现手法产生了轰动整个重庆的广告效应，成功地为"冰点"水赢得了消费者的认同。因此，零售商主动、积极地寻找代理该产品的经销商。这种要货的结果，必然使得经销商主动与企业接触，从而使企业顺利建立起销售渠道网络。

（资料来源：作者根据网络资料编写）

三、渠道成员选择的具体方法

渠道成员的选择有时是主动的，有时是被动的。如果企业在产品、品牌及影响力方面处于优势，企业就可能主动地选择渠道成员；反之，如果企业在产品、品牌及影响力方面处于劣势，企业则需要积极地争取和赢得渠道成员。企业如果想要有效赢得渠道成员必须创造以下条件：有竞争力的产品线；合理的广告和促销支持；专业化的管理支持；公平交易和友好关系。

就渠道成员选择的具体方法，我们从定性确定法和定量确定法两个方面展开分析。

（一）定性确定法

定性确定法是主要依靠一些经验和判断，通过充分的沟通和了解，以及市场的实际操作进行检验，最后确定渠道成员的方法。在企业实践中，渠道成员的选择大多采用定性确定法。

1. 定性确定法的一般步骤和特点

（1）通过市场试运作选择分销商

厂家选派几个精兵强将，在当地建立办事处，自设仓库，直接拓展终端业务。可以由厂家直接向零售店铺货，也可以联系数家有意向的分销商同时向零售店铺货。如果是后者，事先要申明双方的权利和责任，明确试销的责任和义务，厂家不承诺经销权，试销优秀者选定为分销商。这就是所谓的"倒着做渠道"。

（2）通过市场竞争筛选分销商

厂家向几家有意向的分销商同时铺货，往往会形成竞争和互相牵制的局面。经过市场运作，淘汰渠道能力较差或终端运作能力较差的分销商。对于被淘汰的分销商，厂家给予一笔市场开拓费用作为补偿。如果初选分销商都采取观望态度，那么厂家只好自己直接铺货，并且一边铺货一边考察。随着市场开拓的深入，厂家对零售终端和经销商逐渐熟悉，这时再来确定合适的分销商就比较容易了。

(3)利用市场资源支持潜在分销商

对于初步选择的分销商，厂家要在前期铺货后再发动广告促销攻势。中小企业的广告费用有限，可以采取用“时间”换“金钱”的方法，先辅助分销商进行市场的第一轮铺货，在铺货率达到40%之后再投放广告和进行促销；当广告促销攻势发动后，再进行第二轮铺货，这样可以最大限度地节约促销费用。

(4)利用短期合同期限考察分销商

签订分销合同的期限不宜过长，最好不要超过一年。有人认为，签订长期合同有利于分销商与厂家捆在一起，使分销商全心全意地开拓市场。实际上，这只是一厢情愿的想法。分销商可能会利用中小企业的弱势地位，从事投机经营活动。签订短期合同，留给分销商投机的空间也会比较小。另外，短期合同也会给分销商施加随时可能被替换的压力，如果它真的希望销售企业的产品，会加倍努力。

(5)利用总经销权制约分销商

即使市场上只有一个分销商在分销，厂家也只承诺特约经销权，不要轻易承诺总经销权。因为很少有分销商能覆盖区域市场的所有二级批发和零售商，承诺总经销权就等于厂家放弃了补缺和纠偏的权利。另外，承诺总经销权，也不利于厂家对市场的控制，容易出现“大户问题”。虽然分销商早期会有意见，但是只要厂家坚持自己的渠道原则，保证分销商可以开发并管理好网点，就能实现厂家与分销商的良好合作。

(6)选择具有成长性的分销商

分销商的选择，不能盲目贪大，应该更加注意成长性因素，考虑其是否与企业的条件相匹配，只有合适的才是最好的。厂家的实力有限时，不宜选择能力超强的大分销商，因为其经营的品种太多，有数个大品牌，对知名度较低的新品牌不会全力投入经营，自然不会达到很好的销售效果。也不宜选择能力太弱的分销商，因为其没有能力把产品有效铺到销售终端。厂家应该选择对自己的产品、品牌感兴趣，与自己实力匹配，能够全力经营的具有成长性的分销商。

2. 定性确定法的主要操作方法

定性确定法具体的操作方法包括以下几个：

(1)观察筛选法

观察筛选法比较简单，就是首先到目标市场寻找目标客户比较集中的地方，比如批发市场、行业集市(如食品批发市场、图书批发市场、药品批发市场、建材市场、电脑城等)，通过观察，结合自身的产品特点、经营实力和品牌档次，进行判断和筛选，在初步筛选出几家意向经销商后，再进行深入的访问和洽谈，最后经过商讨确定经销和签约。

观察筛选法是典型的定性确定法，主要依靠销售人员的经验判断。虽然这种方法操作起来比较简单，但对于销售人员的行业知识、管理经验和社会阅历要求较高。有丰富经验和阅历的业务人员采用这种方法的成功率较高，但缺乏经验和阅历的业务人员不便采用这种方法。

(2)业内人士介绍法

业内人士介绍法就是尽量寻找在同一行业里面工作的亲戚、朋友或熟人帮助介绍分销商的方法。他们可以是从事销售工作的，也可以是从事如物流配送、生产管理、产品研发、人力资源、财务管理等工作的。前者可以直接介绍分销商，后者可以通过其同事、朋友找相关销售人员间接介绍，因为同行企业每年都会召开年会，同行分销商之间大多认识，销售人员之间也经常互通信息。总之，只要是在同一行业里工作的人，帮助获取某地区分销商的信息是一件非常容易的事情，俗话说，“隔行如隔山”，反过来，“同行最知情”。只要找到一个同行，就能够帮助找到行业内目标市场的分销商；只要找到一个地方的一个分销商，就可以帮助介绍多个地方的分销商。

利用业内人士介绍法找到的分销商往往比较可靠，也比较适合，可信度高，分销风险低，比较适合于新销售人员开拓市场时使用，但需要在寻找亲戚、朋友或熟人过程中做一些“公关”工作，因此需要一些前期的关系投入。

(3)黄页、报刊检索法

黄页、报刊检索法是一种比较传统的寻找分销商的方法，是指通过当地的黄页(电话号码簿)、报刊检索相关行业在当地的销售信息，尤其是当地分销商的信息，包括公司名称、联系电话、所在地址、经营范围等，筛选到有用的分销商信息后再跟进访问和洽谈。

黄页、报刊检索法适用于新销售人员开拓市场，在没有分销商信息的情况下采用。这种方法虽然有些落后，但其思路还是值得借鉴的。例如，当地的报纸、户外广告牌等媒体，往往刊登企业产品的促销信息，并且留下了当地分销商的联系地址和电话，这对于寻找分销商是非常有用的信息，由此跟进联系可能会得到很好的效果。特别是互联网非常发达的今天，完全可以借用网络搜索，达到寻找有价值的分销商信息的目的。

(4)公开招标法

企业可以在当地报纸、电视等媒体上发布招商信息，吸引当地分销机构参与竞标，企业通过这种方式可以直接寻找和筛选分销商。这种方式操作比较简单，也能够寻找到合适的分销商，但是操作成本相对比较高，适合于实力雄厚的企业或者是对该目标市场势在必得的企业。

(5)行业博览会法

企业可以参加在当地举行的行业博览会，在博览会上展示企业的产品和品牌，同时寻找在该地区的分销商。这种方法也比较有效，因为行业博览会是行业厂家和分销商聚会的平台，能够实现充分的沟通，有充分的比较和相互选择，厂家往往能够找到合适的分销商，但操作成本也比较高，同样适合于实力比较雄厚的企业。

(6)反向追踪法

反向追踪法，又称“顺藤摸瓜法”，是消费品企业运用逆向思维寻找渠道成员的有效办法。反向追踪法的具体做法是:消费品厂家的销售人员到了目标市场以后,在没有其他更好方法的情况下,可以先到当地的大卖场、连锁超市、批发市场以及其他相关的终端零售场所观察一下和自己的产品密切相关的、产品终端陈列状况和销售状况比较好的同类产品,然后根据产品包装上的信息,寻找该产品在该地区的分销商的单位、地址、电话等,这样就能够找到同类产品在目标市场上的优质分销商。因为好的陈列和好的销售背后的推手必然是好的分销商。

(二)定量确定法

渠道成员选择的定量确定法是基于对渠道成员的量化评估,经过排序筛选渠道成员的方法。如一个生产商根据渠道成员的中间成本对其进行排序,选择中间成本最低的渠道成员。定量确定法具体包括以下几种方法:

1.强制评分法

强制评分法的主要原理是对拟选择作为合作伙伴的每个渠道成员,就商品分销的能力和条件,用打分法来加以评价和选择。由于各个渠道成员之间存在分销优势与劣势的差异,因而每个项目的得分会有所不同。根据不同因素对渠道功能建设的重要性程度,可以对不同因素分别赋予一定的重要性系数。然后计算每个渠道成员的总得分,从得分较高者中进行选择。

例如,某电脑生产商决定在广东地区选择独家经销商,在广州市进行考察后,选出三家比较合适的"候选人"。电脑生产商希望经销商有一定的经营规模、有良好的声誉和财务状况、有强大的销售实力和管理能力等。各个"候选人"在这些方面都有一定优势,但是没有一个"十全十美"的。因此,电脑生产商决定采用强制评分法对各个"候选人"进行打分。利用强制评分法打分结果见表4-3。

表4-3　　利用强制评分法打分结果

评价因素	重要性系数	经销商(一)		经销商(二)		经销商(三)	
		打分	加权分	打分	加权分	打分	加权分
经营规模	0.20	85	17	70	14	80	16
良好声誉	0.15	70	10.5	80	12	85	12.75
销售实力	0.15	90	13.5	85	12.75	90	13.5
管理能力	0.10	75	7.5	80	8	85	8.5
合作精神	0.15	80	12	90	13.5	75	11.25
产品线	0.05	80	4	60	3	75	3.75
货款结算	0.20	65	13	75	15	60	12
总　分	1.00	545	77.5	540	78.25	550	77.75

从表4-3的第一列可以看出,经销商的优势与劣势是通过有关评价因素反映出来的。从"总分"栏可以看出,经销商(二)得到的加权总分最高,因而是最佳的"候选人",该电脑生产商应该考虑将其作为当地的经销商。

强制评分法主要适用于在一个较小地区的市场上,为了建立精选的渠道网络而选择理想的零售商,或者选择独家经销商的情况。

2. 销售量分析法

在经济数据较缺乏的情况下，强制评分法为我们找到了很好的选择渠道成员的途径。但这种方法仍然是基于定性基础上的定量化决策方法，要求渠道管理人员提出多个评价因素，并且合理地估计有关因素的重要性系数。

销售量分析法是通过实地考察有关渠道成员的顾客流量和销售情况，对每个渠道成员的销售趋势曲线进行分析，估算可能达到的总销售量，并分析它们近年来的销售额水平及其变化趋势，在此基础上，对有关渠道成员实际的分销能力以及可能达到的销售量水平进行估计和评价，然后选择最佳“候选人”的方法。

例如，某个经销商近两年来某种商品的销售记录见表 4-4。由于该商品销售量与时间之间存在强相关性(相关系数 $R=0.9691$)，因此根据历史销售数据用线性回归方法列出其销售增长曲线为

$$Y_t=860+30\times t$$

表 4-4　　经销商销售记录

D] 时间	2011 年				2012 年			
	第一季度	第二季度	第三季度	第四季度	第一季度	第二季度	第三季度	第四季度
销售量 （万件）	560	620	640	780	800	870	850	920

其中，t 表示时间。参考表 4-4，假设 2011 年第四季度对应的 t 值为 0，2012 年第一季度及以后季度对应的 t 值为自然数。如 2012 年第一季度 t 取值为 1，对应的销售量预计达到

$$Y_1=860+30\times 1=890(\text{万件})$$

如果进一步假设由该渠道成员分销本企业的同类产品，产品生命周期是一年。那么，该经销商在产品生命周期内(包括 2012 年的四个季度)能够实现的销售总量为

$$\begin{aligned}Y&=Y_1+Y_2+Y_3+Y_4\\&=(860+30\times 1)+(860+30\times 2)+(860+30\times 3)+(860+30\times 4)\\&=860\times 4+30\times(1+2+3+4)\\&=3\ 740(\text{万件})\end{aligned}$$

如果存在另一个渠道成员，在同样时期内，商品销售总量可以达到 4 000 万件，那么，上述的经销商就不是理想的“候选人”，应当放弃。这种方法适用于对经销商、零售商的择优选用。

由此可见，定量确定法固然有一定的优点，例如，能够掌握比较准确的对象数据，对于渠道成员的选择比较客观，较少受到渠道管理人员个人偏好的影响。但定量确定法的缺点也是显著的，主要包括：

(1)有很多渠道要素(如渠道成员的诚信度、可控性、适应性等)属于定性因素，很难用量化的指标考量。

(2)收集量化数据需要进行深入调研，需要花费大量的人力和物力。

(3)市场调研需要耗费大量时间，而对于企业来讲，时间就是金钱，时间就是效率，客观条件不允许耗费太多时间。

(4)渠道成员的选择是双向的,需要深入沟通来完成,有时企业是被选择者而不是选择者,这时定量的测评就没有太大意义。

第四节 渠道成员资信管理

渠道成员资信管理是指对渠道成员经营管理的全过程以及每一个关键的业务环节和部门进行综合性的风险控制,包括以渠道成员资信调查及评估为核心的事前控制,以交易中的业务风险防范为核心的事中控制,以应收账款的专业化监控为核心的事后控制。本节主要就渠道成员资信调查及评估与客户业务风险防范等进行阐述。

一、渠道成员资信调查

渠道成员资信调查是指收集和整理反映渠道成员信用状况的有关资料的一项工作。它是财务主管进行应收账款日常管理的基础,是正确评价渠道成员信用的前提条件。

1. 资信调查方法

资信调查的方法分为两大类:

(1)直接调查法

直接调查法是指企业调查人员直接与被调查渠道成员接触以获取信用资料的一种方法。这种方法能保证搜集资料的准确性和及时性,但如果被调查渠道成员不予合作,则调查资料将不会完整和准确。

(2)间接调查法

间接调查法是指通过对被调查单位和其他单位的有关原始记录和核算资料进行加工和整理以获取信用资料的一种方法。这些资料主要来源于:

①会计报表。有关渠道成员的会计报表是信用资料的主要来源。因为通过分析会计报表,基本上能够掌握一个企业的财务状况和赢利状况。

②信用评估机构。世界上很多国家都有专门的信用评估机构,这些机构会定期发布有关企业的信用等级报告。目前我国的信用评估机构有三类:一是独立的社会评估机构;二是中央银行负责组织的评估机构,一般由商业银行和各部门的专家进行评估;三是商业银行组织的评估机构。专门的信用评估机构评估方法先进,评估调查细致,可信度较高。

③银行。银行是信用资料的一个主要来源,因为许多银行都设有信用部门,把调查往来渠道成员的商业信用作为一个服务项目。

④其他机构。如财税部门、工商管理部门、证券交易所、消费者协会以及企业的主管部门等也可以提供信用资料。

2. 资信报告的编制

通过不同的渠道搜集到渠道成员的资信信息之后,业务经理或信用分析人员可以根据实际需要,编制各种不同内容的资信报告。下面是一些常见的资信报告类型:

(1)企业注册资料报告

通过考察企业的注册资料或商业登记资料,可以判断企业是否为合法成立。另外,通过企业的注册资料和实际资本可以估计企业的规模大小，并判定企业是否带有投机性质。

（2）标准报告

标准报告是包括公司概要、公司背景、管理人员情况、经营状况、财务状况、银行往来记录、公众记录、行业分析、实地调查和综合评述等内容的资信报告。标准报告提供被调查对象的全面情况，适用于一般的商业往来中对渠道成员资信情况的评估。

（3）深度报告

如果企业认为标准报告的内容还不全面，可以编制一份综合信用报告，其内容包括标准报告的所有内容，并将所有信息进一步深化，使渠道成员的信息更全面、更有深度，并附有对渠道成员最近三年财务状况进行的完整综合分析。此类报告适用于交易金额偏大或较为陌生的渠道成员。

（4）财务报告

如果企业与渠道成员比较熟悉，对渠道成员除财务之外的情况均很了解，此时企业可针对渠道成员财务信息编制财务报告，对渠道成员进行完整的财务分析，并与所在行业的平均水平进行比较分析。

（5）特殊报告

如果企业认为某一渠道成员是企业最重要的渠道成员，对企业的生存与发展有重大影响，就必须对该渠道成员进行全面深入的调查，以得到更多关于渠道成员背景资料、财务数据以及市场状况等方面的信息。企业可根据上述信息编制特殊信用报告。

（6）连续服务报告

如果企业认为渠道成员需要定期调查与监控，可以根据标准报告的内容连续不断地编制连续服务报告，并随时更新信息，以便对信用报告的内容进行补充。

除上述类型的资信报告外，企业也可以根据内部需要，编制各种分类报告以满足不同的需求，如主要管理人员背景报告、经营状况报告、历史发展报告等。

二、渠道成员资信评估

根据我国企业的实际情况，我们可以采用特征分析模型和5C信用评估法作为信用分析的基本出发点，实施渠道客户资信评估和信用限额计算。

1. 特征分析模型

（1）特征分析模型的概念

特征分析模型是指从客户的多种特征中选择出对信用分析意义最大、直接与客户信用状况相联系的若干因素，把它们编为几组，分别对这些因素进行评分以及综合分析，最后得到一个较为全面的分析结果。

（2）特征分析模型的分析指标

特征分析模型的分析指标可以分为以下三类：

①客户自身特征。这类因素主要反映有关客户表面的、外在的、客观的特点。客户自身特征指标包括：表面印象，组织管理，产品与市场，市场竞争性，经营状况，发展前景。

②客户优先性特征。这类因素主要是指企业在挑选客户时需要优先考虑的因素，体现与该客户交易的价值。这类因素具有较强的主观性。客户优先性特征指标包括：交易

利润率，对产品的要求，对市场吸引力的影响，对市场竞争力的影响，担保条件，可替代性。

③信用及财务特征。这类因素主要是指能够直接反映客户信用状况和财务状况的因素。客户信用及财务特征指标包括：付款记录，银行信用，获利能力，资产负债表评估，偿债能力，资本总额。

从上述三类指标可以看出，特征分析模型涵盖了反映客户经营实力和发展潜力的一切重要指标。

(3)特征分析模型的计算过程

特征分析模型的分析计算过程共分为以下四个步骤：

①根据预先制定的评分标准，范围在1～10分，对上述各项指标进行评分。渠道成员的某项指标情况越好，分数就应越高。在没有资料信息的情况下，则给0分。

②将预先为每项指标设定的权数乘以10，计算得出每一项指标的最大评分值，再将这些最大评分值相加，得到全部的最大可能值。

③用每一项指标的评分乘以该项指标的权数，得出每一项的加权评分值，然后将这些加权评分值相加，得到全部加权评分值。

④计算全部加权评分值与全部最大可能值的百分比，则该数字即表示对该客户的综合分析结果。百分比越高，表示该客户的资信程度越高，越具有交易价值。

(4)利用综合分析结果对客户的资信进行评级

根据上述计算得到的综合分析结果，将不同的百分比列入不同的资信等级，得到客户的资信评定结果。将0～100%划分为6个等级，即CA_1到CA_6，分别表示客户资信状况的程度，CA_1最好，CA_6最差。

按特征分析模型评估要素对客户的资信进行评级。渠道成员资信评级见表4-5。

表4-5　　渠道成员资信评级

评估值(%)	等级	信用评定	建议提供的信用限额 (大小与具体行业有关)
86～100	CA_1	极佳——可以给予优惠的结算方式	大额
61～85	CA_2	优良——可以迅速进行信用核定	较大
46～60	CA_3	一般——可以正常地进行信用核定	适中
31～45	CA_4	稍差——需要进行信用监控	小量——需定期核定
16～30	CA_5	较差——需要适当地寻求担保	尽量不提供信用额度或极小量
0～15	CA_6	极差——不应与其交易	根本不应提供信用额度
缺少足够数据	NR	未能做出评定——数据不充分	对信用额度不做建议

2.5C信用评估法

5C信用评估法是指分析影响客户信用的五个方面的一种方法。这五个方面英文的第一个字母都是C，故称为5C信用评估法。这五个方面为：品质(Character)、能力(Capability)、资本(Capital)、抵押(Collateral)和经济环境(Conditions)。

(1)品质

品质是指渠道成员的信誉，即履行偿债义务的可能性。企业必须设法了解渠道成员过去的付款记录，看其是否具有按期如数付款的一贯做法，与其他供货企业的关系是否良好，是否愿意尽最大努力来归还贷款。品质经常被视为评价渠道成员信用的首要条件。

(2)能力

这里所说的能力是指渠道成员偿还应收账款的能力。渠道成员的流动资产越多，其转换为现金支付账款的能力就越强。渠道成员流动资产的质量越高，其转换为现金支付账款的速度就越快。通过对资产负债率、流动比率、速动比率、现金净流量等指标的考察，可以了解对企业进行投资的安全程度。通过对资本利润率、销售利润率、成本费用利润率等指标进行考察，可以对企业有一个深入的了解。另外，如果企业的财务报告资料不易直接取得，那么可以根据该企业所处的地位、经营历史和现状、福利待遇、生产设施和生产设备的更新替换等情况，从侧面进行了解。

(3)资本

资本是指顾客的财务实力和财务状况，表明渠道成员可能偿还债务的背景。

(4)抵押

要评估渠道成员拒付应收账款或无力支付款项时，能被用作抵押的资产。这对于新渠道成员和不知底细的渠道成员尤为重要。一旦收不到渠道成员的应收账款，则可以用抵押品抵补。如果这些渠道成员能够提供足够的抵押，就可以考虑向其提供相应的信用。

(5)经济环境

另外，还要评估可能影响渠道成员付款能力的经济环境。如经济不景气，下线渠道成员欠款，其他厂家改为现款现货等，都会影响渠道成员的付款能力。

三、渠道成员资信管理

渠道成员资信管理包括信用额度、信用期限、现金折扣政策和可接受的支付方式等内容。

1. 信用额度

信用额度是企业许可的暂不收回的应收账款余额的最高限额。企业假设超过该限额的应收账款为不可接受的风险，信用限额要根据企业所处的环境、业务经验及不同渠道的渠道成员来确定。决定信用限额的关键因素有：付款历史、业务量、客户的偿还能力、订货周期及潜在的发展机会。

企业要根据渠道成员的不同等级确定其信用限额。在评估等级方面，可以采用以下两种方法：

(1)采用三类九级制，即把企业的信用情况分为 AAA、AA、A、BBB、BB、B、CCC、CC 和 C 九个等级。其中 AAA 为最优等级，C 为最差等级。

(2)采用三级制，即把企业的信用情况分为 AAA、AA、A 三个等级。其中 AAA 为最优等级，A 为最差等级。

2. 信用期限

信用期限是企业允许渠道成员从购货到付款之间的货款滞留时间，或者说是企业给予渠道成员的付款期限。如某企业给予渠道成员的信用期限为 50 天，则渠道成员可以在购货后的 50 天内付款。信用期过短，不足以吸引渠道成员，会使企业的销售额下降；信用期过长，所得利益会被增长的费用抵消，甚至造成利润减少。因此，企业需规定恰当的信用期限。

对于快速消费品来说，信用期限应较短，一般为15天、30天和45天等，最多不得超过60天。对于保质期越短的产品，信用期限应越短。对于耐用消费品、工业品、资金占用量大的产品，一般信用期限会长一些，如20天、30天、60天、90天，最多不超过半年。总之，对于资金周转越快的产品，其信用期限越短，资金周转越慢的产品，其信用期限越长。

3. 现金折扣政策

现金折扣是在渠道成员提前付款的情况下，企业对渠道成员在商品价格上的优惠，其主要目的在于吸引渠道成员为享受优惠而提前付款，从而缩短企业的平均收款期。

现金折扣的常用表示方式为折扣付款期限。例如：

5/10：在开出发票后的10天内付款，就可享受5%的价格优惠。

3/20：在开出发票后的20天内付款，就可享受3%的价格优惠。

N/30：在开出发票后的30天内付款，不享受价格优惠。

4. 可接受的支付方式

银行结算办法规定的各种结算方式，从应收账款回收的及时性、安全性角度来看，大致可划分为两大类：一类是风险比较小的，即应收账款回收时间短，金额有保证的结算方式，主要有银行汇票、银行本票、汇兑支票和信用证等；另一类是风险比较大的，即应收账款有可能转化为坏账损失的结算方式，主要有委托收款、托收承付、商业汇票等。

对于企业来说，可根据客户的赢利能力、偿债能力、信誉状况等分析选择适宜的结算方式。对赢利能力和偿债能力强、信誉状况好的客户可以选择风险较大的结算方式，虽然风险较大，但有利于购销双方建立一种相互信任的伙伴关系，扩大销售网络，提高竞争能力，有利于长期合作。对一些没有业务往来的新客户和资信较差的老客户就适合选择风险较小的结算方式，通过这种结算方式来保证应收账款及时足额回收。

四、业务风险的防范

1. 业务风险产生的环节

企业的业务风险通常产生在如下六个环节中：

（1）接触客户到选择客户的过程中

接触客户的直接目的是选择信用良好的客户进行交易。在选择客户的过程中，通常要进行电话或信函联系、实地考察访问、对客户各类文件的审查及专门的资信调查等。如果未能正确地选择客户就有可能导致业务风险的产生。

（2）与客户谈判到确定信用条件的过程中

从最初与客户协商到双方达成一致协议，此过程的目的是确定信用条件，包括信用的形式（如付款方式）、期限和金额。这方面如果失误往往直接造成严重的拖欠。

（3）与客户签约到寻求债权保障的过程中

交易双方的合同是信用的根据和基础，合同中的每一项内容都有可能成为日后产生信用问题的原因，合同也是解决欠款追收问题的最主要文件，因此，此过程应格外谨慎。此外，为确保收回货款要使用一定的债权保障手段，如担保、保险等。

(4)实施货款跟踪的过程中

销售部门以赊账的形式售出货物之后,面临的一个最直接的问题就是如何对形成的应收账款进行监控,以保证及时收回货款。此时信用管理的目标是提高应收账款回收率。在这一环节上,我国企业目前普遍缺少有效的方法。

(5)对到期账款实行早期催收的过程中

在我国企业的应收账款管理中,货款到期日往往被忽视,客户迟付几天,甚至十几天通常被认为是在合同允许的范围之内。事实上,货款迟付现象不仅影响企业的资金周转,而且有可能造成客户长期拖欠货款。因此,企业怎样在货款被拖欠的早期进行适度的催收,同时维护良好的客户关系,是销售经理和财务经理应该合理处理的问题。

(6)收款失效导致企业面临追账问题的过程中

如果客户在一定的拖欠时间范围内没有付款,或者有逃避付款的企图,则应视为收款失败,即发生呆账或坏账。这时,企业必须采取合理措施面对追账问题。

加强对上述六个业务环节的管理和控制,是一个企业防范信用风险、减少呆账和坏账损失的关键。

2.客户资信的风险控制

企业要有效地实施对客户信用风险的控制,必须根据本企业的信用政策制订一套全面的风险控制方案和措施。有效的风险控制措施能够最大限度地降低客户可能给企业带来的损失。下面介绍几种典型的风险控制方法。

(1)监督和检查客户群

监督制度是指对正在进行交易的客户进行适时的监控,密切注意其一切行动,尤其是付款行为,对于高风险客户或特别重要的客户还要进行多方面的监督。检查制度是指不断检查与更新客户原有的信用信息。

(2)信用额度审核

信用管理人员应对授予信用额度的客户进行定期审核,一般情况下一年审核一次,对正在进行交易的客户和重要客户的信用额度最好能半年审核一次。每一次审核都要严格地按程序进行,信息收集工作尽量做到全面、及时、可靠,不能因为是老客户就放松警惕,或者习惯性地凭以往的认识分析其信用状况。审核结果要及时通报给业务人员。

(3)控制发货

信用部门应始终监控运输单据的制作与货物的发运情况,在下列两种情况下信用部门应通知有关人员停止发货:

①付款迟缓,超过规定的限期。当客户拖延付款时,信用部门可以通过信函、电话等方式提示客户。如客户仍拖欠不还,一旦超过规定的贸易暂停限期,企业就应停止发货。各企业对于贸易暂停期限应有明确规定,一般来讲,信用期限越长,贸易暂停限期越短。

②交易金额超过信用限额。信用限额是依据客户的财务状况和信用等级综合评定出来的,交易金额超过信用限额会给企业自身带来坏账风险,尤其在该种情况是由于客户延期支付而造成的情况下,采取控制发货措施就很必要。

(4)贸易暂停

当发现客户有不良征兆时,厂家首先考虑的措施就是贸易暂停,停止发货或者收回刚发出的货物，只有这样才能避免损失的进一步扩大。

(5)巡访客户

在危机发生时，销售部门与信用部门都应分别与客户进行会谈，以收集客户的信息。与客户第一次接触时，一般都会听到客户信心十足的答复：困难只是暂时的，没有想象的那么严重。但这可能是破产的前兆。在可能的条件下，销售部门与信用部门应该联合巡访客户，巡访要达到三个目标：评估客户的生存能力、双方就付款安排达成协议、确定以后的交易额度。巡访过程中应注意不要被客户的假象迷惑。对客户的巡访应及时进行，最好在客户付款迟缓或引起纠纷而未达到危机之时便去会谈。

(6)置留所有权

置留所有权是指企业在商品售出后保留其所有权，直到客户偿付货款为止。理论上讲，这是一项无任何额外成本又能有效避免风险的措施，使企业在得不到偿付时可以恢复其对商品的所有权。但在实际操作中，它并不能完全规避信用风险，因为商品的所有权虽然掌握在企业手里，但鉴于企业未实际占有或使用货物，也就不能进行有效控制。

(7)坚持额外担保

如果客户处于危机中但仍有回旋余地时，客户可能会要求继续交易以维持运转，此时企业应坚持额外担保。最低限度的担保是开立商业票据，一旦不能兑现便可立即停止交易；最高限度的担保是预付货款(如用支票付款，应注意发货前将支票兑现)。

专　题

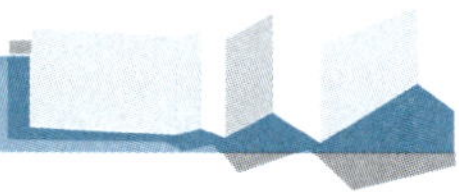

渠道成员选择误区防范

渠道成员
选择的误区

渠道成员的选择正确与否，决定了未来渠道建设的成功与否，因此，渠道成员的选择是一件非常重要的事情；同时，渠道成员选择也是一件复杂的事情，各个厂商对于渠道的认知和理念差异也决定了渠道成员选择的策略与方法的不同。厂商在渠道认知方面通常存在很多误区，比如，认为渠道成员越多越好、渠道成员越大越好、渠道成员经验越丰富越好、给渠道成员的利益越多越好、和渠道成员的关系越近越好等，往往给企业渠道建设造成误导，导致渠道混乱、管理失控、“大户问题”等频繁出现，因此需要正确认知，以帮助我们科学、合理地构建渠道。

知识链接

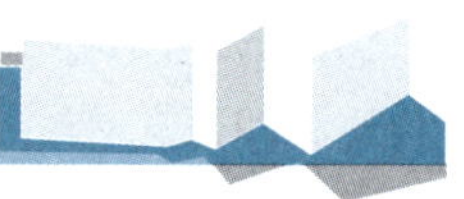

渠道管理的“大户问题”

渠道管理的“大户问题”一般是指厂家在开发渠道和选择渠道成员时倾向于寻找规模大、实力强的分销商(大户)，其结果往往是因为分销商的实力强而不太遵从厂家的渠道管理政策，从而产生渠道冲突，让厂家左右为难，或者是因为分销商在销售过程中实力壮大了之后，反过来制约和控制厂家的情况。总之，分销商规模大、实力强以后会出现反控厂家的情况，厂家既希望客户壮大，又害怕失去对渠道的控制，一种矛盾的心态。

一、分销商渠道网络越大越好、下游分销机构越多越好吗?

销售网络大是一件好事,但同时也要考虑"是做大还是做强"的问题。具体包括以下几个方面:

(1)企业是否有足够的资源和能力去关注每一个销售点的销售运作情况?

(2)企业是否有足够的实力去掌控分销商?对分销商的管理能否跟上?如果不能,一旦竞争者诱以重利,企业看似庞大的销售网络顷刻间便会分崩离析。

(3)单纯追求渠道规模,难免会有薄弱环节,面对竞争者入侵,是否还能站稳脚跟?

(4)分销商是否太分散,运作费用高,不便管理?

好的产品只要在部分区域市场销售状况良好,就能获得丰厚的利润回报,而不必过分追求分销商数目的多少和区域的大小。尤其是分销商地域分布太广,更需要引起高度关注。否则的话,物流成本增大,市场监管难度也会加大,对分销商、顾客需求的及时响应难度增加,结果往往得不偿失。因此,明智的企业选择分销商不会以数量取胜,而是追求客户质量。况且,未必所有的产品都适合在全国范围内分销,要考虑顾客需求的地区差异性。

二、分销商经营规模越大越好、实力越强越好吗?

大多数销售人员认为,分销商越大越好、实力越强越好,因为"大树底下好乘凉"。在选择分销商时也一味强调其规模、资金和实力,从而陷入一种误区。可实际情况是,分销商实力越强,就越不会重视企业的产品,企业就越不容易掌握销售的决策权和主动权。主要原因包括:

(1)实力强的分销商很可能会同时分销多个竞争对手的产品,并以此作为讨价还价的"筹码",企业难以满足它们的要求。

(2)实力强的分销商不一定会专注于某一个品牌产品的销售,企业不太容易刺激起分销商对本企业产品、品牌的销售热情。

(3)实力强往往是分销商要挟企业的资本,企业很可能失去对产品和渠道的控制权。

明智的供应商往往不是很注重分销商的规模和实力,关键是看其能否接受自己的经营理念,能否与自己亲密合作,是否具有高成长性。

案例分享

鹰金钱在南京遭遇"大户问题"

广州鹰金钱罐头食品公司曾经在南京市场找到一家当地渠道最多、实力最强的经销商"某果品公司"独家经销自己的系列产品。该经销商手上已经代理了可口可乐、雀巢等国际和国内的知名品牌,下游渠道遍及江苏、浙江、安徽等地,在华东地区都很有影响力。一开始,厂家对该经销商非常满意并抱有很大期望,产品运达后还投入了80万元的广告费用，但一年下来销售状况很不理想，销售额总共才180万元，还有40万元的应收账款，其间经销商也没有采取任何的促销办法。一年以后，该经销商在没有知会厂家的情况下，将快过期的一火车皮产品一并退回给厂家，理由是“当地市场不接受该产品”，给厂家造成了巨大的经济损失，也给了厂家一个深刻的教训：找经销商不能盲目贪大，否则自己的产品会得不到经销商的重视。

三、分销商资历越深越好、经验越丰富越好吗？

分销商并不是资历越深越好，也并不是经验越丰富越好。原因包括：

(1)经验是宝贵的，但经验只代表过去。寻找分销商需要考虑其是否具有相关行业的经验，具有一定经验便于开展分销工作，可以利用其原有的经验。但经验有时候会成为包袱，曾经成功的经验往往会成为后来失败的原因。众所周知，任何经验都是在特定营销环境下形成的，当环境发生变化时，资历和经验不仅没有实际价值，还很有可能成为改革创新的阻力。旧经验经常成为保守的代名词，因为经验丰富的人会崇尚经验，会顽固地坚持经验，不利于接受新鲜事物。因此，与经验过于丰富的经销商合作可能难以对其进行管理和控制，可能难以推行渠道政策和进行渠道的开拓创新，总之，利用其经验的同时也可能被其反控制，必须慎重选择。

(2)经验需要实践检验和革新，善于学习才是主要的。对于企业来说，分销商有一定的分销经验固然好，但最重要的是，不能将其作为一项固定的标准。因为经验只属于过去，创新才有未来，过多的旧经验只会阻碍渠道的创新和发展。只要分销商愿意接受企业的培训和经营理念，双方就有了合作的基础，经验是可以在业务运作过程中逐渐积累的。

四、给分销商的利益越多越好吗？

有些企业认为，政策越优惠，分销商的积极性就会越高，否则分销商很有可能转而经营竞争对手的产品。这是企业经营中一种普遍的错误观点，因为分销商的欲望是无限的，企业永远无法完全满足分销商的利益要求，企业还必须考虑自己的经营成本。对此，需要杜绝以下几点：

(1)盲目做出高付出的承诺。由于企业不了解分销商的心态，认为只有大量做出承诺才能吸引分销商，如前期免费铺货、无条件退货、央视广告支持、大量赠品支持、营销专家市场督导等。然而，每个承诺都需要成本支持，面对如此多的承诺，企业将难以承受。

(2)不注重规则的合理性。任何一个好的项目，都需要一个双方接受的规则。规则制定非常关键，合适的规则就是好规则，企业应该认真分析自身状况，制定对双方都公平的同时也能够执行的渠道规则，这也是对分销商和投资者负责。

(3)重让利承诺，轻产品品质。如果产品本身品质不好，就是给分销商再多的让利也是白费心机。品质好的产品，即使利润较低，分销商照样愿意经营。做名牌产品的分销商，不仅可以提高自己的知名度和美誉度，还有利于建立强大的销售网络。分销商经营某一产品，除了考虑投资收益外，还要评估经营的信誉风险。即使企业让利再多，如果信誉风险太大的话，分销商也不一定会接受。

五、选好分销商就万事大吉了吗？

一般来讲，分销商体系建成后可以稳定使用几年。很多企业便误认为，只要分销商选对了，产品就一定会热销，企业再也不用操心销售了，剩下的便是分销商的事情。这是一种错误的想法，一劳永逸是不可能的。原因包括：

(1)分销商的选择只是分销商体系构建的第一步，在发展中还需进行维护和完善。

(2)产品热销不仅与分销商实力有关，还需要其他各种因素的配合才能实现。

(3)分销商是各自独立的经济实体，没有严密的市场规则约束，因此，窜货、低价抛售等现象会时有发生。

鉴于此，在选择分销商后，企业还要加强管理，并且根据市场的变化不断加以调整和完善。

本章小结

要实现渠道目标，就要正确地选择渠道成员，合适的渠道成员才能为企业的渠道管理打下良好的基础。企业在明确选择渠道成员的目标和原则之后，还要制定一系列评估标准，以便企业筛选到更加合适的渠道成员。渠道成员的素质，可以从渠道成员的能力、渠道成员的可控性和渠道成员的适应性三个方面进行评价。能力要素主要包括经营思路、合作意愿、价值观、经营信誉、销售实力、信用及财务状况、管理能力、管理权延续和稳定性、产品线结构等几个方面。企业选择渠道成员，可根据需要采用定性确定法或定量确定法。

思考与练习

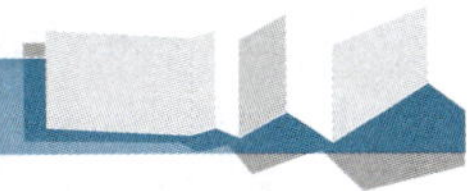

一、名词解释

定性确定法　定量确定法　反向追踪法　信用额度　信用期限

二、选择题

1. 5C信用评估法是指分析影响客户信用的五个方面的一种方法。这五个方面包括：(　　)(Character)、能力(Capability)、资本(Capital)、抵押(Collateral)和经济环境(Conditions)。

A. 品质　　B. 特征　　C. 性格　　D. 偏好

2. 渠道成员的选择应当遵循目标市场原则、形象匹配原则、分工合作原则、发挥优势原则、效率效益原则、(　　)原则。

A. 共同发展　　B. 公平公开　　C. 按劳付酬　　D. 保持控制

3. 渠道成员的定量确定法，主要包括：(　　)选择法、销售量分析法、销售费用分析法、盈亏平衡分析法。

A. 强制评分　　B. 自愿评分　　C. 自我评分　　D. 软件计算

三、简答题

1. 渠道成员选择应该遵循哪些原则？
2. 怎样理解渠道成员选择的适应性标准？请举例说明。
3. 什么是渠道管理的“大户问题”？

四、论述题

渠道成员选择考虑哪些能力标准？请加以说明。

训练设计

1. 安排一次作业，分小组进行，每个小组选取一个行业，如建筑材料、IT、图书、食品、文具、体育用品等，运用观察筛选法到各行业所在的批发市场或集市进行观察，选取有意向的经销商，记录观察的过程、分析的过程以及选择的理由，在课堂上汇报、交流。

2. 深入调查一家企业，了解这家企业选择渠道成员的标准、程序和方法，总结其成功经验，讨论其失败教训，并提交完整调研报告。

应用分析

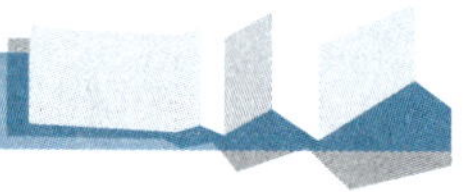

M瓷砖企业是怎样选择和培育经销商的？

业内的很多厂家都十分羡慕M企业经销商的忠诚度。殊不知，忠诚的背后是厂家对经销商的培养、扶持，多年的浇灌、培育，才有了今天经销商队伍的稳定、优质。M企业认为，“好经销商是培养出来的，不是找的。”从一开始，M企业就致力于培养经销商。

一、选择经销商，只选“合适”的，不选“大”的

M企业从来不将实力雄厚、规模大作为选择经销商的条件。反之，始终强调“合适才好”，就是说经销商的规模、理念要与厂家相“匹配”，如果经销商强势，就容易“店大欺厂”，合作难免出现问题。所以，M企业选择了一批实力不强，但有品牌理念、诚实守信、有抱负的经销商。这些经销商有一个共同特点，以M企业为主业或“独”业，大部分的精力投入在M企业产品的销售上，配合意识强，响应厂家的策略。短短几年，大部分经销商实现了“创业梦”，一跃成为百万富翁、亿万富翁。如杭州的一家经销商就是从一张桌子、一间门面起步，经过短短八年时间的发展，现已是年销售额近亿元的大型企业。

二、扶持有潜质的经销商

对有潜质、有理想的经销商，M企业在经过严格的考察后，不吝给予大力支持。如对现已成为中国较大的建陶经销商的华耐公司，在华耐月回款仅500万元时，M企业就冒着巨大风险给予其每月超过1 000万元的授信，同时在价格、广告方面给予最优惠的支持，并不断增大其经销区域。正是有M企业的不断“输液”，华耐公司才愈来愈强，直到坐上中国建陶经销的“第一把交椅”。

三、除非万不得已，否则决不更换经销商

在M企业的历史中，很少有更换经销商的事例。对于“变心”的经销商或能力实在是很差的经销商，M企业会先给其一个期限“整改”，“整改”不行就“割地”，缩减经销区域。M企业这一做法，在业内赢得了良好口碑，大家都知道，M企业找经销商十分慎重，对经销商负责任。不仅给现有经销商吃了一颗定心丸，也吸引了不少优质经销商的加盟。

四、对经销商进行辅导与培训

M企业每年至少会安排两场经销商的培训会议，免费邀请经销商参加。培训有针对

老板、老板娘、销售经理、一线销售人员等几个层次的。同时将经销商的培训费用纳入广告费用中管理，即经销商请顾问讲课或参加培训课程的费用可计入M企业的广告费用中，厂商共同承担。还编制了大量的培训教材，如《M品牌100问》《专卖店手册》《导购手册》《小区推广手册》《工程操作手册》等。这些知识、经验的输入，使经销商生手变熟手，熟手变高手，迅速成长起来。

五、营造“M品牌大家庭”的氛围

M企业从总经理到普通的业务员，以“情感”为纽带，极力营造一种“M品牌大家庭”的氛围，另外厂家经常组织开展一些经销商之间的观摩与交流活动，增强“商商”之间的感情。“M品牌大家庭”的氛围，为固化厂商之间的关系起到了“锦上添花”的效果。

六、与经销商合作就是“养孩子”

有人说，找经销商是“谈恋爱”“找媳妇”，要找一个合适的，但如果婚后感情不和，还可以“离婚”；有人说，找经销商就是“找朋友”，找志同道合的人，找目标一致、理念相同的人；有人说，找经销商是“找兄弟”，找“自己人”，厂商之间要有兄弟般的感情、大家庭的氛围。

在M企业看来，找经销商是“养孩子”，只有倾注全部的心血和精力，让其吸收足够的营养，“孩子”才能健健康康成长，直到长大成人。每个人对自己的孩子的感情是专一的、纯洁的、发自内心的、与生俱来的、不会轻易改变的，而孩子对大人也是怀着依恋、信赖、感恩的心。

很多企业还在苦苦寻觅所谓的“好客户”“大客户”，但“好客户”却始终找不到。没有好客户，不是找不到，而是没“养”好。优质经销商不是找来的，是“养”大的。以培养、扶持的心态去经营经销商，经销商回报给厂家的将是忠诚与业绩。

（资料来源：渠道网）

【问题讨论】

1. M企业在经销商选择上采取了哪些行之有效的方法？

2. M企业的哪些培育经销商的观念值得学习和推广？为什么？

第三篇

渠道管理

科技和管理是驱动社会前进的两个轮子，管理也是生产力。企业通过渠道管理（渠道激励、渠道控制、渠道冲突解决与渠道维护），可以提高渠道运作效率和效益。

本篇共分为四章：

- 第五章　渠道激励
- 第六章　渠道控制
- 第七章　渠道冲突
- 第八章　渠道维护

第五章 渠道激励

学习目标

分销渠道激励

知识目标

- 了解渠道激励的概念和内涵
- 了解渠道激励的地位和作用
- 了解渠道激励的原则和内容

能力目标

- 掌握渠道激励的策略和方法
- 掌握返利和渠道促销的操作
- 把握渠道激励的"三大法宝"

案例导入

LG电子是如何激活渠道的?

LG显示器前几年在我国的LED市场份额曾经达到20%,为巩固自己在LED时代的领导地位,LG竭力激活渠道并在夹心层中寻求发展空间。

1. 加强渠道推力

LG电子IT市场总监陈林介绍说,为了扩大市场份额以及提高投资回报率,LG除了不断寻求品牌拉力的提高,加强渠道推力更是营销过程中的重中之重。LG显示器渠道模式从全国总代、区域总代,逐渐过渡到省级及重点城市代理。随着一、二级城市市场开始饱和,渠道的中心将开始向具有较大增长潜力的三、四级城市倾斜。以重点城市为基准,目前LG共有30多家一级代理商,代理商下设一般经销商,覆盖整个终端。在中国市场上,LG共有核心店面2 000家左右。LG强调与代理商及其店面的合作,主要通过两个方面:一是销售激励政策,一是品牌露出政策。LG不仅追求店面数量的扩张,也追求质量的升级。LG着力加强渠道推力,通过考核品牌露出和销量情况对经销商进行分级激励,与经销商一起成长。

2. 让渠道商赚到更多的利润

让渠道赚到更多的加价利润是LG在LED革命中一个重要的着力点。陈林介绍说,在LG的LED时代,我们希望经销商能够得到全部返点,同时能赚到消费者认可的溢价部分。对渠道来讲,有意义的不是返点多少,而是让品牌的拉力足够强大,通过差异化的品牌竞争力让消费者认可,就可以摆脱靠走量赚返点的情况。我们的目标是不光要提高LG显示器的市场占有率,也要提高渠道的利润率;不是恶性竞争的倒挂模式,更不是降价赚补贴。

LG在LED革命中的努力获得了市场回报。随着产品表现越来越好，带动了销售，LG的LED显示器大部分时间处于行业第一的位置。陈林补充说，LG的增长点主要在三、四级城市，原有的店面通过升级和提升，对店面装修和展柜等品牌露出提供更大的支援，针对三、四级城市做一些特别的激励性营销活动，以促进下游渠道的快速成长。

（资料来源：作者根据网络资料编写）

【问题思考】 怎样看待LG电子的渠道激励举措？

第一节　激励与渠道激励

一、激励

1. 激励的含义

美国哈佛大学的心理学教授威廉·詹姆士在《行为管理学》一书中指出：合同关系仅仅能使人的潜力发挥20%～30%，而如果受到充分激励，其潜能可发挥至80%～90%，这是因为激励活动可以调动人的积极性。

根据社会心理学的“态度—行为”理论，人的态度决定人的行为及其效率，因此，激励对人的行为具有积极的意义。从心理学的角度上说，激励是指通过刺激和满足人们的需要或动机，激发和引导人们朝着所期望的目标采取行动的行为过程。其主要机理是遵循人类心理活动过程的自然规律，通过满足需要或研究行为达到引导、鼓励人们的目的。需要—满足模式如图5-1所示。

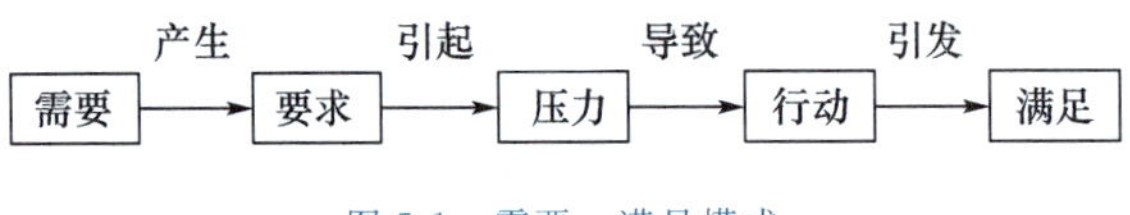

图5-1　需要—满足模式

图5-1表示人从产生需要到得到满足是一系列心理活动与行为的连锁过程。一种需要的满足往往是另一种需要产生的基础，同时，这个过程将不断受到环境及其他外部因素的影响。管理者的作用就是不断发掘并使用若干激励因素（诱导一个人去做出各种成绩的因素，如奖金、职位等），通过强化或惩罚等方式影响人们的需要及行动，最终达成管理目标。

2. 激励理论

下面主要介绍几种有代表性的激励理论，如马斯洛的需求层次理论、弗罗姆的期望理论、亚当斯的不平等理论、丘吉尔等人的销售激励模型、胡萝卜加大棒理论等。

（1）马斯洛的需求层次理论

美国著名的心理学家马斯洛（Maslow）提出的需求层次理论受到包括社会学、心理学、管理学等行为科学的高度重视和广泛应用。马斯洛的经典需求层次理论认为，人们普遍具有五种基本的需求，包括生理的需求、安全的需求、归属和爱的需求、自尊和地位的需求、自我实现的需求，见表5-1。

表 5-1　　马斯洛的需求层次理论

类　别	种　类	特　点
物理性	生理的需求	生存的需要，如饥饿、口渴、穿衣避寒等
	安全的需求	预防生活中的事故发生，如车祸、生病等
社会性	归属和爱的需求	争取被周围的人接受，并成为他们身边重要的人
	自尊和地位的需求	努力争取身居高位、享有荣誉的欲望
自我性	自我实现的需求	实现自身价值和潜力

（资料来源：[美]戴维·乔布等著. 推销与销售管理(第 7 版). 俞利军译. 北京：中国人民大学出版社，2007 年 9 月，第 277 页）

马斯洛认为这些需求呈阶梯形排列，只有当低级的需求得到满足以后才会产生更高层次的需求。从某种意义上说，当生理需求没有被满足的时候，一个人便将注意力集中在自己的生理需求上。当生理需求被满足之后，安全需求成了决定行为的重要因素。安全需求也被满足之后，归属感便显得尤为重要……以此类推。

虽然马斯洛的这种看法——只有当低层次的需求完全得到满足之后，另一种需求才变得重要——遭到了很多批评，但是利用该理论确实能够在一定程度上激励销售人员。首先，它强调了可能是最重要的一点，即一种已被满足的需求不能激励任何销售行为。这样，一个销售人员的需求在一定程度上被满足之后，额外的报酬并不能刺激他们。其次，该理论认为，适用于此人的激励因素可能对他人无效，因为每个人有不同的需求组合。所以，管理人员需要对每个销售人员的需求进行正确的判断和评估，才能有的放矢，有效激励销售人员。

（2）弗罗姆的期望理论

美国心理学家弗罗姆（Vroom）提出了期望理论（Expectancy Theory），该理论认为，人们努力的强大动因取决于他们对成功的期望值。弗罗姆在三个基本概念的基础上发展了他的期望理论，这三个基本概念为：期望（Expectancy）、手段（Instrumentality）和效价（Valence）。

①期望。期望是指一个人对付出和业绩之间关系的认识。例如，一个人认为更多的付出能在多大程度上带来更佳业绩的预期。

②手段。手段反映了人们对业绩与回报二者之间关系的认识。例如，优异的业绩表现能在多大程度上带来工作的进步。

③效价。效价代表了个人赋予某种回报的价值。例如，有些人非常重视晋升，而有些人却认为这无关紧要，对同一件事情的效价因人而异。

依据期望理论，如果一位销售人员认为努力工作能增加销售业绩（高预期值），良好的销售业绩能获得更多的佣金（高手段），而且更多的佣金十分重要（高价值）的话，他就具有更高层次的动因。弗罗姆的期望理论如图 5-2 所示。

显然，不同的销售人员对相同的回报会有不同的效价。有些人可能认为增加薪酬非常重要，但其他人并不这样认为。有些人高度重视成就感和认同感，其他人可能不以为然。同

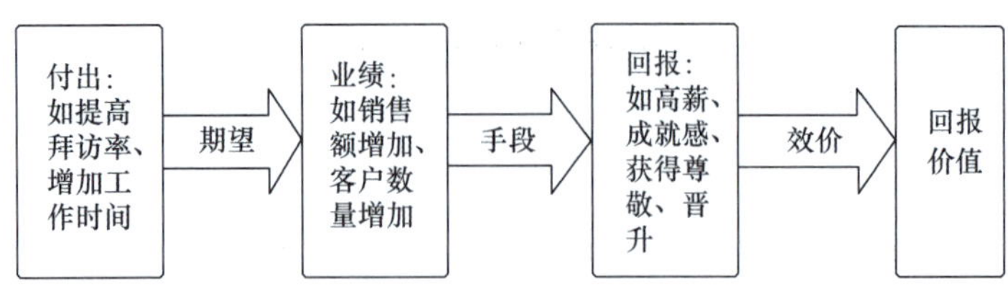

图 5-2　弗罗姆的期望理论

样，不同的销售人员对业绩和回报以及付出和业绩之间关系的认识也有很大的不同。营销管理人员的一项任务就是找出并与销售人员交流有关评估业绩的一些标准，以实现整个公司的目标，并将奖励与这些标准挂钩。期望理论也支持了一种观点，即目标业绩是一种有效的动因（如销售定额），而且每个销售人员认为它是可以达到的（高预期值）。期望理论为分析销售人员个体的动因以及某些管理活动能增强动因提供了一个参考。

（3）亚当斯的不平等理论

当人们在工作中的努力和业绩超过他们所得到的回报时，他们会感到不公平。那些认为自己对整个组织的贡献多于他人的销售人员希望能得到多于一般人的相应的回报。这就是亚当斯的不平等理论（Inequity Theory）的主张。例如，在以下领域，销售人员就可能会产生不平等的心理感受：

①金钱上的回报。

②工作负担。

③晋升。

④得到认可的程度。

⑤监管行为。

⑥目标。

⑦任务。

销售人员若认为以上这些领域存在不公平，就会降低积极性。研究表明，在所有的研究领域（金钱、工作负担、晋升、认同感、监管行为和任务分配等的不均），不平等的感觉都会对积极性产生负面影响，其中金钱奖励的不均对积极性的影响最大。销售经理可以通过非正式的方式（如销售会议或问卷调查）洞察销售人员对不平等的认识，以便调整和修正自己的管理政策。一些销售机构每隔一段时间就检查其销售代表是否感到不公平，以及公司的激励项目是否卓有成效，目的就是要在兼顾公平的前提下对销售队伍实施有效激励。但是不平等理论也强调消除那些打击积极性的因素同样重要。

（4）丘吉尔等人的销售激励模型

丘吉尔（Churchill）等人的销售激励模型集合了赫茨伯格（双因素理论）、弗罗姆（期望理论）的一些观点，认为高昂的斗志、巨大的努力能够带来更好的销售业绩，良好的业绩能带来更多回报，从而增加对工作的满意度，工作满意度又成为一个更强的激励因素，如此构成了一个循环，促进销售工作的开展。销售激励模型如图 5-3 所示。

通过考察这个模型，销售经理能够从中受到如下启发：

①他们应该使销售人员相信努力工作和接受培训可以增加销售，如获得更有效的访问计划、能够提高销售技巧等。

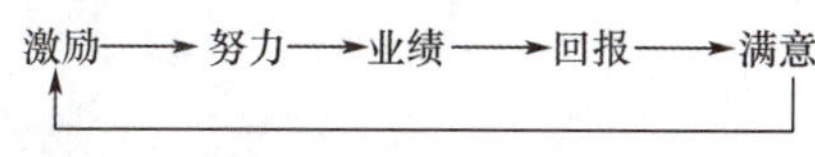

图 5-3 销售激励模型

②他们应该让销售人员相信“一分耕耘，一分收获”。也就是说，销售经理应该对有价值的事情进行奖励，并且将这种价值“传达”给销售人员。例如，销售经理应该强调度假作为一种奖励的心理价值，并说明什么时候去最好。

回报的价值因销售人员类型的不同而不同。一位有着大家庭的老年销售人员认为，经济上的奖励十分重要；而受过良好教育的年轻人通常只有一个小家庭，他们则认为满足被认可、被喜欢、被尊重和成就感等上层的需求更加重要。

(5)胡萝卜加大棒理论

胡萝卜加大棒理论是管理学家们根据农村骡子拉磨现象总结出来的一种管理理论，其中“胡萝卜”代表奖励，“大棒”代表惩罚。

根据胡萝卜加大棒理论，企业员工有时需要用“大棒”进行惩罚，才能让他们按规章行事，有时更需要用“胡萝卜”进行奖励，才能充分调动员工的工作积极性。前者是一种负向激励，而后者是一种正向激励。实践证明，新时期对于销售人员的激励，“大棒”是必要的，但“胡萝卜”比“大棒”往往更加有效。聪明的管理者应该知道何时使用“大棒”以及何时使用“胡萝卜”，灵活运用胡萝卜加大棒的激励政策。

二、渠道激励

激励是一种管理艺术，激励能够调动人的积极性，挖掘人的潜力。多年来，心理学家和管理学家一直在研究激励问题，许多有关激励销售人员的理论由此应运而生。

1. 渠道激励的含义

渠道激励是制造商通过持续的激励举措，来刺激中间渠道成员，以激发分销商的销售热情，提高分销效率的企业行为。渠道管理者通过一系列的物质或精神激励手段强化渠道成员的需要或影响渠道成员的行为，以增强渠道成员间的竞争，提升其工作积极性与经营效率，最终实现企业目标。

在渠道成员确定下来之后，渠道管理者应努力提倡成员间建立良好的合作伙伴关系，以提升整体渠道的经营效率，这些都离不开日常工作中的监督和激励。同时，对中间商的经常监督和激励也是及时消除渠道中的冲突与矛盾行之有效的方法之一。因此，研究对渠道成员的激励与控制在整个渠道的管理过程中有着非常重要的地位。

2. 渠道激励的步骤

诚然，产品从厂商到达用户的整个过程中需要催化剂，有效的激励措施就是这种催化剂。对于厂商而言，激励的目的无非就是希望经销商、批发商以及零售商等能多提货、更早回款、更加积极主动地进行市场开拓，从而降低厂商的运作风险。

(1)了解中间商的需求

要做好渠道激励，首先要了解中间商的需求。中间商作为重要的渠道成员之一，要有效地调动其销售积极性。对于中间商而言，其需求主要包括：

①畅销的产品。
②优惠的价格。
③丰厚的利润回报。
④一定量的前期铺货。
⑤广告及通路费用支持。
⑥市场业务工作指导。
⑦销售技巧方面的培训。
⑧及时准确的供货。
⑨优惠的付款条件。
⑩特殊的补贴和返利等。

(2)制造商制定渠道激励措施

制造商往往充当渠道领导者的角色,制造商通过给予中间渠道成员各种物质和精神奖励,激发渠道成员的销售积极性,同时实现对渠道的控制,并达成企业的分销目标。而对于制造商而言,其主要的激励措施包括:

①金钱奖励。
②授予经营权。
③提供促销政策。
④公开表彰。
⑤扩大经营区域。
⑥提供培训。
⑦参与决策。
⑧独立项目责任。
⑨提供"助销"。
⑩评奖评优。

3. 渠道激励的作用

通过激励可以激发中间商的销售热情,挖掘其潜能。一般来说,中间商并不会与制造商同心同德,保持高度一致,它们多少会有各自不同的需求与愿望,因此需要有的放矢地推行渠道激励政策,使渠道具有足够的动力。中间商需要激励,否则难以充分发挥作用。

渠道系统是由两种不同利益目标和思考模式的利益主体构成的,中间商和制造商之间不是上令下行的关系,维系相互之间合作关系的纽带是对利益的追求。因此,对于制造商而言,为了使整个系统有效运作,渠道管理工作中很重要的一部分内容就是不断地增加维系双方关系的利益纽带,针对渠道成员的需求持续提供激励以及经常性地进行渠道促销以增强渠道活力。渠道激励的主要作用体现在以下几个方面:

(1)通过渠道激励,制造商能够获得更理想的销售业绩。通过激励中间商,使产品从生产企业转移到中间商之后,中间商主动积极地进行商品陈列、展示和各种促销努力,促使消费者做出购买决策,从而加大产品的销售力度。

(2)通过渠道激励,中间商成为制造商与消费者之间信息沟通的桥梁。通过激励中间商,使其积极地为制造企业根据市场的变化趋势满足顾客的需求,同时也使中间商成为企业信息的传播者、企业信誉的建立者和产品形象的维护者。

(3)通过渠道激励,所有渠道成员共同受益。通过渠道激励,制造商实现了营销目标;中间商获得了物质或精神上的利益提升,进一步拓展了生存空间;消费者则通过更有效率和活力的物流通道得到了更大的优惠与便利。

第二节　渠道激励的内容与形式

根据马克思对人类需求的总结,人们的需求可以归纳为物质和精神两个大类,有的人偏重物质需求,有的人则偏重精神需求。鉴于此,渠道激励的内容尽管丰富多彩,激励中间商的形式尽管多种多样,但归根结底不外乎包括物质激励与精神激励两个方面。

一、物质激励

物质激励是以提供物质产品为奖励手段的激励形式,例如,提供价格优惠、奖金、独家经营权、市场费用补贴等。物质激励的实质是向渠道成员提供金钱的刺激,物质激励永远都不失为一种有效的激励形式。

因为追求利益是渠道成员的天性,中间商作为独立运营的企业,所以获取利润是其进行经营活动的根本目标,如果运用得当,物质奖励往往会起到非常好的激励效果。因此,制造商可以根据中间商的经营目标和需要,在谈判与合作时提出一些商业利益上的优惠条件来实现对中间商的鼓励。具体包括以下策略:

1. 对中间商返利

返利是指厂家根据一定的评判标准,以现金或实物的形式对中间商进行的滞后奖励。其特点是滞后兑现,而不是当场兑现。从兑现时间上划分,返利一般分为月返、季返和年返三种;从兑现方式上划分,返利一般分为明返、暗返两种;从评判标准上划分,返利可以分为过程返利和销量返利两种。

2. 给予中间商价格折扣

制定各种价格折扣政策,给予中间商最优惠的价格,实质上是变相地让利给中间商,这是渠道利润分配的一种手段,体现了厂家和中间商"利益共享"的渠道激励思想。

3. 放宽信用条件

相对于制造商而言,通常许多中间商的资金实力都非常有限,因此其对付款条件也会较为关注。因此,企业应针对此类渠道成员的特定需要,通过对其诚信度的调查,适当地放宽付款方式的限制,甚至可以在安全范围内为其提供信用贷款,帮助中间商克服资金困难,如此也能达到较好的激励效果。

4. 各种额外补贴

针对中间商在市场推广过程中所付出的各种努力,带有奖励性质地对其中一些活动加以补贴,如广告费用的补贴、通路费用的补贴、商铺陈列的补贴等,如此既能加大产品的市场推广力度,也能提升渠道成员的工作积极性。

总而言之,物质激励作为渠道成员激励的一种重要手段,能最大限度地满足中间商的利益保障需要，激发其工作热情，但过多地使用物质激励也可能导致渠道出现价格失控、管理失控的混乱局面，同时还需要承担企业利益损失的风险。因此，企业应在了解中间商实际需要的前提下，以建立长远稳定的发展渠道为目标，有针对性地适度使用物质激励政策。

二、精神激励

虽然物质激励非常重要，但并非对所有的中间商都能产生激励作用，还必须配合精神激励才能达到理想的效果。如果中间商感觉自己受到了重视，在渠道中有较大的发言权和自主权，那么必然会形成较强的凝聚力和渠道忠诚。虽然确实有少数中间商只看重短期经济利润，不关注企业的长远发展，但最终真正做强、做大的都是那些注重企业成长、有长远战略眼光的中间商。因此，满足中间商的这部分需求也是一种有效的激励方式。精神激励策略主要包括以下几种：

1. 协商咨询

通过协商、咨询等方式使中间商参与企业的战略制定及业务管理工作，一方面能帮助企业直接获取目标客户的信息反馈，另一方面也可以满足渠道成员归属和被认可的需要，最大限度地提升其工作积极性。

2. 授权激励

企业在管理过程中适当授权给中间商，如赋予其独家经营权或者其他特许权，对中间商来说也是一种很好的激励方法，可以满足其地位提升的需要，使中间商产生较强的成就感和责任感，从而达到较好的激励效果。

3. 合作开发

加强与中间商的合作范围与力度，将渠道成员间单纯的产品供销合作拓展到共同进行产品的研发与改进、市场开发与推广、售后服务活动等领域，以进一步扩大产品品牌的知名度。在全面合作的基础上，不仅加强了渠道成员间的沟通与感情，维持了较好的渠道稳定性，同时不断提升的品牌效应也可使渠道成员长期受益，成为对其最好的激励。

4. 提供培训

在专业性上对渠道成员进行全方位的培训，如产品培训、行业培训、销售及维修人员培训，甚至市场营销培训等，对渠道成员将产生一定的吸引力和号召力，在渠道整体经营能力不断提升的同时，也减少了渠道的冲突和摩擦。

5. 市场支持

及时了解渠道成员的实际困难并帮助解决，如当中间商出现较大的人员变动、组织结构不清晰或信息通路不畅等问题时，企业可在控制自身风险的前提下尽力为其提供帮助，以维持渠道的稳定性、增强渠道的凝聚力。

总之，对渠道成员的激励必须从不同企业的实际需要入手，结合多种方式对其进行帮助和鼓励，物质激励与精神激励相结合，才能达到理想的激励效果。

第三节　渠道激励的原则与方法

一、渠道激励的原则

渠道激励作为调动渠道成员积极性的一种手段,需要遵循一定的规矩或原则。否则,轻者起不到激励的作用,重者还可能引起渠道成员的不满、渠道领袖和渠道成员之间的矛盾、渠道成员之间的争斗以及一个企业不同渠道之间的混乱。

渠道激励的原则包括以下几个:

1. 有的放矢原则

渠道激励的起点是满足渠道成员的需要。但是,不同渠道成员之间的需要存在差异性和动态性,因人而异,因时而异。因此,渠道领袖在进行激励时,要有的放矢,深入了解各个渠道成员的实际需要。只有在调查研究的基础上,根据大多数渠道成员的需要层次和需要结构,有针对性地采取激励措施,才能收到成效。

2. 及时激励原则

及时激励原则是指在激励过程中应注意时机的把握。如果时机把握不当,应奖励时不奖励,则会使渠道成员丧失对工作的积极性,甚至产生不满和消极情绪。如果导向错误,如实行过分重视短期效应的激励措施,则会使渠道成员产生错误的营销理念,只顾眼前,采用不道德的手段销货,损害企业形象,酿成恶果。因此,激励要及时,要注意长期效果。

3. 兼顾公平原则

人们通常用两种方法来判断自己所得报酬是否公平,即横向比较和纵向比较。横向比较是将自己与别人相比较来判断自己所获报酬是否公平。纵向比较是把自己目前的状况与过去进行比较。一个人对所获得的报酬、奖励是否满意,通常是通过纵向和横向综合比较之后确定的。如果经过比较认为自己的所得偏低就会感到不公平、不合理,从而影响工作热情。因此,渠道领袖在激励渠道成员时一定要遵守公平的原则,适当拉开差距,只有这样,才能充分调动渠道大多数成员的积极性。

4. 目标一致原则

在激励机制中设置目标是一个关键环节。目标设置必须体现组织的目标要求,并兼顾个人目标,使个人目标与组织目标一致,力求使渠道中各成员之间的目标相辅相成,以激励共同的目标取向。当渠道目标与某些渠道成员的目标相左时,渠道领袖应设法激励符合组织利益的目标。

5. 多样性原则

渠道激励的多样性原则是指针对渠道成员的不同需要及愿望,结合不同的时机和环境,将激励的一般法则灵活地加以运用,以期达到最好的激励效果。如激励对象除了将渠道成员作为整体进行奖励以外,还可对具体的销售人员进行奖励;而激励形式则包含了培训激励、参与性激励等多种方式,必须根据激励对象的不同有重点地结合使用。

6. 奖惩结合原则

只有奖励与惩罚相结合，才能收到最大的激励效果。奖励是一种正激励，处罚是一种负激励，两者都是必要的。只奖不惩，领袖没有威严；只惩不奖，渠道成员没有积极性。渠道领袖在激励时要善于正负结合，以正为主，以负为辅，鼓舞士气。

二、渠道激励的方法

渠道激励的方法多种多样，但目的只有一个，就是调动渠道成员的销售积极性，达到企业的经营目标。渠道激励的手段有物质性的，也有精神性的，其实质都是制造商的让利，或者说是渠道利益的再分配。制造商主要的渠道激励方法包括以下几个方面：

1. 向中间商提供适销对路的优质产品

提供适销对路的优质产品是对中间商最好的激励，因为适销对路的优质产品能够给中间商带来源源不断的利润。生产部门应该把中间商视为消费者的总代表，制造商的职责是创新产品和打造品牌，这些产品通过中间商进入最终的市场实现价值。

2. 给予中间商尽可能丰厚的利益

企业经营的职责是赢利，追求利益是渠道成员的本性，所以，给予中间商尽可能丰厚的利益，能够最有效地提高中间商的经营积极性，尤其是刚刚进入市场的产品和知名度不高的产品，需要高的利润空间刺激中间商在人力、物力方面加强投入。

3. 协助中间商进行人员培训

随着市场的专业化，中间商需要提高销售队伍的专业素质。许多产品需要进行安装调试、维修、改装、施工、技术改造以及其他业务的技术咨询，这些生产企业不能完成或不能全部完成的工作，就必须请中间商代为完成，同时需要帮助中间商培训人才。

4. 授予中间商独家经营权

指定某一经销商为独家分销商或独家代理，该经销商即拥有商品的独家经营权，这种做法能够调动中间商的经营积极性。特别是作为大企业或者名牌产品的独家分销商，可以提高其在市场上的声望和地位，享受独家经营权带来的丰厚回报。

5. 双方共同开展广告宣传

市场竞争激烈，市场投入是必需的。中间商大多希望得到制造商在市场及品牌推广方面的投入和支持。生产企业在当地做广告时，应充分听取和采纳一级批发商的建议，同时商讨有关问题，共同策划，共同投入，共担风险。

6. 对成绩突出的中间商在价格上给予较大的优惠

对分销商来说，最直接的激励就是能取得较丰厚的利润，中间商在较大差价带来较丰厚利润的驱动下，会积极拓展市场，力求尽快把货物销售出去。所以，能够给予成绩突出的中间商在价格上以优惠，也是一种激励优秀渠道成员的有效手段。

渠道激励从本质上来说是渠道利益的重新分配。如果分配得好，渠道各层次、各渠道成员都能获取相应利益，渠道就能够协调平衡和共同发展；相反，如果分配得不好，渠道各层次、各渠道成员之间利益分配不均，就会产生渠道冲突，破坏渠道，影响渠道的正常发展。为此，要运用好渠道激励，必须掌握渠道激励的辩证法：因时、因行业、因地制宜，物质激励与精神激励相结合，成员愿望与渠道目标相一致，激励的重点性与全面性相结合，激励的及时性与长期性相结合，激励的投入与产出相匹配。

返利政策的实施

第四节　返利与渠道促销

企业可以采用各种各样的方式对其中间商、分销商进行激励，但从目前的营销实践来看，最直接、使用频率最高、激励效果最明显的渠道激励措施主要有返利、渠道促销、销售竞赛等几种形式。

一、返利

1. 返利的概念

返利是指厂家以一定时期的销量为依据，根据一定的标准，以现金或实物的形式对经销商进行的利润返还或补贴。返利对生产厂家来说，是希望最大限度地刺激经销商销售自己产品的积极性，通过经销商的资金、网络，加速产品的销售，以期在品牌、渠道、利润等诸多方面取得更高的回报。返利对经销商来说，则是厂家对自己努力经营其产品给予的奖励，是其经营利润的主要来源之一。

知识链接

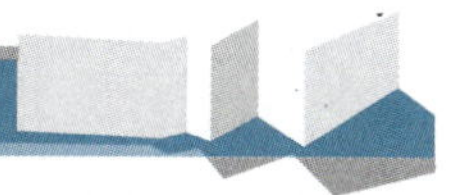

返利是把双刃剑

返利如果运用得当可以起到激励经销商的作用，有很多生产厂家也正是借此在市场上获得了巨大的成功。但值得注意的是，经销商往往会将企业的返利当成降价倾销的资本，而其倾销又是为了获得更多的返利。这种恶性循环很容易破坏整个市场的价格体系，导致卖低产品价格、卖穿市场价格。当初健力宝、旭日升就是利用高额返利吸引经销商，最后又是因为高额返利扰乱了价格体系，最终导致企业失去活力。因此，在制定返利政策时，一定要考虑它的连锁反应和副作用。

2. 返利的功能

返利具有两种特殊功能，即激励和控制。这两种功能是相辅相成的，两者相互影响、相互作用。

(1)激励功能

返利首先是一种激励手段，它能刺激分销商按时、提前或超额完成之前制定的销售目标。由于返利对经销商而言是一种额外收入，而且门槛不高，只要实现了销售目标就会有相应的返利回报，所以它能够起到激励经销商销售的作用。

(2)控制功能

返利也是一种控制手段，厂家利用经济杠杆对分销商实施控制。但返利是有一定的要求和标准的，达不到要求(如销量目标、回款率、退货率等)就不能获得返利，所以获得返利并不是一件轻而易举的事情。特别是高比例的返利，除了对经销商有销量方面的要求之外，企业一般还会要求经销商不能有严重的市场违规行为等，否则将受到扣减返利甚至取消返利的处罚。

3. 返利的目的

企业通常通过给予物质或现金奖励来肯定经销商在销售量和市场规范操作方面的成绩，刺激经销商努力达到销售目标和开拓市场。在企业高返利政策的诱导下，经销商会尽一切努力把销量提上去，争取拿到高返利。追求利润是渠道成员的天性，返利对于厂商双方来讲都是有利的。不过，企业不同，其制定返利政策的指导思想也不一样，主要包括以下几种：

(1)以提升整体销量为目的

促使经销商提升整体销量是返利最主要的目的，企业也因此常常将返利与销量挂钩，实行梯级返利政策，经销商随着销量的提升而享受更高比例的返利。

(2)以完善市场为目的

实际上，完善市场是返利发挥其控制功能的一种形式。除与销量挂钩之外，返利还将与提高市场占有率、完善网络建设、改善销售管理等市场目标相结合。

(3)以加速回款为目的

将返利直接与回款总额挂钩，可以有效加速资金回笼的速度和进程。

(4)以扩大提货量为目的

以扩大提货量为目的的返利往往采取现金返利的方式，类似于价格补贴。此类返利分为两部分：一部分采用现金返利方式兑现；另一部分则是一段时期之后企业根据这段时期总的销量再进行返利，即累计销量返利。

(5)以品牌推广为目的

以品牌推广为目的的返利有时候也被称为“广告补贴”，与销量挂钩，并参照补贴市场的实际广告需求确定返利比例。需要说明的是，此类返利与销量返利并存，不同市场的这两部分返利的比例关系不一定一致。

(6)以阶段性目标达成为目的

为配合企业阶段性销售目标的完成，可以特别制定阶段性返利政策。企业为促使经销商进货、增加库存，可采取阶段性返利政策，经销商若超过此期限进货则不再享受此项返利政策；企业新产品上市推广阶段也通常采用特殊时期、特殊产品的高返利政策，以促使短期内销售量上升，达到市场突击的效果。

知识链接

返利控制不好会引起窜货

返利在产生激励作用的同时，经常会成为经销商窜货、乱价等短期行为的诱发剂。特别是当厂家的产品占领市场，变成畅销产品后，厂家销售工作的重心就会转向管理市场，稳定市场秩序和价格体系。这时，仅以销量为依据的返利政策的弊端就表现得越来越明显。

销量越大，返利越高，这必然会使经销商不择手段地去增加销售量。各经销商在限定的区域内无法在限定的时间里完成一定的目标时，它们就会采取违规行为，想办法跨区窜货。经销商会提前透支返利，不惜以低价将产品销售出去，平进平出甚至低于进价批发。结果，各经销商在不同的区域内相互窜货，最后导致价格体系混乱甚至崩盘。

高返利诱使经销商窜货的根源在于厂家太专注于返利的激励功能而忽视了其控制功能，未考虑其副作用和未采取防范措施。

（资料来源：作者根据网络资料编写）

4.返利的分类

（1）按返利兑现时间划分

通常返利是滞后兑现，而不是当场兑现。所以从兑现时间上来划分，返利可分为以下几类：

①月度返利

月度返利是以月度的销量为依据的返利。月度返利有利于对经销商进行即时的激励，让经销商随时可以看到返利的诱惑，也比较容易根据市场的实际情况、淡旺季等来制定合理的任务目标和返利目标底线，操作起来非常灵活。但这种返利方法对公司财务核算有比较高的要求，而且月度返利金额往往较小，诱惑力不够，还容易使经销商产生投机心理，导致市场大起大落等不稳定现象。例如，经销商往往为了追求本月的高返利而拼命压货，导致下个月的销售量严重萎缩。月度返利往往为一些超级快速消费品企业采用。

②季度返利

季度返利是以季度的销量为依据的返利。这种返利方法既是对经销商前三个月销售情况的肯定，又是对经销商后三个月销售活动的支持。从而促使厂家和经销商在每个季度结束时，对前三个月合作的情况进行反省和总结，相互沟通，共同研究市场情况。季度返利一般是在每一个季度结束后的两周内，由厂家选择一定的奖励形式予以兑现。季度返利方式企业不常采用。

③年度返利

年度返利是以年度的销量为依据的返利。这种返利方法是对经销商完成当年销售任务的肯定和奖励，一般是在次年的第一季度内兑现。年度返利便于企业和经销商进行财务核算，容易计算营销成本，且便于参照退换货、销售任务目标等政策因素，年度返利账面金额往往比较大，对经销商有一定的诱惑力。年度返利能够有效缓解企业的结算压力，同时有利于企业资金周转。对经销商来说，虽然返利周期比较长，对其即时性激励不够，但有持续激励的效果，经销商经营一年下来有一个良好的结果。加上兑现时间与企业年会相吻合，企业可以借此总结、激励和安排来年目标，所以，此种形式为大多数企业所采用。

④即时返利

即时返利是以每单销量为依据的返利。这种返利方法是在购货时即进行返利，一般采用票面折扣的方式。其优点是计算方便，兑现快捷，缺点是无过程，影响市场价格，不是返利本身的初衷，小商、小贩通常采用即时返利形式。

（2）按返利兑现方式划分

①明返利

明返利是指明确告诉经销商在某个时间段内累积提货量对应的返点数量，是按照与经销商签订的合同条款，对经销商的回款给予的定额奖励。明返利对调动经销商积极性有较大的作用，但需要有配套的考核体系，对经销商比较熟悉和了解，但明返利也容易陷入恶性循环。

明返利的最大缺点为：由于各经销商事前知道返利的额度，如果厂家制度稍微不力的话，原来制定的价格体系很可能就会因此瓦解。为抢夺市场和得到返利，经销商不惜降价抛售，恶性竞争。最终，厂家的返利完全被砸了进去，不但不能起到调节通路利润的作用，反而造成了市场上到处都是乱价、窜货的现象。

②暗返利

暗返利是指对经销商不明确告知，而是厂家按照与经销商签订的合同条款，对经销商的回款给予不定额奖励。暗返利不公开、不透明，就像常见的年终分红一样，在一定程度上消除了一些明返利的负面影响，而且在实施过程中可以充分地向诚信、优秀的经销商倾斜和侧重，比较公平。但是，暗返利虽然在操作过程中是模糊、不透明的，可是当实施的那一瞬间，模糊奖励就变得透明了。经销商会根据上一年自己和其他经销商暗返利的额度，估计自己在下一个销售周期内的返利额度。

暗返利只能与明返利交叉使用，而不能连续使用，否则，暗返利就失去其模糊的意义了。

案例分享

百事细化返利政策

百事可乐公司的返利政策可以细分为五个部分：年扣、季度奖励、年度奖励、专卖奖励和下年度支持奖励，除年扣为明返利外，其余四项奖励均为暗返利，即事前无约定的具体执行标准，事后才告之经销商。

1. 年扣

合同上明确规定为1%。

2. 季度奖励

在每一个季度结束后的两个月内，按一定进货比例以产品的形式进行奖励。季度奖励既是对经销商上个季度工作的肯定，又是对下个季度销售工作的支持，这样就促使厂家和经销商在每个季度之后，对合作的情况进行反省和总结，相互沟通，共同研究市场情况。同时百事可乐公司在每季度末派销售主管对经销商业务代表进行培训指导，帮助落实下一个季度销售量及实施办法，增强相互之间的信任。

3. 年度奖励

年度奖励是对经销商当年完成销售目标情况的肯定和奖励。年度奖励在每年年终结算，第二年的第一季度内兑现，按进货量的一定比例以产品的形式进行奖励。

4. 专卖奖励

专卖奖励是经销商在合同期内，在碳酸饮料中专卖百事可乐系列产品，在合同结束后，厂方根据经销商的实际销量、市场占有情况以及与厂家合作的情况给予的奖励。专卖约定由经销商自愿确定，并以文字形式填写在合同文本上。在合同执行过程中，厂家将检查经销商是否执行专卖约定。

5. 下年度支持奖励

下年度支持奖励是对当年完成销量目标，继续和百事可乐公司合作且已续签销售合同的经销商次年销售活动的支持，此奖励在经销商完成次年第一季度销售的前提下，在第二季度的第一个月以产品形式给予。

由于以上奖励政策事前的“杀价”空间很小，因此经销商如果低价抛售，造成的损失和风险厂家是不会承担的。百事可乐公司在合同上还规定每季度对经销商进行一些项目考评。例如，实际销售量；区域销售市场占有率；是否维护百事产品销售市场及销售价格的稳定；是否执行厂家的销售政策及策略等。为防止销售部门弄虚作假，公司规定考评由市场部、计划部的抽调人员组成联合小组不定期进行，确保评分结果的准确性、真实性，做到真正奖励与厂家共同维护、拓展市场的经销商。

（资料来源：作者根据网络资料编写）

(3)按返利奖励目的划分

①销量返利

销量返利是指经销商在销售时段内(月、季度或年)完成厂商规定的销售额，按规定比例即时享受厂商支付的返点，一般采用“梯级返利”制度。这种返利形式对于厂商而言，优点在于容易操作，易于管理；缺点在于销售量越大，返利越高，必然会使经销商不择手段地去增加销售量。当各经销商在限定的区域内无法在限定的时间内完成一定的销售目标时，它们就会选择实行跨区域窜货。经销商还会提前透支返利，不惜以低价将产品销售出去，平进平出甚至低于进价批发。最后，恶意窜货导致价格体系混乱甚至崩盘。因此，销量返利是基础，但不能完全或者仅仅使用销量返利，必须与过程返利相结合，才能保证市场稳定和企业的持续发展。

知识链接

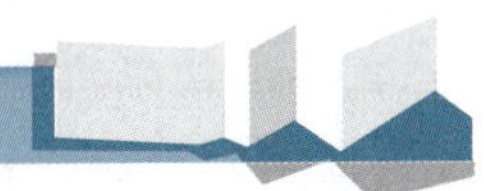

梯级返利

一般来说，企业的返利制度都会设置一个基本的销量指标作为返利的起点，也会设置一个返利标准的上限，上限和下限之间设置若干等级，形成一个“梯级”结构。销量越接近上限，返利的比例就会越高，以此来激励分销商追求销量上升，以获取年终(或阶段性)返利，最终目的是达到企业的分销(销量)目标。例如，某食品企业规定，凡年度销量达到300万～500万件的经销商可获年终返利1%，年度销量达到501万～1 000万件的经销商可获年终返利2%，年度销量达到1 001万～2 000万件的经销商可获年终返利3%，年度销量达到2 001万件以上的经销商可获年终返利5%。年度销量全部以年度回款计，根据年终总销量统计，就上限全额计算返利金额，不做分段计算。

②过程返利

为科学地设计返利系统，应根据过程管理的需要综合考虑返利标准，既要重视销量激励，又要重视过程管理。这样既可以帮助经销商提高销量，又能防止经销商的不规范运作，还可以培育健康有序的市场环境。厂家可以针对营销工作的细节设立奖励,奖励范围可以涉及铺货率、终端生动化、全品项进货陈列、遵守区域销售、专销、积极配送和守约付款等。

• 铺货陈列奖。在产品刚进入目标市场时,为了迅速将产品送达终端,厂家给予经销商铺货奖励,作为适当的人力、运力补贴,并对经销商将产品陈列于最佳位置给予奖励。

• 渠道维护奖。为避免经销商的货物滞留和基础工作滞后导致产品销量萎缩,厂家以"渠道维护奖"的形式激励经销商维护有适当规模的产品的有效分销渠道网络。

• 价格信誉奖。为了防止窜货、乱价等不良行为的产生,导致最终丧失获利空间,厂家设定了"价格信誉奖"以鼓励经销商遵守价格,加强价格管控。

• 合理库存奖。厂家考虑到当地市场容量、运货周期、货物周转率和意外安全储量等因素,设立"合理库存奖"鼓励经销商保持适当库存。

• 竞争协作奖。为经销商的政策执行、广告与促销配合、信息反馈等设立"竞争协作奖",以强化他们与厂家的关系,同时淡化他们之间的利益冲突。

5.返利的内容

(1)产品返利

产品返利应包含主销产品、副销产品、新产品等不同的产品系列返利。企业通过对不同的产品线实行不同的返利标准,实现产品的均衡发展,鼓励经销商积极销售非畅销产品。

例如,某酒厂设置的产品返利标准如下:珍品系列返利为2%,精品系列返利为1.5%,佳品系列返利为1%,新产品系列返利为5%。

(2)物流配送补助

随着经销商职能的变化,经销商由原来的"坐商"变为"物流配送商",产品的运输费用成为经销商的主要费用开支,包括车辆折旧费、汽油费、过桥费、司机工资等。如果这些费用不能从产品的返利中得到补偿,将会影响经销商销售这些产品的积极性,产品的销量将会下滑。因此,在返利系统中,设置物流配送补助项目,将有利于经销商积极开展促销活动。

(3)终端销售补助

销售终端主要是指需要进场费、陈列费、堆头费、DM费等各种名目的费用的连锁超市、商场等K/A卖场。这些费用名目繁多,手续复杂,企业审核的工作量大,其真假难辨。同时,这些费用的数额也没有绝对的标准。对于同一个项目的费用,不同的人谈判可能有截然不同的结果。因此,应设置终端销售补助,将这些费用折合成比率,返利给经销商,作为通路费用补贴。

(4)人员费用补贴

为支持经销商在当地开展工作,有些企业会为经销商在当地聘请销售人员。然而,企业要实现对这些销售人员的管理和监控是很困难的。为了显示企业对经销商的人员支持,经过经销商申请,企业可折算成一定的返利比例,作为对经销商所核定的人员编制的工资支持。

(5)地区差别补偿

由于产品在不同区域的市场基础不一样,产品知名度、美誉度也就不一样。有的区域市场基础好，产品销量自然很高，有的区域市场基础差，产品销量就会很低。以产品销量为基础的返利标准，显然对市场基础差的经销商是不公平的。为公平起见，企业应设置地区差别补偿，以提高市场基础差的经销商的积极性。

(6)经销商团队福利

为了把分散的经销商组织起来，企业应成立经销商行会、团队或互利会，并给予会员一定的返利作为会员福利，如给予经销商销量的1%作为加入行会的福利等。

(7)专销或专营奖励

专销或专营奖励是指经销商在合同期内，专门销售本企业的产品，不销售任何其他企业的产品，在合同结束后，厂方根据经销商销量、市场占有情况以及与厂家合作的情况给予一定奖励的企业行为。在合同执行过程中，厂家将检查经销商是否执行专销或专营约定。专销或专营约定由经销商自愿确定，并以文字形式填写在合同文本上，年终以返利形式兑现。

6. 返利兑现的形式

返利兑现的常用形式包括现金、产品和折扣等。企业在选择兑现方式时，可根据自身情况进行，以方便客户和自己，起到激励和控制的作用。

(1)现金

企业可以根据经销商的要求和自身实际，以现金、支票或冲抵货款等形式兑现返利。如现金金额比较大，企业可要求用支票形式兑现。现金返利兑现前，企业可根据事先约定扣除相应的税款。使用现金方式兑现返利，厂家的资金压力比较大，因此越来越少的企业采用该种方式。目前大多数企业以冲抵货款的方式兑现返利，这对双方都方便和有利。

(2)产品

以产品形式兑现返利是指企业用经销商所销售的同一产品或其他适合经销商销售的畅销产品作为返利。需要注意的是，返利产品必须畅销，否则返利的作用就难以发挥出来。这种返利方式有利于厂家销售产品，而且以厂家产品价格计算返利金额，对厂家是非常有利的。

(3)折扣

账面折扣是一种常见的即时返利模式，其特点就是返利不以现金的形式支付，而是让经销商在提货时享受一个折扣，但前提是现款现货交易。厂商主要是通过这种模式减少自身的现金压力，尽快回笼资金。

7. 返利力度的确定

顾名思义，返利就是制造商根据分销商所完成的销量(回款)或其他贡献定期给予分销商一定额度的利润补贴。返利实际上是渠道利润的平衡和再分配过程，是制造商惯用的吸引和控制渠道成员的手法，并逐渐成为行业惯例。

返利应该多大力度(比例)才合适呢？力度太小，对渠道成员没有吸引力；力度太大，厂家利润不允许。而且，如果返利力度较大，分销商可能会将一部分预期返利用来冲抵价格，从而降低产品售价，以博取更大销量和更多返利。这样一来，低价倾销、“窜货”、价格战在所难免，厂价有可能被卖穿(低于厂价)，厂家的价格体系和市场秩序将会受到破坏，产品价格下降，渠道利润下滑，市场必将萎缩，甚至垮掉。

返利作为额外的奖励，首先，必须具有一定的诱惑力。对于以利为先的商人来说，返利的力度必须能刺激经销商努力去提高销量，以获取尽可能多的利益。其次，必须在严格的财务核算的基础上确定奖励点数的范围。不同行业的利润率是不同的，所以，点数的确定要科学、谨慎。返利力度的确定还需考虑行业利润和厂家的承受能力，毕竟，返利是营销成本的一部分，企业在确定返利前要充分考虑同行业的水平、产品的利润水平、产品类别和竞争对手的返利水平等。隔行如隔山，对不同行业的了解，对竞争环境的把握，是科学合理地确定返利力度的关键。

返利要适度，但是，究竟多大的力度才合适，由于各行业存在巨大差异，所以业界也没有定论。一般来说，科技含量高的、资金密集型的行业，如家电行业，由于销量(销售额)比较大，所以返利额度一般比较小，1%～2%比较合适；而科技含量较低、劳动密集型的行业，如食品行业，由于销量(销售额)比较小，所以返利额度相对较大，3%左右比较合适，但不能超过5%。为了使返利真正成为激励力量而不是破坏力量，厂家在制定返利政策时必须参照两条标准：一是行业的平均水平；二是不至于引起冲货。此外，厂家一般设置的是"梯级返利"，即销量越大，返利越高。特别要注意的是，要适当拉开返利差距，兼顾公平，不能过分偏向大客户而轻视中小客户，注意上限的设置以及过程返利的实施。

8.返利频度的把握

返利在频度上一般有月度返利、季度返利、半年返利和年度返利几种。

月度返利体现快捷、立竿见影的特点，经常被一些中小经销商所采用，但厂家的财务管理难度较大，也容易导致短期行为，因此只适合于部分经营快速消费品的中小企业使用。

季度返利也追求快速兑现的承诺，能使分销商看到希望并很快得以实现，经销商有很强的成就感，且持续刺激，激励效果较好，适用于生产季节性较强的快速消费品的中小企业，如生产面包、新鲜牛奶和时装的企业，但同样存在短期行为和结算难度大的问题，且不利于渠道的长远规划，没有整体感。

很少有企业采用半年返利，只有少数一年召开两次年会的企业选择这种做法。

年度返利是绝大多数厂家习惯采用的返利方式，因为一年是一个完整的销售周期，厂家可以对分销商进行一个完整的考核，通过每年一次的年会对上一年的销售工作进行总结，并兑现年度返利，同时，对来年市场进行整体规划，并制定新一年的目标和返利政策。因此，年度返利是一种与目标激励相结合的全面、持久的激励方式，具有很强的生命力。

9.返利条件的制定

实践中，很多企业采用的还是单一销量(回款)指标考核计算返利的形式，这种形式简单易操作，在市场经济初期起到了催化剂的作用。随着市场经济逐渐成熟、深入，人们不得不开始关注价格体系和市场秩序，这种结果导向的返利形式就显得越来越落后了，因为简单的销量返利会助长低价、冲货、不择手段等短期行为，对市场发展不利。

因此，越来越多的厂家开始采用过程导向的综合指标(如目标销量完成、价格体系保持、市场秩序维护、品牌推广支持等)分解考核返利，即把返利总额分解到多个指标上分别进行考核，分别兑现返利，以弱化销量指标，强化市场维护和市场支持指标，旨在追求市场的良性、持续发展。而且，业界也在逐渐淡化返利的功能，强化分销商自身赢利能力的提高，这是未来的一种趋势。

二、渠道促销

如何选择一个适宜且进退自如的激励支点，已成为经销商管理的瓶颈。渠道促销就是这个支点。渠道促销是制造商针对中间渠道商（经销商、代理商、批发商、终端零售商）所进行的促销活动，目的是刺激渠道成员的送货热情和销售积极性。撬动了中间商，销售就成功了一半，但关键是如何找到一个支点，使之既能激励中间商努力地卖货，又不至于导致窜货、乱价。由于要借助中间商这个杠杆来间接启动渠道，因而在杠杆支点的选择上，即具体促销政策的制定和促销激励手段的使用上，面临着诸多变数。

1. 促销政策的制定

好的促销政策可以促进销售，差的促销政策反而会抑制销售，因此在制定促销政策时一定要考虑以下几个方面：

（1）促销的目的

大多数人认为促销就是增加销售额，这种观点有失偏颇，比较笼统，不便于企业执行、考核。因此，企业在制定促销政策时必须明确促销的目的，明确促销能够增加销售额、批发商以及渗透终端店等的程度。

（2）促销力度的设计

设计促销力度，首先要考虑促销能否引起分销商的兴趣。能够吸引分销商参与，促销才有意义。其次，要考虑促销结束之后分销商的态度，是不是如果不进行促销，分销商就不进货。第三，要考虑该力度是否会引起分销商向周边窜货。考核时可以参照流通到周边的平均运输成本比例。另外，还要考虑厂家成本的承受能力以及产品的利润水平。例如，食品行业的促销，一般将力度控制在5%以内，以防止冲货；家电类等资金密集型行业的促销，力度会更小一些，一般都不到1%。

（3）促销的内容

促销的内容一定要新颖，能够吸引人。促销的内容包括送赠品、折扣、联合促销、累计奖励、刮卡、换购、抽奖等。渠道促销以数量折扣、价格折扣、赠品促销为主，目的是迅速提高销量。

（4）促销的时间

促销的开始和结束时间一定要设计好，并让所有的客户知道。每个行业都有其销售高峰和淡旺季规律，一定要把握行业规律，才能有效把握促销时机，达到最佳的促销效果。

（5）促销的管理

促销活动在正常的营销工作中占有很重要的位置，不论是公司统一组织、统一实施，还是分区组织、分区实施，从提交方案到审批、实施、考评、总结，都应当有一套程序，从而确保促销活动的过程控制，保证促销活动的执行效果。管理执行不到位，容易虎头蛇尾，影响活动效果，浪费促销资源。

2. 促销激励的手段

企业对中间商的促销激励手段名目繁多、各不相同，大致可分为以下三类：

(1)对经销商进行的促销激励

①长期年度销售目标奖励

厂家设定一个销售目标,如果经销商在规定的期限内达到了这个目标则按约定的奖励方式进行兑现;也可设定多个等级的销售目标,其奖励额度也逐级递增,激励经销商向更高的销售目标冲刺。对经销商的奖励最好不要以现金或货物等方式进行,以免出现低价倾销或冲货等扰乱市场行为的发生。

②短期阶段性促销奖励

厂家为提高某一阶段的销量或实现其他营销目标会开展一些短期阶段性促销奖励。相对于长期目标奖励来说,短期促销奖励更具有诱惑力,更能激发经销商的积极性。百事可乐公司经常开展此类促销活动,如"即日到月末经销商进货 25 件赠 1 件"等。

③非销量目标促销奖励

除具有针对性的销量促销奖励外,对经销商进行如"产品专项经营奖励、铺货奖励、陈列竞赛"等一些营销目标奖励也是十分必要的。如百事可乐公司的产品专项经营奖励,在一定程度上将竞争产品排挤在了经销商的大门之外。

对经销商的促销必须注意两点:一是经销商为达到目标、取得额外利益可能会采取低价倾销,为此奖励额度不宜过大,避免奖励现金或同类产品;二是促销期间经销商会大量囤货,一旦无力快速出货,待促销结束就会闲置一段时间才能从厂家进货,从而出现销售窒息现象。

(2)对二级批发商进行的促销激励

有实力的厂家除了针对一级批发商设计了促销奖励外,还对二级批发商进行短期阶段性促销,以加速产品的流通和分销能力。

(3)对终端售点进行的促销激励

除了要鼓励批发商的经销积极性,还应该激励零售商,增强其进货、销货的积极性,如提供一定的产品进场费、货架费、堆箱陈列费、POP 张贴费、人员促销费、店庆赞助和年终返利等。为了吸引消费者的注意,还应借助于售点服务人员、营业员的主动推荐和推销,以达成并扩大消费者的购买数量。

三、销售竞赛

经销商与销售人员一样,同样需要定期获得达到某一目标的动力。在短期销售竞赛活动中,厂家给予的奖励和认可能够给经销商提供直接的动力。虽然经销商获利与获得赞赏同等重要,但获利并不能带来赞赏。只有以奖杯、奖品的方式获得的赞赏才能有助于推动经销商创造更加辉煌的业绩,重要的是,赞赏不仅来自厂商,而且还来自家庭和朋友,因为奖品能够带来快乐和激励效果。实践证明,"胜利"以及成为"最好"等荣誉能够对经销商提供真正的强效激励。

鉴于此,厂商在渠道管理过程中可以经常开展一些销售竞赛项目,以吸引经销商参与其中,把娱乐、工作、利益结合在一起,通过追求一种荣誉,引进竞争因子,调动经销商以及全体销售人员的积极性,推动市场活动开展,达到促进销售的客观效果。

案例分享

重赏之下

某企业在推广某系列重点新产品时，为了把新产品尽快铺到渠道、终端，以便进行广告促销和展开全面市场推广活动，就会设计销售竞赛，如只要本月该产品销售额达到100万元即奖励小型送货车一台，最先达到者另奖数码相机一部，三个月之内该产品销售额达到500万元的经销商，奖励奔驰轿车一部，另送一个哈佛大学EMBA培训名额。经销商纷纷摩拳擦掌，奋勇争先，唯恐落在其他经销商的后面而失去了这个机会。

（资料来源：作者根据网络资料编写）

其实，销售竞赛就是一种目标激励，一种项目激励，只要设计得好，项目具有吸引力，销售竞赛的作用是非常明显的。

1. 开展经销商销售竞赛的好处

开展经销商销售竞赛可以带来以下好处：

(1)激发经销商的销售激情。经销商通常获胜之后十分兴奋，激发出销售的激情。

(2)显示厂商对经销商的关心。销售竞赛通常提供个性化奖励，从而显示出厂商对经销商的关心。

(3)增强厂商内部的凝聚力。在经销商所处环境较为恶劣的情况下，通过销售竞赛和沟通活动，能够增强厂商内部团队的凝聚力。

(4)促进经销商之间团队合作。通过销售竞赛的开展，有利于增强经销商之间的相互了解和业务合作。当未来发生窜货等事件时，可以促使经销商之间主动解决问题。

(5)利于厂商共同达成销售目标。经销商会将关注重点放在竞赛目标上，便于厂商共同达成销售目标。

2. 设计经销商销售竞赛的步骤

设计经销商销售竞赛的步骤包括：

(1)确定销售竞赛目标。

(2)确定优胜者奖赏。

(3)制定竞赛规则。

(4)确定竞赛主题。

(5)制定竞赛费用预算。

(6)召开经销商动员和总结会议。

总之，在渠道激励问题上，商家希望多多益善，厂家则要考虑投入和产出。如何找到这个“均衡点”，即恰当把握激励的“度”，从而既能有效激励，又能兼顾公平，是每个市场管理者面临的一道难题。而渠道激励是营销渠道得以持续有效运行的动力来源，驱动着渠道物流、商流、资金流、信息流的不停运转，以实现渠道增值，同时产生渠道活力。渠道本质上由利益所驱使，渠道激励就是渠道利益的重新分配。分配得好，它会形成渠道动力，推动渠道有效运行，提高企业分销效率和效益；分配不好，轻则会成为渠道破坏性的力量，导致渠道冲突，影响厂商关系，重则引发渠道的萎缩，甚至解体。

专　题

渠道激励的“三大法宝”

在人力资源管理里面有一个重要的思想，就是人员激励的“三大法宝”，即目标激励、奖励和工作设计。用此思想分析、解释企业对其渠道成员的激励，也有异曲同工之妙，因为企业也可以通过渠道目标激励、渠道奖励和渠道工作设计达到渠道激励的效果。

渠道激励的“三大法宝”如图 5-4 所示。

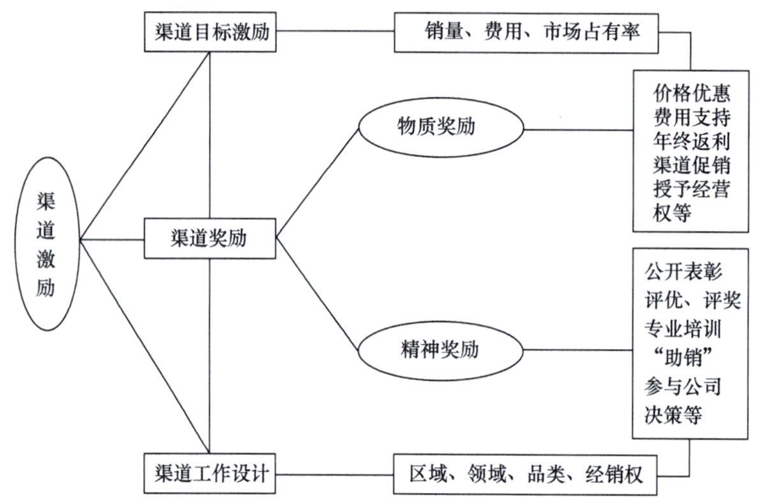

图 5-4　渠道激励的“三大法宝”

1. 渠道目标激励

目标激励是通过目标的设计和管理来实现的。目标管理是指企业的最高领导层根据企业面临的形势和需要，制定出一定时期内企业经营活动所要达到的总目标，然后层层落实，要求下属各部门主管甚至每个职工根据上级制定的目标，分别制定分目标和保证措施，形成一个目标体系，并把目标的完成情况作为对各部门或个人考核依据的一种科学管理方法。

为什么要进行目标激励呢？因为目标的设置为企业各级人员规定了奋斗的方向，形成工作压力，进而转化为行为动力；目标的设置能够以此为工具有效地管理管理者，它为各级管理人员的考核提供客观依据，成为人们行动的标尺；目标的设置还是分权制的结果，因为目标管理强调“自我管理”和“自我控制”。

目标设置理论指出，指向一个目标的工作意向是工作激励的主要源泉，因为目标告诉员工需要做什么以及需要付出多大的努力才能达到目标。它包括三个要点：第一，如果能力和目标的可接受性保持不变，则目标越具体、越困难，绩效水平就会越高；第二，当人们获得了工作业绩的反馈时，人们会做得更好，因为反馈能帮助他们认清已做的和要做的之间的差距；第三，如果员工有机会参与设置自己的目标，他们会更努力地工作。

渠道目标激励是一种最基本的激励形式。厂家每年都会给营销渠道成员制定(或协商制定)一个年度目标,包括销量目标、费用目标、市场占有率目标等,完成渠道目标的分销商将会获得相应的利益、地位以及渠道权力。所以,目标对于分销商来说,既是一种巨大的挑战,也是一种内在动力。在渠道目标的制定方面,企业往往存在"失当"的问题,大多表现为渠道目标制定得过高,而过高或过低的渠道目标都不能达到有效激励的效果,过低的渠道目标轻而易举就能完成,过高则遥不可及。因此,要制定科学合理的渠道目标,必须考虑以下目标管理特征:

- 目标的明确性——忌含含糊糊
- 目标的可衡量性——可量化、考核
- 目标的挑战性——忌太高和太低
- 目标的激励性——忌空洞无物
- 目标的可实现性——现实可操作

2. 渠道奖励

渠道奖励是制造商对分销商最直接的激励方式。渠道奖励包括物质奖励和精神奖励两方面。

物质奖励主要体现为价格优惠、费用支持、年度返利、渠道促销、授予经营权等,具体体现为金钱,因此其永远不失为一种有效的奖励措施。物质奖励是渠道奖励的基础手段和根本内容。

精神奖励的作用也不可低估,因为经济基础决定上层建筑,上层建筑也反作用于经济基础,渠道成员同样有较高的精神需求。精神奖励重在满足分销商成长的需要和精神层面的需求,具体包括:

(1)公开表彰。

(2)评优、评奖。

(3)扩大势力范围。

(4)提供专业培训。

(5)参与公司决策。

(6)独立项目责任。

(7)提供学习和旅游机会。

(8)推行"助销"制度。

3. 渠道工作设计

工作设计的原意是指把合适的人放到合适的位置,使他们开心,使之能够发挥自己的才能。这一思想用在渠道领域,则是指厂家合理划分渠道成员的经营区域(或渠道领域),授予独家(或特约)经营权,合理分配经营产品的品类,恰当树立和定位各渠道成员的角色和地位,互相尊重,平等互利,建立合作伙伴关系,实现共进和双赢。渠道工作设计是指让合适的经销商掌管合适的渠道,从而调动各级经销商的工作积极性,这是比较高级的激励模式。渠道工作设计可以依据以下三种思路进行:

(1)区域分工

根据目标市场的地理区域分界,一个区域内选择一个经销商,发挥该经销商的优势,保障该经销商的利益。

(2)产品分别

根据公司的不同产品线选择不同的经销商进行分销，根据各个经销商的经营特点及优势特长确定授予其不同产品线的经营权。

(3)渠道区隔

根据目标市场不同的渠道层次及类型(如大卖场连锁超市、批发市场、小店及周边开发、特殊通道、组织市场等)选择不同的分销机构进行渠道的开拓和管理，以发挥它们各自的资源优势及经营特长，达到激励它们全力经营的目的。

本章小结

激励是指通过刺激和满足人们的需要或动机，激发和引导人们朝着所期望的目标采取行动的行为过程。渠道激励是制造商通过持续的激励举措，来刺激中间渠道成员，以激发分销商的销售热情，提高分销效率的企业行为。渠道激励是渠道管理的重要内容，渠道激励的方式主要包括物质激励与精神激励两个方面。返利和渠道促销是渠道激励的主要手段，销售竞赛也是一种有效的激励方式。渠道激励的“三大法宝”为渠道目标激励、渠道奖励和渠道工作设计。

思考与练习

一、名词解释

胡萝卜加大棒理论　期望理论　渠道激励　返利

二、选择题

1.(　　)就是制造商根据分销商所完成的销量(回款)或其他贡献定期给予分销商一定额度的利润补贴，其实质是渠道利润的再分配。

A..渠道促销　　B.市场支持　　C.销售返利　　D.通路费用

2.“渠道促销”是厂家针对中间(　　)(经销商、代理商、批发商、终端零售商)所进行的促销活动，目的是刺激渠道成员的进货热情和销售积极性。

A.制造商　　B.服务商　　C.渠道商　　D.消费者

3.渠道激励的“三大法宝”，即渠道目标激励、渠道奖励和渠道(　　)。

A.销量统计　　B.市场份额　　C.工作设计　　D.客情关系

三、简答题

1.渠道物质激励的策略主要有哪些？

2.渠道精神激励主要包括哪些内容？

3.渠道激励应该坚持哪些主要原则？

4.什么是“渠道激励的三大法宝”？

四、论述题

谈谈你对渠道激励作用的认识。

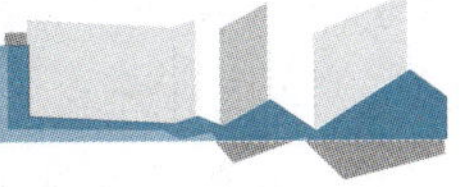

训练设计

1. 请为某公司制订一个年终返利的操作方案,包括返利的条件、比例、内容、形式、操作方式等,并分析该方案可能的利弊。

2. 假定某公司的经营环境,设计一个销售竞赛的策划方案,包括竞赛目标、主题、内容、程序、奖项、实施与监控、总结评估等。

应用分析

可口可乐的渠道激励:协调平衡

可口可乐公司将自己的销售原则总结为两条:“随处可见”和“随手可得”。“随处可见”是指其终端管理的问题,“随手可得”是其渠道建设的目标。可口可乐公司以此为指导建设自己的营销渠道网络。

虽然可口可乐公司在中国的营销渠道众多,但可以归结为批发、KA(重要客户)和直营三个主流渠道。这三个主流渠道的运作,构成了可口可乐公司渠道系统的基本框架。可口可乐公司在中国的营销渠道系统如图 5-5 所示。

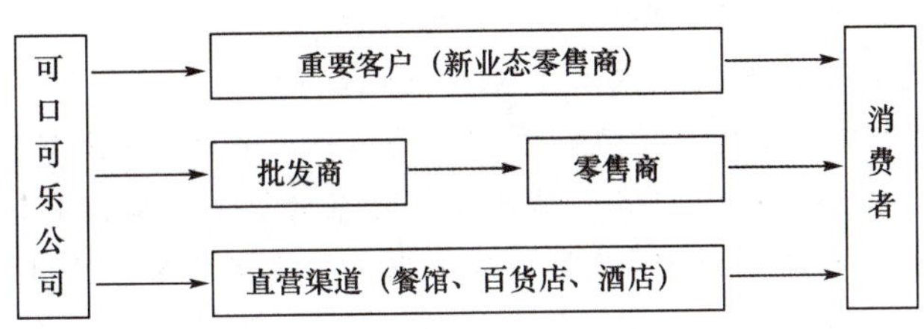

图 5-5　可口可乐公司在中国的营销渠道系统

KA(Key Account)即关键客户,又称为重要客户,是指在国际市场上有较大影响力且与可口可乐公司有长期合作历史的大型新业态零售机构,如沃尔玛、家乐福、麦德龙、吉之岛、7-Eleven 等,具体可分为大卖场、连锁超市、便利超市三类。而批发渠道和直营渠道属于传统渠道,在可口可乐公司的营销渠道中一直处于重要地位。

合同化管理是进行渠道管理的最基本方式,通过在合同中专列条文,详细说明双方的权利、义务和责任,可将渠道运作时渠道系统可能引起价格和市场混乱的因素进行约束,即“有约在先”。

在可口可乐公司与客户签订的合同中,除通过很多方面来促进客户取得合理的返利之外,合同奖励的关键指标主要是销售量、生动化和账款(可口可乐公司的账款主要是指在一定账期内未收回的货款,而非赊账经营),但这三个指标在各个渠道中的要求都不相同,重要程度也不一样,具体内容也有很大差别,具体见表 5-2。

表 5-2　可口可乐公司考核激励指标重要性排列

KA	批发	直营
·生动化考核 ·销量返扣 ·账款考核	·销量返扣 ·非碳酸产品销量返扣	·销量返扣 ·生动化考核

对于KA，主要考核生动化指标。可口可乐的生动化概念是指在销售终端醒目地开展广告宣传、陈列展示和其他促销活动，借以影响消费者购买可口可乐产品。对KA进行生动化考核的主要内容包括三个方面：产品和售点广告的位置、产品和售点广告的展现方式、产品陈列和存货管理。可口可乐将对KA的店面表现、常规堆头、特殊堆头以及各种促销活动的要求非常详尽地写在合同中，并标明属于检查考核的主要内容。通过对KA的生动化和账款考核，避免其与批发客户一样对销售量进行盲目的追求，从而极大地减少了KA与其他渠道的正面竞争。

可口可乐公司对经销商的考核逐渐从单纯的销量考核过渡到销量考核和非碳酸产品销量考核相结合。在以碳酸饮料而闻名的可口可乐公司，将非碳酸饮料的考核单独列出来，一是为了非碳酸饮料的成长，同时也是为了让客户牢牢记住——可口可乐公司更要成为一个全方位的饮料公司。加强对经销商的非碳酸产品销量的考核，就避免了经销商只做成熟品牌的缺点，并解决了经销商一直将可口可乐成熟产品进行带货而冲击其他渠道的问题。当然，客户也获得了从可口可乐公司非碳酸饮料销售中带来的更多利润。在可口可乐中国公司的业务系统中，没有大批、小批、二批、特约经销商、分销商这些繁杂分类，统称为经销商，在功能要求和奖励政策上是一视同仁的。

直营渠道系统是指一些传统的直接面向消费者的零售点，如餐馆、酒店、快餐店、百货店、娱乐场、车站、火车与航空公司等。这些销售点在向消费者提供非饮料产品的同时，也提供饮料产品，满足消费者的需要，并且还能依据实际情况实施个性化服务。这类渠道受到本身业务的限制，被其他渠道客户冲击的可能性不大，它们还能从个性化服务中获得自己的利益。

可口可乐公司在中国市场上的物流配送功能是由特定渠道提供的。该渠道客户为可口可乐公司承担产品配送和物流的功能。公司只给予该客户配送货物的奖励，就是让其远离流通渠道（公司不允许该客户从事货物流通，假如有部分货物流通，公司将给予严肃处理）。这样就避免了它们与批发客户争夺下线客户，消除了渠道窜货的隐患。

【问题讨论】

1. 可口可乐公司是怎样进行渠道的分层设计和激励的？
2. 怎样理解可口可乐公司的协调平衡渠道管理理念？

第六章 渠道控制

学习目标

分销渠道控制

知识目标

- 了解渠道权力的内涵
- 了解渠道控制的实质
- 了解渠道控制的特点

能力目标

- 掌握渠道控制的策略
- 理解应收账款的过程控制
- 掌握商品的“助销模式”

案例导入

中国移动与渠道商的战略合作

中国移动与OPPO、VIVO、京东商城等TD终端销售签署了渠道战略合作协议。中国移动还与苏宁、国美、京东、天猫商城、联想、小米、OPPO、VIVO等数十家手机销售的终端渠道商签订了战略合作意向书。其中，迪信通、苏宁、国美三家已在4 000多个门店设立了TD终端专区专柜，以方便顾客现场体验和购买。

随着TD终端产品的日益丰富，产品竞争力的日益增强，越来越多的渠道商加入TD终端销售队伍中来。天猫商城、小米、联想等是在终端销售业具有较大的市场份额和影响力的名牌渠道商，此次也和中国移动签订了渠道战略合作意向书，共同携手致力于中国移动5G终端的销售与推广。中国移动加大了与PC混营业态和互联网销售业态知名渠道商的谈判力度，与天猫商城、小米、联想达成了战略合作伙伴关系。此次与终端厂商渠道、零售连锁渠道、电商渠道的战略合作，将有效提升TDS、TD-LTE终端的销售规模，进一步促进产业链的繁荣与拓展。

（资料来源：作者根据网络资料编写）

【问题思考】 中国移动为什么要与诸多终端渠道商开展合作？

第一节　渠道权力的来源

一、渠道权力的界定

渠道管理专家伯特·罗森布洛姆认为，渠道权力是指某个特定渠道成员控制和影响另一个渠道成员行为的能力。换句话说，渠道权力是一个渠道成员对另一个处于同一渠道中的渠道成员的控制力和影响力。

Power 一词在英文中有权力和力量双重含义，而权力则被认为是“威信”“权威”“影响”“支配”“强制”等的代名词。渠道权力(Channel Power)也有两层含义：一是指一个渠道成员相对于另一个或另一些渠道成员拥有某种特殊权力；另一层含义是这种权力是一种力量，会促使其他成员做一些它们原本不会做的事情。

渠道成员之间合作与冲突的背后实际上是对渠道权力的争夺。渠道权力的分配最终取决于各渠道成员实力的强弱，实力相对较强的一方能够获得对整个渠道的有力控制，拥有渠道事务的话语权(如定价)；而实力相对较弱的渠道成员则会千方百计地增强自身的渠道权力来与之抗衡。换句话说，渠道控制问题的根源就在于争夺渠道权力。只有弄清楚渠道权力的来源，才能找到解决渠道控制问题的方法。

二、渠道权力的来源

关于渠道权力的来源，最具代表性的三大理论为：一是依赖——权力说，二是权力基础说，三是权力的五种力量说。

1. 依赖——权力说

依赖——权力说源于社会心理学家 Emerson 。此学说认为，权力就是一种依赖关系，渠道权力来源于渠道成员之间的依赖关系。当 A 依赖于 B，在一定程度上，B 对于 A 就拥有权力。反之，当 B 依赖于 A，A 就或多或少对于 B 拥有权力。渠道成员之间的相互依赖，是渠道成员功能专业化及分工的必然结果。由于成为一个渠道的成员这件事本身就意味着这个成员既依赖于别人同时又被别人依赖，所以从理论上说，每个渠道成员都多多少少对其他渠道成员拥有一定的权力，也依赖别人，给别人权力，而被别人依赖又使自己拥有权力。

2. 权力基础说

权力基础说认为，与其他权力一样，渠道权力也来源于六种权力基础(Power Bases)，即奖励权力、强迫权力、法定权力、认同权力、专家权力和信息权力。

(1)奖励权力

奖励权力来源于一个渠道成员能够给予另一个渠道成员某种有价值的东西以帮助它们实现目标的能力。例如，零售商具有给某种产品(生产这种产品的企业)更多或更好的展位的能力，而生产商则具有为零售商提供批量折扣、优先供货等能力。

(2)强迫权力

强迫权力基于一个渠道成员惩罚另一个渠道成员的能力。实际上，奖励权力和强迫权力是可以相互转化的。当一个渠道成员为另一个渠道成员提供某种优惠时，这是在使用奖励权力；而当它撤销或威胁要撤销这种优惠时，则是在使用强迫权力。

(3)法定权力

法定权力产生于渠道内成文或不成文的规则，这些规则规定一个渠道成员有权影响另一个渠道成员的行为，而后者有义务接受这种影响。例如，合同或协议规定的权力或义务。法定权力与强迫权力的区别在于：法定权力一般是有法律保障的，一方违法时另一方实施的惩罚是通过法律机构进行的；强迫权力则无法律保障，一方对另一方的惩罚是直接的，无须法律机构或其他机构插手。

(4)认同权力

认同权力来源于一个渠道成员的形象，其形象对其他渠道成员具有较大的吸引力，从而获得其他成员的尊重和认同。一般名牌产品、名店都具有这种认同权力。

(5)专家权力

专家权力来源于一个渠道成员在某一方面所具有的专业知识或能力，或者是在某一方面具有的优势。专家权力与奖励权力的区别在于：专业知识作为一种资源，一旦提供给合作伙伴，就不能再撤回；而奖励是可以撤回的。

(6)信息权力

信息权力产生于一个渠道成员提供某一类有用信息的能力。信息权力与专家权力很相似，二者提供出去后都不能再收回。二者的区别在于：专家权力是长期经验积累或专业训练的结果；而信息权力则只是由于一个渠道成员容易接触到某一类信息而对于某一类事物具有较多的知识。最明显的一个例子是零售商具有的对于各种商品销售状况的信息。

由于实际运用时，很难将各种非强迫性权力基础区别开来，所以渠道权力理论倾向于将以上六种权力基础重新组合划分为两大类：一是强制性权力基础，由上述的强迫权力构成；二是非强制性权力基础，由除强迫权力以外的其他权力构成。

3.权力的五种力量说

著名的管理学家罗宾斯曾在其著作《管理学原理》中提出了“权力的五种力量”学说，其内容与上述权力基础说基本一致。他认为，权力可以划分为五个方面，或者说权力具有五种主要来源，分别是：

(1)强制的权力。

(2)合法的权力。

(3)关系的权力。

(4)专家的权力。

(5)感召的权力。

这种说法实际上也是把权力分为两大类：一是强制力，二是影响力。而罗宾斯则更加强调非强制性影响力的作用。

三、渠道权力的观点

1.经济力

经济力是一种综合实力,是企业控制销售渠道的最根本的力量源泉。企业拥有强大的经济力,必然会在“厂家—中间商—消费者”的博弈关系中占有支配地位。经济力主要表现在以下几个方面:

(1)规模经济。规模经济最直接的结果就是创造了低成本的优势,一方面给入侵者制造较高的资本壁垒;另一方面也掌握了与中间商讨价还价的主动权。

(2)产品线。产品种类多,产品线宽度广、深度大、相关性强,都有利于企业控制销售。

(3)质量和服务。今日之质量和服务,意味着明日之市场。

(4)融资能力。融资能力为扩大规模、研发产品和市场扩张提供保障。

(5)广告力度。借助广告提高产品力和品牌力,增加消费者的信任度和忠诚度。

2.专家力

谁更专业,谁就更有发言权。企业了解渠道规律,掌握市场开拓、产品推介、现场促销、公共关系等技巧,才能有效地控制渠道销售。例如,有的中间商对产品特性不了解或营销技能不足,厂家可以通过组织培训或现场指导,派遣职业经理进行助销,以此获得控制力。当然,相对来说,商家在微观层面上,营销技能要比大多数厂家强。

3.奖赏力

奖赏是对工作业绩的正面肯定,有能力奖赏、善于奖赏,可以提高对渠道成员的控制力。企业可以根据自己的能力,选择运用诸如折扣、铺货、培训、设奖、提升地位、续签合同等奖赏方式,提高渠道成员的积极性,利用经济杠杆控制渠道。

4.产权力

很多企业为了控制上游原料、原材供应及下流的销售,往往以产权为纽带实行纵向一体化战略,形成“供—产—销”价值链。纵向一体化主要有两种表现形式:一是后向一体化,如钢铁公司从自己拥有的铁矿山获得铁矿;二是前向一体化,如汽车制造公司通过自己的销售网络销售本公司的汽车。企业可以通过合资、控股、参股、连锁等形式来整合渠道,获得控制权。制造商可以发挥特约经营权和独家经营权等产权力,制约渠道。

5.品牌力

品牌是企业的一项无形资产,是企业经济力的延伸。品牌,从表面上来看,不过是产品的牌子,是卖者给自己的产品制定的商业名称,通常由文字、标志、符号、图案和颜色等要素组成;但从深层来说,有没有品牌、有没有好品牌,意义是不一样的。品牌力的本质在于,它表明卖者对交付给买者的产品特征、利益和服务惯性的一种承诺,也体现了众多的消费者在亲身购买、比较和实际享用过程中,对厂家产品和服务质量的一种信任。

企业要从“眼球经济”中获利,拥有知名品牌是关键。产品是用厂家品牌面市,还是中间商的品牌面市,可以反映出厂家还是中间商对销售渠道拥有控制权。弱小企业的产品为争取进入诸如沃尔玛这样巨型零售商的店面,不得不加大力度投入品牌建设,而诸如可口可乐、德芙、娃哈哈、宝洁、格力、格兰仕、强生、联合利华、西安杨森等知名品牌则牢牢控制着销售终端。

6. 关系力

俗话说,“人情是宝”,拥有良好的人际关系无疑会提升企业在渠道中的地位。有些企业经过长年的苦心经营,凭借自己的商业信誉,与众多供货商、批发商和零售商结成了较为密切的合作关系,这些关系作为“软权力”,在很大程度上影响着渠道成员的决策。所以,公共关系、客户关系管理尤其重要。

7. 强制力和影响力

强制力是建立在惧怕基础上的权力。凭借强大的实力,一方拥有更多的发号施令的权力,而另一方更多的则是服从。“优胜劣汰”的竞争法则使得这一命令、服从关系模式成为市场竞争的常态。一方如果不按对方的意志行事,可能会受到惩罚。

影响力不是以强调对方服从的方式来树立自己的权威,而是通过某种人格魅力或技能使对方自愿追随,专家力、品牌力、关系力、奖赏力均属影响力。

尽管强制力有压制、恐吓的成分,令人必须服从,让人不太舒服,但有效地行使强制力对于维护渠道秩序是绝对必要的,例如,治理窜货就需要强制力,“无政府状态”说到底,对谁都不利。但在培植渠道成员的忠诚度、塑造长期合作关系方面,强制力的作用要远远逊色于影响力。

第二节　渠道控制的实质

一、渠道控制的内涵

营销渠道是一个系统,是一个以流动的商品为载体,由制造商、中间分销机构和消费者构成的动态循环系统,产品、人员、信息、资金等借助这一系统的流动实现其价值。在这个系统中,各个渠道成员都有控制性的要求,都不希望被其他渠道成员所控制,但从整体上来说,渠道系统是需要控制的。

1. 管理学中关于控制的理论

控制作为管理的一项重要内容,是指一方能够影响或支配另一方的行为或过程。在管理学中,控制论与系统论、动力论相关联,任何事物都是一个系统,系统具有动力源泉,系统是需要控制的,系统也是可以设计控制的。

管理学的控制理论包括过程控制、重点控制等重要思想。其中过程控制认为,只要把事情的各个环节和过程处理好,好的结果是顺理成章的事情;而重点控制也称“关键点”控制,认为在企业管理活动中,只要把一些重要的、关键的环节处理好了,就能保证事情的发展方向,就能保证一个好的管理结果,正所谓“牵牛要牵牛鼻子”。

2. 渠道控制的内涵

渠道控制(Channel Control)是指某个渠道成员希望通过自己的行动达到影响或制约甚至支配另外一些渠道成员的某些决策的意识和行为。渠道控制与渠道权力有着密切的关系,渠道控制的实质就是争夺渠道权力。渠道权力是一种渠道影响力、控制力,企业既可以通过发挥渠道影响力来实现渠道控制,也可以通过使用其他方式,如合作、参与、关系和联盟等方式来实现渠道控制。

渠道控制的意义主要体现在以下几个方面：

(1)渠道控制是充分实现渠道功能的基础

营销渠道承担着调研、促销、接洽、谈判、产品配组、物流、风险分担和融资等多种功能，而所有这些功能都必须依靠渠道成员之间的协调和配合才能实现，渠道控制是实现渠道正常运作的必要手段。整个渠道是由所有渠道成员组成的一个系统，只要有某些成员行为失控，产生违背渠道整体利益的行为，渠道的功能就无法顺利完成，渠道目标就无法实现。而适当控制渠道成员的行为，可以充分发挥渠道功能，节约流通成本，提高交易数量和企业经济效益。

(2)渠道控制是维持渠道生存和发展的前提

渠道是一个系统，渠道控制是渠道生存和发展的前提。渠道一旦失去控制，企业原来所拥有的渠道优势不仅荡然无存，而且企业自身的生存也会受到严重威胁。三株公司、巨人集团一夜间崩溃就是最具雄辩力的例证。能对渠道进行有效控制的企业，通常都可以更有效地保护现有市场和开发新市场，保证其成本低于竞争对手，确保企业的生存和持续发展。

(3)渠道控制是协调内部关系、创造竞争优势的途径

在市场环境多变和竞争激烈的情况下，利用渠道建设来获取竞争优势已成为越来越多的企业的选择。许多企业深刻地体会到，得渠道者得天下。但是，如果缺乏有效的管理和控制，渠道成员间必然会产生渠道利益冲突，削弱整个渠道的竞争力。反之，如果对渠道进行有效的管理和控制，能够合理分配和平衡渠道成员之间的利益关系，就能够减少渠道冲突的发生，即使发生冲突，也能较好地处理和化解，并通过优化渠道关系，维持和创造竞争优势。

3. 渠道控制的特点

由于渠道模式、结构的复杂性，渠道控制所面临的问题也具有多样性。在直销渠道或者公司型垂直营销渠道中，渠道控制实际上是组织内部的层级控制问题，具有强制性，可以实行“硬控制”。而渠道控制所面临的主要问题是对中间商渠道的控制，这是一个跨组织的控制问题，具有非强制性，不能采用基于企业层级体系的控制方法，而更多采用“软控制”的手段。具体来说，中间商渠道控制具有如下特点：

(1)渠道控制的目的不同于一般的控制

对于中间商渠道的控制是对各自独立法人组织的控制。不同的中间商不仅具有独立的法人资格，而且具有不同的企业文化，追求各自不同的利益，会实施不同的战略，自然就会有不同的行为方式。因此，渠道控制的目的不是限制中间商的行为，更不是限制其他渠道成员的发展，而是建立、发展和维持一种相互依赖、互利互惠的渠道关系。

(2)渠道控制对象具有相互性

渠道成员常常互为控制者与被控制者。某个渠道成员在某一个或某几个方面有较大的发言权，就可能希望在这些方面控制其他成员，但在另外一些缺乏发言权的方面就可能

会受到其他渠道成员的控制。传统上，制造商常常拥有对经销商的控制权，但近年来越来越多的制造商却受到经销商的控制。

（3）渠道控制力源于市场控制力与制度控制力的组合

渠道成员之间的控制既可以利用市场机制来实现，又可以利用组织内的层级制度控制力来实现。一般来说，中间商渠道控制是这两种控制力的混合。有时组织内的制度控制较强些，如特许经营渠道；有时则是市场控制力特别强，如一般的贸易渠道。

（4）渠道控制方法不同于一般的控制

渠道控制在方法上更多的是建立在平等原则上的沟通或影响，而不是建立在层级制度上的命令和指挥。

二、渠道控制的实质

近十几年，我国营销渠道经历了数次根本性的变革，尤其是连锁经营的迅速兴起，对传统制造商的领导地位形成挑战，使得制造商与经销商、零售商之间的关系变得更加微妙和复杂，并使得厂商之间利益和地位的冲突越发尖锐和突出，这种冲突是利益的冲突，是控制权的争夺，它早已存在于营销渠道领域，但有愈演愈烈之势。从济南“长虹罢售事件”到上海“家乐福炒货风波”，再到成都的“格力国美事件”，无不显示出厂商之间无形的渠道冲突及其对渠道的控制与反控制问题。

1. 渠道控制：争夺渠道话语权

在目前市场竞争异常激烈的情况下，厂商之间始终处于一种博弈状态，始终在进行着一场控制与反控制的争夺战。

按照麦克莱兰的“三重需要理论”，厂商都有“成就的需要、归属的需要和权力的需要”。而渠道控制就是渠道成员之间对渠道话语权的争夺，体现在对利益和地位的争夺上。换句话说，就是争做渠道领袖。因为渠道领袖除了能够保证本企业的正常利润外，还能获得很多额外的渠道利益和权力，这是所有渠道成员无不崇尚和向往的。正因如此，我国营销渠道领域出现了“厂家自建渠道”和“商家自营品牌”的现象，这是厂商博弈的结果。

TCL是自建渠道的先驱，起初只是为了摆脱分销商的要挟和牵制，为了能够实现对分销过程的控制，自建渠道达到了这种目的，但运作以后发现，自建渠道的运营费用相当高，人力、物力的投入也相当高，还要承担复杂而艰巨的销售管理任务，这些都使厂家产生了得不偿失和力不从心之感。TCL自2001年就着手渠道改革，进行“渠道瘦身”，精简销售管理机构，精减销售人员，重视与各地经销商的协作，并且将其销售机构建成一个独立的销售平台，代理飞利浦及东芝产品，实现其部分渠道的资源共享，以此渡过了渠道模式难关。

与此同时，一些商家（经销商、零售商）则纷纷推出自己的品牌，希望能自给自足，减少或摆脱制造商的品牌控制，但事实证明这只是商家的一厢情愿。商家自己推出的品牌大多成为鸡肋，成不了气候，这是市场经济选择的必然，因为品牌具有丰富的内涵，品牌的打造需要一个不断投入和刻画的过程，因此并非想象中的那么简单。其实，就是因为在消费者头脑里，它们是商家品牌而非产品品牌。

厂家自建渠道与商家自创品牌的对比见表6-1。

表6-1 厂家自建渠道与商家自创品牌的对比

类别	优势	劣势
厂家自建渠道	有利于重点开发目标市场 有利于提高目标市场销量 有利于对渠道实施控制	投入成本比较大 增加了管理难度 容易导致渠道冲突
商家自创品牌	有利于丰富自己的产品线 有利于提高销售额 有利于减少对制造商的依赖	使得经营产品杂乱 容易和品牌厂家发生冲突 显得不够专一和专业

由此可见，从社会分工的角度来说，厂家或商家为了争夺渠道话语权而采用“自建渠道”和“自营品牌”都是不太科学的。厂家和商家都应立足做好自己擅长的事，明确分工，而不是越俎代庖，互相倾轧。厂家应重点创新产品和打造品牌，商家应重点承担商品的分销工作，二者通力合作，优势互补，才能发挥最大效益，减少资源的浪费。

2. 渠道博弈：实力的较量

我国流通领域出现的新鲜事也映射出厂商对渠道控制权争夺的尖锐性、复杂化。继山西代理商联合会成立，广州百龙商贸公司、上海中永通泰家电采购联盟出现之后，国美收购永乐，苏宁洽购大中，沃尔玛控股好又多，都成为渠道控制的热点话题。

此外，一大批行业协会和联盟组织相继成立，它们以行业、区域或共同地位为特征，结成联盟，资源共享，以对抗其他的联盟或利益集团，并争取行业或区域的采购优势或有利的谈判地位。应该说，这是渠道制衡的一种有效形式。

当然，博弈的过程体现为实力的较量，博弈的结果始终以实力说话。以前，制造商是营销渠道无可争议的中心，一切分销机构都要依附于它才能生存，但随着市场经济向纵深方向发展，产品过剩、销售困难，终端零售企业蓬勃兴起，挑战并逐渐取代了制造商的中心地位，成为现代商业的主角，并成就了“终端为王”的时代。此时的制造商就必须调整心态，以适应日新月异的渠道变革，如娃哈哈的“联销体”模式，格力的“区域股份制销售公司”模式，宝洁的“助销”模式，可口可乐的“直营”模式，以及商务通的“区域独家代理”模式，都是有效的渠道控制创新模式，它们都成功地发挥了自身的优势，通过渠道创新，掌握了渠道的主动权。而以卖场、连锁为主要特征的新兴渠道（如沃尔玛、家乐福、联华、华联、国美、苏宁等）则因为拥有庞大的规模、巨大的销售空间、空前的客户群以及高度专业化的服务水平，在现代渠道竞争中处于有利的位置。

案例分享

格力的“区域股份制销售公司”

格力的“区域股份制销售公司”模式是由董明珠创立的一种控制型渠道模式。

早在20世纪90年代，董明珠还是武汉地区经理的时候，当时格力在武汉共有三家经销商，经销商之间互相压价、窜货、争抢客户，武汉市场一片混乱，销量也停滞不前，董明珠很头疼，业绩上不去，还受到公司批评。经过实地调研和冥思苦想，董明珠想出了一个好办法，即由格力出面在武汉成立一家股份制销售公司，把三个经销商纳为股东，格力控股，以整合厂家和经销商的力量，统一协调和管理市场。通过不懈努力，股份制销售公司成立并运作很好，格力不但整合了分销商、控制了渠道，还获得了渠道经营利润。此种模式获得成功，格力很快在全国市场推广开来，并最终成为格力独具竞争力的渠道模式。

新营销理论要求企业的营销从以价格为竞争导向转向以整个价值链为激励体系，价格不再是简单的“成本＋利润”的构成方式，而是“厂方利益＋经销商利益＋消费者利益＋其他利益”的价值链。实际上，格力通过和代理商进行股份合作共同组建分公司实现了关系紧密化，保证了渠道伙伴的忠诚度；充分利用经销商的资金、网络、人员和管理，分享对方的企业资源，实现风险共担、利益共享，建立信息共享的一体化经营体系；通过合理的价格体系保证了分销网络获得合理的利润而使自己的流通管道畅通，始终保持着渠道掌控权。格力始终坚持并强化这种渠道模式，维护了自己行业老大的地位。

（资料来源：作者根据网络资料编写）

3. 渠道纷争：从竞争走向竞合

有人把厂商关系形象比喻为“谈恋爱”，其中免不了吵吵闹闹，但恋爱的最高形式是“结婚”，这就是一个从竞争到竞合的过程。天下之事，分久必合，合久必分，合才是最高境界。厂商之间始终存在着利益冲突，任何渠道成员都有控制他人和不受他人控制的欲望，这是不可避免的。但我们不能坐视这种冲突无休止地扩张、升级。因为合作才是解决冲突的最好方式，这就是宜疏不宜堵的道理。当厂商之间发现激烈冲突的结果是两败俱伤、毫无益处时，必然会反思过去，进而从相互争斗转向联盟合作。当然，这需要一个认识的过程。

宝洁与沃尔玛也曾剑拔弩张，谁也不屈服于谁，经过几十年的纷争，双方终于坐到了一起，达成了通力合作的共识，并通过资本的相互渗透（相互持股）把双方的利益、前途捆绑在了一起，真正做到了你中有我，我中有你，真正建立起了“相互依存、共同发展”的战略合作伙伴关系，最终，沃尔玛给予宝洁产品最好、最大的陈列空间，宝洁给予沃尔玛最优惠的价格和促销支持，双方携手共进，产品畅销全球，这样的双赢何乐而不为呢？

厂商之间从简单走向成熟，从恶性的争斗、对抗走向良性的竞争、合作，是现代商业发展的一种潮流，也是解决渠道纷争的一条出路。况且，随着资本市场的成熟，国内并购热潮的兴起，这种以资本为纽带的联盟合作已经从可能变成了现实。

反观国内一些中小连锁企业，自高自大、盛气凌人，无视供应商和顾客，甚至对供应商百般盘剥、刁难，从长远发展来看，这种心态和做法都是极其有害的，它不利于顾客忠诚，更不利于企业持续发展。因此，为了加快我国商业发展，有必要呼吁厂商之间少一些钩心斗角，多一些精诚合作。

相对而言，沃尔玛就比较尊重供应商，注重和供应商建立合作伙伴关系，其管理理念相对人性化，因而获得了广大供应商的认可、信赖和忠诚，这就是沃尔玛之所以成功的内在动因。沃尔玛重视内部营销，追求的是员工满意、供应商满意、顾客满意三位一体，那么联盟合作必然是其公司文化的主旋律。

令人欣慰的是，一些具有远见的企业家已经意识到了这一点。苏宁董事长张近东接受采访时就曾提出，“商界没有永远的敌人，只有永远的利益。企业之间存在的矛盾不过是利益问题。利益建立在相互平等的基础上，如果只顾自己的利益，合作不会长久。我认为厂商之间要处得好，一定要换位思考，寻找相互都能接受的条件，而不是一味地从自己的角度出发。”

由此可见，博弈是厂商之间的必然现象，而联盟合作则是一种趋势和潮流，它是解决厂商渠道纷争的最高形式，是厂商通往共进双赢的必由之路。从理论上来说，随着市场经济的发展，社会分工越来越细，市场对专业化的要求越来越高，企业与企业之间的协作需求就会越来越强，而任何企业都只是社会机器的一个部件，只有与其他的部件协同起来，才能发挥整体最佳效果。因此，厂商之间有争吵，也有妥协，有对峙，也有携手。冲突与合作并存，合作才是最终选择，这将是厂商关系的长期特征。鉴于此，企业应该积极调整竞争心态，从竞争走向竞合，去追求市场竞争的最高境界。

案例分享

宝洁与沃尔玛：从竞争走向竞合

宝洁和沃尔玛是两家众所周知的实力强大的公司，彼此之间争斗了几十年，最终从竞争走向了合作，获得了双赢。以往，宝洁以其强大的实力控制了其与零售商之间的大部分贸易关系，在零售商采用能收集客户信息的POS系统之前，它们对宝洁的客户数据分配和交易控制不敢有任何怨言。与此同时，沃尔玛执行向供应商直接订货的政策，取消了与所有销售中介的协议，沃尔玛仅仅与愿意投资于其专用的电子数据交易系统并在产品包装上使用条形码的生产企业进行交易。沃尔玛凭借其强大的势力，使制造商不得不服从其规定的条件。

在过去的十年里，宝洁和沃尔玛这两大巨人却建立了牢固的伙伴关系，它们相互持股，利益共享，风险共担，成为处理制造商与零售商关系的标准和渠道冲突处理的典范。这一关系基于双方的依赖：沃尔玛需要宝洁的品牌，而宝洁需要沃尔玛的客户通路。

如今，宝洁和沃尔玛通过电子数据交换系统连接起来。这一网络系统使宝洁能够监控沃尔玛的存货管理。通过卫星传送，宝洁陆续收到来自众多独立的沃尔玛商场销售其各种不同规格产品的即时销量、存货数量和价格等信息。这些信息使得宝洁公司可以预测产品的销量，决定货架的空间、需求量并自动传送订单。整个交易循环使用电子信息传输和电子货物传送，由于订单处理周期的缩短，沃尔玛在将产品卖给最终消费者之后的结算也非常迅速。

宝洁与沃尔玛的这种伙伴关系也为客户创造了巨大的价值，客户可以非常容易地以最低的价格得到他们所喜欢的产品。通过双方的合作，使诸如订单的处理、结账等过程中的多余环节得到了简化；销售代表也不再需要经常对商店进行访问；文书工作和出错的概率也大大地降低了。即时订货系统使得宝洁公司得以按需生产，也减少了存货。此外，沃尔玛也成功地减少了存货和空货架，为双方降低了销售的损失。

为了共享双方良好的关系所带来的利益，沃尔玛必须充分信任宝洁，让宝洁分享销售和价格信息，并将一部分订单处理和存货管理的控制权授予宝洁；而宝洁也必须充分信任沃尔玛，认同其"天天低价"的经营哲学，并投资于专门的信息网络。除了关注沃尔玛的订货量，宝洁的销售队伍也开始集中力量去寻求如何提高沃尔玛的销售业绩，使双方的利益最大化。

（资料来源：作者根据网络资料编写）

第三节　渠道控制的策略与方法

一、增强渠道控制力的策略

营销渠道是一个系统，而这一系统是需要控制的。渠道无疆，但控制有方。对营销渠道的控制手段多种多样，根据控制方式的特点，可以将渠道控制方法归结为两类：硬控制和软控制。硬控制就是利用强制性权力实现的控制，如上下级渠道成员之间的命令与服从；而软控制则是利用非强制性权力实现的控制，如通过掌握渠道产品与品牌、掌握渠道网络及激励资源、实行渠道服务和"助销"等方式实现的对其他渠道成员的控制。企业都想控制渠道，获得渠道话语权，具体可以通过以下方式实现渠道控制：

1. 开发优质畅销产品（品牌），形成渠道控制力

不论是生产企业还是流通企业，只要手上拥有优质畅销的产品和品牌，就掌握了渠道的控制权，这是控制渠道的最有力武器。所以，流通企业要争取抓住一线品牌或重要品牌，而生产企业则要力争通过产品创新和品牌投入，创造出一流的产品和品牌，以提升企业产品力和品牌力，这是渠道控制的根本，是一种专家权力的显现，它决定了厂商之间根本的地位和方向。

2. 提供良好服务，增强渠道感召力

不论是制造商还是中间商，拥有完善的服务体系，能为其他渠道成员或最终消费者提供优质服务，就能产生强大吸引力和影响力，由此赢得对渠道的控制权。服务是产品价值的一部分，良好的服务是让顾客满意，形成顾客信任、偏好和忠诚的必要条件，也是企业持续发展的基础。售前服务集中体现在产品设计上；售中服务是销售过程中为顾客提供的面对面服务，它直接决定顾客的满意程度；售后服务实现的是顾客购买价值的增值，它是影响顾客忠诚度的主要因素。良好的服务通过口碑传诵，达到一传十、十传百的效果。

例如，大众汽车在我国销势不减，主要得益于其完善的服务体系和高质量的服务水

平。因此，无论是生产企业还是流通企业，只要拥有良好的服务，都会对上游供应商和下游顾客产生强烈的吸引力和影响力，其实这是一种感召的权力，也是一种渠道控制力。

3. 实施规模经济，掌握渠道主动权

渠道控制最终取决于企业实力，而规模则是实力的最重要表征，它包括生产规模(产量)和市场规模(份额)。谁的规模大，谁就拥有渠道发言权；谁的规模大，谁就可以修改和制定规则，这就是渠道赋予成员的新的强制权力。

例如，格兰仕微波炉产销量占我国市场50%以上的份额，占世界市场30%以上的份额，成为微波炉行业名副其实的渠道领袖和价格领导，因此，很多微波炉行业标准和价格水平都是根据格兰仕制定的，而可口可乐毫无争议地确定了全世界关于“可乐”的各项指标。同样，一个流通企业如果在当地市场拥有一个较大的销量和市场份额，它也可能对生产企业和下游零售商的政策、决策产生强大的影响力。

4. 推行“助销”制度，实现渠道掌控

“助销”制度是由宝洁率先推行的一种行之有效的分销管理制度，它是指厂商通过人、财、物、广告、技术等资源的投入，支持中间商发展，完善客户服务、强化市场开发管理的渠道运作理念。具体做法是：厂商向中间商派出专业的销售代表，协助中间商进行营销策划、市场开拓、队伍培训、营业推广以及市场管理等，同时提供必要的市场费用支持。

这种策略的高明之处在于，厂商通过帮助中间商，进而影响中间商，最后达到控制中间商和终端市场的目的。其中最微妙的是，厂商通过输出培训、参与策划以控制中间商的理念、策略，实行的是文化控制。“助销”制度之所以行之有效，是因为厂商通过提供培训和参与策划，控制经销商的理念和策略，实现文化和思想上的控制；通过参与市场开发和管理活动，实现对经销商管理过程上的控制。

5. 掌握尽可能多的下游中间商控制渠道

目前我国的法律体系尚不健全，通过合同契约根本无法约束中间商，然而掌握尽可能多的下游中间商可以获得渠道主动权。因为制造商若想争取主动，必须掌握越来越多的下游中间商，以及未来可替代该中间商的其他多个中间商，这样当遇到特殊情况时可以对其进行更换，而不会受其制约。因此，一方面掌握下游中间商，另一方面掌握可替代的其他中间商，就会形成竞争态势，在渠道管理和控制上占据主动地位。

6. 有效利用渠道激励资源，发挥其“杠杆”功能

渠道激励实质上是渠道资源的再分配，因此，渠道激励也是一种渠道权力，而且是一种很有效的权力。作为渠道权力的一种运用，渠道激励，也称渠道成员激励，就是针对中间商的渠道行为及贡献持续提供一些资源奖励，进而不断地维系和加深双方关系。渠道激励是一项复杂的系统工程，在内容、形式、力度、条件和执行等方面都显示出其变动性和灵活性。激励得当，它可以像催化剂一样推动渠道整体良性运行，但如果运用不当，则可能产生激励过分、激励不足或激励失效等问题，可能变成渠道发展的阻力，甚至是破坏力。因此，渠道成员，不论是制造商还是中间商，只要拥有渠道激励资源，如授予独家经营权、

额外价格优惠或市场推广费用的支持等，也就获得了对于渠道成员在一定程度上的控制权。不过，制造商采用激励手段对中间商进行控制时，要兼顾个体和全局、现在和将来的利益，同时还要权衡成本和效益的关系。

不论是生产企业还是流通企业，只要拥有这些资源，就将获得强大的支配渠道、调节渠道关系的权力，这是一种最有效的权力。企业应该合理、有效地利用这些资源，发挥其“杠杆”作用。此外，企业选择直营（自建网络）、特许经营（加盟连锁）、一体化战略、个性化服务以及拓宽产品线、直控重点终端等方式，都不失为渠道控制的有效形式，企业应该根据自己的战略目标、资源状况、产品特点、竞争态势等做出因地制宜地选择。

二、提高渠道控制力的方法

渠道由制造商、经销商（批发商）、终端零售商和消费者构成，在业务运行过程中，厂商始终处于一种博弈状态，争做渠道领袖。因此，制造商、经销商和零售商都千方百计地运用各种营销策略获得和保持其各自的影响力，争取渠道控制权。

1. 制造商提高渠道控制力的途径

制造商的影响力可能基于规模经济、高市场份额、高品牌忠诚度、特许权、拒绝交易、销售商关系终结、垂直一体化（合并）及销售激励资源等方面。其中有些方法，如销售商关系终结，是以强制力为基础的；另外一些方法，如特许权，是以合法力为基础的；还有一些方法，如规模经济和高市场份额，是以经济力为基础的。

规模经济是指由于制造商的总体规模而形成的渠道影响力。销售规模大、市场份额高或资产雄厚的制造商，一般具有很强的讨价还价能力。制造商增强其经济力的方法是找到本公司使用的同类产品，然后进行集中采购。

高品牌忠诚度是制造商的另一个影响力来源。它能鼓励零售商介绍新产品，参加合作广告，给新产品安排适当展示空间。

通过特许经营，制造商可以保持高影响力。特许经营者可发出采购要求，提供给特许伙伴有利的经营地址等。这就把奖赏力、强制力和合法力结合在一起了。

制造商在一定情况下也会拒绝向经销商和零售商供应产品，控制产品或品牌就是控制了渠道资源，必要时使用限制供货或停止供货的方式获得渠道话语权。

制造商可能因为销售商对顾客服务差、不能实现预期的销售额、倒卖行为等结束与其的合作关系。同特许经营一样，制造商也可以重新建立而不仅仅是延续一种销售商关系。

有些制造商和经销商通过垂直一体化来控制营销渠道。制造商也可以采用前向一体化越过经销商，还可以利用直销的方式越过价格离谱的零售商。

制造商还可以通过销售激励杠杆获得渠道影响力。当把销售激励直接提供给销售人员时，就会导致制造商直接控制销售商的销售力量。

总结起来，制造商可以通过以下方式或途径提高渠道控制力：

（1）提供优质、畅销产品。

（2）提供良好的售后服务。

(3)提供营销专业培训。

(4)推行“助销制度”。

(5)实施规模经济。

(6)建立直营网络。

(7)开展特许经营。

(8)提供个性化服务。

(9)采用一体化战略。

(10)加强直控重点终端。

(11)多条产品线相互牵制(制约作用)。

(12)激励措施的有效利用(杠杆原理)。

2.经销商提高渠道控制力的途径

通常,经销商可以通过经销、代理更多的产品、品牌或者自己打造一系列产品、品牌,尽可能丰富自己产品的品种、系列、规格、数量,尤其是在某一类产品方面形成品种、品牌、规格齐全的专业化集中优势,使得大型零售商不能忽视,甚至产生依赖性,不可或缺,由此形成专业集中化和规模化优势,增强渠道议价能力。

经销商还可以通过完善自己的下游分销网络,甚至通过发展由自己发起的自愿连锁店等方式来增强渠道控制力。经销商既可以运用后向一体化越过制造商,又可以运用前向一体化越过零售商。在特定地理区域内占很大市场份额的经销商,能够获得较大的渠道控制力。

经销商还可以通过自创品牌获得影响力。不像全国性品牌,顾客只忠于品牌本身;在自创品牌策略中,顾客忠诚要既针对品牌,又针对经销商。自创品牌策略可以有效缓解经销商对厂家的依赖,改变其在产品方面的被动地位。

经销商还可以凭借顾客的高忠诚度或拥有顾客群获得控制力。这样的经销商可以从一个供应商向另一个供应商转移销售,可以销售其他品牌产品。制造商害怕损失销售额可能不愿中止与拥有高忠诚度的经销商的合作关系。

经销商还可以通过加强自己的分销能力、强化自己的分销队伍、完善自己的终端销售网络、加强自己的公共关系及融资能力等,扩展社会关系网络来增强渠道控制力。

总结起来,经销商可以通过以下方式和途径提高渠道控制力:

(1)大批量进货形成规模优势。

(2)经营品种、规格多样齐全的产品。

(3)拥有自己的品牌产品。

(4)发展并维护忠诚顾客群。

(5)采用一体化策略。

(6)强大的仓储配送能力。

(7)快速周转优势。

(8)网络完备、分销能力强。

(9)有资金实力、经营信誉好。

(10)良好的人脉关系及社会影响力。

3.零售商提高渠道控制力的途径

大商场因其有广泛的选择性和专用商品系列而拥有较高的顾客忠诚度。小商店则可以通过与顾客保持密切的社会关系和提供良好的服务而获得顾客的忠诚度。一旦顾客来到店中,零售商就可以利用其高忠诚度使其对一种品牌的偏好转移到另一种品牌上。零售商还是把关人,能拒绝采购特定品牌或类型的产品。

随着连锁店规模的扩大,它们不断地获取了商品陈列货架位津贴、合作广告金及其他让步条件。小零售商可以通过其拥有的合作系统扩展渠道影响力。制造商对于货架位置的竞争非常激烈,以至于许多零售商能在自己的要求上获得满意答复。零售商还可以通过集中采购增强其渠道影响力,集中采购通过增大订购量及获得数量折扣优惠增强零售商讨价还价的能力。

采用自创品牌是零售商控制渠道的又一种理想方法。与全国性品牌不同,自创品牌可能带来顾客对零售商的忠诚度。如同经销商的自创品牌策略,零售商的自创品牌策略在以下情况下作为一种渠道影响力手段较为有效:自创品牌很著名而被消费者视作具有很高价值;零售店占一个供应商全部业务的大部分份额等。

在同全国性品牌对抗销售中,零售商特意向全国性品牌收取高价以鼓励消费者购买自创品牌商品。零售商经常在其广告中进行个别价格比较,以表明自创品牌能提供更有价值的产品。在某些情况下,这些广告把全国性品牌宣传为远高于市场价格的产品。

许多零售商想推动制造商供应给它们专用商品,因其可缓解价格竞争,创造兴奋点,提高商店业务量。

进场费、货架堆头费、陈列费和促销费等对谋求新产品销售的卖主来说都意味着高价值的货架空间。零售商可以将这些费用作为合理利用稀缺的零售货架空间的手段。

通过零售商行业协会也可以增强零售商的渠道控制力。这些协会可以采取联合行动,以团体请愿或代表成员游说等方式提高零售商的渠道影响力。据相关研究表明,行业协会的力量同成员成分的同类性相关,拥有同类会员的行业协会能够更有力、更好地维护会员的利益。

总结起来,零售商可以通过以下方式或途径提高渠道控制力:

(1)大量订货、集中采购。

(2)高市场份额、强大的议价能力。

(3)先进的销售管理、物流配送技术。

(4)大的销售空间和经营场所。

(5)拥有大批忠诚、稳定顾客。

(6)专有零售和提高客户管理技术。

(7)收取进场费、陈列费及其他费用。

(8)增强商家品牌和自创品牌影响力。

(9)了解顾客需求上的优势。

(10)发展强有力的零售商行业协会。

应收账款的过程控制

第四节　应收账款的过程控制

渠道账款是让很多企业头痛不已的问题，无数的企业因资金链断裂而破产。尤其是中小企业销售困难，为了生存竞相赊销，造成渠道应收账款拖欠严重，甚至引发整体市场信用下降。很多企业选择销量，甘愿冒应收之风险，因此陷入应收账款的泥潭。然而，这只是问题的一个方面，企业应收账款拖欠严重，甚至呆账、坏账时常发生的更主要原因在于企业的销售管理方面的不足，很多应收账款问题是由于企业的销售政策偏离和过程管理的懈怠、疏漏造成的。但不少企业把应收账款管理作为一种事后行为，等到呆账、坏账发生了才去想办法催收，为时已晚。

一、应收账款的界定

所谓应收账款，顾名思义就是企业销售产品以后按理应该收回，但还没有实际收回的销售账款。账款一般超过应收日期六个月不能收回就会被视为呆账、坏账纳入处理程序。最后因对方企业倒闭、恶意拖欠等原因造成的企业实际无法收回的账款叫作呆账、坏账。应收账款从理论上可视为可回收货款，从财务上计入企业的流动资产。应收账款过多，轻则会使企业的现金流不足，重则造成企业资金链断裂而出现严重经营风险。应收账款如果不能及时收回，超过规定时间就会转变为呆账、坏账，给企业带来严重的经济损失。

二、应收账款的成因

企业应收账款问题并非一朝形成。有人说现款现货或者先款后货是避免推销过程中应收账款产生的最好办法，但是，在目前的买方市场情况下，现款现货或者先款后货政策往往较难执行。甚至在我国消费品行业，赊销已成风气，不赊销就没法销售，所以，赊销现象的普遍存在是应收账款产生的最主要原因。

当然，在推销过程中，其他因素也会导致应收账款的产生，总结起来有以下几个方面：

(1)公司销售政策方面

公司如果采用单纯的销量导向，单纯以销量考核并计算报酬，业务员为了完成销量任务就会冒险赊销，有时甚至是明知故犯。

(2)业务员主观心态方面

有的业务员具有消极心态，没有认识到应收账款的危害，对货款回收问题采取无所谓的态度，在销售过程中容易出现疏忽、松懈，导致把关不严。

(3)公司销售管理方面

公司销售管理环节松懈、制度不严或者是主管管理不力，比如在发货管理和信用审批发放环节出现了漏洞，因客户流失或客户人员异动等原因也会导致应收账款的产生。

(4)业务员专业知识方面

由于很多新业务员缺少警惕性,欠缺销售方面的知识和经验,只知道发货不知道收款,容易轻信客户的承诺而误入陷阱,尤其因为新业务人员的畏惧心理会造成应收账款的产生。

(5)客户方面

部分客户因经营道德水平低下,出现恶意拖欠账款的不道德商业行为,这类客户从一开始就没有打算回款,他们的经营目的就是"滚款"。有的客户因为对企业的政策有所不满,就以拖延货款来报复。另一些客户则因为自身经营不善而无法偿还货款,或者希望通过拖欠货款来获取经营资金,这在我国极为常见。

所以,根据对应收账款成因的分析我们可以总结出以下几点:推销员必须尽可能现款交易,因为收不回资金的销售,比没有销售更糟糕;要账比销售更困难,与其将大量的时间和精力花费在要账上,不如用这些时间去开发更多、更好的客户;企业现金流才是根本,宁可失去这笔生意,也不抱侥幸心理冒险赊销;客户尊重做事专业而且严谨的企业,在账款问题上的妥协不可能换来客户的友情,也不可能换来客户的尊重。

三、赊销的风险

1.赊销的含义

所谓赊销就是企业允许经销单位不交现款就提货销售并约定还款时间的经营行为。赊销大多发生在不具有强势产品力、品牌力的中小企业或新企业的身上,由于这些企业在规模、产品、技术、网络以及品牌等方面不具有优势,对经销商难以形成足够的吸引力,在渠道中处于弱势地位,不能完全实现现款现货,为了生存和发展,很多企业就采取了先市场后利润的经营策略,进行不同程度的冒险赊销。对于这些企业来说,赊销是一件很无奈的事情,因为赊销就意味着应收账款的产生,就可能出现呆账、坏账,处理不好,会给企业造成沉重负担,甚至会带来灾难。无疑,赊销对企业来说是一把双刃剑:一方面,企业通过适当赊销可以扩大销路、提高市场占有率;另一方面,不良赊销会造成企业资金不足、周转困难以及实际利润降低,严重制约和威胁着企业的正常发展。20世纪90年代以来,赊销行为在我国流通领域非常普遍,"三角债"成为一种非常严重的社会现象,不少企业被赊销拖垮,至今还没有找到很好的解决办法。

2.赊销的危害

赊销使分销商心理上没有负担,没有压力,感觉是不花钱的东西,能卖一点就赚一点,一点不卖也没有关系。没有付现钱,又可以退货,分销商就没有销售压力,就不会去关心产品的前途,更谈不上主动推销了。同时,赊销会让厂家十分被动。第一批货下去了,紧接着就会有第二批,即所谓的一批压一批。当需要整顿市场时,厂家就会因为有一批货的货款压在别人手里,往往投鼠忌器,只好采取迁就忍让的态度。这样一来,管理便没有了力度,厂家被经销商牵着鼻子走,从而丧失市场开发的主导权。

在业务操作过程中,往往赊货时什么都好说,收账时客户不爽快,以种种理由拒付货款,这是商人们通常的一种心态,有的客户甚至以毁坏产品声誉相要挟,产生一系列的麻烦。不收就会造成资金沉淀,强收还会引发渠道纠纷,企业左右为难。所以,无序赊销最终会拖垮公司，影响整个企业的产品质量、有效的市场管理和客户关系，也给双方带来伤害。同时，赊销必将提高成本，进而影响企业或产品的市场竞争力。

对于厂家来说，一旦赊销产品，随之而来的资金利息、收账费用、坏账准备金等成本就将大幅度上升。这部分成本必然要计入产品成本中，致使产品售价提高，降低产品市场竞争力。若这部分成本不计入产品成本，又将影响企业经营利润，从而影响企业的可持续发展，削弱企业竞争力。赊销还会迅速加大经营风险，因为赊销导致应收账款的增加，会使企业资金周转不灵，制约了企业发展，企业被迫赊欠供应商货款，造成恶性循环，从而使原料质量无法得到保证，生产成本不断增加，严重者最终导致企业倒闭，赊销形成的呆账、死账甚至直接导致厂家破产。

四、应收账款的危害

应收账款只是账面销售、账面利润，一旦应收账款成为呆账、坏账，是需要企业用其他赢利来冲抵的。不良账款吞噬销售额、侵蚀企业利润。为压缩成本，增加利润，企业必须控制赊销账款。应收账款使企业的渠道运营成本增加，主要表现在以下几个方面：

(1)费用支出增加。费用支出包括税金、账款管理成本、收账费用等，当然最重要的是财务费用和税金。客户欠着你的钱，你还得替这笔钱支付利息和税金。

(2)导致资金周转不良。应收账款使企业的产品转化为现金的周期拉长，不良资产增加，使企业的流动资金发生困难。应收账款的产生，使资金停止参与循环，就如同人的血液停止循环。

(3)呆账、坏账损失。不是所有的账款都能收回来，如果应收账款变成了呆账、坏账，造成直接经济损失，后果更加难以弥补。

(4)市场运作困难。企业如果被不良客户和已发生的账款牵制，要账也不是，不要账也不是，还不能停止供货，结果是应收账款越积越多，企业越陷越深，形成恶性循环。

(5)精力、心理上的危害。许多企业为要账问题所累，明明是别人欠你的钱，而你却要为之支付利息、税金，想要回自己的钱，还要付出应酬费，耗费精力和财力。

因此，作为一种投资，赊销如果控制得好可以提升销售业绩、提升竞争力、增加经营利润。但如果管理不当则会陷入应收账款泥潭，造成经营被动，失去市场竞争力。

五、应收账款的防范

1. 销售政策的制定是控制、防范应收账款的关键

销售政策制定的取向左右着应收账款问题的发展方向。企业制定销售政策时必然要做出一个选择，即是以“业绩”为中心还是以“利润”为中心，这是政策制定的指挥棒、灵魂。换句话说，销售政策制定是采用销量取向还是利润取向(安全性取向)?

在目前销售举步维艰的情况下，企业大多采用销量取向，对职业经理、业务人员的业绩考核偏重销量增长，奖金、提成甚至市场费用的拨付主要根据销量指标的完成情况，无视应收账款、退货等风险因素，这无形中给职业经理和业务人员一种误导，只要销量(业绩)上去了，其他的都无所谓。

此时的业务人员也许全然没有对货款的责任感和风险意识，为了自身的眼前利益置货款风险于不顾，甚至可能瞒天过海，造成不可挽救的呆账、坏账损失。当然，其中有业务人员的职业道德问题，但更主要的还是管理问题，是不正确的政策取向误导了业务人员的行为，企业决策者有责任，应该自我检讨和及时调整。

实践证明，单纯的销量取向或者单纯的利润取向都是不可取的。单纯的销量取向容易导致应收账款失控和市场质量下降；单纯的利润取向又容易导致企业经营的保守和市场份额的萎缩。所以，科学的政策取向应该是综合取向，应兼顾销量和利润，或者说，应该兼顾数量和质量，"区域利润中心"的模式可以借鉴。

2. 应收账款的防范必须抓住要点

(1)狠抓培训，灌输应收账款风险意识

列宁说，"意识形态的东西需要灌输"。事实上，业务员大多对应收账款问题的危害性认识不足，对自己销售行为的可能后果认识不足，对客户可能的手段、计谋认识不足，于是有意无意之中就会犯下无法弥补的错误。这就需要企业加强内部培训，让员工认识到应收账款问题的重大危害性，认识到自己肩负的责任，以提高应收账款风险的防范意识。实践证明，这种培训是非常有效的，它能起到事半功倍的效果。

(2)明确相关责任，任务落实到人

渠道是由业务员开拓的，有效的应收账款管理，最终往往要落实到业务员身上，概况来说，就是谁发出的货谁负责收回货款。然而，在现实中，业务员通常较重视销售绩效，片面追求销售额，造成了盲目赊销，对货款缺乏理性管理，造成了不必要的损失。要明确一点，销货机会的丧失只不过是潜在利益未能获得，但是一旦发生坏账，就连生产制造产品的成本与分摊的营销费用也一并损失掉了。所以企业应督促业务员对其业务状况进行即时分析、总结、管理，减小坏账发生的可能性。

(3)制定政策，加强内部协作管理

在传统的企业内部，信息传递结构是金字塔式的，如上级对下级下达命令，下级将信息反馈给上级，同级之间的信息沟通往往由于企业金字塔式的组织结构产生了信息传递缓慢、信息更新周期长等弊病，造成内部互相推卸责任、互不通气等现象，影响账款催收。销售业务部门只管销售，不管回笼资金，收账是财务部门的事情；财务部门只管记账，不管报账，应收账款余额高低与自己无关。针对这种情况，监督部门在制定信用额度、赊销数量时，应与财务人员和一线的业务人员进行充分的讨论和协商。对一些前款不清而业务人员还连续发货的行为，要及时解决。要加强不同部门工作人员之间的联系，克服由于员工处于不同部门而缺乏沟通的弊病，最好成立专门的信用管理部门协调管理。

(4)严格审批制度，把好信用控制关

销售过程中诸多的审批环节是产生应收账款的最大缺口。这些环节包括开户审核(资信评估)、合同条款审核、赊销申请、信用额度与信用期限申请以及条件外的发货控制等，都是产生应收账款的直接原因，企业应该制定规范严格的销售管理制度和申请审批流程，尤其对赊销、授信、条件外发货更应严格控制，对此，最好设立销售部门主管和财务部门主管两道审批关口，实行双重把关，以避免某些个人因素对结果的干扰。销售部门主管从市场开发、市场竞争的角度权衡业绩与风险并做出判断，财务部门则根据资产存量、流量以及客户的资信情况判定其风险与价值系数。也可以将最后决定权交给营销副总经理或总经理。总之，一句话，就是要实行多方控制，才能做到科学把关。这其中也许会由于角度不同出现销售部门与财务部门产生意见分歧甚至矛盾的情况，这就需要上级主管出面沟通协调，必要时可使用权威，但它要求最高主管秉承客观、公正、全局、发展的原则。为了做好这项工作，有的企业设立专门的信用管理部门，赋予专门的权力，对企业信用实行专项控制。

(5)做好发货控制，掌握赊销执行的频率

这里的发货控制不是指正常的发货品种、数量和频率的控制，而主要是指条件外的发货，也就是超出合同或规定条款的放货。原则上，超出条件不再发货，不能相信客户的口头承诺，不能轻信客户念的“苦经”，否则，公司就会越陷越深，企业就被越套越牢。有些销售经理心存侥幸，碍于面子，结果吃了大亏。也许，业务员、销售经理都怕断货，考虑业绩，才会中了对方的圈套，其实对方也一样怕断货，断货会遭到下游客户责难，因此企业要敢于断货。在这个问题上，宁愿相信自己，也不犯轻信他人的错误。市场经济更多的是相信“利益”，而不相信“眼泪”。当然，并不是所有的客户都不值得信任，在销售旺季时企业也常常放货给信誉好的客户以冲量，不过，旺季结束时要及时收款。此外，在信用额度、频度、期限的控制上也要讲究方式、方法。信用额度实施总额控制，最好是在预期总额(预期销售额×信用比例)基础上实行以实际销售额计提一定比例计算的方式，以免客户夸大预期销售套取大额信用。在信用频度上，同样以实际销售按信用比例分批发放信用额，避免一次或提前发放后销售出现变故。在信用期限上，实行超期严格催收策略，否则果断断货。

(6)库存管理有学问，积极疏导客户库存

其实，库存管理不当，滞销产品大量积压在客户仓库里，往往是客户拖欠货款的一大原因。试想，货没销出去，客户怎么肯给钱呢？因此，要想收款顺利，必先做好库存的管理工作。首先，要争取下单的准确性，多发畅销产品，少发滞销产品，保证货流畅通。其次，要力争库存产品结构、数量的合理性，以减少不合理的渠道库存压力。在产品结构和数量上实行优化策略，保障优质畅销产品的库存数量，同时淘汰滞销产品，切忌贪大求全、眉毛胡子一把抓的“全品项分销”行为，否则，收获的将是没完没了的退货和投诉。最后，加强库存的跟踪管理，利用调货、退货、打折、促销等手段，帮助客户解决诸如积压、滞销、过时和临期的产品，及时扫清货款回收障碍。

(7)了解客户的结算习惯，提高收款成功率

如果企业没有抓住客户的结算规律和各种周期，应收账款回笼计划就会十分被动，因为客户的结算周期往往与企业的预期是相冲突的。企业的业务员每次去客户处收款，总是“不巧”，客户账上的钱刚好被别的公司拿走了。具体解决策略有以下几个：

①尽可能地全面了解经销客户的经营状况、进货周期、结账周期等，关键是要争取比其他企业领先一步拿到应收的账款。因为大多数客户的资金周转都不会十分宽松，别的企业能挤进头班车，你就只能等末班车了。

②以诚待人。不要为了讨债而去收款，而是要协助客户一起去经营好货款，这才是降

低企业呆账、坏账的根本所在。纯粹的讨债者是不可能与商人合作成功的。

③信守诺言，养成“说到做到”的好习惯。在与客户平时交往的过程中，企业就应当立下规矩，“我决不食言，你也应说话算数。”虽然开始时，动机不一定完全是为了货款，但当真正涉及收款时，这对客户就是一种无形的压力。反之，如果企业自己经常食言，那么别人也会这样对待你。

④在平时就应多关心客户，不要等到收款时，才想起它们。例如，在每次账款周期到来之前，象征性地帮助客户去回收几笔其应收款，会给企业的收款工作带来积极的作用。

⑤适当地与客户的财务人员搞好关系，虽然他们对产品销量没什么直接贡献，但企业如果也能够像关注客户的业务经理那样，经常想到它们的财务主管，其效果往往在关键的时刻就能显现出来。

(8)与新客户的交易额不能太大，并要求提供第三方担保

对新客户或没有把握的老客户，无论是代销或赊销，交易的金额都不宜过大。宁可自己多跑几趟路、多结几次账、多磨几次嘴皮，也不能图方便省事，把大批货物交给对方代销或赊销。须知欠款越多越难收回，这一点非常重要。很多销售人员都有这样的经验:有些新客户，一开口就要大量进货，并且不问质量、不问价格、不提任何附加条件，对卖方提出的所有要求都满口应承，这样的客户风险最大。

企业可以要求客户在应收账款发生之前，寻找第三方(或上级单位)担保，其担保书最好能伴以相应的公证手续。这样在未来发生货款纠纷时，企业至少还能找到一位相关的债权人，以减小产生呆账、坏账的可能性。同时，这对客户本身来说也是一种信用约束。

(9)随时关注客户的信用状况，提高应变能力

通过分析能反映客户信用状况的所有资料，包括近期财务报告、银行信用等级、销售数据材料、付款历史等信息，对已发生的应收账款实施监控，同时关注客户经营情况变化，提高企业应变能力。企业应设置信用审核员对每张订单进行审核，检查其欠款期限、支付方式等是否符合规定。如有异常，立即采取措施。财务人员要准确记录每一笔业务账款，采用客户账龄分析表(表 6-2)来分析账款情况。

表 6-2　　客户账龄分析表

时间	____年____月____日				
客户名称	金额	1～30 天	31～60 天	61～90 天	91 天以上

(10)跟进市场管理，为客户也为自己

帮助分销商销货，也是应收账款管理工作的一部分。业务员积极协助客户解决市场问题，包括窜货、乱价、投诉等，理顺分销结构和价格层次，维护渠道的持续健康发展，使得货畅其流，这就是业界流行的“助销”模式。客户销售顺畅，利润滚滚而来，这时就算企业不收货款客户都催企业收了。当然，“助销”模式还包括理念培训、推广筹划、客户关系、费

用支持等多方面的内容，它是企业综合销售管理能力的集中体现。“助销”模式贯彻、执行得越好，对企业回收货款就越有利。

六、应收账款的催收

应收账款的催收是一件艰难而富有挑战性的工作。业务人员首先要具有良好的收款心态。因为应收账款的形成有客观原因，也有主观原因。有的应收账款是由于业务员的胆怯、软弱和碍于情面形成的。客户是利用公司品牌赚钱的，赚钱之后支付货款也是天经地义的事，因此催收货款也是理所当然的，不要感到不忍心，碍于情面，没有什么难为情的。其次，掌握适当的收款方法。收款是一门学问，光有胆量还不行，还必须讲究方式、方法。一旦应收账款形成，必须坚决催收，形成习惯，必要时利用法律武器，坚决打击和威慑拖欠账款行为。

1. 催收账款的注意事项

(1)账款发生后，要立即催收。据英国销售专家波特·爱德华的研究表明，赊销期在60天之内，账款要回的可能性为100%；在100天之内，账款要回的可能性为80%；在180天之内，账款要回的可能性为50%；超过12个月，账款要回的可能性为10%。另据国外专门负责收款的机构的研究表明，账款逾期时间与平均收款成功率成反比。账款逾期6个月以内应是最佳收款时机。如果欠款拖至一年以上，成功率仅为26.6%，超过两年，成功率则只有13.6%。

(2)对那些不会爽快付款的客户，经常催收。如果业务员要账时太容易被打发，客户就不会将还款放在心上，他会觉得这笔款对你来说不重要，能拖就多拖几天。业务员经常要账会使得客户很难再找到拖欠的理由，不得不还账款。

(3)对有信誉、只是一时周转不灵的客户，适当给予延期，诚信催收，并尽可能帮其出谋划策、联系业务等，以诚心和服务打动客户，达到收回账款的目的。要注意在收款完毕后再谈新的生意。这样，生意谈起来也就比较顺利。

(4)对于支付货款不干脆的客户，提前催收。业务员如果只在约定的收款日期前往，一般情况下收不到货款，必须在事前就催收。事前上门催收时要确认对方所欠金额，并告之下次收款日一定准时前来，请他事先准备好款项。这样做，一定比收款日当天来催讨要有效得多。

(5)对于付款情况不佳的客户，直截了当催收。一碰面不必寒暄太久，应直截了当地告之前来的目的就是专程收款。如果收款人员吞吞吐吐、羞羞答答的，反而会使对方在心理上处于主动地位，在时间上做好如何对付你的思想准备。

(6)为预防客户拖欠货款，明确付款条款。在交易时就应当规定清楚交易要件，尤其是对收款日期要做没有任何弹性的规定。例如，有的代销合同或收据上写着“售完后付款”，只要客户还有一件货没有卖完，就可以名正言顺地不付货款；还有的合同写着“10月以后付款”，这样的模糊规定也容易引发纠纷。双方的约定，必须使用书面形式(合同、契约、收据等)，并加盖客户单位的合同专用章。

(7)到了合同规定的收款日，上门的时间一定要提早，这是收款的一个诀窍。否则客户有时还会反咬一口，说我等了你好久，你没有来，我要去做其他更要紧的事，你就无话可说了。登门催款时，不要看到客户处有另外的客人就走开，一定要说明来意，专门在旁边等候，这本身就是一种很有效的催款方式。因为客户不希望他的客人看到他的债主登门，这样会搞砸他其他的生意，或者在亲朋好友面前没有面子。在这种情况下，只要所欠不多，一般会赶快还款，打发你了事。

(8)如果客户一见面就开始讨好你或请你稍等一下，他马上去某处取钱还你(对方说去某处取钱，这个钱十有八九是取不回来的，并且对方还会有最充分的理由，满嘴的“对不住”)，这时，一定要揭穿对方的“把戏”，根据当时的具体情况，采取实质性的措施，迫其还款。

(9)如果只收到一部分的货款，与约定有出入时，要马上提出纠正，而不是要等待对方说明。如果你的运气好，在一个付款情况不好的客户处出乎意料地收到很多货款时，就要及早离开，以免他觉得心疼。

(10)在催讨欠款时要发挥“缠”的功夫，不能轻言放弃，要步步紧逼，不达目的不罢休，也不能相信客户的“苦经”，不能客户一诉苦就心软，可调动群体的力量帮助催收。比如，可考虑从客户的家人、同学、朋友入手展开公关，形成压力催收。

2. 催收账款的方法

对于应收账款的催收问题，做过销售的业务员都颇有心得，尤其是在我国市场做销售，由于经营环境的原因，企业间信用度很低，货款拖欠严重，应收账款的催收成为考验企业经营的一大难题。通过与企业经理人的深度访谈，根据企业实战经验总结出一些催收账款的有效方法，供大家学习和参考：

(1)了解客户的结算周期及时催收。要知道客户结算的规律，了解客户账户上什么时候有钱，有的放矢，提高收款效率。

(2)利用第三方施加压力催收。坐在老板办公室，尽量找机会跟老板的客人和员工聊天说明收款来意，声音越大越好，给老板施加心理压力，有助于催收。

(3)做好前期准备工作提前催收。包括与仓库和财务对账、开好发票、结清费用和做一些相关部门、人员的公关工作等，到收款时老板找不到什么理由拒绝。

(4)不要怕催款会失去客户。有的业务员怕催收货款影响客情关系，实际上，通过催收，加强业务交流和感情交流，直截了当解决问题，形成良好习惯，对业务开展和客情关系维护很有好处，创造了与客户沟通的机会。

(5)化整为零、高频次小金额催收。有的客户因为经营不善，资金困难，不能一次付清账款，这时可以一次收一点，别指望一次收齐，别拒绝小金额回款。

(6)必要时敢于断货逼对方付款。如果经销商总是拖欠货款不还，厂家可以采用断货的策略。厂家怕断货、怕影响销量，经销商经常利用这种心理在旺季欠款，其实商家更怕断货，不但影响销量和利润，还要承担来自大型零售商的断货罚款。

(7)必要时找对方上级领导。收款时业务员经常受到对方基层办事人员的刁难，往往是“小鬼难缠”，如果太过分，我们又在理，不妨直接找对方上级领导交谈(如在一些大型零售企业可找财务总监)，也许会收到很好效果。

(8)必要时以货抵债或退货、调货。如果发现客户经营不善，面临倒闭的风险，必须在了解经营状况后，采取以货抵债或退货、调货措施以减少损失，千万别拒绝。

(9)如果经过多次催讨,对方还是拖拖拉拉不肯还款,千万不能放弃,而且要开动脑筋,采用一些非常规的方法灵活催收;或者在得知对方手头有现金时或对方账户刚好进了一笔款项时,就立刻赶去,逮个正着。

(10)必要时提出诉讼或追债威胁。如果对方实在是恶意赖账,首先要表明态度,强调诉讼或追债的决心,逼对方就范。实际上,每个公司都不希望卷入官司,可以先请律师发律师函或委托追债公司知照对方,先礼后兵,必要时提起诉讼或委托追债公司追债。

当然,仁者见仁,智者见智,每一个企业、每一个业务人员都要根据自己的实际情况,采用不同的收款方法,最终的目标是把账款收回来。

专　题

渠道“助销模式”

1.“助销模式”的内涵

“助销模式”是一种旨在通过人、财、物、技术、管理资源等方面的投入,帮助分销商发展生意、拓展业务、管理市场的渠道运作理念和销售管理模式。这一模式是由宝洁公司率先提出的,是宝洁公司的“秘密武器”,其指导思想是“帮助经销商发展生意”。

宝洁公司八大核心管理部门中,就有销售部、市场部、市场研究部、人力资源部四个部门与经销商终端联络极其密切。尤其是市场部,是宝洁公司营销的灵魂,各种渠道推广方案的制订,各种陈列费、促销费的分配均由该部门负责。在助销理念指导下,制定经销商支援、渠道奖励、陈列奖励等各项政策,厂家代表通过全面控制经销商下属的宝洁产品专营队伍,高效执行各种销售方案,以实现营销渠道网络的最大化覆盖、达到最佳销售陈列效果。总之,通过组建宝洁产品专营小组,宝洁公司基本上掌控了渠道及终端销售网络,实现了对渠道的“软控制”。

作为一种渠道运作理念,“助销模式”体现了宝洁“一切以消费者为中心”,帮助客户成长的营销战略思想,希望通过完善销售过程的服务,建立伙伴型厂商关系,提高客户关系管理水平。“助销模式”作为一种销售管理模式,则体现了宝洁把经销商当作自己销售队伍的一种延伸,作为自己分销战略的一个重要组成部分,希望通过输出管理、输出人才以帮助经销商提高分销效率,增强竞争力,同时掌控整个市场。基于以上两点,宝洁干脆把自己的“销售部”改名为“客户生意发展部”,以表明宝洁帮助客户成长的决心。

2. 宝洁的“助销模式”是一种服务型模式

宝洁实施“经销商即办事处”的策略,将自己的办事处建立在经销商公司内部,以缩短和经销商之间的距离,加强沟通与协作,提高服务和管理效率。“经销商即办事处”,这不只是一句口号,它是宝洁公司对助销理念的通俗化、形象化的理解。它意味着,宝洁公司的一切市场销售、渠道管理工作都要以经销商为中心,以服务、指导、协助经销商生意发展为准则;一切终端铺货陈列工作,必须依托经销商的力量。它更意味着,宝洁公司视经销商为密切合作伙伴的同时,更视之为公司的下属销售机构。所以,全面支持、管理、指导并协助经销商,是宝洁公司“助销模式”的基本内容,其服务特性具体表现在以下几个方面:

(1)协助经销商进行市场开发。市场开发包括新网点的开发、新客户的开发、特殊通路的开发、重点零售终端的进入和谈判、客户拜访、铺市陈列和促销等。

(2)协助经销商进行营销策划。营销策划包括市场的整体规划、产品价格的定位、通路层次的划分、价格策略的制定和实施、促销活动的策划和开展、品牌的推广和品类管理等。

(3)协助经销商进行队伍建设。队伍建设包括销售人员的招聘、培训、工作分工、目标确定、过程管理、绩效考核、薪资激励和团队建设等。

(4)协助经销商进行市场管理。市场管理包括价格维护、区域划分、冲货问题、应收账款、顾客投诉和费用控制等,还包括铺市、理货、促销的过程监督管理。

(5)为经销商提供必要的市场支持。市场支持包括提供质优畅销产品、提供人员支持、提供通路费用支持和提供广告促销活动支持等。

(6)加强双向沟通,增进厂商客情。销售代表应在政策允许的范围内为经销商谋利益,他们是厂商之间联系的桥梁和纽带,需要加强沟通,减少误解和摩擦。沟通可以增进客情,提高渠道管理的效率。

但企业在实施"助销模式"的过程中,必须避免一种误区:包办和依赖。厂家的职责是帮助经销商提升和发展,要注意培养经销商的理念和锻炼经销商的队伍,这是"助销"的实质,切忌越俎代庖,为经销商包打天下,这样就失去了"助销"的意义。经销商也不能过分依赖厂家的支持和参与,必须不断发展自己的市场竞争力和管理力。

3. 宝洁的"助销模式"更是一种控制型模式

宝洁公司每开发一个新城市市场,原则上只找一家经销商,派驻一位厂家代表。该厂家代表的办公场所就设在经销商的营业处,肩负全面开发、管理该区域市场的任务,其核心职责是管理经销商及经销商下属的销售队伍,以达到开发和控制整个区域市场的目的。

宝洁公司要求经销商组建宝洁产品专营小组,由厂家代表负责该小组的日常管理。专营小组的构成一般不超过10个人,具体可分为大中型重点零售店(KA)、批发市场、深度分销三个销售小组。每个销售人员在给定的目标区域、目标客户范围内,运用"路线访销法"开展订货、收款、陈列、POP张贴等系列销售活动。厂家代表必须协同专营小组成员拜访客户,不断进行实地指导和培训。同时,为了确保厂家代表对专营小组成员的有效控制,专营小组成员的工资、奖金、差旅费、福利费等全部由宝洁公司负责发放。厂家代表根据销售人员的业绩以及协同拜访和市场抽查的结果,确定小组成员的奖金额。宝洁还要求经销商配备专职文员以及专职仓库管理人员,工资、奖金及福利也由宝洁公司承担。通过组建宝洁产品专营小组,宝洁公司基本掌控了终端销售网络。

宝洁公司通过协助经销商制订各种营销方案、提供专业销售培训、提供市场费用支持等手段,实现了最佳的铺市陈列、最大的销量和最大的网络覆盖。通过厂家代表、专营小组的共同努力,宝洁将其控制市场的无形之手延伸到了零售终端,牢牢控制了经销商,控制了整个市场。可以说,宝洁是通过控制策略、控制过程、控制终端而控制了经销商,通过"帮助经销商—影响经销商—控制经销商"而掌控了整个市场。厂家代表扮演的则是"特派员""市场总监"的角色。因此,宝洁的"助销模式"更是一种控制型模式。其控制的实质体现在以下几个方面:

(1)宝洁通过输出优质产品或服务实现基本控制

产品和品牌是厂家渠道控制力的根本要素，通过向经销商提供富有影响力的品牌和优质畅销的产品，是实施渠道控制最基本的形式，宝洁通过打造强有力的品牌，研发多个适销对路的系列产品牢牢地控制着渠道，控制着经销商和消费者。同时，宝洁通过"助销"为经销商提供增值服务，为经销商直接创造效益，增进了客情，把厂家与经销商的利益紧紧地联系在一起，相互依存，实现了双赢，同时达到了无形且有效的控制。

(2)宝洁通过参与营销策划和队伍建设实现理念和文化的控制

我国市场发育较晚，大多数经销商都是半路出家，且文化素质不高，缺乏营销及管理的专业知识，因而最需要也最希望厂家提供人员培训、团队建设、营销筹划和经营管理等方面的支持。宝洁通过经常性的专业销售培训和营销方案策划，不断地向经销商及其销售人员灌输宝洁的市场理念、经营策略和管理方法，潜移默化地影响经销商的思路和行为，久而久之，经销商的思路和行为就会逐渐地与宝洁的理念趋于一致，这就是宝洁"助销"所追求的效果。而这种通过培训和参与改造经销商观念和行为的过程，就是一种理念和文化控制的过程，是一种极其高明的控制策略。

(3)宝洁通过参与市场开发和市场管理加强销售过程的控制

宝洁的厂家代表自始至终参与到经销商生意的各方面、全过程，包括网点的开发，客户的拜访，重点终端的业务谈判、送货、收款、售后服务等，他们对经销商的业务情况了如指掌，对产品的流向及销售状况一清二楚，特别是宝洁的专营小组，完全掌控了宝洁产品在该区域包括特殊通道在内的分销网络，此种情况下，经销商只能按照宝洁的思路积极配合，没有其他选择，如果经销商不配合，宝洁会轻而易举地把原有的业务和网络交给新的经销商，实现平稳过渡，这就是宝洁"助销模式"控制性的力量。

(4)宝洁通过加强信息反馈和客户关系管理达到信息控制和软控制

宝洁非常重视对消费者行为的研究，尤其注重对消费者需求信息的搜集、整理，每年花大量的人力、物力在消费者研究上，以期了解消费者需求的变化以及经销商、竞争对手的状况，因此宝洁遇事往往能够做出迅速的反应和有力的决策。而宝洁之所以能够做到这一点，依靠的是其成熟的客户关系管理技术，即运用现代信息技术，进行市场信息的搜集、加工、整合，通过信息共享、优化业务流程、提高分销效率，实现厂商双赢和共同发展。因为只有建立在相互支持和共同发展基础上的厂商关系才是最牢靠的，而宝洁就是利用了客户关系管理技术，实现了对经销商，甚至是对整个渠道的有效控制和软控制。

本章小结

营销渠道是一个以流动的商品为载体，由制造商、中间分销机构和消费者构成的动态循环系统。在此系统中，每个渠道成员都有控制性的要求，且都不希望被其他渠道成员所控制，渠道成员间始终处于一种博弈状态，其根源在于各个渠道成员都想拥有渠道话语权(渠道权力)，争做渠道领袖。本章梳理了关于渠道权力的多种力量来源理论，讨论了渠道控制的实质，探讨了不同渠道成员提高渠道控制力的策略和方法，最后论述了企业应收账款的过程控制以及宝洁"助销模式"的软控制。

思考与练习

一、名词解释

渠道权力　渠道控制　应收账款　助销模式

二、选择题

1. 根据管理学家罗宾斯提出的"权力的五种力量"学说，权力可以分为强制的权力、合法的权力、关系的权力、专家的权力、(　　)五个来源。

A. 信息的权力　　B. 品牌的权力　　C. 管理的权力　　D. 感召的权力

2. 麦克莱兰的三重需要理论，厂商都有"成就的需要、归属的需要和(　　)"。

A. 平等的需要　　B. 安全的需要　　C. 尊重的需要　　D. 权力的需要

3. 格力的"(　　)模式"是由格力总裁董明珠创立的一种渠道创新模式。

A. 联销体　　B. 网络营销

C. 连锁经营　　D. 区域股份制销售公司

4. 宝洁"助销模式"的主张是"帮助客户发展生意"，它是一种服务型模式，更是一种(　　)模式。

A. 投资型　　B. 交易型　　C. 关系型　　D. 控制型

三、简答题

1. 什么是"权力的五种力量"学说？

2. 怎样理解渠道控制的实质？

3. 有哪些增强渠道控制力的策略？

四、论述题

为什么说宝洁的助销模式"更是一种控制型模式"？

训练设计

1. 查找"厂家自建渠道""商家自创品牌"的典型企业，以小组为单位，然后展示调研结果。分析讨论：厂家为什么要自建渠道？商家为什么要自创品牌？各自有什么优势和劣势？

2. 应收账款的催收是一个很困难的问题，特别难以跨过心理关，模拟公司情景，让学生扮演公司老板、财务经理和业务员，演练催收账款的过程、语言、动作及心理与行为，锻炼学生催款的胆量和技能。角色可以互换，交替演练。

应用分析

相宜本草：多渠道协调平衡

相宜本草成立于2000年，它没有机会搭乘20世纪90年代国内美妆品牌野蛮生长的高速列车。能够成为占据一席之地的后来者，相宜本草就是靠以下几点，渠道上实施以

KA(大型商超)为核心的多渠道战略,功效上定位“中药本草”填补当时的市场空白。近年来,随着线上购物规模的不断扩大,美妆品牌也纷纷加码电商业务,但随之而来的是线上线下渠道交叉、经销商窜货等乱象频频出现。相宜本草的做法是,将渠道完全分开,为各个渠道设计专供产品,这一做法,有效避免了互相干扰。

1. 强势经营商超渠道

相宜本草另类的渠道切入点至今仍为许多业内人士津津乐道。不同于许多本土化妆品品牌一开始从专营店入手、强势崛起后再自下而上“跨界”进入商超等渠道的发展路径,相宜本草从创立之初便瞄准了更为高端的KA渠道。

在这一渠道体系中,丁家宜、东洋之花、佳雪等品牌都曾作为本土化妆品企业的代表与外资品牌分庭抗礼。如今,上述品牌或被国际大牌收购,或日益淡出人们视野,而起步较晚、2004年销售额尚未突破2000万元的相宜本草却坚持了下来,在积累大量商超资源和品牌影响力的同时终于在2007年获得了今日资本的投资。谈起这段发展历程,其总裁严明说,相宜本草的突出之处在于对销售终端的高度重视和精细化管理。相宜本草采取了分段考核制度,将各项具体费用消耗标准量化落地。另外,分布在全国卖场内的数千名BA(化妆品导购员)也是相宜本草终端销售的保证。据了解,相宜本草对这些BA进行无中介直接管理,不仅专门成立导购培训中心,还为其设置了多种激励方式。

2. 多渠道协调平衡

现在,相宜本草的渠道,不仅包括其赖以崛起的大型商超,还有线上销售和专营店等其他渠道,其中线上销售占总营收的15%。这“三驾马车”共同构成了相宜本草的多渠道格局。

事实上,进货渠道五花八门、终端定价参差不齐几乎是每一个选择多渠道策略的企业都会面临的难题,但相宜本草有自己的解决方案。在经销商网络体系管理方面,相宜本草按地区进行渠道分线,每个省在三大渠道都分设代理商。在此基础上,进一步严格规定每个经销商只能选择一个单一渠道,其他渠道不得涉足。为了进行相应的监督,相宜本草还在产品上配备了明码暗码系统。而在价格管控上,相宜本草将定价权收回并强势推行线上线下统一价,从根源上遏制了价格的多样化。另外,针对同一品牌在不同渠道销售可能引发的价格体系和消费者认知混乱,相宜本草还为各个渠道研发了相对应的产品,例如专供商超的红景天、黑茶,仅在线上销售的红石榴系列,以及专柜独有的芍药皙白产品。

在《商业评论》第七届管理行动奖评选中,相宜本草获得了“电子商务领域金奖”。严明将相宜本草近年来的渠道策略归纳为“E时代的全渠道营销”,并表示将在渗透过程中进一步理顺各渠道。电子商务所引起的线上线下管理无疑是渠道矛盾的焦点,因为不同渠道同一品牌的销售除引起价格体系的混乱外,还会引起消费者对于品牌认知的混乱。对此相宜本草的市场对应策略是为各渠道研发了符合渠道特色和定位的不同产品系列,比如现代渠道的红景天系列,网络渠道的红石榴、仙人掌系列,专营店渠道的古方今酿系列等,以使各渠道业务相互区隔。

3. 深度渗透低线市场

向二、三线城市甚至周边县城、乡镇下沉是近年来美妆品牌的大势所趋,对于优势一向在于一线城市大型卖场的相宜本草来说也不例外。

严明说，要趁着国际品牌还没大力布局低线市场的时候迅速出手。早年雅诗兰黛位于成都王府井百货的专柜就创下过年销售额6558万元、排名该品牌全球专柜销量第一的纪录。而欧莱雅旗下高端品牌兰蔻近些年已进入东莞、兰州等二、三线城市，更是在浙江诸暨、山东潍坊等广大的三、四线城市开设了专柜。相宜本草的应对方式是“深度渗透”，在低线市场，没有“大牌”压力的相宜本草可以自如地将终端渠道开进社区店、小型日化店和偏远的便利店。严明很清楚，从单店平效来看，一线城市的布局属于“少网点多产出”，而低线市场则是“多网点少产出”，“越往下走，单店产出越少，网点数量相应就会越多，必须借助广大本地经销商的力量来拓展市场”。

但不可否认的是，越往低线市场走，品牌对经销商的依赖程度会越高。随着渠道下沉，相宜本草的直营店占比已经从过去的超过80%下降至50%以下，对代理商的有效管理或许将成为其快速扩张过程中无法绕过的难题。

（资料来源：根据相宜本草网站资料整理）

【问题讨论】

1. 怎样理解相宜本草的多渠道组合设计？

2. 相宜本草是怎样实现多渠道平衡与控制的？

第七章 渠道冲突

学习目标

渠道冲突及其解决

知识目标

- 了解渠道冲突的内涵及分类
- 认识渠道冲突的实质及根源
- 熟悉渠道冲突的表现形式

能力目标

- 掌握渠道冲突的处理策略
- 掌握窜货及其治理方法
- 掌握渠道伙伴关系建立的策略

案例导入

樱花卫厨如何“利用”渠道冲突？

渠道冲突几乎是每个企业都希望能尽量避免的事情。然而有些企业却以渠道冲突为手段来启动市场，当品牌有一定影响力时再进行渠道盘整并对市场进行严加管控和区域精耕，从而使之成为市场的领导品牌。

樱花卫厨是一家专门从事厨卫电器生产和销售的台资企业，主要产品包括燃气热水器、油烟机、灶具等。为了打开上海市场，樱花卫厨负责该区域销售的高经理在对上海市场进行了几个月的实地调研后，制订了利用渠道冲突启动上海市场的攻克计划。

第一步：广泛撒网，网点为先

高经理一改避免渠道冲突的策略而详细规划各区域内的网点数量、网点的性质组合、规定网点基本条件的渠道管理策略，大胆执行对所有业务人员的考核，除了销售额之外，还将网点的开发数量作为重要的考核指标。不管客户是哪种性质的和处于哪个区域，只要能销售樱花公司产品都可以成为销售网点。短短几个月时间，与公司签约并进行实际交易的网点客户几乎翻了一番。

第二步：广告造势，增加销量

网点数量的快速增长带来了销售量的成倍增加，但由于网点的密集性及公司刻意造成的市场无序状态，渠道间开始产生了冲突，零售价格战也越演越烈，价格战的硝烟又吸引了更多的消费者购买。加上随处可见的终端形象及销量增加后广告投入的加大，樱花卫厨迅速崛起成为上海市场的知名品牌。

第三步:渠道盘整,新品跟进

当价格战打到利润空间太小,终端网点销售的积极性开始下降,并且一些重点商家找到樱花上海分公司,要求公司立即进行市场整顿否则就停止合作时,这场价格战的谋划者,开始了声势浩大的渠道盘整行动。

早在网点开拓时,高经理就开始了对各终端资源情况的调查与分级,经过销售高峰价格战的洗礼,高经理对于各终端网点和特殊渠道的经营能力与背景情况更有了一定程度的把握。公司就势召开了"上海区域经销商暨新产品上市推广会",邀请了事先已进行了洽谈的目标客户参会。在会上,公司宣布了新的一年确保经销商的利益并重振其信心的上海市场经营计划,主要内容包括精简渠道网点、统一价格、严禁窜货和价格管控等相关措施,对违反价格规定者给予严厉处罚直至取消其经销资格。会上新推出的十几款功能和造型升级的产品让经销商们满怀信心,而新产品的利润和政策保障措施也给经销商们吃了定心丸。

接下来的行动就按照预定的计划落实了,对一些小网点或不能满足公司要求的网点停止了供货,对原先价格已乱的机型进行了集中处理,对恶意降低零售价的客户毫不留情地进行了处罚。经过一段时间的渠道盘整与市场整顿,樱花的渠道和网点又重新焕发了生机。通过战略性的渠道调整和投入新品策略,樱花卫厨(中国)有限公司成功地启动了上海市场,并取得了巨大成功。

(资料来源:作者根据网络资料编写)

【思考】樱花卫厨是如何"利用"渠道冲突达到自己的经营目标的?

第一节 渠道冲突及其类型

一、认识冲突

1.冲突的含义

按照辞典的解释,冲突是指"矛盾表面化,发生激烈争斗"。而我们所处的世界,恰恰是充满了矛盾变化、充满了激烈争斗的。当潜在的矛盾公开化,就预示着冲突的发生。世界上的冲突频繁发生,大到国际争端、小到私人恩怨。然而,冲突必有因,它的产生、发展和解决是有一定规律可循的。

2.冲突无处不在

现实生活中,冲突可谓是无处不在、无时不有。尤其在管理活动中,冲突的出现更为频繁。试想,如果所有成员都能为一个共同的目标而和谐一致、按部就班地奋斗,那么大量复杂、艰巨的沟通与协调工作也就不再需要,管理者的工作恐怕就要减轻一大半了。

按照传统意义上的理解,冲突一般都具有对抗性,总以一方胜利、另一方失败而告终,甚至往往出现两败俱伤的结果。因此无论何时何地,出现冲突总不是件好事。对企业来说,虽然日常的冲突不至于导致流血、减员事件,但它无疑会使组织出现严重的"内耗",导致战斗力减弱。因此,企业间的竞争更多的是"一种游戏""一种竞赛",而不是"一场战争"

（以消灭对手为目的），所以，企业所面临的种种冲突大多是“竞争性”的，而不是“战争性”的，解决的办法也应该是“和平解决”而不是“消灭”。

3. 冲突的两面性

发生冲突虽然不是件好事，但它同样也有其积极的一面，冲突有时可以激发活力，转化为事物发展的动力。组织内部的潜在矛盾转化为冲突，总比它被长久地掩盖起来要好。任何事物总是在斗争中得以成长的，如果对冲突处理、引导得当，就很可能使它转化为组织发展与变革的动力，并达到更新观念、拓展事业的效果。尤其是当外界环境发生重大变化或者组织面临变革转型的时候，就难免会有代表不同利益的群体产生冲突。也许，冲突的产生正是组织发展的必经阶段。由此可见，冲突对于组织而言，也是有利有弊的，不可一概而论。从积极意义上说，适度冲突可以激发渠道成员的竞争意识，促进创新。企业可以有意识地设计一些良性冲突，作为其渠道经营策略的一部分，以增强渠道活力和竞争力。

因此，企业应该以积极的态度对待冲突，有时还要设计和利用冲突进行管理，对待不同性质的冲突，处理方式也应有所差异。为了正确对待冲突，我们必须首先区分冲突的类型，了解冲突产生的原因，然后才能采取有效的措施处理冲突。

二、认识渠道冲突

营销渠道管理过程充满矛盾和冲突，让企业头疼、困惑，对此，企业间的认知、态度和处理方式体现出差异，有的听任冲突，有的害怕冲突，有的能够有效利用冲突。回避冲突、从根本上消灭冲突，没有可能也没有必要，因为矛盾普遍存在、矛盾无时不有，矛盾还是事物发展的根本动力。当然，恶性冲突是一种破坏性力量，必须坚决制止，而良性冲突则是渠道运动和发展的动力，必须加以利用。

1. 渠道冲突的界定

渠道冲突是指渠道成员之间因为利益关系而产生的种种矛盾和不协调。例如，相互冷战、互相要挟、拖欠货款、要条件、要政策、跨区域窜货、相互报复、相互压价乱价等。渠道冲突的主体可能是所有渠道成员，包括制造商、经销商、代理商、批发商、终端零售商、消费者等；渠道冲突的程度包括激烈冲突（直接对抗）、冷战（不协调、排斥）等；渠道冲突的根源是利益争夺（对经济利益或渠道权力的争夺）。

2. 渠道冲突管理理论

销售管理的实质是利益管理，即利益分配。渠道成员之间始终处于一种利益博弈状态，渠道冲突不可避免。目前，渠道成员趋向于在大分销链中实现专业化、功能化分工；供应商专注于生产、制造和全国性促销；分销商专注于销售、分销和地区性促销。任何渠道成员都不可能独自完成渠道的所有功能，都需要依靠其他环节的功能，从而使得渠道成员之间产生相互依赖。渠道链中的各个环节独立运作，各自追求个人利益最大化，如果整个渠道缺乏统一协作指挥，就很容易产生渠道利益冲突。

渠道冲突的基础在于渠道成员之间具有相互利益关系。因为渠道各个环节的成员都是自主经营者，对渠道内部相互独立的业务实体来说，它们既希望实现渠道协同作业，又希望实现最大限度的自主经营，其行为背后也存在着多种动机，因此，冲突就时常发生。

值得注意的是,冲突与竞争往往容易混淆。实际上,良性的竞争行为本质上是有利于渠道目标实现的,是建设性的,不是针对个人的意气之争。相反地,冲突本质上是敌对性行为,是破坏性的,是非常直接的意气之争。

三、渠道冲突的类型

1. 按照冲突具体形式的不同进行分类

渠道冲突的具体形式可分为如下四种:水平渠道冲突、垂直渠道冲突、不同渠道间冲突和同质冲突。渠道冲突形式如图 7-1 所示。

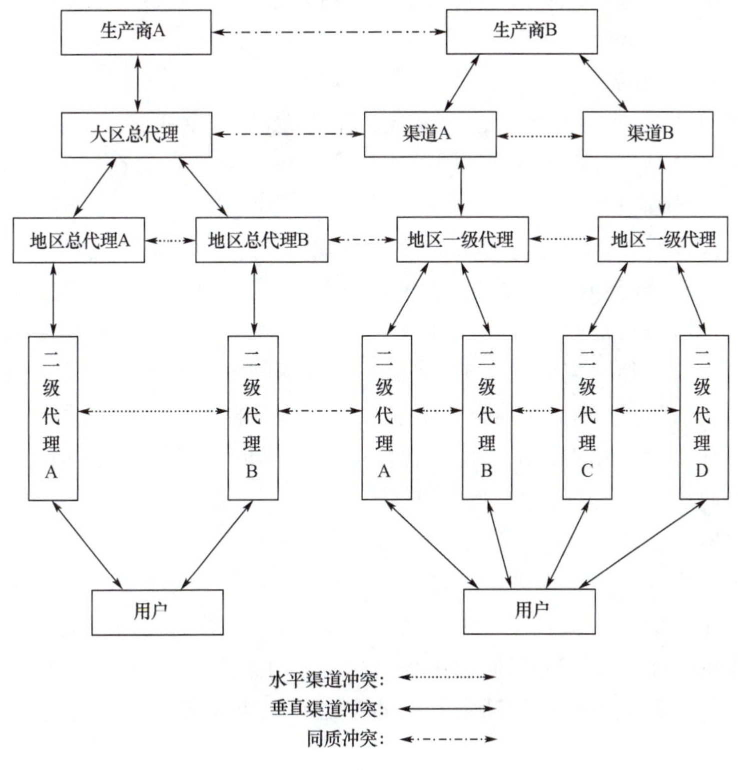

图 7-1 渠道冲突形式

(1)水平渠道冲突

水平渠道冲突,也称横向渠道冲突,是指处于渠道同一层次的成员之间的冲突,主要是分销商之间、批发商之间及零售终端之间的冲突。

典型的分销商之间的冲突主要表现为越区销售,即窜货(或冲货)。所谓窜货,就是由于营销渠道中的各级代理商受利益驱动,使所经销的产品跨区域销售,危害正常市场组织秩序和经营活动,或以低价直接杀伤目标市场原已确立的价格体系,造成价格混乱,从而使得其他分销商对产品失去信心,消费者对品牌失去信任的营销现象。

(2)垂直渠道冲突

垂直渠道冲突,也称为纵向渠道冲突或渠道上下游冲突,是指同一渠道中不同层次渠道成员之间的利害冲突,主要表现为生产厂商与分销商、分销商与批发商及零售终端之间的冲突。垂直渠道冲突一般情况下是在同一区域内发生。

典型的生产厂商与分销商之间的冲突表现为应收账款问题。例如,原先的分销商会以拖欠或拒付货款(实行信用销售时)、要求增加市场支持、降低产品的批发价等手段来抵制和打击厂商的计划及新渠道的市场信心。生产厂商与分销商的冲突解决起来比较困难,因为冲突产生的主要原因是目标不同、利益分歧。分销商希望独家经销,并希望通过更高的毛利率、更快的存货周转率、更低的支出及更高的返利获取高额垄断利润。而生产厂商则更愿意看到分销商以更低的毛利率夺取更大的市场份额。

分销商与批发商及零售终端之间的冲突一般都与价格高低、市场支持大小等利益相关。冲突发生时,批发商及零售终端往往会以转移进货渠道或将产品退出货架、给予较差的产品陈列位置作为威胁。

(3)不同渠道间冲突

不同渠道间冲突,也称为多渠道冲突或交叉冲突,是指企业建立了两条或两条以上的渠道向同一市场分销产品而产生的冲突,其本质是几种营销渠道在同一市场内争夺同一类客户群而引发的利益冲突。

不同渠道间冲突在现阶段有所增加,原因有以下几方面:首先,企业在区域市场运作中渠道规划不尽合理,终端过于密集或交叉,导致渠道为争夺顾客而进行价格战和促销战,产生冲突。其次,市场营销策略组合单一,没有针对不同渠道进行相应的区隔和细分,同时渠道的日常维护简单粗放。最后,尽管企业对不同渠道的销售政策不同,对个别渠道实行政策倾斜,但是由于没有在各个渠道成员之间进行良好的说明和沟通,导致有的渠道成员不理解。如果没有建立起深度协同合作的营销价值链,就会导致渠道成员在短期利益的驱动下各自为政,引发恶性渠道冲突。

(4)同质冲突

同质冲突是指在一个宏观的市场环境中,一家企业的营销渠道与另一家企业的营销渠道在同一水平上的冲突。它是一种广义上的渠道冲突,往往与市场竞争相关。比如,处在互相竞争中的两个零售商为相同的市场目标而产生的同质冲突。又如,一个批发商与同一层次的另一个制造商的批发商之间的冲突也是同质冲突。

2. 按照冲突具体内容的不同进行分类

(1)资源冲突

制造商和分销商为了自身的利益,总会在渠道资源上讨价还价。渠道的资源冲突主要表现为人员支持、广告投入、促销资源分配及通路费用承担等方面。

(2)服务冲突

制造商将经销商看成自己的顾客,经销商将批发商看成自己的顾客,批发商将零售商看成自己的顾客,而零售商则将消费者或用户看成自己的顾客。通常,下游的成员将上游的成员视为服务的提供者,而自己则是服务的受惠者。例如,零售商向制造商提出信贷支持、广告支持、SP服务、进场费等要求。当上游成员提供服务不一视同仁时,就会产生纵向和横向的渠道成员冲突。

(3)关系冲突

一方面,由于渠道成员的规模大小不一、经验和经历不同,造成渠道成员的配送能力、销售能力和管理能力千差万别；另一方面，由于渠道成员代表的个人差异，如服务水准、待人接物方式、形象仪表等的差异，会导致渠道成员之间的相互信任、相互理解和相互帮助存在差异。这就形成了渠道成员之间的关系冲突，从而在合作过程中形成厚此薄彼的情况。

(4)价格冲突

生产企业的利益出发点与零售商的策略难以统一，企业在尽可能覆盖终端市场的竞争中只希望价格战来自不同品牌之间，而不是来自同一个品牌。但由于产品到达新兴终端与传统终端的物流环节、管理方式等不同而使零售价格的构成不同，从而形成终端的不同价格；同时由于零售终端过于密集或交叉，导致渠道为争夺顾客而进行的价格战成为渠道的最主要冲突。

(5)促销冲突

渠道类型的不同使企业与各渠道成员的利益关系不尽一致，企业在管理上很难兼顾每一个成员组织，从而导致不同终端存在不一致的促销行为。由渠道成员自主开展的促销使同一品牌的市场行为在不同终端表现不一致，造成了品牌对外宣传口径的不一致。

(6)策略冲突

企业构建多渠道组合的目的在于将产品送达每一个可能与消费者接触的终端，但由于难以对不同的渠道制定合理的策略并保持不同策略间的配合，渠道管理的策略重点无法体现，具体表现为对长、短两种渠道的管理策略没有差异性。

(7)政策冲突

渠道策略上的模糊势必导致渠道政策上的差异性和随机性，有时出现对个别渠道成员进行毫无理由的政策倾斜，如果生产企业不能就这种政策倾斜在各个渠道成员之间进行良好的说明和沟通，就可能形成生产企业与渠道之间、渠道各成员之间的相互不理解。渠道政策冲突不仅会使一部分渠道成员失去积极性，而且严重时还会造成渠道联合起来抵制企业。

(8)掌控力度冲突

企业过去对传统零售终端掌控力较强演变为现在对品牌专卖连锁零售终端掌控力较强，这意味着渠道的变化使得企业对不同类型渠道的掌控力度发生了变化。由于掌控方向的不明确和掌控力度的不同，大多数渠道成员以各自的短期利益为目标，从而形成了更为复杂的渠道冲突。

3. 按照冲突的不同性质进行分类

按照冲突的不同性质，可以将渠道冲突分为良性冲突和恶性冲突。

(1)良性冲突

良性冲突是指不会对产品、市场及厂商关系造成根本性影响和实质性变化的冲突形式，如经营权、返利、价格、促销、费用、产品等方面的冲突。良性冲突是一种渠道动力，不要害怕，也不必回避，要加以利用。销售经理的职责就是解决这种冲突，并使之转化为渠道动力。

良性冲突作为一种适度冲突，从积极意义上说，它可以激发渠道成员的竞争意识，产生创新。所以，不少厂商有意地设计了一些良性渠道冲突，作为其渠道战略的组成部分，以增强渠道活力和竞争力。

①利用“放水”的方式，增加固定区域内的经销商数量，人为地制造内部竞争，以降低总经销商或独家代理商的反控制力。

②在自身市场占有率还不高但有主导品牌主宰市场时，适度的冲货可以促进市场尽早进入火爆状态，对提高市场占有率是有帮助的。操作的关键在于厂家必须具有完全的控制能力和高超的驾驭技巧，否则，可能会造成市场混乱而伤及自身。

（2）恶性冲突

虽然渠道冲突在一定程度上意味着渠道的一种活力，但更多时候它展现的还是极具破坏性的一面。这时候的冲突就是恶性冲突，企业为保证对渠道的控制力和维持中间商的忠诚度，采取有效的化解措施是必要的。

恶性冲突是指会对产品、市场及厂商关系造成根本性影响和实质性变化的冲突形式，如跳楼价甩卖、跨区域窜货、恶意赖账、制假售假等。恶性冲突是一种渠道破坏力，它会影响渠道成员的销售信心，严重阻碍渠道的正常运行。

四、渠道冲突的利弊分析

由于渠道冲突存在着良性冲突和恶性冲突两种类型，因此，我们应该坚持辩证的观点，客观、科学地分析渠道冲突的利弊，并寻找合理的解决方案。

1. 渠道冲突的危害

在激烈的市场竞争中，许多渠道冲突都会对渠道产生不利的影响，如中间商的窜货问题、打价格战的问题、进销存的管理问题等，概括起来，渠道冲突的危害主要有如下几点：

（1）破坏渠道成员间的关系，损害双方的利益

许多渠道成员间的冲突都是由一些微小的局部利益摩擦或认知误差产生的，如果协调不力，将可能导致冲突一方对另一方采取严重的报复行为，如此不仅会使冲突双方的关系由互相依存的合作伙伴变成势不两立的竞争对手，而且会出现明显的目标偏移，将提升渠道业绩和获取企业利益的营销目标抛于脑后，甚至可能做出不顾一切打击对方的非理智行为，最终将损害双方甚至渠道的整体利益。

（2）降低整个渠道的销售业绩

在充分竞争的市场环境中，产品销售的成功需要整个渠道所有成员的共同努力，任何一个环节的冲突的产生都会导致销售业绩的下降。

（3）破坏整个渠道的规则体系

渠道建设初期，制造商通常都会制定一整套渠道成员的行为规范，用于规范中间商的权利和义务，并以此为标准对中间商进行检查和评价。规范的主要内容包括价格政策、付款方式、中间商的区域范围以及双方应提供的特定服务内容等。某些中间商为了获取自身更大的利润，常常超越规定区域进行销售或擅自压低商品价格，如果不能及时发现并制止这种行为，必将使得渠道其他成员由于担心利益受损而纷纷效仿，最终将可能导致原有的价格体系、经销商区域划分规则完全崩溃。

（4）影响产品品牌在消费者心目中的地位

对消费者来说，判断一个产品品牌价值的高低，最直观的标准应该就是是否具备可靠的质量、稳定的价格、优质的服务、良好的口碑，而渠道成员间的恶性冲突则常常将这些毁

于一旦。

渠道管理中常常存在窜货现象，许多业界人士都在感叹，“一窜货，辛辛苦苦打下来的市场就被冲得七零八落。”窜货行为作为一种恶性经营现象，会造成市场倾轧、价格混乱，严重损害消费者利益和产品的品牌形象，必须严加防范和控制。

2. 渠道冲突的益处

有些时候，渠道成员间的冲突是积极而有益的，这种冲突可能会促使渠道产生一种新的更有效率的运作模式，或者使得渠道成员间相互监督、相互促进，关系变得更为密切。此外，渠道冲突的激烈程度还可以成为判断冲突双方实力状况及商品热销与否的“检验表”。在这种冲突中，渠道成员都非常明白它们之间的相互依赖性，在将对方作为竞争对手进行挑战的同时，互相指出彼此的弱点并监督改进，共同提高彼此的业绩。这种积极性冲突的有益之处表现为以下几个方面：

(1)使渠道沟通变得更加频繁和有效。冲突的产生使双方都意识到沟通的必要性和紧迫性，冲突中的沟通将会更加务实且具有针对性。

(2)使渠道管理更加科学、客观、规范。在很多情况下，渠道冲突的产生都是由于渠道成员对渠道利益和资源分配不平衡造成的，因此，冲突的解决必然是渠道管理者综合考虑各方面利益，使渠道的系统资源和利益分配体系更加合理。同时，冲突的产生将使得渠道成员共同建立起一套完善的处理冲突的标准规则和制度体系，从而健全整个渠道管理体系。

(3)客观上强化了制造商的“领袖”地位。在水平渠道冲突中，由于冲突双方平等的权利和地位以及特殊的利益依存关系，往往使得中间商在解决冲突时苦于无法直接向对方施加压力，转而寄希望于制造商能为自己“主持公道”，如此便自然而然地将制造商的地位进行了提升，同时增强了中间商对制造商的依赖性。

(4)重要的是把渠道冲突转化为渠道动力。管理学中强调一种“鲶鱼效应”，即只有在一个激烈竞争的市场中，企业才能保持旺盛的生命力。同样，渠道成员只有在冲突不断产生和解决的过程中，才能更加清晰地认识到自身的问题和对方的实力所在，并及时加以修正和提高，最终达到共同超越。

第二节　渠道冲突的实质与根源

一、渠道冲突的实质

追逐利益是所有商业活动的最高原则，渠道冲突的实质是利益冲突。诸多的渠道冲突最终归结为一点，即利益的分配和对利益的追求。

源于利益的渠道冲突也可以用利益的方式去解决。尽管从表面看来，渠道冲突非常复杂，但只要抓住问题的关键(利益分配)，就能将渠道冲突转化为渠道动力，而转化的主动权始终掌握在厂家的手里，这里关键是要把握一个利益平衡点，即一个“度”的问题。

根据冲突所处的阶段，可以将渠道冲突分为潜在冲突和正面冲突；根据冲突发生的规模，可以将渠道冲突分为局部冲突和全面冲突。但从实质上说，渠道冲突主要是利益冲突、观念冲突和目标冲突。

1. 利益冲突

利益冲突是最根本、最敏感、最难以调和的矛盾和冲突，因为每个组织或成员都是独立的经济利益体。尤其是在总体资源有限的情况下，往往一个群体获益只能以牺牲其他群体的利益为代价，由于涉及利益，往往体现为群体间的直接对抗。例如，渠道产生的费用(进场费、促销费、人员费、罚款、产品报废等)由谁支付或者如何分担，直接关系到双方利益，就可能产生冲突；又如，某连锁企业开业，是由经销商负责还是厂家直接管理，又有可能产生渠道势力范围的冲突。

2. 观念冲突

很多组织冲突都是由于非利益因素而引起的，如成员的固执己见、误解、沟通渠道不畅等。如果一旦在观念上产生了冲突，调和起来就相当困难了。利益上的纠纷可以通过谈判来解决，而群体间一旦观念上有分歧，短期内是很难调和的。例如，对目标市场的开拓或产品推广，厂家希望采用“人海战术”，利用促销员在终端进行强力推广，配合特价或抽奖等方式开展，比较节约费用，但经销商可能认为这种方式影响小、效果不好又烦琐，难以操作，主张采用在小区域投入广告的方式推广，这样当然省事，但费用较高，厂家不愿意。

3. 目标冲突

严格来说，目标冲突也可以算作是观念冲突的一种形式，不过两者并不能完全等同。目标冲突指的是组织或群体中的各个部门为了各自不同的目标而产生的冲突，即使这些部门的分目标与总体目标在方向上并不矛盾。每个组织或成员都是独立的经济实体，自然都会有自己不同的目标，包括销量目标、市场占有率目标，所以，目标冲突不可避免。

案例分享

厂家与商家各有所图

广州鹰金钱企业集团公司在上海有一家经销商，生意做得相当不错，该企业的罐头食品在上海市场每年的销售额高达 600 万元。经销商对此业绩很满意，但厂家有些不满，因为该企业拳头产品“鲮鱼罐头”出厂价仅 6.8 元，但在上海的超市中零售价却为 12.8 元，厂家认为经销商加价太多，导致零售价太高，影响销售量，而经销商不以为然，认为这个销量可以了，主要是有丰厚的利润可赚。厂家多次要求经销商调低渠道加价率，以便进一步提高销量和市场占有率，但经销商并不听从，由此产生冲突。其实，问题出在哪里呢？经销商追求的是“利润”，厂家更关注“销量”，目标不同，很难与谋。

(资料来源：作者根据网络资料编写)

二、渠道冲突的根源

概括来说，渠道成员之间因为目标不一致、角色权利不明确、销售竞争产品或另选经销商、处理库存或冲销量降价、产品质量或促销问题引起顾客投诉、压货或产品滞销造成库存积压、经销商货款拖欠、厂家渠道政策不公、厂家渠道支持不够、渠道售后服务不周、成员间沟通不畅造成的误解、一方发展滞后拖另一方的后腿等原因，都会引起渠道成员之间的不满，引发渠道冲突。

1. 角色界定不清

一个成员的角色是指所有成员都能接受的有关该成员的行为范围。在营销渠道中每个成员都担任着一定的角色，例如，厂家的主要角色是提供优质的产品、不断进行产品创新、开展品牌推广以提升品牌影响力、为分销商提供必要的市场支持。而分销商(包括经销商、代理商、批发商、零售商)的角色是做好市场的开发和维护(包括铺货、理顺价格、理货、收款、处理顾客投诉等)，做好产品的销售，做好顾客的售后服务等。如果分销商总是热衷于参与厂家的品牌、广告等事务，就会引起厂家的不满；反之，如果厂家经常干预分销商所在区域的具体分销工作，也会引起分销商的反感。不同渠道层次渠道成员之间(如经销商与批发商、批发商与零售商)因为角色界定不清而争抢对方的客户，同一渠道层次渠道成员之间因为地域划分不明确争抢客户也会引发渠道冲突。总之，渠道也是一个舞台，各渠道成员在其中都扮演不同的角色，只有各自扮演好自己的角色，这个戏剧才会完满，任何角色不清、越界的行为都会引发渠道成员之间的冲突。例如，厂家自建渠道和商家自创品牌，就属于没有正确定位自己角色的情形。

2. 感知存在差异

由于渠道成员利益出发点不同，因此在营销渠道运作过程中，会对同一件事情存在感知差异，其实质是价值观、利益观的差异。例如，在确定旺季促销折扣时，生产厂商可能认为3%的折扣应当是合适的，因为该折扣率已经占到生产厂家销售毛利的20%，但作为购买者的经销商或零售商则觉得3%的折扣太低，不能充分弥补它们在组织商品销售过程中所付出的宣传、促销费用；反之，生产厂家可能认为分销商在商品销售过程中的宣传和促销都是它们应该做的，费用不能由厂家来负担。这样，生产厂家与分销商就商业折扣率高低的决策就存在不同的意见。这样的观点差异也是一种冲突，它将影响其中一方参与合作的积极性。

3. 目标不一致

每一个渠道成员都是一个独立的经济实体，都有各自不同的利益目标。例如，代理商的目标是希望厂家有更多的存货支持、更多的促销广告支持、更高的佣金；而零售商的目标则是更高的毛利、更快的周转率、更低的促销支出。当厂家与商家的目标值超出对方可接受的范围时，就会产生不和谐，冲突就有可能产生。再如，生产企业希望占有更大的市场、获得更大的销售增长额及市场份额，因而希望分销商薄利多销；但大多数经销商、零售商追求的是利润最大化，不赞同薄利多销，往往加上较高的毛利，而价格高则影响销量。制造商希望中间商只销售自己的产品，但中间商只要有钱赚就不关心销售何种品牌；制造商希望中间商将折扣让给下游买家或消费者，而中间商却宁愿将折扣留给自己；生产企业希望中间商为它的产品做推广，而中间商则要求生产企业负担广告费用。此外，每一个渠道成员都希望自己的库存和资金占用少一些，都希望是对方多一些。诸如此类，因目标不一致所引发的渠道冲突在所难免。

4. 决策权分歧

当一个零售商在特定地区以较高价格销售商品时，如果受到生产厂商有关价格限制要求的影响，这个零售商就会产生不满。许多情况下，一个渠道成员在似乎拥有独立决策权的领域内，受到了来自同一渠道其他成员的权利影响，就会产生“决策权分歧”。例如，经销商认为它有独立定价权，而厂家则给分销商提出定价要求，有时甚至强力于预定价以维护价格体系，就定价权应该属于谁，一直存在争议。

5. 资源稀缺

营销渠道中由于渠道资源(包括产品、渠道支持费用、客源等)分配上的意见分歧也会引发成员之间的冲突。例如，某些制造商在一个区域实行直接分销和间接分销相结合的多渠道组合策略，把一些好客户、大客户留给直接销售机构，而要求其他分销机构去寻找、开发小客户，开发偏远的、基层的市场，付出更多的成本和努力还得不到很好的回报，往往会引起其他分销机构的不满。因为相对来说，维护大客户的成本相对较低，而回报却很大。

6. 期望差异

渠道成员对经济形势、市场发展、客户经营效果的预期不同，也会导致渠道冲突。例如，制造商预测近期经济形势比较乐观，希望分销商经营高档新产品，但分销商对经济形势的预期却并不乐观，拒绝销售高档产品，而主要销售传统中档产品。又如，经销商可能认为厂家所定的销量目标过高，导致自己无法获得期望的返利额而产生不满；而厂家则认为经销商对目标的重视和努力程度不够，因此对经销商采取惩罚性措施。

7. 沟通障碍

渠道成员之间的有效沟通对于保障渠道成员间的合作具有重要作用。然而，不少渠道成员之间的信息传递存在障碍，或者非常迟缓，有的信息内容不清晰，甚至出现发布虚假信息的情况，导致沟通障碍，影响渠道效率。例如，一种商品在市场上出现了销售下降的情况，零售商虽然了解这一情况，却没有告知生产厂家，导致生产厂家还在扩大生产，因而导致库存积压；又如生产厂家的一批商品售出后发现存在缺陷，厂家撇开批发商和零售商直接通知最终用户或消费者到原先购买的商店退货，导致分销商不满。这些都是渠道成员之间由于缺乏有效的沟通，从而导致渠道运行不协调的情况，在渠道管理中应当避免。此外，也存在渠道成员间由于市场理念存在差异导致的冲突，需要渠道成员之间加强沟通和协调。

三、渠道冲突的表现形式

1. 价格问题

源于渠道政策不公、价格歧视等因素所引起的价格差异，常常是渠道冲突的诱因。制造商常抱怨分销商的销售价格过高或过低，从而影响其产品形象与定位；而分销商则抱怨制造商给自己的价格无利可图。折扣是渠道政策中比较常用的一种，企业总是希望尽可能地实现自己的利润目标，而只给分销商以较低的折扣率；而分销商也追求利润最大化，因而要求企业给予更优惠的条件和更高的折扣率，互相提出的要求不一致，冲突由此产生。

2. 存货水平

渠道管理不善可能引起库存积压问题。由于季节性原因，企业产品的销售往往存在淡旺季的问题，如北方市场的冷饮、空调等。旺季时，分销商往往要求厂家大量供货，提供供货保证，缩短供货周期，以防止产品“脱销”；而在淡季时，厂家往往要求分销商多囤货，因为这样既能占用分销商的资金，防止竞争性产品进入，又能为旺季实现高铺货率、占领市场做好准备。而此时分销商则不愿意投入资金进行大量的存货，而希望将资金投入到其他热销产品的经营中，以获取更大利润，厂家与分销商之间的矛盾也就由此产生。

3. 大客户问题

制造商与分销商之间存在的矛盾来源是制造商与最终用户建立的直接购销关系。这些直接用户通常是大客户，交易量大，是企业的重要客户资源。而且工业品市场需求的二八规则非常明显，分销商担心其大客户直接向制造商购买而威胁自身的生存，从而产生了关系冲突。

4. 跨区冲货问题

渠道管理过程中，由于厂家销售区域划分不够清晰或渠道监管不力、激励不当(如激励力度过大或激励政策的区域差异性)等原因，有的经销商就会为了自己的眼前利益(获得销量或争夺客户)，冒险跨区域冲货。冲货的结果必然是打破原有平衡，引起被窜货地区经销商的不满或报复，产生渠道冲突。

5. 应收账款问题

在渠道管理中，企业往往希望分销商尽快回款，以加快资金的周转，同时缓解企业的资金压力；而分销商则希望尽量延期付款，最好等到其下一级分销商回款之后再付款，以便使自己承担的风险最小。通常情况是企业的分销商在支付定金或完全依靠信用的基础上，先行提货，待货物售出后，再付清全部货款。但总分销商通常又以同样的方式将货物转让给其下级分销商，依此类推，构成了一个很长的回款链条，使货款很难付清。而且一旦链条中的某一个环节出现了问题，就会把风险转移给制造商，从而使企业资金链吃紧，严重时则会使企业蒙受损失。

6. 技术与市场支持不够

分销商不能提供良好的技术支持和服务，常被制造商作为采用直接销售方式的重要理由。但是对某些用户来说，一些技术标准比较固定的产品，仍需要通过技术咨询来选择最适合其产品性能的渠道。

7. 渠道成员调整

由于市场环境的变化或者分销目标的调整，企业有时不得不对分销系统进行调整，例如，对分销系统成员的增加、减少或者更换。增加渠道成员可能会引起现有成员的不满，而减少或更换渠道成员则可能导致渠道成员忠诚度的降低，从而诱发渠道冲突。

8. 经营竞品或另选经销商

制造商显然不希望其分销商同时经营竞争企业同类的产品线。尤其在目前的工业品市场上，用户对品牌的忠诚度并不高，经营第二条产品线会给制造商带来较大的竞争压力。相反地，分销商常常希望经营第二甚至第三条产品线，以扩大其经营规模，并免受制造商的控制。各自利益不同，形成目标差异，引起冲突。

9. 渠道的控制与反控制

营销渠道中,实力相对较强的一方将能够获得对整个渠道的控制权,而处于被控制的一方又会千方百计地增强自身的渠道权力来与之抗衡。由于厂商之间渠道权力分布的不均衡,渠道的控制与反控制便永远不会停歇,从而导致冲突。

第三节 渠道冲突的处理策略及解决方法

一、渠道冲突的处理策略

1. 缓解渠道冲突

营销渠道既然是一个合作系统,那么一定需要合作者确立共同的奋斗目标以及共同的合作价值观,这通常是管理营销渠道的最重要内容,也是处理渠道矛盾与冲突的主要方法。共同目标可以使每个成员把渠道合作作为自己的权利和责任予以认可并接受,一旦全体渠道成员都有了合作的意愿,就要有效地开展有助于合作的行动,包括组织共商、共议活动,让渠道成员都有参与渠道建设的机会,提高渠道成员的地位。这种方法尤其适用于渠道成员面临环境威胁时,如出现强有力的竞争性渠道、市场竞争日益激烈、消费者需求发生变化或者法律环境发生变化,此时,渠道成员确立共同目标,能够较为有效地缓解渠道矛盾,遏制渠道冲突。

2. 互动式合作

渠道中的合作通常并不是由资本渗透促成的,而是由一定的人际关系引起的。所谓渠道成员之间的良好关系,主要表现为有关销售人员、管理人员之间的良好关系。彼此尊重、经常沟通是渠道合作的基础。在管理渠道冲突问题上,让有关成员相互咨询意见,如召开咨询会议,邀请有关人员参加董事会、专题讨论会等,使合作伙伴能够感受到他们的意见得到倾听、受到重视,因而对对方更加信任和尊重。成员之间经常交流意见,还可以达到不断改进营销工作,提高营销效率的目的。

3. 发挥渠道领袖的调解作用

如果渠道成员凭借实力强大和办事公道而赢得其他渠道成员的尊重和信任,取得了渠道领袖地位,就能充分发挥其在渠道协调和冲突调解方面的作用,从而减少渠道冲突,巩固渠道系统。

4. 激发分销商的销售热情

分销商对企业产品销售的不重视是大多数企业都会面临的问题,也是企业与分销商发生冲突的主要原因所在。为解决这个问题,企业可以采取以下几种方法:一是建立有足够诱惑力的销售奖励机制;二是协助分销商进行促销活动,提高他们的销售业绩,让他们从企业的产品销售中得到足以与其他品牌产品相媲美的实惠,让他们感受到企业对他们的关注;三是为他们提供必要的服务支持,如售后服务支持、及时供应合适数量和合适质量的产品和服务等;四是提供销售管理方面的专业知识,如产品陈列、人员训练、库存管理、店面管理、订货系统等。

5. 调整渠道运行结构

由于时过境迁，一个再好的渠道系统都需要进行或多或少的改进与调整，更何况当渠道冲突成为摆在桌面上的问题时，渠道调整更是如箭在弦上，不得不发。传统销售渠道呈金字塔式的体制，因其具有广大的辐射能力，为厂家产品占领市场发挥了巨大的作用。

但在供过于求、竞争激烈的市场营销环境中，传统的销售渠道存在着许多难以克服的缺点：一是厂家难以有效地控制销售渠道；二是多层结构阻碍效率的提高，且臃肿的渠道不利于形成产品的价格竞争优势；三是单项式或多层次的流通使得信息不能准确、及时反馈，这样不但会错失商机，而且还会造成人员和时间上的资源浪费；四是厂家的销售政策不能得到有效的落实执行。因此，许多企业正将销售渠道改为扁平化的结构，即销售渠道越来越短、销售网点则越来越多。销售渠道短，增加了企业对渠道的控制力；销售网点多，则增加了产品的销售量。例如，一些企业由多层次的批发环节变为一层批发，即厂家—经销商—零售商，一些企业在大城市设置了配送中心，直接向经销商、零售商提供服务。

6. 遵循互利互惠原则

互利互惠，是指营销渠道中的一名主要成员，主动向其他有关成员提出建议，表示自己愿意为了渠道的稳定而做出某些让步，并希望对方也重新考虑自己的立场。运用互利互惠原则解决渠道冲突时，企业要选择与对方有过交往的人作为代表，以求取得对方的信任。同时还要提出对双方都有吸引力的条件，才能起到事半功倍的效果。

总之，在设计解决渠道冲突的策略时，常常会遇到相当大的阻力，甚至需要对营销渠道进行改组或重建。上述的各种解决渠道冲突的策略，实际上包含着这样的一个假设，即渠道冲突是可以控制的。通过有关管理活动，消除引起冲突的不利因素，营销渠道将恢复到正常运行状态。在这种假设条件下，管理渠道冲突的成本将得到有效控制。如果不具备这个假设条件，采取上述策略不仅于事无补，反而会加快渠道的瓦解，造成“鸡飞蛋打”的后果。

二、渠道冲突的解决方法

实践证明，渠道冲突尽管具有一定的可控性，但仍然是不可避免的。渠道冲突的解决方法多种多样，多数解决方法或多或少地依赖权力或领导权。以下是解决渠道冲突的六种典型方法：

1. 沟通

同一渠道的成员之间往往由于各种特殊情况而彼此缺乏了解，即使进行沟通有时也难以消除误会。解决的办法之一就是成员之间相互派遣管理人员到对方所在部门去工作一段时间，让有关人员亲身体验对方的特殊性。不少企业的经理经常到经销商那里去“蹲点考察”，亲身体验经销商的经营方式、管理者的思维方式等。经销商也可以派出自己的管理人员到企业的销售部门或者经销商政策部门去工作一段时间。当这些人员回来后，就会根据自己的亲身体验，从对方的角度出发考虑有关合作问题。

2. 劝说

通过劝说来解决渠道冲突其实就是在利用领导力。从本质上说，劝说是为存在冲突的渠道成员提供沟通机会。通过劝说来影响其行为而非信息共享，也是为了减少由于职能分工引起的冲突。既然大家已通过共同目标结成利益共同体，劝说则可帮助成员解决有关各自的领域、功能和对顾客的不同理解等问题。劝说的目的在于使各成员履行自己曾经做出的关于共同目标的承诺。

3. 谈判

谈判是渠道成员讨价还价的一种方式，谈判意味着某种程度上的妥协，其目的在于和平解决渠道成员之间的冲突。在谈判过程中，每个渠道成员都会放弃一些利益，从而避免冲突。但利用谈判解决渠道冲突的成效关键在于各成员的沟通能力，以及对放弃部分利益的态度。事实上，无论用哪种方法解决冲突，渠道中的每一个成员都既要维护自己的利益，又要兼顾渠道共同的整体目标，以确保能够避免冲突、解决矛盾，使问题得以有效解决。

4. 申请仲裁

当渠道冲突通过谈判未能成功解决，渠道成员又不愿诉诸法院来解决时，就可采用经济仲裁的办法。仲裁的优势在于其程序简单、结案较快、费用开支较少，能独立、公正、迅速地解决冲突，并给予当事人以充分的自治权。同时它还具有灵活性、保密性、终局性和仲裁结果易于得到执行等优点，从而为越来越多的当事人所选择并采用，尤其在国际分销事务中使用范围更大。

5. 法律诉讼

当使用以上方法都不能有效解决渠道冲突时，便可以使用法律手段（诉讼）来解决问题。例如，在特许经营体系中，特许商认为特许总部不断新添的加盟商侵蚀了他们的利益，违反了加盟合同中的地理区域限定，这时就可以采用法律手段来解决这一问题。当一方成员向有管辖权的法院起诉时，另一方就必须应诉。由于法律诉讼是有一定强制性的，在解决矛盾时，易造成双方成员关系紧张，有伤和气，导致双方的冲突不断升级，使关系日益恶化，因此，法律诉讼只能是解决渠道冲突的最后选择。

6. 清理或退出

对于那些由于初期考察不慎，实践证明未达到公司对渠道成员在人格、资信、规模及经营手法等方面的资格和标准要求的渠道成员；对于那些不遵守渠道规则、恶性销售行为屡教不改的渠道成员，都应该重新审查，必要时将其清除出渠道队伍。例如，对那些肆意跨区冲货、超低打压价格、制造价格混乱和恶性争抢客户的分销商，以及长时间未实现规定销售目标又消极对待而没有改进空间的分销商，都可以采取清理的方法解决。此外，退出某一渠道也是解决渠道冲突的一种方法。事实上，当水平性或垂直性渠道冲突处于不可调和的情况下时，退出或许是一种可取的或是一种明智的选择。当然，经销商从现有渠道中退出可能会产生一些负面影响，但企业可以调整渠道布局，将重心转移到其他优势渠道或新兴渠道。

第四节　窜货及其治理方法

窜货及其治理

有专家认为，窜货是一种极易被忽视，但对品牌和企业经营杀伤力很强的营销病症，特别是对有深厚品牌积累的企业，它被誉为“渠道的顽疾”，对此，业界多有争论。内行人把窜货视作“洪水猛兽”，深知它对企业品牌和市场的巨大破坏力；而外行人却不以为然，其结果是市场垮了，还不知道是怎么回事。其实，窜货是一种非常严重的渠道冲突行为，是真正的“渠道杀手”，应该予以高度重视。

一、窜货的概念

1. 窜货是一种恶性销售行为

窜货俗称“冲货”，是销售网络中的分销机构受短期利益驱使，违反销售协议，有意识地跨区域低价销售产品，并造成市场混乱和严重影响厂家声誉及渠道关系的恶性销售行为。窜货示意图（A 区域分销商窜货）如图 7-2 所示。

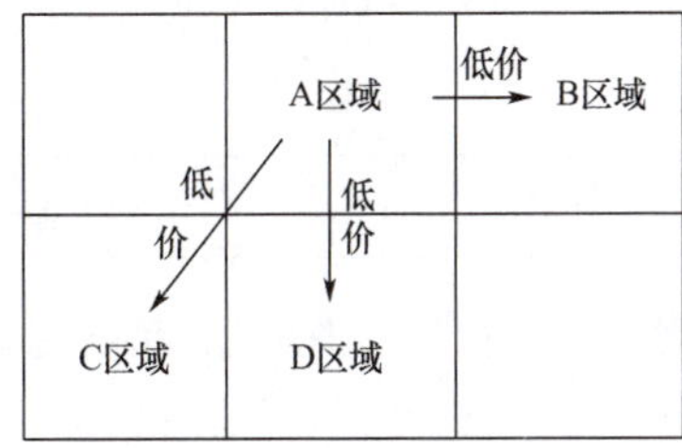

图 7-2　窜货示意图（A 区域分销商窜货）

具体来讲，窜货表现为分销机构跨区域销售，即将产品销售到本来不属于自己的销售区域或渠道领域，同时往往伴随着低价或变相低价。而且，所谓窜货，属偷偷摸摸的销售行为，是分销机构有意识的违规行为，其实质是追求眼前的利润或者渠道权力，最终会殃及价格体系及市场秩序，引发价格战，影响厂家信誉和品牌。因此，一般窜货都应该是指恶性窜货。

窜货的一般表现形式为：

(1)分公司为了完成销售指标、取得业绩，往往将产品销售给需求量大的兄弟分公司或兄弟地区，造成分公司（地区）之间的窜货。

(2)中间商之间的窜货。因甲、乙两地供求关系不平衡，产品可能在两地低价“抛货”。

(3)为减少损失，经销商低价倾销过期或即将过期的产品，以回收部分成本。

(4)更为恶劣的窜货现象是经销商将假冒伪劣产品与正品混合销售，抢占市场份额，获取不正当的利润。

2. 区分与窜货相关的几种销售形式

(1)自然性流通

自然性流通是指经销商在获取正常利润的同时，无意中向自己辖区以外的地区销售产品的行为。这种流通在市场上是不可避免的，只要存在市场的分割就会有此类流通。它主要表现为相邻辖区的边界附近货物相互流动，以及在流通型市场中，产品随物流走向而流通到其他地区。此种形式的流通，如果货量小，影响不大；如果货量大，该区域的通路价格体系就会受到影响，从而导致通路销量和利润水平的下降。

(2)良性冲货

良性冲货是指企业在市场开发初期，有意或无意地选中了流通性较强的经销商，使其产品流向非重要经营区域或空白市场的现象。在市场开发初期，良性冲货对企业是有好处的，可以激活市场：一方面，在空白市场上企业无须投入很多成本就提高了其知名度；另一方面，企业不但可以增加销售量，还可以节省运输成本。只是在具体操作中，企业应当注意，由此而形成的空白市场上的通路价格体系可能比较乱，因此企业要加强该区域市场的价格监管。

(3)恶性窜货

恶性窜货专指为获取非正常利润，分销商蓄意向自己辖区以外的市场倾销产品的行为。恶性窜货最常用的方法是降价销售，主要是以低于厂家规定的价格向非辖区销货。恶性窜货给企业造成的危害是巨大的，它扰乱了企业整个经销渠道的价格体系，易引发价格战，降低通路利润，使经销商对产品失去信心并最终放弃经销该企业的产品，同时，混乱的价格会导致企业的产品、品牌失去消费者的支持与信任。本章所讨论的所有窜货行为都是指恶性窜货。

二、窜货的原因

渠道发生窜货，有厂家的原因，也有经销商的原因，有客观的市场方面的原因，也有主观的销售人员方面的原因，但不管是什么原因，窜货都会对渠道的正常发展造成伤害。窜货的原因及危害如图 7-3 所示。

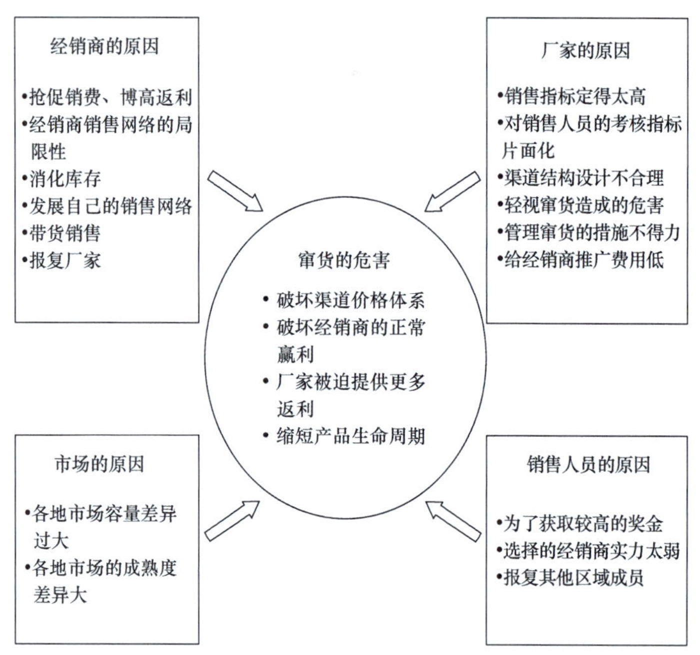

图 7-3　窜货的原因及危害

1. 窜货的一般原因

(1)价差诱惑

目前，许多企业在产品定价上仍然沿袭传统的“三级批发制”，即总经销价（出厂价），一批、二批、三批价，最后加个建议零售价。这种价格体系中的每一阶梯都有一定的折扣。如果总经销商直接面对终端，其中两个阶梯的价格折扣便成为相当丰厚的利润。如果经销商比较看重利润，不太注重数量的话，那么这个价格体系所产生的利润空间差异就非常大,形成了让其他经销商越区销售的动因。

(2)销售结算便利

在我国,很多厂商与客户采取以银行承兑汇票为主的结算方式,尤其在家电行业,如长虹股份有限公司。从安全角度来看,银行承兑汇票对厂家来说是一种比较理想的结算方式。但是,使用银行承兑汇票或其他结算形式(如易货贸易)时,经销商已提前实现利润且成本压力较小,出于加速资金周转或侵占市场份额的考虑,就会以利润补贴价格,向周边市场低价冲货。

(3)销售目标过高

当企业盲目对经销商提高销售指标时,也很容易诱导或逼迫经销商走上窜货的道路。很多企业对某种产品在某区域的市场消费总量不进行科学预测和理性判断,单凭感觉和过去的销售经验,盲目确定销售指标,导致经销商在完不成指标的情况下,只能向周边地区"开闸放水",甚至"泄洪",其结果是引发周边地区的经销商也砸价窜货,推波助澜。

(4)经销商激励不当

为激发经销商的销售热情,提高销售量,现在很多企业都对经销商实行"年终奖励"等返利措施。通常,厂家与经销商在确定年度销售目标时,往往以完成多少销量,奖励多少百分比来激励经销商,超额越多,年终奖励(或称返利)的折扣也就越高。于是,原先制定好的价格体系被这一年终折扣所打破,导致那些以量为根本,只为赚取年终奖励为目的的经销商为了获得这个百分比的级数差额,开始不择手段地向外"放水"。

(5)推广费运用不当

推广费是企业在运作市场时的一种基本投入。一些厂家由于缺乏相关的企划人才,又不愿跟经销商争论,往往会同意经销商的要求,按销量的一定比例作为推广费拨付经销商使用,厂家只是派人看看经销商有没有运作,而运作效果如何往往要等结果出来后才能评判,故不太好把握。至于经销商将厂家拨付的推广费是否全部用于推广,其实根本无法掌握。因此,推广费由经销商自己掌握后就变相为低价位创造了新的价格空间,给跨区销售提供"炮弹"。

2.窜货的根本原因

窜货的根本原因在于厂家。窜货虽然由分销商所为,但它是由厂家的销售政策和管理原因所致。分销商并不天生就是窜货者,其窜货行为往往是由于厂家制度的有失偏颇和管理的不力所迫使、所诱发的。因为厂家大多是"渠道领袖",是渠道规则的制定者和执行者,当然要为渠道问题承担主要责任。纵观渠道众多窜货现象,不外乎以下几大诱因:

(1)冲销量

厂家给分销商下达的销售指标太高,迫使分销商为了达到目标而冒险跨区销售,因为完不成销售目标脸上无光,在市场中没有地位,甚至危及经销权,更谈不上获取优惠政策。

(2)搏回扣

厂家在渠道促销、年终返利等方面激励力度过大,也会诱使分销商为搏高额返点而大肆窜货。追逐利润是渠道的本性,渠道成员为眼前利益诱惑所致。

(3)清库存

与上述两点相联系,冲销量、搏扣点,或者厂家销售管理不严、品类管理不当、拼命压货至渠道，都会造成分销商部分产品积压、滞销，如果厂家不能及时帮助分销商消化库存，那么，分销商必然铤而走险，低价抛货以化解库存风险，这种现象非常常见。

(4)抢地盘

厂家划定各分销商的经营区域或渠道领域时模糊不清，存在交叉或真空部分时，往往会出现分销商之间以低价冲货争抢地盘和争抢客户的现象。

(5)报复行为

因厂家违约，未兑现承诺，或者因撤换区域分销商引发冲突，分销商之间有过节，都会引发分销商进行恶意报复，目的在于以少量低价产品扰乱区域价格，给对方添乱。

(6)价格差异

分销商获得的优惠政策不同，产生价格差异，是导致窜货的内在动因。如果厂家实行价格歧视，对于不同的分销商，其返利、扣点、渠道促销、费用支持差距较大的话，实际上就为窜货创造了利润空间。一些厂家过分倚重大客户的政策常常会导致窜货的产生。

(7)绩效考核

如果厂家以结果导向对销售人员进行单一销量考核，收入与销售量直接挂钩，销售人员就会出于自身的利益考虑，默认、纵容，甚至协助分销商有目的地向外区窜货，这是管理制度本身的漏洞造成的。

此外，由于市场发育程度不均，或者相邻两地供求不平衡，也会导致成熟市场向周边非成熟市场以变相低价(贴运费)的形式窜货，这是客观原因。分销商有时也会用畅销产品低价搭带非畅销产品销售到外区(俗称“带货”)，形成事实上的窜货，这是主观原因，但无论如何，窜货的主要根源在厂家，治理的根本也在厂家。

三、窜货的危害

对于成熟产品、成熟市场来说，恶性窜货无异于慢性自杀，这就是好卖的产品往往不挣钱，热销产品会突然间销声匿迹的原因。

1. 跨区域低价窜货导致被窜地区价格混乱，影响经销商利益和销售信心

以低价销售为特征的窜货势必会卖低被窜市场的产品价格，破坏该地区价格体系，引发价格战，致使被窜地区分销商利润受损，由此产生对厂家的不满，失去销售信心。因为价格一旦被卖低，当地分销商不得不跟风降价，否则无法继续销售。而价格一旦被拉低，就很难回升到原来的水平。如果反复竞价，最后很可能把价格卖穿，大家都没有利润，分销商失去信心转而经营其他品牌的产品，此时竞品乘虚而入，取而代之。

窜货遵循的逻辑路径是“窜货—低价—跟风竞价—卖穿价格—失去信心—萎缩退市”，它为对手提供了商机，旭日升、健力宝等知名品牌的黯然退市就是铁证。因为价格是最敏感的营销要素，价格是市场的命脉，价差(利润)是渠道运行的根本动因，价格体系的维护和稳定对于任何企业来说都是一种挑战，任何对价格体系的破坏行为都会遭到市场的惩戒。

2. 以低价为特征的窜货为假冒伪劣产品提供空间，影响消费者的消费信心

以低价为特征的跨区域窜货必然会引起该区域的价格混乱，为假冒伪劣产品提供了空间。同时，由于价格混乱，消费者担心买到假冒伪劣产品而对该品牌不敢问津，进而影

响消费者的消费信心和品牌忠诚度，客观上缩短了该产品的生命周期，这是极其危险的，因为“营销是一场战争，竞争对手是我们的敌人，我们要占领的阵地是消费者的头脑”。

3. 窜货会影响企业形象，影响消费者的忠诚度，伤害厂家品牌

因为窜货带来的是价格波动，造成市场混乱、消费者怀疑、分销商不满，这些负面的影响都只能由品牌来承担，因此会伤及品牌，影响品牌的美誉度，进而影响消费者的满意度和分销商的忠诚度。而这些对于企业经营者来说都是至关重要的。

4. 窜货会引起分销商之间相互报复，引发渠道冲突，殃及整个渠道体系

窜货冲突首先表现为渠道利益的争夺，分销商之间互相倾轧，但最终受害者是厂家。因为窜货抢夺的是本属于对方的销售量和利润，降低了对方原有的利润水平。此外，这种冲突也是双方渠道权力的争夺。争抢地盘，争抢客户，报复行为，其实都是为了获取渠道控制权。这些冲突的受害者不单是被窜一方，还有厂家、品牌和市场，甚至消费者，整个渠道体系都会受到牵连。

四、窜货的治理方法

营销渠道成员都是独立的经济实体，都有各自独立的利益追求，从这个意义上说，跨区域冲货是无法完全避免的，但我们总是有办法去减少和控制这种恶性冲突的发生。娃哈哈等企业的成功经验告诉我们，窜货不能根除，但可以治理。

1. 设计和执行级差价格体系

必须严格设计和执行分销层次与价格层次相匹配的级差价格体系，保证分销过程中每一个环节的利润空间，并且制定强力措施保证每个环节按规定计划执行价格，这是治标又治本的办法。从横向来说，实行到岸价，由生产企业承担运费，保证各分销机构进价统一。从纵向来说，需率先设定分销层次，设定各级合理价差（利润）以及对应价格。以三级分销为例，可以制定相应的厂价（针对分销商）、批发价（针对二批）、KA价（针对大型零售终端和团购）以及建议零售价，逐级加利，保证层层有合理利润，当然还需辅助一些惩戒措施，以保证价格体系得以严格执行。

2. 严格控制渠道促销

必须严格控制渠道促销的力度、频度以及执行程度，并且考虑区域联动效应。事实上，很多窜货是由促销引起的，例如，促销奖励力度太大，分销商往往将促销奖励的一部分预期用来冲抵价格，拉低价格出货，以搏销量。返利太高也有同样的效果。此外，促销不宜过于频繁，如果过频，原有压货未消化又有新促销，分销商只能低价抛售，势必窜货而且价格再也反弹不上去，持续走低，这是非常危险的。由于渠道促销在力度和频度上具有微妙性，会对周边市场造成影响，所以促销时必须考虑周边联动，以减少价格波动和冲击力。

3. 制定合理的销售目标

销售目标应尽可能客观、合理，不强行压货、压销量。厂家的目标年年攀升，给分销商的任务也年年加码，虽说没有压力就没有动力，但如果压力太大了，或者把分销商压垮，或者被迫冲货，结果往往得不偿失。所以，销售目标不但要有挑战性，还要具有可实现性，要适度，最好由厂商双方本着求实的精神协商确定。

4. 制定公平的渠道政策

销售政策应尽量兼顾公平、避免厚此薄彼，以减少分销机构之间的价差，尤其在渠道激励上，尽量避免过分偏向大客户，避免激励了少数几个大客户而打击了大多数中小客户，激励方式上应多奖物、多奖培训和“助销”，少奖返利、少奖优惠价格，尽量减少市场上的价格反差和价格歧视。

5. 加强库存管理

加强库存管理，积极疏导经销商库存。有的企业只管向分销机构压货，不管分销机构死活，在品类管理上也没有章法可循，结果造成大量货品积压，最终不得不大力度促销清货，这是窜货的一大源头，库存问题是可以通过加强销售管理和客户关系管理(CRM)来减少和避免的。

6. 明确双方权利和责任

在合同上必须明确双方权利和责任，合理、清晰地界定分销商的分销区域和价格。通过合理划分分销区域，保持每一个区域分销商的合理密度，防止过密、供过于求引起窜货。同时避免分销区域交叉重叠，保持区域内分销商规模、范围与销售指标的均衡。

7. 建立渠道综合考量制度

企业应建立渠道综合考量制度，鼓励分销商遵守规则，共同维护价格体系和市场秩序，并将不冲货、不乱价作为年终返利的必要条件写入合同。很多厂家对分销商只进行销量考量，只重结果不重过程，特别在返利计算上只依据销量指标，这是危险的、短视的，是鼓励窜货的制度根源。如果将返利的条件设定为综合指标，包括销量目标完成、价格体系保持、分销网络维护、品牌推广支持等情况，将返利总额分解到各个指标考核发放，情况将会大为改观。

8. 对公司产品进行区域标码识别

对公司产品进行区域标码识别的目的在于实现产品区隔。采用区域标码识别，必须结合处罚制度，这是治标的一种手段。区域货物标码可分明标、暗标、外箱标码和内箱标码，可用文字、颜色、符号甚至批号相区隔，只要能够识别区域货主即可，它可以作为查处的一种凭据，对各区域分销商也是一种管理威慑。

9. 建立严格的窜货处罚制度

建立严格的窜货处罚制度并严格执行。实行“窜货处罚、不窜货奖励”的市场维护条例，并签立合同，双方签字认可，以增强反窜货的有效性。有的企业设立专门机构，配备专职人员执行，如娃哈哈、金龙鱼等，收到了良好的效果。在这个问题上，处罚条例要清楚严厉，奖励条例也要明确，不能心慈手软，不能讲人情。例如，第一次发现窜货除了罚款(按x元/件计)，减去窜货者相应销售额外，同时，增加被窜分销商相应的销售额，外加整改报告；第二次发现则在第一款基础上外加“取消年终评优评奖资格”；第三次发现则在第二款基础上外加“取消相应年终返利”的严厉条款，严重者甚至“取消经销资格”，而对遵守条例不冲货、不乱价者给予一定比例返利(奖励)。这样一来，分销商想跨区域销售时就会有所顾忌、权衡得失。当然，这些严厉处罚条款的执行也在考验厂家的态度和决心。

10. 实施业务人员综合指标考核

和渠道考量一样，对业务人员的业绩考核也应建立相应的综合指标，包括客户开发、市场维护、价格体系、品牌推广等目标，而非单一销量指标。业务人员的收入也要与综合指标挂钩，以免业务人员为了个人私利，不顾公司整体利益，帮助分销商进行有意的跨区域冲货。

案例分享

东盛制药从内部“下刀”治理窜货

制药企业在连锁经营方面的发展滞后于商企的步伐。因为医药(商业)公司和药店在全国四处调货，会认为这是其正常的营销行为，即便有部分药品进入非自己控制的渠道也不是什么大事。但是，由于制药企业仍然实行片区管理制，为了保证对终端网点的渗透，也为了便于对企业内部营销人员的考核，因此，在制药企业中出现了“打击窜货”的呼声。在打击窜货的过程中，东盛科技股份有限公司具体操作措施如下：

一、控制价格，不控制区域

首先，在看待窜货这个问题上，东盛副总裁关平就提出与众不同的观点，“面对窜货，喜忧参半。喜的是既然有窜货，说明我的产品还畅销，忧的是窜货使价格混乱，利润损失在渠道上，个别经销商因窜货短期受益，但时间一长，大家都没钱赚，最后将导致厂商疏离。”

东盛既不放任窜货存在，严厉打击恶性窜货，同时又通过一系列措施保证所有经销商的利益，因为只有保证经销商的利益才能保证制药企业自身的利益。具体的政策是：东盛只控制价格，不控制区域。也就是说，东盛事先与批发商、分销商约定一定的销售区域，只要能保证各终端执行东盛的批发和零售价格，批发商若要跨区域批货，只需报东盛知晓即可。

如何发现恶性窜货呢？其实很简单，被窜货地区的经销商对此最敏感。一旦市场上出现价格远远低于东盛零售指导价的产品时，受损地区经销商一定会立马获悉信息。东盛在接到该经销商举报的时候，坚持谁举报谁举证的原则。所谓证据，一是经销商进货发票，一是包装盒(箱)上的物流码。发票是用来证明违规经销商在进行异地窜货时是否执行东盛批发价体系的证据，而通过物流码在东盛的物流信息系统上很容易发现货物到底是由哪一个区域的具体哪一家经销商发出的。

二、从内部“下刀”

发现恶性窜货怎么办？东盛的做法是：处罚自己的片区营销经理。为什么只处罚自己人，而不处罚经销商？一是因为东盛与商家的合作采取的是赊销的方式，所以即便想处罚经销商也收不上来罚金；更重要的是，因为东盛采用统一供价，商家的利润并不高(批发商的利润平均只有0.57%)，所以商家若要窜货，一定是东盛自己的营销经理提供了促销资源支持。这些促销资源对商家的分配本来是有一定比例的，目的是提高产品在当地市场的占有率，但个别营销经理为了冲业绩，即便知道经销商争取促销支持的目的在于窜货，有时也是睁一只眼闭一只眼，将大量促销资源集中提供给个别经销商了。

至于具体处罚措施，东盛有一套“黄牌条例”：第一次发现窜货，出示一张黄牌；第二次发现窜货，再出示一张黄牌；到第三次窜货，出示一张红牌。前两次被罚黄牌的时候，同时处以罚金；当营销经理接到红牌的时候，轻则调离岗位，重则开除。

最后，总结打击窜货的关键时关平说，“要让我们的营销队伍达成共识，要让兄弟们都有钱赚。事实上，老是不遵守公司政策的人通过窜货侵犯了别的同事的利益，最后就会出现人人喊打的局面。”

（资料来源：作者根据网络资料编写）

总之，虽然窜货是一种极其可怕的渠道病症，它会对企业的品牌和市场造成致命伤害，但只要认清它的实质和根源，掌握其发生、发展和运动的规律，这“顽疾”还是可以治理的。从理论上说，虽然我们不能将其根除，但我们可以通过政策的完善和有效的管理，减少和控制恶性窜货的发生。“千里之堤，毁于蚁穴”，对于窜货，我们不能轻视，更不能纵容。商家不能“以小而为之”，厂家也不能“因小而不为”。

专　题

建立渠道伙伴关系

“商界没有永远的敌人，只有永远的利益”，当渠道成员之间发现打打闹闹、互相争斗，最后只能是两败俱伤、毫无益处时，便开始反思，进而转向相互理解、相互支持、寻求合作，建立渠道伙伴关系，走向渠道联盟，谋求双赢。这是渠道发展的必然趋势，也标志着渠道成员的理性与进步，因为竞争的最高境界是“竞合”。

一、新时期厂商关系的特征

厂商之间既是矛盾对立体，又是利益共同体。可以说，厂商之间建立紧密型的伙伴关系也是经济发展的客观要求，是社会分工和专业化的必然趋势。厂家的人力、财力都是有限的，不可能完全直营，更不可能完全自建网络，必须依靠经销商专业化、本地化的分销力量，才能实现对区域市场的有效覆盖。而经销商也不能独立存在，必须借助厂家的产品、品牌及市场支持，才能生存和发展。

新时期厂商关系应该是一种合作伙伴关系，厂商之间地位平等、相互依存、荣辱与共、风雨同舟、共同发展。双方应遵循平等互利、协作双赢的原则。双方之间是树与藤的关系，是一种共生关系，谁也离不开谁。

然而，厂商之间要建立这样一种伙伴关系并不容易，能否建立这种伙伴关系，首先，要看双方对“相互依存、荣辱与共、风雨同舟、共同发展”的理念能否达成共识。其次，更主要取决于厂家对经销商地位和作用的认识和态度。最后，看双方在合作过程中能否相互得益。金龙鱼、娃哈哈、宝洁等企业的行为就是其中有力的佐证。

二、建立渠道伙伴关系的原因

渠道冲突已成为渠道中一种普遍的现象，但其中既存在着许多矛盾，促使其相互竞争，又由于共同的利益关系使两者紧密地结合在一起，因此，加强渠道内部各成员间的协调与合作便成为双方共同努力的方向。事实上，无论哪种类型的渠道合作，其最终目标都不是单纯地获取商业利益，而应是确立一种渠道伙伴关系。

渠道伙伴关系有三个明显的特征：目标统一、资源共享和相互依存。要想真正建立渠道成员间的伙伴关系，通常需做到以下几点：

1. 注重战略关系的培养

不要将成员间各自的短期利益放在首位，而应着眼于满足顾客的需要，将渠道成员看作一个利益共同体。渠道管理者从一开始就应在渠道中灌输这一思想，并努力通过实际的操作手段（如管理渗透、参股经营、聘请经销商当顾问、成立商会等）不断强化这一思想，使之付诸实践。

2. 提高整体渠道的经营能力

强调分销的效率，注重从提高渠道整体的能力及素质入手，渠道成员共同发展提高，主要包括实施深度分销、给客户当经营顾问、实施关键客户的管理、对经销商进行培训、搭建学习提高的平台等方式。

3. 建立信息共享、资源共享的一体化经营体系

通过实施电子网络化管理（如客户关系管理或管理资源重组等）使客户沟通渠道更加通畅、关系更加紧密，努力实现渠道成员与消费者以及渠道成员间的实时信息传递，从而最大限度地合理调配资源，节约运营成本。

总之，创建渠道成员间合作伙伴关系不仅大大降低了企业运营的风险，而且提高了渠道的运营效率，降低了运营成本，为建立一个长期稳定的渠道体系打下了良好的基础。

案例分享

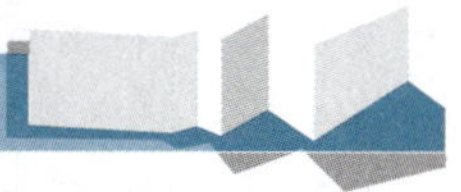

娃哈哈独创“联销体”模式

娃哈哈的“联销体”模式虽然具有特定的时代特征，但娃哈哈一直以来对经销商的尊重和重视却是不争的事实。据娃哈哈公司董事长兼总经理宗庆后坦言，娃哈哈在制定渠道政策时首先考虑的总是经销商的利益，娃哈哈的促销政策大多也是针对经销商的。娃哈哈通过渠道利益的合理分配稳定价格体系，通过控制窜货稳定市场秩序，通过帮助经销商开拓、维护市场和培训经销商队伍促进经销商成长，使经销商乐意支付预付款，乐意配合厂家的品牌和市场策略，厂商真正地融为一体，形成一股巨大的合力，进而成为娃哈哈独特的渠道优势。在娃哈哈的经营理念里，经销商是销售队伍的一种延伸，所以，娃哈哈派人员“助销”，帮助经销商赢利和发展，增进客情，实现双赢。

三、维护和发展渠道伙伴关系

1. 正确选择并评价渠道伙伴

目前，形成渠道联盟、建立伙伴型渠道关系已是一种潮流、也是一种竞争需要。建立伙伴型渠道关系的第一步，是对现有的渠道交易伙伴按照一定的标准进行评价，选择符合制造商标准的分销商，发展成为企业的关系型营销渠道伙伴，以谋求渠道关系和渠道利益的长远发展。要建立长期合作的伙伴关系，对分销商的评价除了常规的标准外，还要着重对分销商的信用和财务状况、分销商的声誉、分销商的企业文化与价值观、分销商的管理能力及其发展潜力、分销商的销售能力与销售绩效等多个方面进行综合评价，才能找到优质的渠道伙伴。

2. 构建共同远景，发展相互信任

在经过考察、了解之后，企业会确定可以进一步发展合作关系的对象，接下来的重点就是构建双方的共同远景和相互信任，为建立伙伴关系打好基础。构建共同远景需要遵循的一个基本原则是把目标与价值观结合起来。因为企业的价值观决定了企业的经营方式以及合作的很多方面，诸如应对变化的态度、对待合作伙伴的态度、如何考虑合作的价值等。共同远景目标的构建可以通过高层沟通、互派联络员或企业不同部门层次的领导和员工的对接来逐渐达成共识，形成双方的共同长远规划，并在各个层次不断交流与合作的过程中发展相互信任的关系型渠道关系，其中最重要的就是双方合作的意愿与真诚。

3. 制定明确的合作协议

渠道伙伴关系的建立和发展需要制度化和规范化，需要制定明确的合作协议用以处理日后发生的争议。伙伴关系双方在构建了共同远景目标和相互信任的基础上，应对合作中的一些具体问题共同制订一个详细的计划，以便于在以后的协作中遵循。计划的重点内容包括明确双方的权利和义务、建立共享分配机制、确定决策和协调程序等方面。

4. 渠道关系的运行与磨合

渠道关系的发展需要一个磨合的过程。当渠道合作协议签订以后，渠道关系建设正式投入运行，在运行中也许会不断地发现问题，此时需要本着互利原则及时协商解决，使伙伴关系不断完善和发展。在运行之初，可以采用互派联络员或分销伙伴助理的方式，在联合促销、联合库存管理支援、有目的的培训等方面打破组织间的界限，互相协助、共同开展工作，逐渐达到组织各层次间的关系整合，提高渠道的运行效率。

5. 在关系运行和发展中运用激励

在关系运行和发展中，可以适当运用激励方式，促使双方友好合作、互惠互利并增进感情。激励方式主要包括以下几种：

(1)给经销商提供适销对路的优质产品，这是对经销商最好的激励。

(2)给予经销商尽可能丰厚的利润以提高其经销的积极性。

(3)协助经销商进行人员培训。

(4)授予经销商独家经营权。

(5)双方共同开展广告宣传或给经销商广告及渠道费用补贴。

(6)给成绩突出的经销商以奖励等。

一个企业应认真研究目标市场的发展和竞争情况，客观地衡量本企业与合作伙伴的得失，共同拟定销售策略，建立休戚相关的伙伴关系以谋求长期共同发展。

6. 妥善解决渠道冲突以维护渠道关系

由于渠道成员之间合作制度和合作机制内容的不完善，以及渠道成员在利益、经营战略和策略方面的变化及差异性，导致制造商与分销商在渠道合作各环节中往往会产生矛盾和冲突，主要表现为利益冲突和争夺对渠道的控制权。妥善解决渠道冲突，必须本着公平公正、真诚合作和互利双赢的原则，学会换位思考，多站在对方的角度考虑问题，维护双方的共同利益，才能有效维护渠道伙伴关系。

7. 实现互利双赢和渠道满意

渠道伙伴关系的建立与维护是合作双方共同的事情，实现互利双赢是渠道合作的目标和最高原则，任何有损于合作的思想和行为都不利于渠道伙伴关系的发展。此外，渠道满意是渠道管理研究的前沿问题，是渠道关系管理追求的目标，也是渠道关系质量的重要体现。完整意义上的渠道满意应该是制造商对中间分销机构、中间分销机构对制造商以及中间分销机构之间的"双向"和"多向"的满意，体现出渠道运作和渠道关系的和谐状态。

案例分享

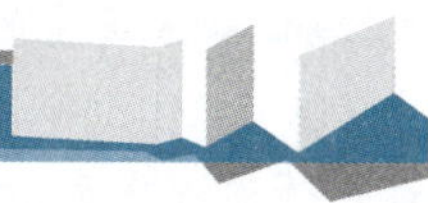

宝洁与沃尔玛合作的"宝玛模式"

宝洁作为重视渠道战略伙伴关系的又一典型代表，其与沃尔玛合作的"宝玛模式"值得业界称道。据媒体报道，在宝洁的总销售额中有8%来自沃尔玛，在沃尔玛的总销售额中，有3.5%归功于宝洁。宝洁公司与沃尔玛于20世纪90年代建立的"宝玛模式"发挥了重要作用，这种合作模式不仅使宝洁更加了解零售商的需求，而且也拉近了制造商与零售商之间的距离。宝洁公司与沃尔玛的合作，改变了两家企业的营运模式，实现了双赢，堪称典范。与此同时，它们合作中的四个理念，也演变成供应链管理及现代关系管理的标准。这四个理念可以用四个字母表示：C(Collaboration，合作)，P(Planning，规划)，F(Forcasting，预测)和R(Replenishment，补充)。

"C"——合作

这里的合作不是指两家企业普通买卖关系上的合作，而是为同一目标、实现双赢的合作。零售商店不存货，而把存货推给供货商，增加供货商的成本，就不叫合作。如果零售商与供货商共同以顾客满意为最高目标，通力合作，就可让双方都成为赢家。这样的合作是长期的、开放的，而且要彼此共享信息。双方不但在策略上合作，在营运的执行上也要合作：双方要协议对对方信息保密，制定解决争端的机制，设定营运的监控方法以及利润分配等方面的策略。双方的目标是，在让销售获得最大利润的同时，缩减成本与开销。

"P"——规划

供应链的管理源于日用品的零售，双方当初并没有规划，后来由于有别的行业应用，才认识到有把规划纳入的必要。两家企业合作，要规划的事很多。在营运上有产品的类别、品牌、项目；在财务上有销售、价格策略、存货、安全存量、毛利等。双方在这些问题上的规划，可以促进共同目标的实现。此外，双方可以对产品促销、存货、新产品上架、旧产品下架等事项进行共同规划。

"F"—— 预测

对销售的预测，双方可有不同的看法、不同的资料。供货商可能对某类商品有自己的预测方式，而零售商店可以根据实际销售对某种商品进行预测，但双方最后必须制定出彼此都同意的预测方式。系统可依据原始信息，自动做出基础性的预测，但是季节性、时尚性的变化，以及促销活动、顾客的反应，都会使预测的准确度发生变化。双方要预先制定好规则，研讨并解决预测可能产生的运行差异。

"R"——补充

补充是供应链管理的重要程序。销售预测，可以换算成为订单预测，而供货商的接单处理时间、待料时间、最小订货量等因素，都需要列入考虑范围之内。货物的运送也由双方合作完成。零售商订货，应包括存货比率、预测的准确程度、安全存量、交货时间等因素，并且双方要经常评估这些因素。在补充程序上，双方要维持一种弹性空间以共同应对危机事件。成功的补充程序，是指供货商经常以少量的货品供应零售商，以细水长流的方式，减低双方存货的压力及费用负担。

宝洁与沃尔玛的合作提供了制造商与零售商紧密合作的模板，越来越多的商家与厂商开始重视建立和发展伙伴关系，它们的成功经验值得企业借鉴。

（资料来源：王国才．营销渠道管理[M]．北京：对外经济贸易大学出版社，2018）

本章小结

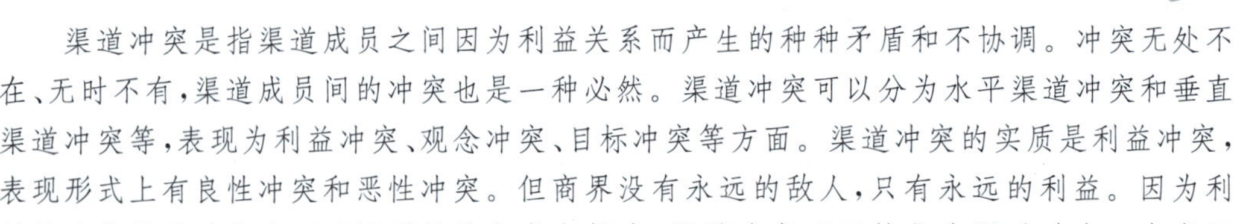

渠道冲突是指渠道成员之间因为利益关系而产生的种种矛盾和不协调。冲突无处不在、无时不有，渠道成员间的冲突也是一种必然。渠道冲突可以分为水平渠道冲突和垂直渠道冲突等，表现为利益冲突、观念冲突、目标冲突等方面。渠道冲突的实质是利益冲突，表现形式上有良性冲突和恶性冲突。但商界没有永远的敌人，只有永远的利益。因为利益导致的渠道冲突也可以用利益的方式去解决，渠道冲突可以转化为渠道动力。本章还讨论了窜货及其治理方法以及建立厂商合作伙伴关系的专题内容。

思考与练习

一、名词解释

渠道冲突　水平渠道冲突　垂直渠道冲突　窜货

二、选择题

1．渠道冲突从实质上讲，主要表现为（　　）、观念冲突和目标冲突。

A．利益冲突　B．关系冲突　C．人员冲突　D．时间冲突

2．渠道冲突处理策略多种多样，主要有五种典型方法解决渠道冲突：（　　）、劝说、谈判、诉讼、退出。

A．沟通　B．对抗　C．冷战　D．仲裁

3．"窜货"俗称"冲货"，是销售网络中的分销机构受短期利益驱使，违反销售协议，有意识跨区域低价销售产品，并造成市场混乱和严重影响厂家声誉及渠道关系的（　　）。

A．恶性销售行为　B．良性销售行为

C．关联交易　D．促销行为

4．新型的厂商关系应该是一种"（　　）"，厂商之间既是矛盾对立体，更是利益共同体。

A．合作伙伴关系　B．交易关系　C．对立关系　D．管理关系

三、简答题

1．怎样理解"渠道冲突的根源"？

2. 恶性"窜货"会带来哪些危害?

3. 新时期厂商关系具有什么特征?

四、论述题

怎样辩证地看待渠道冲突的益处?

训练设计

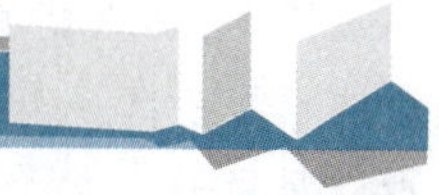

根据当地某公司的相关行业、环境、数据、资料,利用业余时间起草一份厂商之间防止窜货的约束条款协议书,设定相应的处罚和奖励条例,约定操作规范,注意可操作性。

应用分析

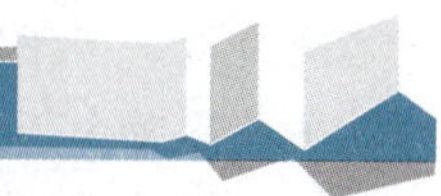

蓝月亮掀起了一场渠道革命

作为家喻户晓的洗涤品牌,蓝月亮备受消费者青睐。2015 年,蓝月亮的渠道变革将其推到了风口浪尖,一时间引来众多争议,而蓝月亮官方并未对此进行解释或者澄清。随着其独家冠名的 2015 年 CCTV 中秋晚会的播出,低调的蓝月亮慷锵有力的发布了最新产品并对其进行推广。那么,蓝月亮在当时究竟发起了什么样的渠道变革呢?

1. 革命事件

2015 年 6 月,蓝月亮品牌遭人人乐、家乐福、大润发等 KA 超级卖场全国性集体下架,相应的商超导购也被清走,蓝月亮遭遇"月食"。一石激起千层浪,外界猜测不断,有人猜测其产品可能存在质量问题被 KA 渠道强制下架,后续随着事件的升级,又曝出蓝月亮之所以被 KA 卖场下架是因为其与卖场谈判破裂,主动撤走。

真相最终露出了庐山真面目,整个事件的来龙去脉也逐渐清晰。蓝月亮系列洗涤产品整体销量很是可观,但随着产品销量的增加其注入在 KA 渠道的成本也居高不下,投入的成本大大拉低了企业收益,冗长的产品分销链条严重压缩了企业的盈利空间,利润被逐层"剥皮"。蓝月亮终于忍无可忍,叫板 KA 渠道,提出谈判,双方未能达成一致观点,最终孔雀东南飞,蓝月亮"负气出走",开始了全国性的集体下架。谈判破裂的主要原因是蓝月亮要求在 KA 卖场开设专柜,实现自主定价、管理,这触犯了商超的商品陈列规则,最后蓝月亮主动退出传统 KA 渠道,自谋多福。

2. 革命的枪声

这一定程度上反映出了 KA 渠道和供应商之间的"苦大仇深",二者之间积怨已久。KA 渠道商掌控巨大流量资源,成为日化洗涤产品的主要销售渠道,是真正意义上的零售"吸血鬼",供货商面对渠道商层层抽茧剥丝的利润分成一般也只是敢怒不敢言,沉默应对,打碎了牙往肚子里咽。

鲁迅说:"不在沉默中爆发,就在沉默里灭亡。"

蓝月亮自此揭竿而起掀起了渠道革命,爆发了自己的小宇宙,开始布局新的分销路径,转战线上渠道。这一举措惹来争议的最大点在于其冒天下之大不韪,抛弃 KA 渠道,当时人人皆为蓝月亮担忧,恐其难以支撑巨大的库存压力,押宝线上有可能将其美好的前途置于万劫不复之地。那么蓝月亮鼓起勇气敢为天下先的举措，依据是什么呢？

首先，产品体积大、重，不便携带。目前的洗涤市场品牌林立，除了蓝月亮一家独大之外，还有雕牌、汰渍、奥妙、立白、奇强、超能、碧浪等。蓝月亮之所以胸有成竹的变革传统KA渠道，是洞察到消费者需求的变化。洗衣液品牌之争，大多是通过大容量、低价位来拉拢消费者，这就使企业在产品包装设计上尽可能地选择大的盛容器，而去超市购买洗衣液的消费者大多是女性，从超市到家门口这段距离对绝大多数女性来说无疑是一种挑战。可以想象一个女子，手持轻则三四斤重则十多斤的洗衣液奔走，显然在这个女汉子丛生的年代仍然会显得力不从心。

其次，传统洗衣液使用中需要的剂量较大，并且每次的使用量不便把握。洗衣液的整个容量是增加了不少，相比较比较划算，但是每次使用时都要倒很多，尤其是在机洗时。每次的使用量大，造成洗衣液的消耗速度特别快，一大桶没用几天就完了，"中看不中用"。有较多传统洗衣液厂商将包装的桶口设计成广口状，消费者需要用量杯测每次洗衣可能用到的量，因每次洗衣数量的不同，洗衣液使用的剂量也就难以把握和标准化的使用，要么倒多了或者倒少了。还有一些厂商采用袋装的洗衣液包装，使用起来更加麻烦，倒来倒去，部分设计甚至有些"反人类"。

蓝月亮认识到了洗涤行业的痛点所在，看到了消费者需求的明显转变，它认为传统的产品研发和设计理念以及分销模式已经与市场需求脱节，未来堪忧，这才促使它有了足够大的信心和把握主动进行渠道革新。蓝月亮与传统KA渠道撕破脸之后，将主力放在了产品研发和线上渠道的开拓上。

其线上分销体系分别是建立自营平台月亮商城、微商城月亮小屋，和入驻京东、天猫、一号店等大流量电商平台。除此之外，蓝月亮虽然和大润发、人人乐等KA商超决裂，但也没有因此彻底放弃线下渠道，仍有部分超市销售蓝月亮品牌产品。蓝月亮集中力量完善线上电商布局，同时为了配合线上，垂直整合了线下资源，和社区洗涤店展开广泛合作，物流配送方面除了和第三方配送团队合作之外还建立了社区清洁顾问，只为解决产品最终的销售问题。通过微商城月亮小屋让更多的清洁顾问进行点对点分销推广，逐步在洗涤垂直领域里深耕下去，多触点接触消费者，压缩产品从生产到销售过程中多余的环节。

3. 革命后的新政

9月16日，沉寂已久的蓝月亮终于发声，推出新品。面对渠道窘境，蓝月亮在遇事的100多天里，用一种无声胜有声的架势向外界传递出一种底气十足的格调，而发布的新品"机洗至尊"专门针对产品的重量和使用便利性而设计生产的。对洗衣液产品体积进行了瘦身，产品方面增加了高能量配方，同时设计了泵头，增加了防滑纹等细节的设计，打出了"机洗泵时代"的宣传口号，借助冠名2016年CCTV中秋晚会的巨大影响力推广。

蓝月亮的渠道革命随着新品的发布也一锤定音，战略意图和战术实施已经很明显，一路上蓝月亮始终在一个主导的位置。与KA翻脸，发展电商，布局社区，发布新品，冠名中秋晚会，环环紧套，整个棋局布置谨慎、有序。

当然，变革的引领者必然会遇到市场压力。就在蓝月亮撤离部分KA卖场时，其竞争对手快速反应，垂涎行业第一的位置，为此专门加大了商超的推广力度，不仅仅大促销，同时增加了高出平时多倍的导购员，迅速占领市场，力求多一份市场份额，趁着蓝月亮还处于改革状态最好能打个措手不及。从蓝月亮100多天的销售表现来看，或多或少都因此受到了影响。虽然没有了部分KA渠道的分销支持，但整体来讲市场份额并没有因此沦陷多少。蓝月亮发力全渠道，尤其是开辟了线上的销售机会，短时间内还没有明显的革新效果出现，这可能需要市场通过一段时间来反馈，目前蓝月亮平台的交易数据和线下表现只是进入了一个新的阶段，能否像之前那样继往开来，还需再观察一阵。这让其竞争对手暗爽了好一阵，毕竟蓝月亮撤出了KA卖场，为自己的发展腾出了位置，但这也让其担忧。

同蓝月亮一样，例如汰渍、超能、奥妙等品牌也有自己的线上销售入口和平台，运用了全渠道销售模式，但是为什么没有像蓝月亮这样敢于直面KA霸主摊开底牌叫板？就传统意义来说，供货商基本上受着渠道商的牵制，对渠道商的各种"言听计从"都是不得已而为之。蓝月亮之所以敢冲出来"革命"，一方面是把握住了市场痛点和消费者需求，另一方面是多年积累下来的品牌影响力足够撑起自己的变革底气。

（资料来源：作者根据网络资料编写）

【问题思考】

1. 怎样看待蓝月亮的这场"渠道革命"？
2. 怎样理解该案例中渠道冲突的实质？

第八章 渠道维护

学习目标

知识目标

- 了解渠道维护与产品决策
- 了解渠道价格的协调与控制
- 熟悉渠道客情关系的内容

能力目标

- 掌握渠道促销的力度与频度
- 掌握渠道客情关系的维护策略
- 把握渠道团队建设的方法

案例导入

"鲁花"的真情投入让客户感动

山东鲁花是1999年进入市场的，靠着真情的投入以及灵活的渠道策略，迅速发展成为花生油行业的知名品牌，占据了包装食用油界的第三把交椅。

在传统批发渠道，鲁花将目标放到了不被食用油的领导品牌——嘉里系重视的二级批发商，这些批发商虽然实力不如嘉里系一级经销商实力雄厚，但是他们熟悉当地包装油市场，都有一定的流通销货能力，且他们不甘心为嘉里系充当不可能发展成为一级批发商又不赚钱的搬运工角色，因此，鲁花在全国各地形成了58个销售分公司，发展了几千家经销商，销售人员达2 000多名，从而在批发市场尤其是零售终端迅速扩大铺市面，实现了对批发市场的快速上量和占有。

在团购渠道，鲁花各地分公司在团购前期大批量派出专职人员帮助经销商跑团购，将本地市场内的单位以划区包干的形式一家一家地跑，而且一年四季，坚持不懈，拉到的单子就给经销商。这让许多实力还不是很强，自己没有精力跑团购的经销商很感激。另外，由于鲁花的产品利润空间大，各级中间商和采购经办人获利丰厚，从而极大地促进了鲁花在团购市场上的发展。

在KA渠道，山东鲁花以民营企业灵活的机制和内部政策，从不吝啬客情投入，获得与卖场采购和主管的良好关系，从而以少于嘉里系几倍的促销费、进场费、堆头陈列费，得到了更多的关照和实惠，这就使得山东鲁花一直在终端保持了很好的正面形象与主推陈列，对销售和品牌宣传起到了良好的促进作用。

（资料来源：中国营销传播网）

【问题思考】 你认为鲁花的哪些做法值得学习和推广？

在企业分销实践中，渠道的维护往往比渠道的开拓更重要，更需要专业技术。很多企业也许很快就能开发一个新市场，可是没过多久，该市场就一片混乱，乱价、窜货、厂商冲突不断，分销商怨声载道，无心再卖，销量直线下滑，厂家也不知道问题出在哪里，无奈之下只能黯然退出市场。难怪有人感慨：打江山容易，守江山难。

企业的渠道面临着一个如何维护以及持续发展的问题。渠道的维护和持续发展不是一个简单的技术问题，它是一种营销战略。渠道维护技术贯穿于渠道设计和渠道运作过程中，它要求“未雨绸缪”，而不是“亡羊补牢”，它强调前瞻性、系统性、科学性和稳定性。在某种程度上，渠道维护比渠道开拓更困难，更讲究科学性。

第一节　渠道产品结构优化

产品决策是指企业在经营战略的指导下，根据市场研究的结果，结合企业自身的条件，确定企业在未来一段时间内的产品线、产品组合、产品规格的方向与策略，以及制订产品创新方案的过程。通俗地讲，产品决策就是企业生产什么产品，以及用什么产品满足市场需求。营销渠道中的产品决策主要涉及产品线决策、产品组合、产品生命周期管理、新产品开发等内容。产品决策必须和渠道特点相结合，做到相互协调，才能收到良好的销售效果。产品在市场营销组合诸因素中占有举足轻重的地位，因为营销的价格策略、分销策略和促销策略都是围绕产品展开的，产品是渠道运作的核心要素，产品决策在渠道维护中也占有重要的地位。

一、渠道产品及品牌创新

根据熊·彼特的创新理论，创新是一条永恒的法则，不创新则死亡；创新也是事物发展的动力源泉，唯创新才有活力。因此，渠道产品的不断创新是渠道管理的一项重要内容，它为渠道的发展增添了生机与活力，也是渠道维护的核心内容。

例如，娃哈哈的“联销体”渠道模式在业界享有盛誉。为了维持渠道的活力，娃哈哈不断进行产品的创新以充实渠道，并有节奏地逐步投放产品以激活渠道，使渠道运作始终具有足够的动力源。娃哈哈先后投放市场的产品包括：早期有儿童营养液、营养八宝粥、果奶等，接下来有纯净水、非常可乐、非常柠檬、茶饮料等，后来有番茄汁、营养快线等。总之，娃哈哈总是保持产品、品牌不断创新的势头，以给顾客一种新鲜感和吸引力。

1. 渠道产品创新频率要有“度”

渠道产品创新包括开发投入全新产品、推出改良产品、推出换代产品、引入新品牌等内容。渠道产品创新能够为渠道的运作提供动力，增添渠道活力，因为渠道成员需要经营新产品以保持渠道的新鲜感和对消费者的吸引力。同时，新产品的投放也能保证渠道成员的经营利润，因为往往新产品都有较大的利润空间。但渠道产品创新也存在一个节奏问题，如果创新产品投入频率太低，会使渠道显得太陈旧而缺乏活力，如果创新产品投入频率太高，又会使渠道成员应接不暇，从而导致渠道经营的混乱。因此，渠道产品创新要讲究一个“度”。

2. 渠道产品创新的差异化原则

根据USP(独特的销售主张)理论,企业的营销策略只有具有独特性,实现差异化,从而形成竞争力,才能获得竞争优势。渠道产品创新的目的是增强渠道的吸引力和竞争力,因此,目前使用最为广泛的产品创新决策是渠道产品差异化,即经营与众不同的产品、进行独特的产品组合或者提出差异化的产品创新主张。要与竞争渠道的产品形成区隔,才能更具有竞争力。

例如,蒙牛早期在渠道销售的主打产品是蒙牛纯牛奶,后来随着渠道竞争的加剧,陆续细分开发出蒙牛低脂奶、蒙牛高钙奶、蒙牛加铁奶、蒙牛加锌奶、蒙牛学生奶、蒙牛早餐奶、蒙牛酸酸乳、蒙牛兵工厂、蒙牛特仑苏等具有差异化特征的产品,满足了多层次消费者的多样化需求,形成了渠道优势。

产品差异在很大程度上也是渠道成员所期望的,因为可以使自己的产品区别于其他竞争者的产品,甚至其定价可能更高一些,利润可能更丰厚一些,对购买者也更加具有吸引力。创造产品差异不仅是制造商的任务,同时还应该激励所有渠道成员参与创造产品的独特性差异,以激活渠道。如终端产品展示和零售的方式、产品零售商类型以及所能提供的服务等都可能成为塑造产品差异的舞台。

二、渠道产品及品牌优化组合

产品是渠道销售的核心要素,一切渠道问题都因产品的运动而展开。产品组合是渠道管理必须要考虑的问题,它包括产品线的组合、产品规格的组合、产品品牌的组合等内容。产品优化组合就是探讨渠道产品线、产品规格、产品品牌的优化组合问题。换句话说,产品优化组合就是关于应该选择经营哪些产品线、产品规格以及产品品牌以实现渠道销售的最大化和渠道效益最优化的决策。

根据经济学的二八原则,20%的渠道产品会带来80%的渠道销量与利润。因此,渠道产品结构需要进行优化组合,以准确找到带来80%的销量与利润的那20%的产品或品牌,以最低的渠道费用获取最大的渠道效益。实际上,渠道产品、品牌的优化组合就是实现重点管理以避免渠道资源浪费的问题。

但另一方面,由于电子商务的飞速发展,通过网络购买个性化的产品成为一种潮流,因此,目前消费者对个性化的小量商品需求量越来越大。在产品品项极丰富的前提下,20%主流产品、品牌的确定越来越困难,学术界、企业界也因此提出了长尾理论,以兼顾其他非主流系列产品、品牌的销量与利润贡献。

案例分享

刘经理的全品项分销

刘经理是广东某民营食品企业派驻武汉的地区经理,主要负责企业在湖南、湖北等中南地区的销售工作。在刚刚进入该地区的时候,刘经理将企业的凉果、酱菜、饼干、月饼等几大类共计200多个规格的产品都发往经销商处进行分销,造就了早期市场的“繁荣”，成为企业“全品项分销”的榜样。但半年之后，出现了问题，经销商发现，只有少数几个品种、规格的产品畅销，很多品种、规格的产品不适合在当地销售，产品积压问题严重，要求厂家折价处理和退货。由于还有应收账款掌握在经销商手上，厂家只好同意折价处理和退货，结果使企业蒙受了很大的损失，因此才认识到“全品项分销”是行不通的，企业必须有所选择，进行渠道产品的优化组合，才能避免损失和提高分销效益。

制造商可以根据市场的变化不时地扩展或缩减产品线以及产品项目。实际上，在着手淘汰处于生命周期末端的产品时，制造商也要不断地增加新产品。这样的产品线扩展和缩减策略很可能会使制造商与渠道成员之间产生矛盾：当产品线及产品项目扩展时，一些渠道成员可能会抱怨由于产品品种过于繁杂，会增加其仓储及销售成本；当产品线及产品项目缩减时，一些渠道成员可能又会抱怨失去了那些依然还有一定销量和利润的产品。因此，在进行渠道产品线及产品项目的扩展或缩减决策时，制造商要认真权衡渠道成员对此决策的态度及满意度，并尽可能争取渠道成员对该产品决策的支持。

三、渠道产品生命周期管理

根据营销学的基本原理，完整的产品生命周期一般包括四个阶段：引入期、成长期、成熟期、衰退期。在渠道产品生命周期的不同阶段应该采取不同的管理策略。

1. 引入期

产品在引入期需要大量的促销努力，首先要花大力气开展铺货或寻找更多的分销机构进行分销，然后通常要花费高额的渠道费用进行广告及其他形式的促销推广。在引入期，渠道管理者必须确保渠道成员能提供充足的产品以满足市场的需要，如果不能及时有效地进行铺货和推广，就很可能会影响新产品的美好前程。

2. 成长期

产品进入成长期的特征是销售量迅速增长。厂家在这一阶段的目标是获取最大市场份额并保持这种增势，此时渠道管理者面临两大挑战：一是确保渠道成员有效地供应产品，以免断货影响销售增长的势头；二是密切关注来自其他渠道成员的竞争，留心潜在竞争者。这时企业需要做的工作是继续加大市场的推广力度，同时加强新产品的开发以增强渠道产品的竞争力，加强新渠道领域的开发以扩展营销渠道，还要利用各种媒介教育、引导消费者。

3. 成熟期

成熟期的渠道通常面临日益激烈的竞争，包括来自更多的竞争产品、更低的市场价格和行业替代产品的冲击。在这一阶段，渠道管理者一方面要关注并确保自身产品对渠道成员的吸引力，另一方面要研究渠道结构及竞争对手。此时，渠道管理者必须通过提供额外的商业折扣、渠道津贴、广告投入、特殊优惠及宽松的退货政策等措施保证经销商的利润，并降低经销商经营该产品的风险，以维持渠道正常运行。产品成熟阶段主要的渠道策略包括改变产品营销渠道的结构（如选择不同类型的中间商分销产品）以获得结构性优势、进一步开拓新渠道和深化原有渠道以扩展渠道、为渠道注入更多新产品和新促销以激发渠道等，目的是尽可能延长渠道产品的成熟期。

4. 衰退期

衰退期的渠道产品，其利润和销售量都持续下降，对分销机构的吸引力也日益下降。此时，厂家必须减少进入间接渠道的产品，最好的办法是利用低成本渠道或企业自身的渠道进行销售，如采取电话营销和电子订货系统等，减少进一步的投入，以避免浪费。衰退期的渠道产品销售可以采用三种策略：一是榨取，即自然销售，以尽可能少的投入获得最后的销售回报；二是选择性销售，即在一些仍然具有良好销售势头的区域采取积极的销售方式，不同区域区别对待；三是放弃，对明显没有销售潜力的产品或明显没有销售潜力的区域果断采取放弃的策略，以集中人力、物力于其他目标。

四、渠道产品售后服务

提供渠道产品周到、优良的售后服务是渠道维护的一种重要方式。不论是消费品还是工业品，都需要制造商或者经销商提供售后服务，以增加顾客价值。售后服务可以在工厂内直接提供，也可以通过渠道成员或授权的独立服务中心提供，或者通过渠道成员自己设立的服务网络提供，还可以由这些组织协同完成。

提供渠道产品售后服务的作用有以下几个：

1. 有助于提高企业销售业绩

良好的售后服务不仅能有效地创造产品差异性，提高顾客满意度和成交率，还可以赢得顾客的信任，从而与企业建立长期的互利互信关系。一个得到满意服务的顾客，通常能成为企业的忠诚顾客，不仅会重复购买企业的产品，而且还能为企业义务宣传，从而大大节省渠道产品的售后成本，使企业的业绩得到持续提升。

2. 能够帮助增加顾客价值

渠道产品售后服务的目标是使渠道成员及终端顾客的需要和欲望得到更好的满足，周到、优良的售后服务能够帮助提升顾客的感知价值，增加顾客满意度，达到培养忠诚顾客的效果。渠道产品售后服务作为附加的重要渠道管理内容，有助于企业核心产品的有效延伸和形式产品的有效补充，从而赢得顾客偏爱，有利于渠道维护。

3. 有利于提升企业形象和竞争力

在现代社会中，市场竞争日益激烈，消费者的要求也越来越高，能打动顾客的不再只是产品本身，很大程度上是渠道产品售后服务的内容和质量。对客户关怀备至的服务，代表了公司的服务精神，可以使公司产品增值。良好的渠道产品售后服务能在顾客心目中留下深刻的印象，使企业在社会大众中拥有良好的口碑，从而推动渠道的良性发展。

五、节奏性推出创新产品

产品在其生命周期的运动过程中，到了成熟期或衰退期，由于竞争的原因，其利润空间会越来越小，渠道吸引力也会越来越低，这时，企业必须适时推出创新产品，以提升渠道产品的总体利润空间，形成新的利润支点，以不断吸引渠道成员的注意力，保持渠道的持续吸引力。作为营销渠道的主体，企业有责任努力提高其产品和品牌的竞争力，尤其是当产品竞争力下降时，急需产品的推陈出新。只有这样，才能满足消费者日益多样化、个性化的需求，才能维持渠道的生机和活力，因为新产品竞争者少，透明度低，有超额利润，能保证中间各环节有足够的利润空间，必将使中间商形成销售动力。

但是，任何事情都有一个度的问题，创新产品的推出也不是越多越好，或者越快越好，应该在适当的时间、适当的地点以适当的方式重点推出，采用集中性的原则，要讲究一个合适的“节奏”。但无论如何，产品的推陈出新是渠道维护的一项主要内容，是渠道得以充满活力的原因。

第二节　渠道价格体系控制

价格是营销中最敏感的要素，它具有“牵一发而动全身”的效果。渠道价格体系的制定实质上就是渠道利润的分配，价格体系维护得好，大家都有利益和销售热情，渠道就能够良性运作，相反，如果任何一个渠道成员的利益受到损害，渠道就会失去平衡，引发渠道冲突。因此，渠道价格体系的制定及其协调与控制就成为渠道维护的关键。

一、级差价格体系

1. 级差价格体系的含义

级差价格体系就是厂家针对渠道中的经销商、批发商和零售商等不同对象，分别实施出厂价、经销价、批发价、零售价以及特价和团购价的综合价格体系。

级差价格体系的实行是由于存在渠道层次和价格层次的分别。渠道层次是根据各种渠道的分类特征及其与之匹配的价格水平和营销地位的差异划分排列的渠道类型。以消费品为例，其营销渠道层次可以划分为特殊通道（含机团购买）、卖场、超市、批发、直销、经销、代理等几种类型，根据不同渠道的特点及销售实践的需要，不同的渠道层次对应着不同的定价水平，由此形成了与渠道层次相匹配的价格层次。消费品渠道层次与价格层次的匹配如图 8-1 所示。

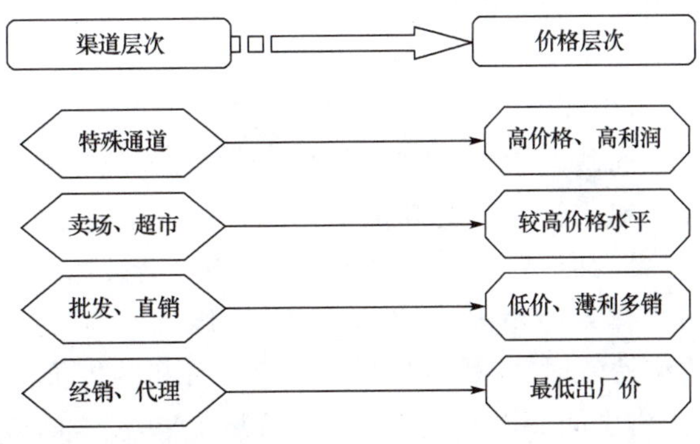

图 8-1　消费品渠道层次与价格层次的匹配

级差价格体系能否成功的关键在于各层次渠道成员之间的利润分配是否合理。分销机构是否努力销售或推广公司的产品一般是由利润和销量决定的，利差设计的核心就是如何合理分配最终零售价与出厂价之间的中间流通利润。如果分销各个环节的利差设计合理，所有渠道成员都能得到激励，否则，某些渠道成员就可能失去积极性。但是，如果厂家把大部分利润都分配给中间环节，则终端零售商所获得的利润就会很少，产品就很难在终端形成热销；如果厂家把大部分利润都分配给终端零售环节，则会影响批发商的积极性。因此，级差价格体系既要对不同渠道层次成员按照它们所在的层次来确定规范匹配的价格，又要按照客户的重要程度灵活调整价格。如按照现有客户的实际购买量或潜在购买量分别确定不同的价格折扣率，对购买量大的客户给予较大的折扣，对购买量小的客户给予较小的折扣等。

2. 合理分配渠道各个环节的利润

渠道的各个环节组成一条完整的分销价值链，从厂家到经销商，再到批发商，最后到卖场、小店以及特殊通路等零售终端，环环相扣，紧密相连，任何一个环节的断裂都会导致整个价值链的崩盘。而渠道利润是一定的，某个环节多了，另一个环节自然少了，利润少的中间商必然没有兴趣与热情销售，销售量也必然下滑，如此恶性循环，通路必然堵塞，销售出现危机，因此，要使分销链能够正常运行，合理分配各个环节的利润就显得非常重要。这就涉及一个利润平衡的问题，只有渠道各环节、各成员都有钱可赚，或者有利可图，分销工作才能有效进行下去，任何环节的无利可图都会造成通路的阻隔，这是由激励的全面性原则决定的。在这方面，“金龙鱼”做得很好，为其他企业树立了榜样。

“金龙鱼”根据市场实际，严格规定了各规格产品的出厂价、卖场（KA）供价、一般连锁供价、二批供价、二批批发价，以及各层次零售终端的参考零售价、最低限价，并制定专门政策强制执行。这套价格体系设置了各分销环节的合理利润，充分保障了厂家、经销商、二级批发商以及各级零售终端的利润，做到销售“金龙鱼”肯定有钱赚。各级分销商趋之若鹜，此举保证了各渠道成员对该品牌的忠诚和渠道的持续发展。

3. 级差价格体系的管理

企业制定级差价格体系只是渠道管理的基础，能否严格执行级差价格体系才是渠道管理及其价格维护的关键。企业可根据市场需求水平和市场竞争的状况制定级差价格体系，接下来的重要工作就是实施严格的管理，否则，如果营销渠道成员之间不遵守价格规则，相互杀价倾销或跨区域窜货，就会严重扰乱渠道秩序，危害渠道的生存。因此，在制定和执行级差价格体系过程中要特别注意以下几点：

（1）要保证二级批发商甚至三级批发商等中间商有合理的利润空间。一级批发商（经销商）和零售商的利益一般比较容易能够得到保证，而处于中间层次的二级批发商和三级批发商的利润受到一级批发商和零售商的制约，处理不好会破坏整个级差价格体系。

（2）为保证级差价格体系的稳固，不论是厂家、一级批发商（经销商），还是二级批发商，在面对团购和个人消费者时，应严格按照团体销售价和零售价出售，确保不会冲击批发及零售市场。如果上游中间商以低于零售商的价格出售，就意味着抢了零售商的生意，将会引发渠道成员之间的冲突，有可能导致零售商的报复行为。

（3）为保证各地一级批发商进货价格一致，厂家与一级批发商（经销商）可以按到岸价结算,所有运费都由厂家承担,以尽可能杜绝各地经销商之间的窜货。

(4)大型零售超市的供货价一般较高,因此,要预留超市开展特价销售的利润空间。这样即使超市降价促销,也不至于低于批发价,不会扰乱整个价格体系。

此外,为了保证级差价格体系的合理性和可执行性,厂家还要注意以下三个方面:

(1)要尽可能地掌握渠道定价的主动权。如果任由中间商自由定价就可能导致价格失控、市场混乱。而且级差价格体系一旦确定以后,就必须严格执行。

(2)既要保持级差价格体系的相对稳定,又要随渠道环境的变化及时进行适当的价格调整,以保持定价策略的灵活性和级差价格体系的合理性。

(3)在合理的级差价格体系中,不仅对每个渠道层次制定一种价格水平,还应对不同地区、不同细分市场、不同购买时间和不同订购量有一定的价格分别。

二、渠道层次与价格层次之间的平衡

为什么要考虑渠道层次与价格层次之间的平衡呢?因为每个层次的渠道成员都具有其特征和规律性,只有实现渠道层次与价格层次之间的匹配与平衡,才能使渠道的运作井然有序,有效避免窜货、乱价现象的发生;同时,渠道是一个系统,系统内部存在内在的动力源泉,渠道层次与价格层次的平衡意味着渠道利益分配的平衡,它为渠道的有序运行提供源源不断的内在动力,否则就会引发渠道冲突,破坏渠道。因此,有人认为可口可乐渠道管理成功的秘籍是协调平衡。

1. 处理好渠道层次与价格层次之间的匹配关系

原则上,渠道必须有层次,价格也必须有层次,这是渠道管理的基本要求。企业只有根据自身特点,以及相关价格、费用和服务要求进行定位,构建具有清晰层次特点的渠道网络,并制定相应的价格体系与之匹配,才能保证产品销售的顺畅进行。如果渠道没有层次,结果只会是一团糟。按照惯例,一般消费品的渠道层次结构为:最高层次是购物中心、大卖场、连锁超市(又称 KA 或 A 类店),第二层次是中小商场、便利店、专营店、专卖店(又称 B 类店),第三层次是小店(又称 C 类店),第四层次是批发市场。明确渠道层次是企业正确定价的基础,是建立良好市场秩序的前提。渠道层次确立以后,价格体系的层次必须与之相匹配,正确的定价原则是:A 类店定价最高,B、C 类店次之,批发市场定价最低。也就是说,定位较高的渠道层次必须具有相对较高的供货价格,而定位较低的渠道层次需要配合相对较低的供货价格,这样才能使终端售价总体趋于平衡,减少由于价差形成的市场冲击,使市场持续平稳销售,达到综合销量最大化。级差价格体系基于“终端造势,周边出量”的市场结构指导思想,即大店重点塑造形象,树立标杆,产生影响,拉开(拉高)价差档次,中小店和批发市场顺利增加销量。其中,处理好各类店之间的价格和政策平衡是关键。

然而,渠道层次与价格层次之间的平衡是相对的。平衡可以保证市场有序和价格的稳定适中,但适当的不平衡或者冲突也是必要的,甚至可以转化为渠道动力。因为适度的不平衡必将引起渠道成员之间的竞争,而良性的竞争是渠道得以发展的推动力量。因此,企业有时要利用渠道激励、促销等手段,主动制造不平衡,挑起竞争,激活渠道,才能把握和掌控渠道,引领渠道健康发展。渠道的发展本身就是一个从平衡到不平衡再到平衡的动态过程，只有这样，才能既保证渠道的相对稳定，又保证渠道的持续发展。

2. 把渠道冲突转化为渠道动力

渠道冲突在终端环节更多体现在渠道层次与价格体系的矛盾上，这种渠道冲突往往错综复杂、此起彼伏，解决不好，它会成为一种消极的渠道力量，而运用得当，它可以转化成为推动渠道良性动作和发展的动力。因为价格的平衡是相对的，不平衡才是绝对的，所以，可以把渠道冲突转化为渠道动力。价格是市场的生命线，是市场中最敏感的要素，任何价格的波动都会引起市场的联动反应，甚至恐慌。市场价格总是处在一个从平衡到不平衡再到平衡的过程中，价格冲突永无休止，假设没有这种冲突，渠道将失去竞争，失去活力，失去发展的动力。因此，企业可以充分利用这种冲突，甚至有时要主动制造冲突，挑起竞争，激活渠道，才能把握和掌控渠道。

就促销来说，终端与终端之间，终端与批发商之间有时必须打破平衡，挑起竞争。例如，对终端的特价促销，在促销时间和品种选择上就不能一刀切，不宜同一时间以同一产品进行同样方式的全面特价促销，否则容易被终端理解成降价，达不到促销效果。最好在不同时间、不同卖场针对不同产品进行个别促销，打破商家的心理平衡，使卖场与卖场之间产生利益冲突和心理冲突，互相攀比，厂家则利用手中的促销资源进行促销补偿，化解冲突和矛盾，同时再创造出新的矛盾，如此一波未平，一波又起，终端就被激活了。这时，各卖场都会反过来竞相争取厂家的支持，厂商关系更紧密了，厂家也更主动了。此外，对终端进行大规模特价促销必然会引起批发渠道的不满，批发销售也会暂时停止，这时必须跟进渠道促销，消除不满，同时增加销量。反过来，对批发渠道进行大力度促销的同时也必须有终端促销配合，这样才能让各类渠道成员满意，达到相得益彰、互相促进的效果。但促销必须坚持一个原则，就是零售终端的价格水平必须高于批发渠道，否则就会出现货物从终端倒流至渠道的虚假销售现象，造成渠道堵塞。

因此，不难看出，渠道冲突是一个变数，处理不好，它是一种破坏力量，处理得当，它可以转化为渠道动力，每个企业都有必要提升自己把握渠道冲突以及驾驭整体渠道的能力。

三、渠道价格体系的控制与维护

价格作为营销组合中的一个重要因素，在市场竞争中处于举足轻重的地位。价格也是一个非常敏感的营销要素，销售过程中价格体系混乱往往成为我国企业管理面临的难题。如果利润分配不合理，价格体系混乱，就可能影响渠道成员的积极性，进而扰乱整个市场秩序，影响企业的市场竞争力。因此，价格体系的控制与维护是渠道维护的关键环节和内容。造成渠道价格体系混乱的原因有的来自生产企业，有的来自中间分销商。从制造商的角度进行渠道价格体系的控制与维护要注意以下几点：

1. 制定稳定的价格政策

厂家在和经销商签订合同时就要明确规定稳定价格的条款。厂家要制定和维护一个相对稳定的价格体系，对不履行价格义务的经销商，厂家有权利取消其经销资格。一个完善的价格体系应包括对不同的分销机构（如经销商、代理商、批发商、零售商等）制定不同的价格政策，使每一个分销机构都有利可图，都愿意经营本厂家的产品。厂家的价格政策要兼顾公平，对任何一个经销商的差别对待，都可能因价格歧视而引起其他经销商的不满。如某一地方食品企业,其所在地的商业机构都不愿意经销其产品,原因是该企业经常以批发价甚至以出厂价向当地消费者出售商品,使得经销商的价格没有竞争力,经营利润得不到保证。又如某企业经常以优惠价格向本厂职工出售产品,大量产品流向市场,严重影响了市场价格,使经销商的利益受损,导致经销商不愿意再销售其产品。

2. 谨慎使用不同地区价格差异的政策

有的厂家在制定价格策略时,考虑到不同地区消费者购买力的差异、竞争的差异、厂家投入促销费用的差异、运输费用的差异等,因而在不同的目标市场采取不同的价格策略。这种价格策略如果运用得当,就会增强产品在各个目标市场上的竞争能力,实现销量最大化,但如果运用不当,则可能导致市场价格混乱。有些经销商可能利用不同地区的价格差,将产品从低价格地区转移到高价格地区销售,造成窜货。而且,当市场上存在多种价格时,经销商和消费者可能提出平等享受最低价格的要求,对于这项要求,厂家很难提出有力的理由加以拒绝。针对不同的目标市场制定不同的价格有时是必要的,但必须要掌握的一个原则是,不同地区的价格差异不足以对市场价格体系造成混乱,价格差异的幅度应该控制在不能导致在不同地区市场上窜货的范围内。

3. 积极应对定价策略变化引起的反应

厂家常常因生产成本上升、竞争加剧或其他环境因素的变化,需要改变价格策略,即升价或者降价。但是,渠道成员一般不愿意接受这种价格的变化,只习惯于与采用某种固定模式定价的厂家打交道。对于厂家定价策略的改变,许多经销商会不适应并提出反对。因此,厂家在计划对定价策略做任何变化时,都应当提前做好市场研究工作,估计渠道成员的可能反应,拟定应对策略并做好说服和疏导工作。

4. 妥善处理渠道定价中的涨价行为

在厂家不得不升价并把它传递给下游渠道成员时,如果每一个渠道成员都依次把涨价传递下去,并最终为消费者所接受,则渠道运作顺畅。但是,这种涨价通常不能全部传递给下游渠道成员,渠道成员不得不消化一部分涨价。这时,厂家就应当考虑如何缓和涨价所带来的消极影响,而不仅只是简单地转嫁涨价。在计划涨价之前,厂家应该认真地权衡涨价与保持原有价格之间的利弊。有时,尽管从短期来看,涨价是必要的,但是从长期来看,涨价是完全不值得的。对于厂家来说,只要不损害长期利益就应当尽量维持原价不变。在不得不涨价的情形下,厂家也应当尽量给渠道成员,甚至最终消费者提供非价格的其他优惠条件,也可以通过改变营销组合的其他因素,来消除涨价给渠道成员带来的负面影响。

5. 加强对渠道价格的控制

大多数的制造商充当渠道领袖的角色,肩负着制定和控制价格的责任,所以,厂家对渠道成员的定价实施一定程度的控制是必要的。例如,为了维持产品的定位和形象,厂家不能允许渠道成员大幅降价;同时,为了保证产品的促销效果和追求市场覆盖,厂家要求渠道成员不能追求过高的利润率。但是,渠道成员对定价往往会有自己的意见,坚持自己对定价的自主权。只要厂家试图对渠道成员的定价实施控制,渠道成员就会认为厂家侵犯了其自主权,从而引起渠道冲突。由此可见,厂家在试图对渠道成员实施价格控制时,应当注意以下两点:

（1）除非必要，厂家应当尽量避免对渠道成员进行价格控制，否则，可能会导致与渠道成员之间的关系冲突，厂家不应采用强制的手段来控制渠道成员的价格。

（2）厂家对渠道成员的定价实施控制时，应该采取说服的办法。一方面向渠道成员说明执行厂家定价策略的必要性，另一方面可以考虑对它们提供其他补贴，以换取它们的支持与配合。

6. 适度使用对渠道成员的奖励政策

现在许多厂家不是以经营利润来激发经销商的销售积极性，而是对经销商施以奖励和很高的年终返利，目的是鼓励经销商多销售其产品。由于奖励和返利主要是根据销售量而定，因此经销商为取得年终高额的返利和奖励，就千方百计地销售产品，有时甚至不择手段，不惜以低价将产品销售出去以实现销量目标，有的甚至把预期的奖励和年终返利中的一部分拿出来让给下游经销商，其结果必定导致价格体系混乱，价格被卖低，这种做法对于渠道的危害是很大的，例如，“旭日升”“健力宝”就是因为高返利的刺激使自己昙花一现，走向了失败路。因此，厂家不能急功近利，不能过度使用奖励和高额年终返利等极端手段。厂家只能适度使用对渠道的奖励政策，鼓励经销商追求经营利润，厂家还要加强监管，避免渠道成员的短期行为，只有这样才能实现渠道的稳定和持续发展。

第三节　渠道促销节奏平衡

促销的对象可以是最终消费者，也可以是渠道成员。针对渠道成员（经销商、代理商、批发商、零售商等）开展促销活动是企业营销渠道管理的重要内容之一。对生产企业来说，提升销量最直接有效的手段就是渠道促销，特别是在销售淡季和年终，许多企业的营销部门为提高销量，都喜欢使用渠道促销手段达成销售目标。从流通角度来看，如果企业促销措施落实不到位，可能就无法保证销量，也无法保障各个层级的商家及消费者的利益。

然而，渠道促销是很讲究节奏（力度、频度）的。如果渠道促销的时机、力度、频度掌握不好，很可能扰乱市场秩序，破坏价格体系，引发区域间的渠道冲突，还可能引发区域联动效应，影响渠道的健康发展。

一、渠道促销的界定

促销（Sales Promotion）是企业市场营销组合的重要组成部分，是经典营销 4P 理论中的第四个环节，在企业的营销活动中占据重要的地位。促销的中文原意是“促进销售”或者“促动销售”，有的学者将其直接理解为销售促进，简称 SP。

促销是企业为促使目标顾客购买其产品或服务而进行的一系列说服与沟通活动。它包括三个方面的含义：

（1）促销活动的行为主体包括制造商和中间商。

(2)促销的目的是使目标顾客购买更多的产品。

(3)促销的主要形式是说服和沟通。

从内容层面来说,促销包括渠道促销和终端促销两部分。渠道促销一般是指制造商针对中间营销渠道成员采取的促销行动,一般是在旺季来临之前或者新产品上市的时候采用,目的是将更多的产品推入渠道,占领渠道成员的资金和销售陈列空间,以获取渠道竞争优势,所以,渠道促销又叫作“推的策略”。而终端促销大多是指中间营销渠道成员针对消费者采取的促销行动,如特价促销、有奖销售、搭赠等,目的是让消费者购买更多的公司产品,属于销售的“临门一脚”,也叫作“拉的策略”。

二、渠道促销的目标

一般来讲,企业在销售旺季来临之前、在新产品上市推广之初或者在淡季为了完成销售任务,都会开展渠道促销活动。渠道促销的目标包括以下几个:

1. 实现铺货率

市场推广的一项重要指标是铺货率。在产品上市阶段,一定的铺货率对产品推广、广告配合、稳定市场等都有着极为重要的作用。为确保铺货率目标的实现,企业需要按计划来组建、扩大或调整营销渠道,并通过渠道促销扩大产品的铺货率。

2. 扩大销量

在达到较高铺货率之后,企业的主要目标就是提高市场占有率,换句话说,就是要提高销量。特别是在旺季来临之前,企业可以策划渠道促销活动以迅速提高销量,同时抢占渠道成员的资金和仓库,占领渠道及终端销售陈列空间。

3. 新品上市推广

由于顾客需求呈多样化和个性化趋势,企业往往需要不断向市场推出新品。在新品上市过程中,由于经销商对新品不了解,也缺乏信心,因此,企业需要进行大量的宣传并制定相应的销售促进政策,以促进经销商进货和推广。

4. 处理消化库存

由于受经营规模、运输及仓储等条件的限制,企业需要定期清理库存。通过给予渠道成员促销折扣可以处理库存积压问题,但大量处理库存可能会扰乱市场价格体系,并减少企业利润,因此,在设计处理库存的促销活动时,在时机选择、力度控制等方面要全面考虑。

5. 季节性调整

有些行业产品的销售会受到季节性因素的影响,如空调、冷饮、糖果、礼品等行业,这是由产品特性和消费者需求变化引起的。产品不同,淡旺季也不同。企业不仅要分析本企业产品的季节性变化趋势,还要分析竞争产品和行业的变化趋势,策划季节性促销活动以赢得优势。

6. 应对市场竞争

竞争对手的销售行为是企业制定促销政策时必须考虑的重要因素。当某行业生产企业不多、市场集中度较高、产品差异性不大、消费者有相当的识别能力时，分析竞争者的市场行为就显得尤为重要。企业可以通过渠道促销削弱对手的优势，缩短与对手的距离，但促销的目的必须与企业的整体营销战略相一致。

另外，在确定具体的促销方式之前，企业应进行周密的市场调查和促销规划，并且与分销商进行充分有效的沟通。只有这样，促销活动才能有序进行并得到分销商的理解和支持，也只有这样，才能达到预定的促销效果。

三、渠道促销的节奏

渠道促销是厂家针对中间渠道商(经销商、代理商、批发商、终端零售商)所进行的促销活动，目的是刺激渠道成员的进货热情和销售积极性，其实质同样是渠道利润的再分配(厂家让利)，也是厂家惯用的渠道激励方法。渠道促销是一项复杂的系统工程，其在时效、形式、力度、频度、条件、执行等方面都显示出极大的变动性、灵活性，甚至微妙性。促销得当，它可以像“杠杆”一样撬动渠道，甚至推动渠道整体良性运行，而如果实施不当，出现激励过分、激励不足、激励失效等问题，它则可能变成渠道发展的阻力，甚至破坏力。因此，把握渠道激励各环节的“度”(力度与频度)，控制“渠道节奏”，对于渠道的平衡与维护至关重要。

1. 渠道促销的时效

一般来说，新品上市，库存处理，旺季冲销量，淡季保市场，都需要进行渠道促销，这是厂家的惯用做法。渠道促销具有适度超前的特性。特别是季节性促销，更需要恰当掌握适度超前的时机。以一般消费品为例，每年至少有“五一”“国庆”“中秋”“圣诞”“元旦”以及“春节”几个大的销售时段，这几个时段的销量往往占全年总销量的60%以上，因此，做好这几个时段的促销工作就显得尤为重要。

根据行业运作规律，消费品渠道促销应该在终端销售旺季来临之前进行，因为商家有一个旺季前备货的过程。旺季前抢得先机进行针对渠道商的促销，可以抢占渠道的资金、仓库和陈列空间，挤压和排斥竞争对手，实现销量最大化并赢得竞争优势。而如果到了终端销售旺季才进行渠道促销，渠道商可能既没有资金又没有仓库来进货了。应该提前多久进行渠道促销才最合适呢？根据以往的经验，提前15～30天比较合适，提前20天左右最好。因为渠道促销进行得太早，渠道商没兴趣，渠道促销进行得太迟，渠道商无暇顾及。

2. 渠道促销的力度和频度

按照管理学的观点，市场营销是一种管理艺术，在渠道营销的力度与频度方面也是如此，掌握不好就很难达到预期的效果。促销力度太小，对渠道商没有吸引力，促销力度太大，厂家又无法承受，而且容易引发冲货。促销次数太少，不利于冲销量和拓展市场，促销太频繁，又容易使渠道商厌倦从而产生疲软。总之，渠道促销的力度和频度很难把握。

根据我国学者江明华等人对价格促销的研究，消费者对品牌感知质量的评价和购买意向是消费者实际购买的基础，而频繁的价格促销则会降低消费者对促销品牌感知质量的评价，损害其购买意向，降低消费者对促销品牌的品牌忠诚，最终对促销品牌的品牌资产造成极大的负面影响。换句话说，价格促销是一把双刃剑，在争夺竞争对手市场份额的同时，也将严重损害企业的长期品牌资产。价格促销与品牌资产的关系如图 8-2 所示。

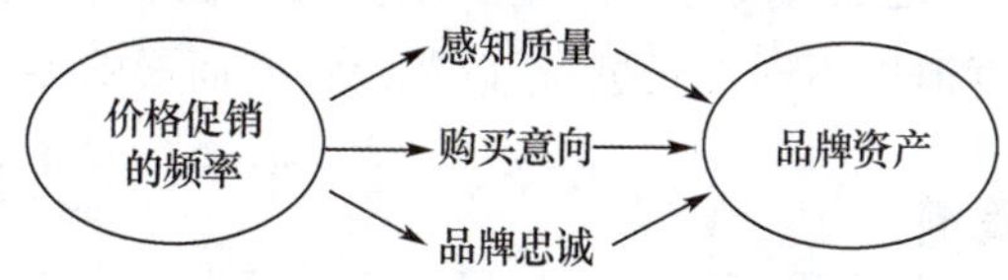

图 8-2　价格促销与品牌资产的关系

有些企业在种种原因之下，如为了追求当期销量最大化，不顾大力度促销可能带来的副作用而突破行业促销的限度，采取大规模、大力度的促销，其结果是，当期可能获得很大销量（透支需求），但是，价格必然被拉低，原有价格体系遭到破坏，竞争对手为了生存竞相杀价，导致价格战，甚至价格被卖穿，再也反弹不上来。这时，企业陷入困境，只能降价或者进行更大力度的促销，否则无法销售。

合适的渠道促销力度的标准是促销期间不至于大量冲货，促销结束之后其价格很快反弹到原来的水平。促销期间价格卖低，而促销结束之后再不能反弹，说明促销力度太大；促销期间渠道商没有兴趣进货，说明促销力度太小。根据以往的销售经验，渠道促销的力度以“有吸引力且不至于引发冲货”为原则。例如，食品的促销，一般控制在 3%～5%，这个力度有一定的诱惑力，但又没有足够的空间支持冲货，因为从一个城市运到周边城市，运费也要 3%～5%，冲货没有意义。因此，产品从一个城市运到周边城市的平均运费（比率）就是该产品在该城市可采用的促销力度的参考值。

此外，合理的促销频度应该以“库存得以消化，价格已经反弹”为原则。如果企业连续不断地在某一渠道进行长期促销（促销过于频繁），将会使渠道变得疲惫和麻木，影响促销的效果。上一次的促销在渠道中囤积的货物如果已经得到有效消化，渠道商已经开始以原价进货，批发价已经恢复到未进行促销时的水平，说明市场已经恢复良性，此时可以准备第二轮促销活动，最好持续一阵再进行，与淡旺季相吻合。渠道促销是透支未来的销量，它往往造成销售价格下跌。

3. 渠道促销的形式及区域联动因素

渠道促销的形式主要表现为进货折扣（现金折扣、数量折扣、功能折扣、季节折扣等）、赠品、抽奖、奖券、市场支持承诺（包括广告投入、终端促销、费用支持、人员支持等）以及其他促销措施，这些都是积极有效的渠道激励形式。但是，渠道促销在执行过程中有很大的弹性，往往容易出现漏洞而使本来很完美的促销方案的效果大打折扣。例如，实行折扣政策，厂家是希望刺激经销商大量进货，享受折扣，并且将折扣政策向下分解，让下游批发商、零售商也享受折扣，以促进它们积极进货。但如果执行不力或监控不力的话，经销商往往将折扣独享，囤积货物慢慢销售，这就违背了厂家开展渠道促销的初衷。对于赠品、奖券以及市场支持等渠道促销形式，情况仍是如此。

渠道促销还应该考虑区域联动因素。也就是说，一个地区的促销要考虑其对周边市场的冲击，包括价格冲击和市场秩序问题，要把一个大的区域市场当作一个整体市场来考虑，统筹安排，长远规划，才有利于整体市场的良性发展。因此，一个地区进行促销活动，最好控制其不会对另一个地区市场造成严重影响。如果控制不好，最好同时进行促销活动，可以考虑以同样力度但以不同方式进行，以避免雷同而影响促销效果。

四、渠道促销的策略

渠道促销的方式多种多样，制造商通常采用渠道促销补贴、合作投放广告、终端展销协助、店内促销支持、开展销售竞赛、特殊促销协议等形式来争取渠道中分销机构的支持和配合。

1. 渠道促销补贴

渠道促销补贴最典型的做法是向渠道成员直接提供一定金额现金补贴，或按交易额的一定百分比支付现金补贴。提供补贴是为了鼓励分销商多购买制造商的产品，给产品更好的货架陈列位置，在特定的楼面或过道顶端宣传制造商的产品，形成产品推广的特色氛围等。近年来，越来越多的制造商正通过给中间商提供更多的促销补贴以达到推广效果。

2. 合作投放广告

制造商还通过合作投放广告的方式给予渠道成员促销激励。采用这种方式时，制造商与渠道成员分摊合作广告成本，共享广告利益。使用最普遍的做法是双方按交易额的一定比例进行提取和投放。

3. 终端展销协助

中间分销商通常采用现场销售(POP)的展示方式，也可以采用现场秀、终端抽奖、促销套装、店内特别展销、邮寄宣传资料等方式来促销制造商的产品。由制造商的市场人员负责策划和设计，并提供展销的设备、条件、奖品以及技术支持，帮助分销商开展终端展销并指导提高推广效果。

4. 店内促销支持

店内促销属于终端营销范畴，是零售商惯用的促销方式，其目的是提高产品附加价值。店内促销作为一种比较细致、文雅的促销方式，需要精心的策划和设计，才能打动终端消费者。它主要适用于较高档的服装、鞋子和珠宝等消费品的促销。因此，制造商有责任提供最新的、最好的产品以及最美观、最动人的设计帮助零售店开展终端展示。

5. 开展销售竞赛

销售竞赛作为一种促销方式在实践中应用非常广泛。这种促销方式一般由制造商发起，并承诺以现金、实物或其他形式来奖励经销商中销售业绩突出的销售人员，从而激励渠道成员为销售其产品投入更多的热情和努力。由于销售竞赛是促销支持中最难管理的形式之一，它容易使渠道成员产生抵触。因此，在进行各种销售竞赛活动时，制造商应先了解渠道成员对这种促销方式的态度并获得其支持。

6. 特殊促销协议

特殊促销协议是企业在特定时间为了达到某个特殊的销售目的而与分销商签订的补充销售协议，包括销售公司某一类产品（如新产品）给予渠道成员特别的折扣、某一时期给予消费者特别优惠（如国庆期间买一送一）、节日赠送优惠券（如母亲节）、累计销售赠送特别奖品（如一个季度累计销售奖励）、开展有奖销售活动等。另外，当制造商面临库存压力、新产品上市、销售旺季以及应对竞争对手的进攻时，通常要开展渠道压货促销，与分销机构签订特殊促销协议。此方式比较适用于具有很强渠道控制力的企业。

第四节　渠道客情关系维护

一、客情关系概述

服务营销领域的研究表明，开发一个新顾客所花费的货币、时间、精力成本是保持一个老顾客的 5～6 倍，甚至 8～10 倍。可见，通过建立良好客情关系稳定老客户是企业保持和提高经营业绩的有效途径，也是企业持续发展的需要。

1. 客情关系的界定

客情关系，又称客户关系，是指企业和自己的供应商、分销商、服务商以及消费者之间由于业务往来而形成的交互关系，它既包括业务关系，也包括情感关系。在企业通常称为“客情关系”，而书面用语通常称为“客户关系”(Customer Relationship)。

(1)客情≠感情，客情关系≠庸俗关系

客情关系需要建立在一定的沟通和交流基础之上，需要投入一定的感情，但是客情并不简单地等同于“感情”。

在企业实践中，老板或经理通常都会要求业务人员“搞好客情关系”，于是，业务人员就去与分销商套近乎，请其吃饭、喝酒、玩乐，其结果是业绩没有提升上去，生意没有进展，业务人员还花费了很多精力和钱财。为什么会出现这种得不偿失、枉费心机的事情呢？原因在于业务人员错误地理解了“客情关系”的内涵，以为“搞好客情关系”就是请其吃饭、喝酒、玩乐，陷入到了建立“庸俗关系”的误区。

(2)良好的客情关系＝充分的沟通＋双方的得益

根据顾客关系管理(CRM)的思想，客情关系更重要的是一种沟通关系，一种利益关系。厂商之间需要充分的沟通、交流，互通信息，增进了解，才能更有效地合作，才能提高渠道管理的效率。因此，沟通是手段，利益才是目的。沟通的方式多种多样，互通信息、共同开发和管理市场、共同制订和执行方案、共同调整和总结、共同培训和提高才是积极、有效的沟通方式。

充分的沟通是良好客情关系的基础，而良好客情关系得以维系的前提是双方的得益，这是商业社会的基本规则。没有了双方利益的保证，客情就会成为一句空话。因为企业的最大职责是赢利，商业活动的最高原则应该是利益原则。而经销商都是经济动物，追求利益是渠道成员的天性，因此，把保证“双方的得益”作为渠道客情关系维护的根本点是合情合理的。也正因如此，客情关系管理最终是建立关系型、伙伴型的渠道关系，追求和谐共赢、合作发展。

案例分享

惠普在中国大陆推出“客户关怀增强计划”

北京-惠普致力于通过高品质与服务，为客户带来卓越的价值体验，几年来针对拥有惠普笔记本电脑的中国大陆用户，推出了“客户关怀增强计划”，此计划大大增强和延展了原有客户关怀的内容，进一步为受影响的客户提供延长保修期限和内容的服务。惠普全球副总裁张永利表示，由于产品和服务问题给客户带来的不便，惠普向客户郑重道歉。惠普始终坚守对顾客的承诺，倾听来自客户的声音，果断采取行动，他强调，竭尽全力为客户提供最佳服务，每当产品或服务出现问题，惠普都会认真对待。

（资料来源：根据《南方都市报》相关报道整理）

2.客情关系的理论基础

（1）关系营销（Relationship Marketing）

关系营销是为了满足企业和相关利益者的目标而进行的识别、建立、维持、促进同消费者的关系，并在必要时终止关系的过程，这种关系价值只有通过交换和承诺才能实现。

关系营销具有交易营销所不具备的优势：一是关系营销可以减少发现价格的成本、协商谈判成本、商品和服务质量的测度等事前交易成本，也可以减少为促进或保证契约的有效实施而发生的防范成本等事后交易成本；二是关系营销可以减少经营的不确定性，使企业有效利用外部资源实现效益以及获得经济价值之外的社会价值。

关系营销在中国有着深厚的文化基础，中国人普遍重视关系的价值，愿意发展关系。但关系营销与庸俗关系有根本的区别。

（2）顾客关系管理（Customer Relationship Management，CRM）

CRM 更多应用于技术问题的环境中，并被称为“信息技术基础上的关系营销”。企业可以通过建立顾客数据库，进行顾客数据挖掘，发挥顾客资源的管理价值。

①从顾客导向与技术的综合运用角度看，CRM 是一种管理理念、营销哲学。其核心思想是将企业的顾客作为最重要的企业资源，通过全面的顾客认识、完善的顾客服务和深入的顾客分析来满足顾客需要，培养顾客忠诚，最大程度发展顾客与本企业的关系，实现顾客价值的最大化。

②从狭义和战术的角度看，CRM是一种技术解决方案。CRM是通过一系列的过程和系统来支持企业的总体战略，以建立与特定顾客之间长期的、有利可图的关系。企业必须有效采用先进的数据库和决策支持工具，搜集、分析顾客数据，并将顾客数据转化为顾客信息，以便更好地理解和服务顾客。

③从战略的角度看，CRM是一种战略、策略。它应用于企业的市场营销、服务与技术支持等与顾客相关的领域，通过向企业的销售、市场和顾客服务的专业人员提供全面、个性化的顾客资料，并强化跟踪服务、信息分析的能力，使其能够协同建立和维护与顾客的关系，实现关系价值。

客户关系可以分为三个层次：一是利益关系，二是感情关系，三是共同发展关系。利益关系是基础，但它具有很强的变动性，因为追逐利益是渠道成员的天性。感情关系是客户关系的提升，它具有相对稳定性。而共同发展关系是一种最稳定、最持久和最具凝聚力的客户关系，是客户关系管理的最高境界。因为中国市场发育较晚，大多数渠道成员缺乏专业知识和规范性的培训，因而最需要厂家提供人员培训、营销筹划和市场管理等方面的支持，以推动业务发展和公司整体素质提升，所以，建立在相互支持和共同发展基础上的厂商关系才是最稳固和最牢靠的。

案例分享

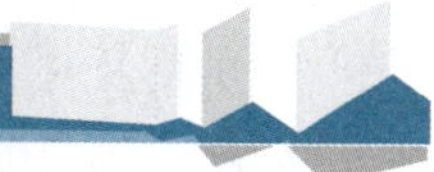

李经理的无间客情

某公司李经理，平时为人豪爽仗义，喜欢交往，在公司人缘很好，领导和同事都很喜欢他。李经理是公司驻杭州的地区经理，他在浙江地区发展了十几个经销商，业务开展得很好。李经理善于交朋友，和经销商的个人关系都很好，甚至亲密无间，每次去拜访经销商，经销商都热情款待。经销商来杭州，李经理也是非常大方地接待，大家合作很好。但问题逐渐出现了，经销商在旺季前称资金紧张，要求李经理在超信用额度的情况下发货，待旺季结束后再付款，李经理冒险答应了。之后李经理去拜访经销商催收账款，经销商更加热情地款待李经理，并称最近几天资金紧张，过两周就打款，李经理没有办法，只好回去了。经销商利用此方式一拖再拖，李经理所辖地区经销商的应收账款越来越多，市场陷入僵局，李经理的业绩也直线下滑，不久便辞职黯然离开。

（资料来源：作者根据网络资料编写）

二、处理渠道客情关系的原则与方法

渠道关系变革的趋势是建立关系型、伙伴型的营销渠道，最终的目标是实现渠道成员间的相互和谐与忠诚。虽然渠道客情关系的稳固和完善以及渠道忠诚的实现需要各渠道成员的共同努力，但是对于渠道的领导者（制造商）而言，其地位和作用又极其关键，制造商应该在渠道客情关系的管理和维护中发挥主导的作用。对制造商而言，加强渠道客情关系的管理确实是一个比较新的课题，需要在实践中不断摸索和总结。如下的发展建议可供制造商参考。

1. 选择实力和理念相匹配的分销商

制造商要实施关系营销，建立起关系型、伙伴型营销渠道，首先必须对分销商进行甄选。甄选的标准包括:分销商的规模、资金实力、财务状况、销售能力、销售额增长情况、仓储能力、运输能力、社会关系和影响能力、市场管理能力、对品牌的看法和态度、营销道德以及分销商与生产商企业文化之间的异同等。

在分销商的选择上,要主张门当户对。从总体实力上来看,分销商往往与制造商无法相比,但分销商只要在自己的区域和行业里具有相对的竞争优势,原则上就属匹配。匹配包括实力的匹配和理念的匹配。实力的相对匹配是基础,理念的匹配是关键,没有一致的理念,双方很难形成共同的目标,也很难就营销策略、市场规划和发展方向达成共识,因此也就很难有步调一致的行动。

2. 为分销商提供满意的产品及服务

制造商能否提供为广大客户所接受的产品,是分销商能否实现利益的根本所在。而向分销商提供完善的服务,也是获得分销商合作与支持的条件,这要求制造商做到以下几点:

(1)制造和分配优质产品。

(2)对产品质量及售后服务质量严加控制。

(3)供货价格公平合理。

(4)供货及时、有保证。

(5)与分销商分担广告费用。

(6)为分销商提供销售服务,如举办销售培训班等。

(7)为分销商提供技术帮助,包括技术说明、操作、使用、维修等。

(8)为分销商提供管理协助与发展规划建议。

(9)给分销商合理、优惠的政策支持等。

3. 与分销商开展平等的对话

制造商与分销商之间能否真正建立起伙伴关系,与双方所采取的姿态有很大关系。其实,不论是制造商还是分销商,各具优势,只是分工不同而已,制造商有综合实力和品牌优势,而分销商有区域分销优势和渠道网络优势,双方的地位是平等的,关系是对等的。因此,制造商只有从思想上摒弃"店大欺客、客大欺店"的传统观念,确立对等意识,尊重对方,才能发挥各自的优势,实现双赢,与分销商真正建立起如伙伴般的亲密合作关系。

4. 与分销商进行及时有效的沟通

良好的沟通是建立良好客情关系的基础。良好的沟通不仅指标准、及时的信息沟通,也应该包括双方之间情感的交流。沟通是了解的前提,了解是理解的前提,理解是信任的前提,信任才能形成忠诚。密切沟通,使双方相互之间达到很好的了解,有助于消除双方间的误会,也有助于减少观点、做法的分歧,使双方达成共识。厂商之间只有实现充分及时的沟通,才能消除误解,建立信任,才能同心协力,克服市场障碍。而及时的沟通,也有助于双方做出正确的决策。沟通的方法包括个别交流、互访活动、定期或不定期的会议以及媒介沟通等。

其实很多厂商之间的矛盾大多源于沟通障碍,或者是信息失真造成的相互误解。有了误解就会产生偏见,如果不及时沟通,积怨会越来越深,隔阂会越来越大,对双方都没有好处。很多制造商都把与分销商之间的沟通作为促进双方关系发展的重要步骤。

5. 提供支持帮助分销商发展

中国文化重视礼尚往来，有困难互相帮助，只有这样才能建立起深厚的友谊。朋友之间是这样，企业之间也是如此。企业与企业之间同样需要多为对方着想，力所能及地帮助对方发展，当自己遇到困难时对方也才会伸出援助之手。作为制造商，有责任和义务帮助分销商进行营销策划、营业推广、业务开拓和队伍培训，提供市场支持，帮助分销商成长。制造商应该为分销商制定较高的激励标准，通过返利和市场促销等措施提高分销商的利润水平，为渠道成员在基础设施和推广活动方面提供支持。作为分销商，也有责任全力配合制造商的品牌宣传和市场推广，帮助制造商培育市场和提升品牌，最后达到互助、共进、双赢的效果。

6. 与分销商共同分享利益和承担风险

厂商之间既是矛盾对立体，又是利益共同体。利益是关系的源泉，利益原则是一切商业关系的最高原则，战略伙伴关系同样建立在利益的基础之上。一方获益不能建立在另一方的损失基础之上，任何一方不能获益都会导致关系的解体。如果厂家与分销商不能共同分享利润，再好的关系也会瓦解。因此，厂家在制定销售政策时必须保证分销商的利润和相关市场的收益，分销商在操作市场时也必须考虑厂家的利益（包括利润和网络价值、品牌价值），反对各自为政，至少不能因为追求个人的眼前利益而损害厂家的长远利益。

7. 追求与分销商的共同成长

厂家和商家都有共同的目标：一是赢利，二是追求事业发展或公司成长。厂家希望提高公司产品的市场份额，提升品牌的价值，做行业领袖。商家则希望借分销产品扩大销售网络，提高经营和管理水平，做渠道领袖。因此，厂商要建立战略伙伴关系，必须支持对方的发展目标，才能相互促进，共同发展。厂家有责任对分销商提供“助销”和市场支持，全面帮助分销商做大、做强。商家有责任全力配合厂家进行市场推广，帮助厂家打造强势品牌，理想的合作是双方都能兼顾对方目标，相互促进对方目标的实现，达到双赢和共同成长的效果。

8. 重视发挥业务人员的个人魅力

人与人之间持久关系和友谊的建立通常依靠个人魅力。广博的知识，出众的能力，鲜明的个性，高尚的人格都能成为吸引对方，让人景仰的力量。厂商关系的创建者、维护者必须丰富自己的知识，提高自己的专业能力，并完善自己的人格，将自己塑造成为行业“专家”和道德“高尚的人”，才能赢得对方的尊重和认可。只有厂商之间，或者厂家与分销商双方代表之间相互欣赏，相互信任和尊重，才有可能建立高水准的理想客情关系。企业与企业的交往是通过人与人之间的交往来实现的，这就对营销从业人员提出了较高的要求，要想建立理想客情关系，必先独善其身，提高自己，把自己塑造成一个高尚的人，一个道德的人，一个专业的人，一个有益于企业和市场的人。

9. 适度保持与分销商的距离

厂商之间作为相互独立的经济主体，必然存在各自不同的利益和立场，也就是说，厂商关系有合作的一面，也有对立的一面。因此，厂商关系的创建者、维护者必须站稳自己的立场，在政策允许的范围内为对方谋利益，不要落入对方布置的陷阱，绝对不能以出卖公司利益为代价获取个人利益。必要时还需保持一定的距离，以使厂商关系更持久。有些厂家派驻的销售代表，由于经不起分销商糖衣炮弹的攻击，往往丧失立场，置公司利益于不顾，与分销商勾结，谋取私利，重则造成公司重大经济损失，破坏公司形象，轻则出卖个人尊严和价值，影响了厂商之间客情关系的良性发展，甚至导致身败名裂。因此，厂商之间、厂商人员之间保持一定的距离是必需的，坚定自己的原则立场是必要的。

专　题

渠道“战略联盟”

渠道战略联盟是指渠道关系发展到一定阶段，处于同一营销渠道中的双方或多方成员通过协议形成的长期利益共同体。在渠道战略联盟中，渠道成员按照协议的规定，共同开发市场，共同承担市场责任和风险，共同管理和规范销售行为，公平地分享经济利益和合作成果。渠道战略联盟有三个显著特点：

1. 长期性

渠道战略联盟的一个重要特点是长期性。如果交易伙伴只是为了交易方便和谋求短期的利益而暂时联合起来，这种联合可以称为战术联盟或普通商业伙伴；渠道战略联盟信奉的是关系营销而不是交易营销的理念，追求的是双方的持久关系和长期利益。

2. 平等性和自愿性

渠道战略联盟的另一个重要特点是参与各方的平等性和自愿性。有些联盟往往是建立在不平等的权力关系之上的，实力强大的一方实际上通过联盟实现对实力弱小一方的控制。而真正的渠道战略联盟是建立在平等和双方自愿基础之上的，成员之间在技术、产品、技能和知识方面平等交换，通过分享资源和挖掘市场机会，实现互利双赢，谋求长期共同利益。

3. 彼此遵循高水平的承诺

渠道战略联盟最重要的一个特点是成员之间彼此遵循高水平的承诺。从某种程度上来说，没有渠道成员彼此间的信任和承诺，就没有战略联盟，只有当渠道成员既有维持一种渠道关系的愿望，同时又愿意为维持这种关系而承担责任和义务时，战略联盟才能得以维持。战略联盟本质上就是一种承诺，成员间遵守承诺是建立渠道战略联盟的核心内容。

战略联盟也是一种依赖关系。战略联盟及承诺意味着一种长期的眼光，它促使战略联盟中的渠道成员即使做出短期的牺牲也要保持和发展这种关系。承诺也意味着渠道成员要承受渠道伙伴的依赖性风险，做出承诺的渠道成员必须承受这种风险并采取适当的措施进行管理。联盟中各方的承诺可能存在不对称的情形，但在渠道战略联盟中，承诺往往是对称的，要么各方都做出承诺，要么各方都不做出承诺。

建立渠道战略联盟是大势所趋。建立渠道战略联盟确实有很多好处，如渠道成员可以实现资源共享，风险共担，更好地发挥联盟内各个成员的优势，从而获得其他渠道系统所难以获得的竞争优势，这是一种商业竞争的需要。但也要考虑到建立渠道战略联盟可能产生的风险，如建立渠道战略联盟可能会引起渠道运作成本的上升；如果联盟的基础不牢固也可能导致联盟内的投机行为;也可能因为联盟束缚了渠道成员,从而失去市场竞争的灵活性。是否加入渠道战略联盟,企业可以根据自身的情况及战略需要进行选择。

案例分享

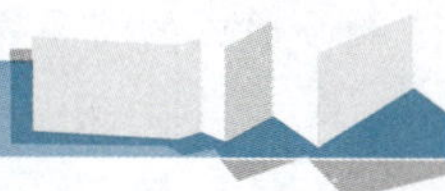

欧莱雅的"魅力联盟"

作为在中国卖得较好的外资化妆品牌,欧莱雅在一线城市坐稳一哥的位置后,向二三线市场吹响了进军的号角。在 2010 年 6 月初悄然于网站公布将扩大"魅力联盟"范围之后,欧莱雅上周又公布,16 个月内新增千家化妆品专营店渠道。

渠道下沉最关键的问题在是否有与之配套的价格体系。商场专柜是品牌负责开设,有通路费用支持,而在二三线城市逐渐壮大起来的化妆品专营店渠道,被称为商场和超市之外的第三种渠道。

"毫无疑问,欧莱雅就是注意到了多达 15 万家化妆品专营店的日益壮大,并希望与之结成伙伴关系,因此才在巴黎欧莱雅试水'魅力联盟'一年后,将这一连盟扩大到集团层面,美宝莲纽约、羽西和卡尼尔、小护士 4 大品牌也会向会员店铺货。"欧莱雅中国对外交流与公共事务部总监周根良向本报表示。

按照巴黎欧莱雅上周最新公布的数据,从 2009 年 2 月推出"魅力联盟"至今,16 个月新增超过 1 000 家化妆品专营会员店渠道。在这个计划之前,化妆品专营店多通过代理商进货,而这个计划施行之后,其可直接联系厂家,经筛选成为加盟会员后,由巴黎欧莱雅通过销售商直接向会员店供货,并对会员店提供各种促销支持。据巴黎欧莱雅全国销售总监郭志海透露,目前巴黎欧莱雅超过 50%的销量来自商场,专营店的份额则在 10%～15%。

事实上,在资生堂正式进入专营店渠道,以店中店形式发展签约之前,其商场的销售占比甚至超过九成。但此后,显然专营店这一渠道的发展速度大大超过商场。盛世传美首席营销顾问吴志刚说:",由于悠莱等专供品牌的存在,资生堂在耕耘多年之后,销售占比超过四成,甚至超过了超市,真正达到了'三条腿走路(商场、超市、专营店)'。"

(资料来源:作者根据网络资料编写)

本章小结

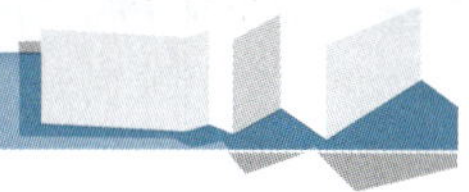

企业的渠道管理面临着一个如何维护以及持续发展的问题。渠道的维护和持续发展不是一个简单的技术问题,它是一种分销战略。在某种程度上,渠道维护比渠道开拓更困难,更讲究科学性。本章主要从产品决策、渠道价格控制、渠道促销节奏控制、渠道客情关系建设、渠道战略联盟等方面讨论了渠道维护与持续发展的问题。

思考与练习

一、名词解释

渠道促销　客情关系　关系营销　渠道战略联盟

二、选择题

1. 渠道客情关系是指企业和自己的供应商、分销商、服务商以及消费者之间因为业务往来而形成的交互关系，它既包括(　　)，又包括情感关系。

A. 业务关系　　B. 价格关系　　C. 品牌关系　　D. 服务关系

2. 根据经济学的(　　)，20%的渠道产品会给公司带来80%的利润，所以渠道产品结构需要进行优化组合。

A. 二八原则理论　　B. 长尾理论　　C. 资源禀赋理论　　D. 边际利润理论

3. 战略联盟信奉的是(　　)而不是交易营销的理念，追求的是双方的持久关系和长期利益。

A. 关系营销　　B. 战略营销　　C. 服务营销　　D. 顾客关系管理

三、简答题

1. 怎样辩证地理解渠道促销的力度和频度问题？

2. 怎样理解渠道促销的区域连动因素？

3. 怎样理解顾客关系管理的内涵？

四、论述题

怎样认识渠道战略联盟的实质及特点？

训练设计

1. 邀请一个企业的销售经理或营销总监，就渠道维护或客情关系管理等主题，给学生做一个专题讲座。谈谈其对渠道维护的经验与认识，会后在课堂上就这个专题展开讨论，探讨哪些经验值得借鉴，哪些属于特殊的情况需要灵活处理。

2. 模拟制定某公司产品的价格体系，首先拟定该产品的渠道层次，注意渠道层次与价格层次的匹配以及各个渠道环节利润分配的平衡性，并制定其中一个环节乱价以后的应对策略和危机处理方法。

应用分析

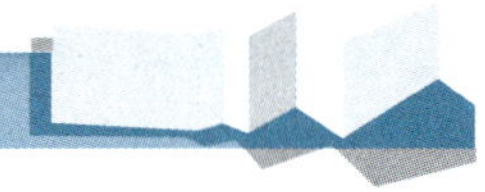

梦特娇渠道产品创新重建品牌高端形象

曾经代表着奢侈服装潮流的法国梦特娇，如今在中国市场上早已淡出了一线奢侈品牌的行列。梦特娇中国区首席财政官 Clement Masse 表示，梦特娇正在进行渠道变革，由大批发形态转向直营和特许加盟店，以此来重建品牌高端形象。

一、实行渠道变革

“二十年前，中国的销售形态是以批发为主，但如今已不适合了，现在是特许加盟的时代”，Clement Masse 说。

梦特娇是三十年前最早进入中国的奢侈品品牌之一，以其“亮丝”T 恤闻名世界。1999 年，梦特娇在中国北京、上海、成都和广州设立联络处，并在江苏省和广东省设立了两个区域代理商，来代理和分销所有在国内的“梦特娇”服装系列，2000 年起，梦特娇开始在中国重新严格挑选高品质的授权商，生产梦特娇特许经营产品。

随着LV、Armani等越来越多的世界顶级品牌进入中国，梦特娇渐渐淡出了一线奢侈品牌的行列。从2006年开始，梦特娇逐步收回中国代理权，并在一、二线城市大量开设自己的销售网点。

梦特娇集团主席Pierre Gros曾表示，之所以大规模撤出百货公司等大型营销渠道，是因为这种模式已经开始扭曲品牌了，"品牌的前途，最终还是取决于高端品质和高端设计，而不能依靠价格优势，只有拥有自己的渠道，直接面对消费者，才能保证品牌的管理和对客户的服务。"

梦特娇现在中国有3 000多个销售点，遍布全国各个区域，梦特娇正在对这些销售点进行整合。"以前交由代理商销售，没有统一的品牌形象，现在我们对全部已有店铺进行统一店面形象和管理，接下来会严格挑选加盟商来进行扩张"，Clement Masse。

作为与梦特娇同时进入中国市场的皮尔·卡丹，最先进入者却没有笑到最后，由于疯狂发放特许经营许可证，使得满大街都是皮尔·卡丹的鞋帽服饰，品牌形象瞬间坍塌，最终卖给了中国公司。为了不重蹈皮尔·卡丹的覆辙，梦特娇将严格管理特许加盟店，公司将通过信息后台了解店铺销售和库存情况，进行系统化管理。

二、重塑品牌形象

梦特娇曾经给人的印象是"老男人的衣柜"，这个最早进入中国的法国品牌，为了吸引更多的消费群，也开始推出休闲系列和女装系列，"梦特娇要改变品牌策略，它不再是老男人的形象代表"，梦特娇品牌形象及传讯经理Candice Meyer说。

除了推出新的服装新系列，梦特娇还开始出售饰品，让其产品更多元化。而一位服装业内资深人士表示，饰品的利润率高于服装，很多品牌都通过饰品来提升盈利能力。

梦特娇现在中国的旗舰店分别位于香港、澳门、北京和广州，但独缺上海这一时尚重镇。Candice Meyer表示，上海十分重要，梦特娇不排除在上海开设旗舰店，但目前还无法透露相关细节。

尽管梦特娇现在一线城市的地位已不如其他顶级品牌给人奢华的印象，但不可否认的是，梦特娇有着中国市场的先发优势，当LV们还在一线城市争夺时，梦特娇的销售网络已遍布中国二三线城市，并且中国二三线城市的富裕阶层仍然认同这个来自法国的品牌。

（资料来源：网易财经网）

【问题讨论】

1. 梦特娇是怎样进行渠道维护及变革的？

2. 梦特娇通过怎样的方式实现了品牌形象的高端高端化？

第四篇

渠道创新

创新是世界永恒的主题，世间遵循"不创新则死亡"的真理。渠道创新为营销渠道提供动力和增添活力，现代网络技术和电子商务的兴起对企业渠道管理提出了新的挑战。

本篇仅一章：

第九章 渠道评估及创新发展

学习目标

知识目标

- 了解渠道评估的原则
- 了解渠道评估的标准
- 熟悉渠道财务贡献评估的内容
- 了解营销渠道的创新

能力目标

- 掌握渠道效益评估的方法
- 掌握渠道调整与完善的策略
- 把握中国经销商群体的转型趋势

案例导入

创立"苏宁易购"并实现"超电器化"

苏宁的第三次战略转型取得了巨大的成功——确立了"超电器化"、线上线下融合发展的目标，明确提出了苏宁和乐购仕双渠道品牌运作、"旗舰店＋互联网"的战略模式，全方位满足消费者对购物便利性、产品丰富度、互动体验、定制需求、售后服务等各方面的需求，全面实现了"科技转型、智慧服务"升级。线上苏宁易购加快开放平台建设，拓展产品线，同时通过企业并购、战略联盟等方式，与红孩子、凡客诚品、优购等电商企业建立深度合作，线下实体店推出"超级店"新业态，经营品类全面"超电器化"，从硬件产品到虚拟服务，从体验到智能云服务，从产品导购到整体解决，全面颠覆家电零售行业标准。苏宁的此番渠道模式创新旨在追求产品升级、服务升级、体验升级、模式融合，引导线上线下互动式消费模式，给消费者带来全新的消费体验。它将预示着我国零售业的一场革命。

（资料来源：根据《今晚报》相关报道编写）

【问题思考】 苏宁的"渠道革命"给当代营销者什么启示？

渠道评估与创新是渠道管理的一项长期而重要的工作。通过渠道评估，分析公司渠道建设的优势与劣势，找到公司渠道需要改进的问题所在，明确渠道发展的方向。渠道评估为渠道调整提供依据，有利于渠道改进和提高渠道管理效率。同时，通过渠道创新，可以提高渠道活力和企业竞争力。

第一节 渠道评估的原则与标准

一、渠道评估的原则

1.有效性原则

渠道评估的首要原则就是其分销的有效性。具体来讲，就是该渠道能否给企业或品牌带来预期的销量、能否达到企业期望的市场占有率目标或者品牌影响力目标。一般来讲，企业建立渠道的目的，都是追求销量的最大化和市场占有率的最大化，因此，能够给企业带来预期销量和市场占有率的渠道就是好渠道、合格渠道。鉴于此，企业在评估渠道成员的优劣时，其在销量和市场占有率方面的有效性是最基本的评价指标。

2.经济性原则

企业追求的是利润而不仅仅是对企业销售渠道的控制。经济分析可以用许多企业经常遇到的一个决策问题来进行，即企业是用自己的推销力量还是用销售代理商销售产品。假设企业希望其产品在某一地区取得大量零售商的支持，有两种方案可供选择：一是向该地区的营业处派出10名销售人员，除了付给他们基本工资外，还采取根据推销业绩付给他们佣金的鼓励措施；二是利用该地区的销售代理商，该代理商已和零售店建立起密切的联系，并可派出40名推销员，推销员的报酬按佣金制支付。这两种方案可导致不同的销售收入和销售成本。判断一个方案好坏的标准，不应该是其能否带来较高的销售额和较低的成本费用，而是其能否取得最大利润。

3.可控性原则

使用代理商无疑会增加控制方面的问题。一个不容忽视的事实是，代理商是一个独立的企业，其所关心的是自己如何取得最大利润。它可能不愿与相邻地区同一委托人的代理商合作。代理商可能只注重访问那些与其推销产品有关的顾客，而忽略对委托人来说很重要的顾客。代理商的推销员可能无心去了解与委托人产品相关的技术细节，也很难正确对待委托人的促销资料。

4.适应性原则

在评估各渠道网络的交替方案时，还有一项需要考虑的原则，即生产者是否具有适应环境变化的能力，也就是应变力如何。每个渠道网络方案都会因某些固定期间的承诺而失去弹性。当某一制造商决定利用销售代理商推销产品时，可能要签订五年的合同，在这段时间内，即使采用其他销售方式会更有效，制造商也不得任意取消销售代理商。因此，一个涉及长期承诺的渠道网络方案，只有在经济性和可控性方面都很优越的条件下，才可以考虑。

二、渠道评估的标准

企业对所建立的渠道进行评估需要确立一定的标准，主要包括：销售量、销售额、开辟新业务的情况、承担责任的情况、为推动销售而投入的资源、市场信息的反馈情况、向公众介绍产品的情况、向顾客提供服务的情况等。

1.渠道评估的一般标准

(1)对销售的贡献。分销商对销售的贡献直接表现为销售量和市场份额两个方面是否达到企业目标。

(2)对利润的贡献。分析分销商所带来的销售额和所耗费的费用之间的比值是否合算。

(3)分销商的能力。判断分销商是否具有经营制造产品的能力、相关知识及服务能力。

(4)分销商的认同度。判断分销商与制造商的公司文化和经营理念是否相同和协调。

(5)分销商的适应能力。分析分销商是否能够根据制造商的要求执行和调整渠道政策。

(6)分销商对业务增长的贡献。分析分销商是否是公司业务增长的来源,是否具有增长空间。

(7)分销商对客户关系的贡献。判断分销商是否能够有效处理顾客投诉和建立厂商合作关系。

(8)分销商对企业品牌的贡献。分析分销商的销售工作是否对厂家品牌的推广具有积极作用。

(9)分销商对销售网络的贡献。分析分销商的销售网络是否在厂家的分销网络中处于重要地位。

2.渠道评估的具体标准

一个企业所建立的渠道是否合理、是否有效,应该有一套标准对其进行考量和权衡。渠道评估的具体标准主要有以下几个:

(1)渠道成员的销售业绩

渠道的最大功能在于实现产品的销售,因此,渠道成员的销售业绩毫无疑问是最直接、最重要且应用最普遍的评估渠道成员的标准。企业可以根据下列要点来评估渠道绩效:

①渠道成员在当前的经济增长水平和竞争情况下,其销售量同历史销售量的对比,即纵向比较法。

②渠道成员的销售量同其他渠道成员销售量的比较,即横向比较法。

③渠道成员的销售量同预先确定的销售定额的比较,即目标任务完成法。

当与历史数据资料做比较时,渠道管理者既要注意整个产品线总的销售数据,也要关注某些单项产品的具体销售数据。这些销售数据按产品类别分得越细,数据资料越详尽,渠道管理者就越能够发现其不同类型产品销售情况的变化,这样就能使渠道管理者根据这些销售变化来调整产品线的组合和销售策略组合。

如果制造商已经给渠道成员制定了销售定额目标,它就应该把渠道成员实际完成的销售额与定额相比较,考察任务完成情况。如果制造商对每一类产品都设置了销售定额,那么就应该对渠道成员每一类产品的销售业绩都进行考核。

此外,将渠道成员的销售额与销售定额做比较时,渠道管理者不仅要关注比例本身,而且还要考虑在完成这些销售定额基础上所获得的总体绩效。如果大多数渠道成员所达到的定额比例普遍较低，那么，问题就有可能是制造商制定的销售定额过高或不切实际。因此，制造商使用这种方法必须是建立在所制定的目标合理的基础上。在制定各渠道成员的销售目标时，应该根据不同渠道成员的具体情况进行深入全面的分析，为每个渠道成员制定科学合理的销售目标。

(2)渠道库存的维持状况

渠道成员能否维持适当的库存水平是制造商对其考核的另一项主要的绩效指标。从本质上来讲，制造商要求渠道成员保持一定的合理库存，至少要达到制造商与渠道成员最初签订的合同协议销售额水平，可以减少制造商的库存负担。为适应个别需要，制造商和渠道成员可根据对该地区市场销售潜力的预测共同制订出一份合理库存计划。渠道成员应该自觉遵守协议，并相应地接受评估。即使在双方的合同中最初没有就渠道成员的库存作正式协议，保持一定的库存依然是一项重要的评价标准。然而，如果双方没有签订正式合同，制造商就不能较好地控制在这方面表现不佳的渠道成员。因此，如果制造商欲将库存维持状况作为渠道成员绩效考核的标准之一，就应该把它写入渠道成员签署的正式协议中。当然，许多不具有优势的小型制造商不具备这样的权力。对于一些通过大量批发或零售渠道成员来销售产品的制造商来说，如生产大众消费品的制造商，这项工作就非常重要。如果制造商在批发层次上只与少量渠道成员打交道，那么它通常只要求其销售人员以常规的销售拜访方式对渠道成员的销售数据进行统计，为制造商的营销决策提供依据。

(3)渠道成员的销售能力

制造商对其渠道成员，尤其是批发商层次的渠道成员进行绩效评估时，可以通过对渠道成员的销售能力进行分析，从而推断它们预期的销售业绩，因此，制造商将销售能力作为渠道成员绩效评估的一项衡量指标。而批发商的销售能力主要是由其销售人员的销售能力来决定的，因此，制造商可以通过评价批发商的销售人员来直接评估渠道成员的能力及价值。如果能够获得渠道成员的销售人员个人销售记录，那么制造商就有了直接评估渠道成员销售能力的依据。通过销售人员的个人销售记录，制造商能直接了解销售业绩状况，并对每个渠道成员进行总销售能力评分，然后将此评分用于渠道成员之间作横向比较。不过获取这样的信息一般较困难，因为许多渠道成员一般都不愿意向制造商透露这些信息，它们不希望制造商对其有全面的了解，清楚地知道它们的经营状况。业务知识和能力通常也是销售能力评估的基础。有些制造商采用定量方法对渠道成员的业务知识和能力进行打分，从而评估渠道成员的销售能力。

(4)渠道成员的态度

渠道成员的态度也就是各渠道成员对制造商产品或服务销售的投入程度及对制造商某些政策的服从度，以渠道成员对制造商及其各类产品的赞同和执行情况作为评价标准。渠道成员的态度最终会影响其销售热情，进而影响销售业绩，因此，渠道成员的态度不能忽视。然而该指标在实际制定和操作过程中存在一定的缺陷，只能进行定性的考察和判断。渠道成员的销售业绩不能令人满意时，制造商通常更多地考虑销售能力、产品与品牌等客观要素，而不会对它们的态度提出质疑，而事实上，渠道成员消极应对，没有投入太多的人力、物力销售企业产品也可能是绩效差的主要原因。因此，制造商要关注渠道成员的销售态度问题，对渠道成员的销售态度进行及时评估，以便及时发现和改进渠道成员消极的态度，把积极向上的态度引进到渠道活动中，促进渠道效率的提高。

(5)渠道成员的发展前景

制造商通过定期对部分或全部渠道成员按照发展前景进行评估，可以较完整地把握整个渠道体系，为今后制定切实可行的渠道目标，特别是公司未来营销策略规划以及确定渠道中各渠道成员的作用，提供有用的信息。渠道成员发展前景的评估指标包括：

①渠道成员过去的绩效是否表明产品的销售情况能与制造商为渠道成员所在的销售地区规划的销售情况保持同步？

②一段时期以来，渠道成员的整体业绩是否与该地区商业活动的一般水平保持一致？

③渠道成员的组织机构是否在扩张，是否表现出在设施、资本运作、库存保持和产品质量上有改进的迹象？

④渠道成员的销售人员是否不仅在数量上有所增加，而且素质也在提高？

⑤渠道成员以及制造商在该地区的销售代表是否有可能在未来某一天由于渠道成员的管理、年龄、健康状况或接班人的安排而陷入某种危险境地？

⑥渠道成员是否有适应能力和接受能力满足该地区有可能出现的市场营销扩张？

⑦渠道成员对自己中期和长期的发展有哪些预测或估计？

⑧渠道成员对自己经营的产品和品牌的持续赢利能力是否坚信及表现忠诚？

案例分享

上海大众汽车经销商评估之神秘客户调查

1.调查目的：通过神秘客户调研帮助经销商找出问题，有针对性地提高销售服务水平。

2.调查方法：神秘客户现场走访。

3.调查对象：上海大众特许销售商(店)及直营店/精品店。

4.调查频率：以季度为一个考核期。

5.计分方式：满分为100分，附加分为10分，取该季度的平均得分为经销商当季得分，自2011年下半年起，直营店/精品店的得分将计入其所属特许经销商的季度得分。

6.调查内容：调查以上海大众销售核心流程为基础，从电话接待、展厅接待、产品介绍、试乘试驾、协商议价、展厅氛围、售前跟进、展厅设施八个环节对经销商的流程执行情况进行评估。

7.调查规则：对于新签合同的经销商，入网该季度作为适应期(以网络规划与发展科认可纳入特许日期为准)，次季度纳入正常考核。当季返利计算时，销售综合满意度按C级处理。对于擅自变更营业地址未经上海大众认可的经销商以0分计。若存在收买或威胁神秘客户情况，当季以0分计。若有神秘客户索取或收受贿赂，经查实，举报经销商当季返利成绩加20分，最高加至110分。由于上海大众原因或其他客观原因未正常实施调查的，以所属销售服务中心平均分计。

8.调查内容：(根据以下内容设计的问卷打分)

电话接待：(1)电话铃响3声之内是否有人接听(如是彩铃，则确认是15秒内是否有人接听)且使用了统一问候语和礼貌用语？(2)是否主动询问您的需求？(3)结束通话前，销售顾问是否等您挂断电话以后再放下电话？

展厅接待:(1)是否向您致意并引导您去展厅或引导您停车？(2)展厅门口是否有接待员/销售顾问及时礼貌的迎接了您？(3)销售顾问是否在进门接待时主动向您介绍自己的姓名及职务？(4)谈话过程中销售顾问是否询问您的姓氏来尊称您？(5)销售顾问是否一直专心接待您？(6)销售顾问是否友好告别并感谢您来店赏车(欢迎下次光临等)？(7)销售顾问是否送您到展厅正门并向你挥手致意目送离开？

展厅氛围:(1)展厅的展示车辆是否都符合展示要求？(2)同一展厅内的销售顾问着装是否整洁、统一？(3)销售顾问是否佩戴标明姓名和职务的胸牌？(4)洽谈区是否干净，整洁？(5)其他人员与客户相遇时是否微笑致意？

产品介绍:(1)销售顾问是否询问并听取你的购车需求？(2)销售顾问是否引导客户在放松的环境中进行交流？(3)销售顾问是否主动提供足够的产品和业务介绍资料信息？(4)销售顾问在产品介绍的过程中，是否针对您的需求/关注点介绍车辆的性能，并强调了产品的优点和好处？(5)访问过程中，销售顾问是否对其他竞争品牌都很熟悉，且在对比过程中用语恰当？(6)销售顾问在介绍过程中，是否鼓励您亲自试乘试驾、动手体验？(7)您的问题和疑虑是否能得到圆满答复？

售后跟进:(1)进店检测的三天之内，销售顾问是否对您进行电话跟进？(2)销售顾问电话跟进是否礼貌、热情、合适、自然？

(资料来源:根据上海大众汽车公司网站相关资料编写)

三、渠道评估的方法

渠道评估有两种主要的方法:一是纵向的历史比较评估;二是横向的区域内比较评估。在进行渠道评估时，不仅要考量各个中间商的销售水平的绝对值，还要参考它们各自面临的各种不可控的变化环境因素，考虑生产者的产品大类在各个分销商的产品组合中的位置(重要程度)，具体问题具体分析，才能做到评估准确。

1. 历史比较评估

历史比较评估是指将每一个中间商的销售绩效与上期绩效进行比较，并以整个群体的升降百分比作为评估标准。对绩效低于该群体平均水平的中间商，必须加强评估与激励措施。对后进中间商的环境因素要进行调查，如由于当地经济衰退，主力推销员的流失或退休等，导致某些顾客不可避免地流失。其中，某些因素可以在下一期补救过来，制造商就不应因为这些因素而对中间商采取任何惩罚措施。

2. 区域内比较评估

区域内比较评估是指将各个中间商的绩效与根据该地区的销售潜量分析所设立的定额相比较。在销售期过后，根据中间商的实际销售额占潜在销售额的比率，将各个中间商按先后名次进行排列。企业的调查与激励措施可以集中于那些没有达到既定比率的中间商。

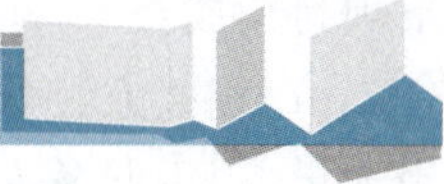

知识链接

娃哈哈对终端工作的评价标准

娃哈哈对其业务员的终端工作评价标准为：

一、正常货架陈列

评分内容主要由以下几个方面组成：

(1)位置分。以五层货架为例，如果公司产品陈列在黄金陈列线，即第二层，则得4分；若陈列在第一层和第三层，则得3分；陈列在第四层，得2分；陈列在第5层，得1分；若无货，则得0分。

(2)排列面积分。产品摆放在货架上最外面一排的数量，就是产品的排列面积，简称排面。产品(各口味)在货架上同时有两个排面可得1分，4个排面得2分，6个排面得3分，没有排面得0分。

(3)排列数量分。各产品在货架上的摆放数量达到10个(板)可得1分，20个(板)可得2分，依此类推。如数量不足10个，则得0分。

(4)相对位置分。若本产品相对竞争产品位置最佳，可得4分；位置次之，可得3分；依此类推。若位置最差，则得0分。

(5)相对面积分。若产品排面最大，则得4分；排面第二大，则得3分；依此类推。若排面最小，则得0分。

二、特殊陈列

特殊陈列是指产品在商场、超市内除有正常货架陈列外，另有堆箱陈列、端架陈列或公司特制的陈列架陈列等。若产品陈列丰富无缺货，可获得20分；若空无一物，则得0分；若陈列有缺货现象，则按产品摆放的丰富程度获得0～20分之间的相应分数。

(资料来源：作者根据网络资料编写)

第二节　渠道绩效评估的方法

一、渠道财务贡献评估

企业是独立的经济主体，要独立核算，自负盈亏。渠道是企业营销的一个组成部分，它的财务状况必然会影响到企业的总体效益，因此，有必要对渠道成员的财务状况加以评估。

1.渠道费用分析

渠道经济效益的评估首先需要核算与销售有关的渠道成本费用，即渠道成员在达到销售目标时的费用支出。评估渠道的经济效益，必须认真考察、分析在渠道中发生的各种费用，这些费用的总和称为渠道费用，一般指零售总成本与制造成本之差。渠道费用总量的大小以及各种费用之间的比例关系，直接影响到有关成员单位的利润。渠道费用由如下项目构成：

(1)直接人员费用。直接人员费用包括制造商的直销人员、流通企业的销售人员、促销人员、销售服务人员的工资、奖金、差旅费、培训费、交际费、通信费等。

(2)促销费用。促销费用包括广告媒体成本、赠品和奖品费用、展览会费用、促销方案设计与执行管理费等。

(3)仓储费用。仓储费用包括租金、折旧、保险、存货成本等。

(4)运输费用。运输费用包括托运费用等。如果是自有运输工具，则要计算折旧、维护费、燃料费、牌照费税、保险费、司机工资等。

(5)包装与品牌管理费用。包装与品牌管理费用包括包装费、产品说明书费用、品牌制造费、品牌管理费用等。

(6)其他营销费用。其他营销费用包括营销管理人员工资、办公费用等。

评价渠道费用的主要原则包括：一是费用与职能的比例性。合理的渠道费用构成应当与分销职能相适应。各个渠道职能的发挥要有一定的费用作保证，重要的、难度大的分销职能应当配备较多的渠道费用。这样才能保证每一项渠道费用都用到应该用的地方。二是费用增长与销售增长的同步性。从总量上看，渠道费用与商品销售额应保持一个合理的比例关系。理想的状态是渠道费用的增长幅度低于销售额的增长幅度。但是，经常出现的状况却是费用在大幅度增长，而销售额却增长缓慢。在市场竞争十分激烈的情况下，这一问题更加突出。因此，控制渠道费用的不合理增长是渠道管理者的重要任务。

2.偿债能力分析

偿债能力比率可衡量渠道成员偿还短期和长期债务的能力。偿债能力比率低表示企业债务沉重，有可能无力清偿债务或由于其信用级别低而无法充分利用可能出现的增长机会。供应商可以向渠道内偿债能力比率低的成员继续提供商品和服务，但应限制其信用(赊款)总额或妥善安排其偿债方案。主要的偿债能力比率有短期比率、流动比率和总负债对净资产比率等。

(1)短期比率

短期比率衡量企业偿付其短期负债的能力，是指现金与应收账款之和占流动负债的比例。流动负债包括在一年内偿付的所有债务。短期比率越高，企业的偿债能力越强。通常来说，短期比率等于1或高于1被视为满意。其计算公式为

$$短期比率=(现金+应收账款)/流动负债\times100\%$$

(2)流动比率

流动比率等于企业的总流动资产(现金+应收账款+坏账准备+制造业存货+可变现证券)除以流动负债。流动比率比短期比率能更严格地评估企业的流动性，因为短期比率不包括制造业存货和可变现证券。同短期比率一样，流动比率越高，企业的偿债能力越强。流动比率为2或更高通常被认为是最适宜的。

(3)总负债对净资产比率

总负债对净资产比率等于企业总负债除以其净资产。与其他流动性测算方法不同，总负债对净资产比率在考察短期偿债能力的同时，还考察企业长期偿债能力。通常来说，企业总负债不应超过其净资产。

3. 效率比率分析

效率比率衡量企业如何有效使用其资产。主要指标包括收账周期、存货周转率和资产对销售比率。根据这些指标，渠道成员可催促债务人加快偿付债务，加速存货周转或减少经营不佳的分店等。

(1)收账周期

收账周期是衡量企业应收账款质量的综合指标，企业的收账周期应与其提供给顾客的信用条件相适应。例如，全行业的信用条件通常为30天，那么40天的收账周期则基本适宜，如收账周期高达60天，则企业的应收账款整体质量较差。这时，企业应考虑移交某些款项到催账部门、加紧收账日程或将某些有问题的应收账款划入坏账。其计算公式为

收账周期＝应收账款/年度净销售额×365天

(2)存货周转率

存货周转率在企业内可以因商品分类而有所不同。低存货周转率说明企业存货中有相当部分周转缓慢。存货周转率可以通过运用即时库存管理、最低商品储备以及ABC分类法等进行提高。相反，如果存货周转率太高也可能意味着企业放弃了很多销售机会。其计算公式为

存货周转率＝年度净销售额/平均存货×100％

(3)资产对销售比率

资产对销售比率表明实现每一个单位的销售额所需要的资产数量水平。渠道成员可以通过提高库存周转率，购买旧的固定资产，运用短期促销方式进行销售，转换资产要求高的渠道成员的运行职能来提高这一比率。

4. 赢利能力分析

赢利能力是指企业资产的回报率，主要指标包括净利润边际、资产回报率和净值回报率。

(1)净利润边际

净利润边际作为一项评估企业赢利能力所广泛采用的概括方法，由企业税后的净利润除以年度净销售额来测算每一个单位的销售形成的利润。所有企业都必须保证一定的赢利能力以偿付利息支出，减少负债，分配红利和为成长机会配置资源。

(2)资产回报率

资产回报率表示每一个单位总资产可以获得多少利润，为企业税后净利润占其总资产的比例。资产回报率对于资产基础较为庞大的渠道成员尤其重要。对很多批发商和零售商而言，资产的很大比例是由存货构成的。

(3)净值回报率

净值回报率等于企业税后净利润除以其净值，10％或高于10％的净值回报率被认为是可行的。

二、渠道效益评估

1. 销售与费用分析

销售与费用分析主要用于衡量和评估经理人员所制定的计划销售目标与实际销售之

间的关系，以及达成该销售的企业的投入状况，以判断企业用此投入达成这个销售目标是否合算，企业是否具有赢利。

销售与费用分析主要有以下几种方法：

(1)销售差异分析

销售差异分析主要用于判断各个不同的因素对销售绩效的不同作用，探讨造成各个产品、地区销售差异的原因，以便在未来销售目标的制定和管理方面达到平衡。

(2)微观销售分析

运用微观销售分析可以找出未能达到预期销售额的特定产品、地区等。假设企业在三个地区销售产品，其预期销售额分别为3万元、1万元和4万元，总额是8万元。实际销售额分别为2.8万元、1.5万元和2万元。就预期销售额而言，第一个地区有7%的未完成额；第二个地区有50%的超出额；第三个地区有50%的未完成额。则主要问题出现在第三个地区。造成第三个地区业绩不良的原因可能有：第一，该地区的销售代表工作不努力或有个人问题；第二，有主要竞争者进入该地区；第三，该地区居民收入水平下降。

(3)销售费用分析

销售费用分析就是在统计总销量或某产品、某地区销量的基础上，再统计总的市场投入费用或某产品、某地区相应的市场投入费用，并计算出带来该销量所付出的费用的百分比，与企业(或产品)的毛利率相比较，以便衡量销售利润水平，考察企业的承受能力，帮助决定未来的市场投入。

2. 市场占有率分析

企业销售额并未反映出相对于其竞争者，企业的经营状况如何。如果企业销售额增加了，可能是由于企业所处的整个经济环境发展了，也可能是其市场营销工作与其竞争者相比有相对改善。市场占有率正是剔除了一般的环境影响来考察企业本身的经营状况。如果企业的市场占有率升高，表明它较其竞争者的经营状况良好；如果下降，则说明相对于竞争者而言，其绩效较差。

衡量市场占有率的方法有以下几种：

(1)全部市场占有率

全部市场占有率以企业的销售额占全行业销售额的百分比来表示。使用这种测量方法必须作两项决策：第一，要以单位销售量或以销售额来表示市场占有率；第二，正确认定行业的范围，即明确本行业所应包括的产品、市场等。

(2)可达市场占有率

可达市场占有率以企业销售额占企业可达市场的销售额的百分比来表示。所谓可达市场是指：

①企业产品最适合的市场。

②企业市场营销努力所及的市场。

企业可能有近100%的可达市场占有率，却只有相对较小百分比的全部市场占有率。

(3)相对市场上最大的三个竞争者占有率

相对市场上最大的三个竞争者占有率以企业销售额占最大的三个竞争者的销售额总和的百分比来表示。如某企业有40%的市场占有率，其最大的三个竞争者的市场占有率分别为20%、20%、10%，则该企业的相对市场上最大的三个竞争者占有率是80%。一般情况下，相对市场上最大的三个竞争者占有率高于33%，企业即被认为是强势的。

(4)相对市场领导竞争者占有率

相对市场领导竞争者占有率以企业销售额占市场领导竞争者的销售额的百分比来表示。相对市场领导者竞争占有率超过100%，表明企业是市场领导者；相对市场领导竞争者占有率等于100%，表明企业与市场领导竞争者同为市场领导者；相对市场领导竞争者占有率增加表明企业正接近市场领导竞争者。

了解了企业的市场占有率之后，还需要正确解释市场占有率变动的原因。企业可以从产品大类、顾客类型、地区以及其他方面来考察市场占有率的变动情况。因此，可以从顾客渗透率(从本企业购买某产品的顾客占该产品所有顾客的百分比)、顾客忠诚度(顾客从本企业所购产品与其所购同种产品总量的百分比)、顾客选择性(本企业一般顾客的购买量相对于其他企业一般顾客购买量的百分比)以及价格选择性(本企业评价价格同所有其他企业评价价格的百分比)四个方面来分析市场占有率。

假设企业在一定时期内市场占有率有所下降，则可能的原因包括以下几个：

①企业失去了某些顾客(较低的顾客渗透率)。

②现有顾客从本企业所购买的产品数量在其全部购买中所占的比重下降(较低的顾客忠诚度)。

③企业现有的顾客规模较小(较低的顾客选择性)。

④企业的价格相对于竞争者产品价格显得过于脆弱，不堪一击(较低的价格选择性)。

第三节 渠道的调整与完善

渠道的调整与完善，一般是在渠道评估的基础上实施的。企业要生存和发展，就必须适应变化的营销环境，而且即使外部环境变化不大，营销工作本身也不可能做得完美无缺，也需要不断改进。另外，竞争者渠道的变化势必迫使制造商重新设计自己的渠道，面对竞争的压力与挑战，企业不得不调整和完善原有的渠道。

一、渠道调整与完善的原因

渠道调整与完善的原因包括以下几个：

1. 现有渠道未达到发展的要求

企业发展战略的实现必须借助分销商的能力，如果现有渠道在设计上有误，中间商选择不当，管理不足，或者现有渠道在规模、水平上不能满足企业发展的要求，都会促使企业进行相应的渠道战略或策略调整，甚至渠道创新，以适应新形势下企业的分销要求。

2. 客观条件发生了变化

渠道的设计可能在当时而言很科学，但各方面的环境因素都在不断发生着某些重大变化，从而产生了调整渠道的必要。因此，企业有必要定期、经常地对影响渠道的各种因素进行检测、检查、分析。另外，企业若能准确预测和把握某些影响渠道的因素的变化情况，则应提前对渠道实施调整。

3. 企业的发展战略发生了变化

渠道的设计是渠道战略的一部分，渠道战略是围绕着企业的发展战略展开的，因此，如果企业的发展战略发生了变化，自然也会要求企业调整其渠道方向。

二、渠道调整与完善的方向

为了适应市场需要的变化，整个渠道系统或部分渠道必须随时在评估的基础上加以调整与完善。当然，这种调整与完善是相互的，一方面要尊重中间商的意见，另一方面企业可以和中间商按股份制原则结成更为紧密的关系。一般情况下，这种调整和完善应是不断的、局部的。

在渠道的调整与完善过程中，要注意处理好企业内部营销人员和中间商之间的感情和利益关系，防止出现较大的负面影响，尤其是要避免负激励将中间商推向竞争对手的情况。中间商在分销过程中的不可忽视的作用，决定了企业必须充分考虑中间商的利益，才能使合作长久进行下去。渠道的落后及其变革意味着许多机会的存在，企业的渠道调整与完善要从以下方向入手：

1. 关注顾客满意度

面对不满意的顾客，企业应找出使顾客满意的关键驱动因素，从而投资于那些给顾客带来实在效益而成本较低的渠道。戴尔正是由于有了从电脑知识比其更少的经销商处购买电脑的不快经历后，才创造了电脑直销法，从而创造了个人电脑业的神话。

2. 开发新渠道

新兴的渠道会带来全新的顾客期望值，并且会重新定义成本或服务标准。如在消费品行业，仓储式大型超市重新划定了规模和价格/价值关系，从而获得了传统零售商不可比拟的成本优势。因此，企业应定期全面评估现有的和可替换的渠道，以开发利用新渠道，服务新细分市场。

3. 填补市场空白

各个渠道服务于各个不同的细分市场，如果公司未使用其中一种渠道，便可能错过整个细分市场。曾有一家计算机设备公司由于忽略了系统集成商们而失去了其巨大的潜在市场。故企业可在不伤及其主要旧渠道的基础上引进新渠道，填补市场空白。

4. 重组渠道

成功的企业往往在管理内部问题之余，也积极维护整个分销系统的竞争力。由于渠道成本受规模成本影响，企业可通过鼓励分销商整合来加强其网络系统建设，取得成本优势。此外，向优秀分销商提供优惠政策的渠道优化重组法也可提升整个渠道的经济性。为了使分销商保持竞争优势，GE 的电气用具部发展了外部支持系统，包括引进顾客化库存，加快了库存周期，降低了运输成本。

案例分享

戴尔中国的渠道之变

总部设在得克萨斯州奥斯汀(Austin)的戴尔公司于 1984 年由迈克尔·戴尔创立。他的理念非常简单："按照客户要求制造计算机，并向客户直接发货。"这使戴尔公司能够最有效和明确地了解客户需求,迅速做出反应。这种直销模式消除了中间商,减少了不必要的成本和时间,让戴尔公司能以富有竞争性的价格,为每一位消费者定制并提供配置丰富的电脑。

平均四天一次更新库存,戴尔把最新的技术带给消费者,远远快于那些运转缓慢、采取分销模式的公司。20多年以来,戴尔以直接生产、快速交货的直销模式取得了巨大的成功,成为全球市场占有率最大的计算机厂商。不仅如此,它的直销模式还革命性地改变了整个行业,使全球的客户都能以更低的价格购买到计算机产品,很多人的生活和工作由此得以改善。

然而,在全球市场,戴尔面临着惠普咄咄逼人的竞争;在中国市场,联想等本土品牌的强势崛起给戴尔巨大的压力。2006年,戴尔整体业绩表现不佳,其赖以成功的直销模式受到业界和华尔街金融界的质疑,这迫使戴尔不得不重新考虑它在中国的渠道模式。为了站稳中国市场,戴尔2008年开始颠覆了其发展了23年之久的单一直销模式,开始学习和借鉴中国特色的联想分销(代理)模式,并宣布进入零售渠道,与沃尔玛、家乐福、百思买、史泰博等全球连锁零售巨头合作进行分销,采取了两条腿走路的策略。

戴尔中国公司渠道总经理麦沛然表示:"我们不会效仿联想的模式,而是在过去直销成功的肩膀上,再创造一个成功。"这意味着戴尔中国的营销渠道重点在直销和分销两方面,"两手都要抓,两手都要硬"。为了保证中国渠道长期、稳定的发展,戴尔公司成立了专门的渠道业务部门为合作伙伴提供直接支持,开通了专门的合作伙伴计划网页以方便合作伙伴注册并与戴尔沟通。

前几年国家推行"互联网+"的产业政策为戴尔中国的发展提供了新的机遇,戴尔网络直销模式的优势得以充分发挥,但戴尔顾及中国市场的庞大及其特殊性,拓展了直销与分销相结合的复合渠道模式。近年来,戴尔着力渠道创新,拓展了四种营销渠道互为支持、全面覆盖,包括:一是网上在线购物,二是电话购物,三是客户体验中心直接购买(主要针对企业客户),四是零售渠道分销(大型商超、家电连锁、电脑专营店、戴尔专卖店)。

总之,戴尔通过线上直销与线下分销相结合的渠道战略转型,各项业务取得了稳步发展,在中国市场获得了稳定的消费群并缩小了与联想等本土企业的销量差距。可以说,戴尔与时俱进、兼收并蓄,真正领会、把握了中国市场,并且通过渠道变革站稳了中国市场。

(资料来源:渠道网)

【问题思考】 怎样看待戴尔中国的渠道变革与创新?

三、渠道调整与完善的方法

渠道调整与完善的方法包括以下几个:

1. 调整渠道政策

渠道是一个动态的系统,其系统构成要素和竞争环境都在不断发生变化,所以,渠道不是固定不变的,渠道相关政策也不可能一成不变,而是需要根据实际情况不断地调整。特别是通过渠道评估发现问题以后,更应该及时调整和纠偏,以保证渠道运作的高效和良性发展。渠道政策的调整不仅包括渠道战略方面的调整,如渠道模式创新、渠道成员增减等,还包括渠道战术方面的调整,如渠道产品组合、新产品上市节奏、价格变动、广告和促销政策、铺货和信用政策、市场推广策略、人员管理政策以及渠道激励政策等。

2. 增减渠道成员

增减某些中间商经常是渠道调整与完善的一种普遍做法，但裁减渠道成员是要冒一定风险的。制造商在做出这项决策时要进行渠道调整分析，要考查增减某个中间商会给生产企业的销售和利润带来的影响。调整渠道成员、改变渠道结构不仅会影响渠道的正常运作，而且也会对销售部门、财务部门、物流部门等产生连带影响，因此，制造商在进行渠道结构调整前要对因中间商的替换产生的各方面影响进行综合分析，同时要考虑除销售、利润、成本外，这种替换对渠道整体性功能所产生的影响，以便做出明智的选择。

3. 增减某些市场渠道

增减某些类型的市场渠道是一种战略决策。通过渠道评估发现公司产品不适合在某类渠道销售，出现得不偿失的情形时，就应该果断决策，放弃或剔除某些市场渠道。如某公司产品线较窄，产品规格、品种不够多，尝试进行连锁经营，但发现销售业绩不佳，入不敷出，这时就应该果断叫停，退出连锁经营而选择其他渠道模式。

当然，偶尔会出现很多经销商不能完成销售任务的情况，这种结果往往是由于生产企业设定的目标与实际不符造成的，但也不排除其他原因造成经销商懒惰或有意抵抗。例如，竞争者给予渠道商更多利润时，渠道商就更倾向于销售竞争者的产品，对生产企业的产品关注度则会降低。生产企业有权删减不合格的市场渠道，但必须同时考虑删减市场渠道带来的负效应。在充分考虑以下因素后，如果企业认为删减渠道利大于弊，就可以做出删减渠道的决策。

(1)减少渠道意味着减少渠道库存，因此，企业将缩减生产，制造费用和管理费用被分摊在较少的产品上，单位产品的生产成本将会提高。

(2)删减渠道可能会减少产品销量，闲置部分设备，引起有限资源的人为浪费。

(3)删减渠道可能导致原有的一些市场机会转到竞争者手中，增加对手的经营实力。

(4)删减渠道可能会引起其他经销商的不安和不稳定感，不利于渠道关系的维护。

4. 改进整个渠道系统

渠道系统的改进是一项复杂的系统工程，因为它不仅涉及改进，还涉及整个营销系统的修正和创新。整体渠道调整，对企业及整个渠道运作的影响都很大，而且如果决策失误，短时间内又难以补救，损失将更大。因此，在渠道调整前一定要做好可行性分析与渠道评价工作，认真考虑这种调整是否可行，中间商的反应如何，是否会引起某些重大冲突等问题。对新渠道的费用、收益及利润的分析也要从整个渠道系统角度统筹考虑，权衡利弊。有时候，限制因素的变化只是暂时的现象，不久又会恢复原状，这时不要急于调整渠道；限制因素虽已变化，但未来的情况难以预测，这时应尽量通过渠道管理消化这些变化，并注意监测这些因素的进一步变化。渠道的改进主要表现为中间商的增减和渠道政策的调整，而中间商的增减常常引发许多问题，所以事先必须周密考虑，以防患于未然。

案例分享

书店也卖电子书：亚马逊开拓 Kindle 渠道

为满足消费者的需求，亚马逊宣布将推出一个名为“Amazon Source”的新项目，准许独立图书零售商销售该公司的电子书阅读器 Kindle，亚马逊将依据销售情况向零售商提供收入分成。

虽然亚马逊不仅向图书零售商提供销售 Kindle 的收入分成，而且还向他们提供未来两年内消费者使用 Kindle 购买的电子书收入分成，但是图书零售商依然对亚马逊既感到厌恶，又感到恐惧。图书零售商认为，这是一笔大交易，但受益人只会是亚马逊。

在旧金山湾区拥有两家书店的比尔·佩特罗塞里表示，“我很怀疑会有多少图书零售商接受亚马逊的这一项目。”许多图书经销商都怀疑亚马逊，是因为这家公司拥有无穷的、侵略性的野心。图书零售商们担心，亚马逊的这个新项目，就像是“特洛伊木马”，旨在进一步毁掉他们的生意。在亚马逊出现之前，图书零售商的图书销售量，占据了美国图书销售总量的 25%，但如今已经下滑至 10%左右。

西雅图书店 Mystery Bookshop 的所有人 J. B. 迪基表示，“我们帮助亚马逊扩大业务能换来什么？难道是让我们的销售额变得更加微薄？这根本不是什么合作，完全是串通一气向你宣判死刑。”

不过华盛顿书店 JJ Books 所有人贾森·贝利则有着更微妙的观点。贝利已经与亚马逊签约在该项目上进行合作，而且这家书店周三也出现在了亚马逊网站中。贝利说，“有客户会拿着电子书到书店查询图书，然后再从网上购买这本书。我可能已经帮助销售了图书，但却没有获得任何收入。如今，我将有机会获得分成。”

亚马逊发言人金利·佩尔绍尔表示，目前她还不清楚有多少家独立图书经销商参与了这样项目。不过该发言人称，自宣布该项目后，图书零售商的反应非常积极。

近年来，亚马逊的 Kindle 系列电子书已经失去了光环，原因是平板电脑的崛起，以及这家公司的实体店竞争对手纷纷降低了同类产品的售价，让 Kindle 不再有什么优势。去年，塔吉特和沃尔玛均表示将不再销售 Kindle。

亚马逊的“Amazon Source”项目分为两种：图书零售商既可以以 6%的折扣购买 Kindle，在消费者购买电子书时再获得 10%的分成；也可以选择一次性以 9%的折扣购买 Kindle。目前，最便宜的 Kindle 售价为 69 美元，绝大多数的电子书零售价为 12 美元。

在过去的十年中，亚马逊激进的打折出售图书，以及创建电子书帝国的做法让图书零售商的业绩受损。按照亚马逊的描述，“Amazon Source”项目能够实现双赢。该公司高管拉斯·戈兰迪内蒂在声明中称，“通过此项目，消费者不必再在电子书和他们喜欢的书店之间做出选择。他们可以同时选择。”

不过即便是已经加入了改项目的独立零售商贝利也认识到其中的风险。他说，“我不知道这是否意味着书店将走向死亡。不过我决定走入旋风。”贝利希望消费者从他的书店购买 Kindle，然后在购买那些在电子书中不流行的书籍，如儿童图书。通过消费者购买电子书，贝利的书店还将会获得稳定的佣金。

（资料来源：伯特·罗森布罗姆著，《营销渠道——管理的视野(第 8 版)》，中国人民大学出版社，2014 年版。）

第四节　我国营销渠道的创新发展

创新是永恒的主题，不断创新才能保持旺盛的生命力。渠道的建设与管理也需要不断进行渠道创新，与时俱进，以适应分销环境的变化，及时调整、变革、完善，为渠道增添活力，达到“穷则变，变则通，通则久”的效果。

一、渠道模式的创新

渠道的创新首先在于渠道模式的创新。中国地域辽阔，营销环境复杂，各地区需求差异很大，其分销结构体现出明显的不平衡性及巨大的变动性和差异性。在目前看来，没有任何一种单一的渠道模式能够满足中国市场多层次、多样化的分销需求。事实证明，企业只有因地制宜，不断进行渠道创新，才能获得比较竞争优势，在竞争中克敌制胜。

联想从做代理开始，建立了自己的销售网络，后来形成自己独特的“贸、工、技”相结合的模式，并在此基础上，创建和扩张了自己的联想“1+1”连锁帝国，既掌控了终端，又保证了市场拓展和售后服务。几年前，联想宣布学习戴尔模式，尝试直销，目的是构建联想多层次、多结构的分销网络，形成强大的渠道竞争力。同时，联想通过并购 IBM 的 PC 业务，把自己独特的分销模式复制到世界市场，将其强大的网络延伸到了海外。海尔的销售通路也从原来的大型百货商场到后来建立店中店、产品专柜，再到现在的直营结合专卖店的形式，经过了不断的调整和提升，增强了渠道运作的有效性。

此外，格力的“区域股份制销售公司”模式、娃哈哈的“联销体”模式、商务通的“小区域独家代理”、雅芳的直销模式、戴尔的直销结合分销模式、阿里巴巴的网络渠道平台、当当网的电子渠道、汇源的餐饮直销模式以及苏宁的 3C 和定制包销模式等，都是非常具有生命力的渠道创新模式。渠道模式的不断创新是增强渠道活力和企业竞争力的有力保证。

案例分享

茅台“会员酒”直通高尔夫渠道

北京奥运会后，茅台公司推出了相应的“茅台水立方酒”，在广东省内找到一家经营高尔夫用品的公司——“深圳天应体育用品公司”作为其在广东省的总代理。“天应体育”在代理销售茅台酒时，不走商场、专卖店等传统渠道，仅靠朋友一个传一个地销售，竟创造了比传统渠道好得多的业绩。

虽然“天应体育”是经营高尔夫用品的公司，却是一个销售高端白酒的良好的隐形渠道，因为这些高尔夫用品的用户与茅台酒的消费群很相似。事实上，早在两年前，“天应体育”就在代理茅台的另一产品“茅台高尔夫会员酒”，并取得很好的成绩。该产品每年仅生产 30 吨，并且价格要比普通茅台高出 200 多元甚至更多，但销量却非常不错。

“天应体育”由陈静于20世纪90年代初创办，她将高尔夫顶级品牌美国“卡罗韦”(CALLAWAY)球具引入中国，在高尔夫界积累了广泛的人脉资源，朋友众多。这些人是茅台酒消费比较集中的群体，只要有朋友愿意，都可以在“天应体育”拿货销售。由于是直销，拿到的都是正宗茅台酒，销售就能得到很好的保证。经过近20年的发展，“天应体育”聚集的消费人群已非常稳定，并有着丰富的会员资源，现已成为中国最大的高尔夫用品商贸企业。“天应体育”专门成立了小老虎高尔夫俱乐部，除了提供与高尔夫相关的各种产品和服务以外，还专门为高尔夫爱好者提供高端生活需求产品。

“茅台+高尔夫”的模式之所以能够成功，是因为它们的渠道高度重合，而且还能避免商场、专卖店等传统渠道需要的进场费以及账期等问题。“茅台高尔夫会员酒”的诞生来自茅台公司原董事长季克良打高尔夫球时产生的灵感，为了突出茅台酒的高端消费品形象，他萌生了专为高尔夫爱好者酿造一款酒的创意，并亲自参与酿造，推出“茅台高尔夫会员酒”。

（资料来源：改编自《南方都市报》相关报道）

渠道需要创新才会充满活力，但并不是越新越好，越超前越好。很多企业都想模仿戴尔的直销模式，但不一定每个企业都适合这种模式，因为它要求极高的信息到达、物流配送和柔性生产水平。因此，渠道的创新必须遵循独特性与适应性相结合的原则，必须因地制宜。

二、渠道的优化整合

渠道的优化整合也是一种渠道的创新。十几年来，中国营销如火如荼，渠道变革日新月异，连锁企业蓬勃兴起，成为现代商业的主角，并大肆进行规模扩张，似乎规模等同于效益，致使很多卖场、连锁亏本经营。另外，各生产企业盲目进行规模化深度分销，力图将自己的产品分销到市场的各个角落，不顾成本，不讲求效益，致使投入大于产出，难以为继。这种盲目追求分销深度和规模的做法造成了渠道的盲目扩张和混乱，浪费企业资源，影响效益。因此，近些年，企业不断将渠道的优化和整合提上日程，以经营效益为考核目标，把企业作为一个利润中心而不是单独的销售中心，以期在提高整体渠道分销效率的同时，改善企业的整体效益。

鉴于此，TCL曾经进行“渠道瘦身”，大规模裁减销售队伍，在优化销售队伍的同时优化分销商结构，并把销售公司建成独立的销售平台，同时代理飞利浦家电和东芝彩电的销售，大大提高了其渠道的影响力、竞争力和含金量。其中，渠道的优化整合包括淘汰落后的、多余的、叛逆的、不服从管理的、对公司不忠诚的渠道成员，同时吸纳一些认同公司文化的、有现代经营观念的、有一定综合实力的、资信良好并且具有发展潜力的成员，为渠道补充新鲜血液，以此激活渠道。TCL在其各地区分公司的统筹下也寻找小区域经销商开展分销，同时建立“幸福树”连锁专卖店，在中国广大的农村乡镇市场开展家电产品的连锁经营。

此外，渠道的优化整合还包括渠道重心下移、渠道扁平化、深度分销、区域精耕、网络直销、连锁经营等综合渠道技术的应用，包括建立渠道联盟和构建复合型渠道等，如果这些渠道创新技术使用得当，可以帮助企业改善分销网络质量，增强渠道活力和竞争力。

三、电子渠道的兴起

1. 电子渠道时代的到来

随着信息科技的发展，催生出一个巨大的网络市场以及相应的电子营销渠道，电子商务的普及并逐步走向成熟，颠覆了部分传统的渠道管理规则，也使企业的渠道管理工作变得更复杂和更面临挑战。一方面，电商新渠道的出现，增加了渠道决策与管理的困难性，因为电商的出现给企业提供了新的更多的可供选择的渠道形式，企业要面对是否开辟电商渠道的纠结，同时企业又必须承受来自向上、线下渠道争夺客流的矛盾与煎熬，绞尽脑汁避免线上线下的渠道冲突。另一方面，电商模式的出现导致了消费者购买行为的变化，因为消费者网购行为与传统渠道中的购买消费行为存在差异，每一个试图拓展网络渠道的企业都必须研究现代网络环境下的消费者购买行为特点以及建构提高新的网络渠道分销精准性及效率的策略与方法，因此，拓展网络渠道既具有风险也对企业提出了更高的要求，网络渠道的异军突起为我国企业营销渠道管理带来了挑战。

互联网的出现改变了人类的生活方式、工作方式，也改变了企业商业活动的运行模式，正在给未来经济发展带来无限活力与商机。科学技术，特别是与电脑、互联网相关的技术，已经对现代营销渠道的设计和管理产生了重大的影响。互联网是一个覆盖全球的信息网络、社交平台，目前正在演变成为全球巨大的虚拟交易渠道和平台。目前全球的互联网用户数十亿，并在蓬勃增长。目前使用互联网从事直接的网上销售虽然有一定的限制，也有一定的不确定性风险，但消费者乐于接受这种购物形式。随着“80 后”、“90 后”和“00 后”伴随互联网成长的一代成为社会主要消费群体后，网购市场将迎来突破性发展。可以说，在线销售已经成为企业参与市场竞争的有力选择，以互联网为载体的电子渠道正在成为一种主流的营销渠道。据工信部统计，目前我国网民规模已超过 12 亿，不仅遍及大小城镇，甚至覆盖了广袤的乡村。另外，从网络平台的交易情况看，阿里巴巴淘宝网、京东、当当网、苏宁易购、大众点评、携程、唯品会、一号店等电商平台已经成为当今人们购物消费的主要场所，日常交易量已几乎占领了国内市场的半壁江山。总之，网络交易已经成为当今我国商品交易的重要渠道，未来网购销售的前途真是不可限量。

案例分享

网店究竟会不会完全取代实体店？

面对近些年实体店大量倒闭的现实，有人提出实体店将会在未来十几年内彻底消失的观点。他们认为，实体店由于店铺租金与人工成本高，无法拥有网店的价格优势，所以，实体店被网店取代是情理之中的事。那么网店是否确实能完全取代实体店呢？事情并不是那么简单。以网上超市为例，网超的成本包括流量成本、运营成本、仓库成本、包装成本、采购运输成本和物流配送成本，这些成本的降低空间非常有限。如果网超模式没有突破，则经营效率与成本大致与大卖场实体店相当。

实体店的真正弱点表现在：

(1)选择空间的限制。受资源约束,实体店限制了消费者在产品功能、价格和品牌上的选择空间。

(2)购物空间的限制。消费者到实体店购物受到时间和空间的限制,不可能花很多时间光顾实体店。

(3)信息束缚的限制。消费者光顾实体店后往往很难得到一个全面公平的认知。

以下才是网店真正的优势:

(1)网店利用网络特性让消费者拥有足够大的选择空间。

(2)网店完全克服了时空限制,消费者不论何时身在何处都可以随意浏览和购买。

(3)信息开放。多数网店产品描述都非常详细,产品性能、特点、价格等信息公开。

其实,网店的真正优势并不仅仅在于价格,而在于顺应了现代人们的生活方式、购买方式的变化趋势,让消费者获得了更多的自主、自由的购物休闲空间。而相对于网店,实体店的现场体验优势更为明显。"逛"各类实体店给顾客带来的体验感更好,这是网店购物所无法达到的。逛商场也是一种生活方式,特别是对于女性消费者。此外,实体店大卖场经营大宗生鲜商品的优势也是网店无法具备的,像餐馆、洗脚、美容等服务型终端是无法通过电商"电"上去的,但"触电"(利用互联网)也是必然的选择。

(资料来源:胡介埙,分销渠道管理(第四版),大连:东北财经大学出版社,2018)

【问题思考】 实体店的优势在哪里?网店的局限是什么?未来格局会是怎样?

随着现代信息科技的深入发展,互联网,特别是移动互联网已经成为当今商品交易的主要载体和平台,我国传统分销模式正在受到来自互联网、移动互联网、物联网等新型渠道的冲击。B2C、B2B、微博、微信、QQ、App等虚拟渠道受到消费者的青睐并在企业经营中逐步得到推广和广泛应用,由此进一步形成了O2O等线上和线下相结合的新型渠道模式。当然,线上线下双渠道并行也给企业带来各种矛盾和冲突,需要企业在渠道创新及管控上更加努力并且兼顾各方利益相关者的利益,主动适应市场需求的变化。零售行业中也正在探索新零售的发展之路,即以互联网为依托,通过运用大数据、人工智能等先进技术手段,对商品的生产、流通与销售过程进行升级改造,进而重塑业态结构生态圈,并对线上服务、线下体验及现代物流尝试深度融合的零售模式。近年来,移动终端更是发展迅猛,利用智能手机或其他电子设备进行网络购物也已经成为一种新的时尚、潮流和生活习惯,越来越多的人乐意通过互联网以及其他移动终端购物消费和支付,各行各业步入了"互联网+"新时代。

案例分享

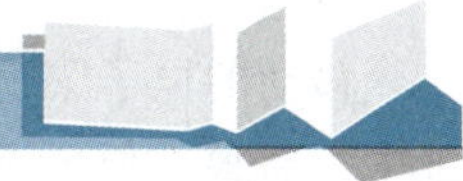

"互联网+"

"互联网+",一种全新的互联网概念,它反映了当前互联网行业发展的新趋势。如今,我们随处可以看到、听到有关"互联网+"的消息。那么,什么是"互联网+"呢?"互联网+"对我们未来生活带来哪些变化呢?

(1)如何理解"互联网+"?

简单来说,"互联网+"传统的服务或产品就会衍生出一种新的行业,这意味着什么呢?互联网+传统相亲=世纪佳缘、百合网……,互联网+传统分类信息=58同城、赶集网……,互联网+传统出租=滴滴、快滴……,互联网+传统市集、百货=淘宝、京东、1号店……,如此类推,如此我们可以得到一个简单地模式:互联网+传统行业=新生互联网行业

(2)"互联网+"对传统行业的影响

从以上可以看出,"互联网+"就是互联网与传统行业的结合,其效果应该是1+1=2,而如今看来其效果往往是1+1>2."互联网+"凭借新一代移动互联网科技结合大数据、云计算、物联网等互联网技术合力推进社会经济发展,衍生出新形态的互联网+企业或行业。人们对生活的追求希望常新,不得不说当代互联网让很多不可能变成了可能,使我们的生活更加多姿多彩,同时也极大地影响甚至颠覆了传统产业,传统产业不得不求新求变,以顺应网络经济的发展大潮。而"互联网+"的出现也并非需要完全取代传统行业,而是将会改变传统行业的现状和经营模式,为其注入新的活力。

(资料来源:作者根据网络资料编写)

总之,未来企业可在网上直接向各地的供应商订购商品和向客户销售,通过网络银行实现交割,一切商务活动都可以足不出户。毫无疑问,人们未来的生活必将是一个网络的世界,网络营销有着巨大的市场空间,电子营销渠道正在逐渐展现出它的魅力,并且正在成为新时期营销变革与创新的主旋律。而随着电子购物活动延伸进入社交网络,手机移动终端、社交网站兴起,成为新兴的渠道购物模式。然而,未来消费者的需求是多样的,某一种流通方式不可能取代其他方式,无论是实体店还是网上商城,各流通渠道应该是互补的。

2.电子渠道的界定

渠道管理专家伯特·罗森布洛姆认为,电子渠道是"利用互联网得到产品和服务,从而使目标市场能够利用计算机或其他可行的技术购物,并通过交互式电子方式完成购买交易"的渠道形式。通俗来讲,电子渠道是指综合利用互联网络、电子计算机和数字交换等多种技术,实现把特定商品或服务从制造商转移到消费者的经营活动过程。电子营销渠道又名电子商务、互联网商务、互联网购物、在线购物、虚拟购物、电子分销等。就目前情况看,以电脑(互联网)为依托的电子营销渠道出现了两种新的发展趋势:

(1)移动的电子渠道

移动的电子渠道又名移动商务,是指能够使消费者在任何地方、如何地点或者是在行进中都能很方便地进行购物或消费的电子渠道或方式。近年来,智能手机的出现使得这个功能得以实现,消费者对于移动购物的兴趣也日益浓厚。移动智能手机极大的便携性和强大的功能为消费者随时随地购物消费提供了可能的平台,而越来越多的消费者不但使用智能手机购物消费,还利用其研究产品、寻找优惠券和比价,手机成了现代消费者重要的生活智库和购物渠道。随着手机银行等支付功能的完善,网络环境的净化,网络购物风险的降低,消费者利用移动终端购物的心理障碍将逐步消除,移动商务将成为未来的主流消费渠道。

(2)社交网络的电子营销渠道

随着现代信息技术的发展和人们互联网生活的丰富,作为虚拟空间的社交网络也被逐渐发展成为一种可供选择的销售渠道。在美国等发达国家,大多数居民注册有 Facebook 或 MySpace、Twitter 等社交账号,用于交流思想、活动,也用于购物消费,社交网络已成为一种普遍的商务推动力量。在我国,智能手机基本普及,大多用户开通了 QQ 空间和微信平台,有的经营了自己的微博,商家利用 QQ 和微信平台推广产品已经成为一种有效的选择,消费者利用 QQ、微信等平台购物消费也将成为现实。事实上,随着大量生意开始使用社交网络与顾客接触,不久的将来就是在社交网络里提供一个可以真正卖出产品或服务的电子营销渠道,在社交网站里布满电子销售渠道将成为这些网站的商业特征。

3. 电子渠道的优势与劣势

由于电子渠道费用低廉而且有效,许多公司都在着力拓展。目前已取得成功的领域主要是网上电子订购。消费者可通过个人电脑进入制造商在互联网上的主页查看其产品信息,然后发电子邮件或打电话购买特定规格的产品。比如 DELL 电脑公司就是主要通过这种电子渠道方式营销,发展成为全球第一大个人电脑供应商。

与其他营销方式相比,以互联网为平台的电子渠道具有如下优势:

(1)电子渠道的全球性

使企业的营销活动可以通过互联网与世界市场直接沟通,可以获得广泛的顾客接触面,成为世界经济中的一个分子,获得广泛平等的交易机会,有利于拓展市场空间。

(2)电子渠道的便利性

便利是消费者选择互联网购物的最重要的原因。与其他零售店铺购物相比,消费者足不出户就可以买到自己喜欢的、需要的商品,还可以浏览多个网上商城。特别是智能手机的出现,更是使消费者随时随地购买消费成为现实。

(3)电子渠道的交互性

顾客与企业可以开展双向交流,顾客可以从网上获取企业的商品或服务的信息,也可以向企业咨询、洽谈、订货;企业可以按照顾客的要求进行个性化服务,可以通过配送系统向顾客送货。企业还可以与其他企业进行网上交流,加强业务往来。

(4)电子渠道的低成本

网络营销几乎不需要大的固定资产投入,千人传播成本最低;企业可以随时更新网上信息,省去了在传统媒体做广告的费用;企业可以从网上收集信息,减少派人收集信息的成本;电子营销渠道还可以实现“无纸化”,从而节约办公费用。

(5)电子渠道的直接性

可以使企业直接向顾客销售产品,不必采用间接渠道,从而减少分销环节,减少了渠道费用;企业可以根据顾客的网络订货量的多少组织生产、供货,从而减少库存,实现“即时生产”(Just In Time)。

(6)电子渠道的高效性

可以使企业迅速获得技术信息和市场信息,及时调整自己的生产经营策略,迅速地把自己的产品或服务推向市场,达到先入为主的制胜效果。

(7)电子渠道的形象性

发布产品信息之文字、图像、声音等,可以利用多媒体技术制作,图文并茂,生动形象,富有感染力,以提高传播效果,有利于销售。

(8)网络运行的全天候

可以使企业随时待命,一年365天,一天24小时,从不间断,随时都可以发布信息,随时都可能实现销售,有利于提高销售效率。

(9)网上信息的无限性

企业既可以从网上海量信息中获取自己想要的信息,同时又可以面向世界通过网络发布有关本企业的商品、服务等全方位的信息。

(10)基于数据的客户关系管理

电子营销渠道有利于广泛收集现有客户和潜在客户信息,建立顾客数据库。以此为基础,可以进行数据分析和数据挖掘,了解顾客需求与偏好,帮助企业识别客户、识别市场,锁定重点客户和目标顾客群,开展精确营销和客户关系管理,因为互联网的一个优势是能够追踪顾客浏览企业的网页信息,使得与顾客进行对话并保持长期关系成为可能。

案例分享

"光棍节"刮起的购物风暴

所谓"光棍节"(11月11日)本来并不是什么传统节日,只是民间对于单身汉来说找个理由找乐的戏称。但近年来,"光棍节"被阿里巴巴营销成了一个消费者购物狂欢节,也是商家销售狂欢节。据《今晚报》报道,2012年"光棍节"期间掀起了一股网购的狂潮,当天支付宝完成总销售额达到191亿元(人民币),创当时世界纪录,也让世界见证了中国电子商务的市场能量,显示出我国网上消费的巨大潜力。不少传统品牌也搭上了网购的顺风车,创造出骄人的销售业绩,如骆驼服饰、全友家居等单日销售都突破亿元大关,这个现实必然会催生我国企业营销渠道的电子化变革。更让人吃惊的是,至2014年的"光棍节",当天支付宝完成了总销售额超过300亿元(人民币),2015年的"光棍节"销售达500亿,2016年的"光棍节"销售超900亿,2017年的"光棍节"销售达1200亿,2018年的"光棍节"销售超1 400亿,至2020年的"光棍节"销售额更是近2000亿……年增速超人想象,可见中国市场的强大消费力以及新时代我国消费者对网购的火热激情。难怪马云放言:淘宝十年后会超越亚马逊、沃尔玛,你觉得可能吗?

(资料来源:根据网络信息资料编写)

与其他营销方式相比,电子渠道也不可避免具有一些劣势:

(1)与实际产品之间无法接触

通过电子渠道购物,只能浏览网上产品的图片展示,不能直接接触到实物。换句话说,消费者只能大体感受到产品的外观形象,不能触摸到他的质感,不能体味到它的味道,更不能试穿、试吃,因此,对所购产品的质量以及是否完全符合购物期望没有十足的把握。图片与实物之间往往存在差距,有如隔山买牛,购物满意度很难保证。

(2)购物的成就感、愉悦感滞后

通过电子渠道购物需要一个订单处理、支付货款、产品分装、物流配送的过程,往往存在购物的成就感、愉悦感滞后的问题,特别是对于性格比较急躁的消费者、对于产品急需者更是一种煎熬,遇到节假日、购物旺季,货物积压、配送拖延也许更为严重。

(3)购物网站鱼龙混杂难以选择

由于电子渠道是一个虚拟的世界,从制造商到零售商各种层次成千上万的商家都在互联网上建立自己的网站,消费者只能凭借网站上的信息进行真伪判断和优劣判断,往往难以了解企业的真实面目,难以筛选到合适自己的好的商家,因此,网络环境的混乱成了虚拟空间的一大问题,消费者容易被一些虚假表象所蒙蔽。

(4)网络购物存在安全风险

网络毕竟是一个虚拟的购物平台,难免有商业道德低下者和不法商人混迹其中。网络购物的风险除了货不对版情况外,主要表现为假冒伪劣产品和信用安全风险。网络销售平台开放、分散,其销售主要依靠信用监督(评价),很难做到产品质量的监管,因此,不少假冒伪劣产品的制造者利用网络渠道售假,坑害消费者,如焦点访谈就曾经报道过深圳宝安某村全村制售假冒宝洁洗发水的事件,规模惊人。此外,网络平台也会有一些钓鱼网站,行骗取消费者钱财之事,如每年高考后都有假冒高校招生骗财之事发生。

4. 电子渠道的建设

一般来讲,基于网络的电子渠道主要有两种类型或模式:B2B(企业对企业)和 B2C(企业对消费者),这两种类型(模式)都具有各自的特点。

B2B 模式具有购物批量大、购货频率低、客户数量少、客户关系比较稳定、购买方比较集中等特点,因此,其网络渠道建设的关键是设计好便利的订货系统,以方便购买企业进行选择和下订单。这种模式的基础是供货企业与企业客户之间容易建立了解和信任,资金流和信息流的流动比较顺畅,一般是通过网络进行信用支付,结算也比较简单可靠。另一方面,由于该模式订货批量大次数少,也便于专业的物流配送。

B2C 模式则具有购物批量小、购货频率高、客户数量大、客户关系不稳定、购买方非常分散等特点,因此,其网络渠道建设的关键是建立便利高效的订货渠道、结算方式和物流支持系统,这也是网上购物渠道必须要突破的瓶颈。现阶段的 B2C 主要有两种操作方式:一是制造商建立网店系统直接面对消费者销售其产品,实行网络直销,我国不少知名企业都采用这种模式,都有自己的网络旗舰店,如海尔、联想、格力、李宁、骆驼等;二是制造商通过专业的电商代理销售其产品,实行网络连锁经营,如阿里巴巴淘宝网、唯品会、苏宁易购、京东商城等,就是这样的中间分销平台。

根据以上电子营销渠道的特点,网络渠道建设必须要做好以下几方面的工作:

(1)网络渠道设计必须考虑克服顾客的心理障碍。网络是虚拟世界,消费者又不能触及目标商品,因此,上网购物往往缺乏安全感,怕买到不合心意的产品,更怕上当受骗,有鉴于此,网络渠道设计要采用顾客容易接受的方式,尽量消除顾客的顾虑,吸引其大胆上网购物,如现在不少网购平台采用货到付款、信用支付(第三方担保)等方式,推行一定时期内无条件免费退货退款等举措,大大增强了消费者的网购信心。

(2)网络渠道设计必须充分考虑顾客购物的便利性。比如设计订货系统尽量简单明了,让客户易于操作,并且不要让客户填写太多的信息;商品的网上陈列尽量分类清晰、明确,让客户能够轻易地找到自己想要购买的商品;提供详细的商品信息,以便部分客户做深入的研究和对比的选择。很多网购平台常用的"购物车"模式就充分满足了顾客便利自选的需求,如亚马逊的设计就比较人性化,会及时告知订单信息及进展并提示查收;即使下了订单,在未告知已发货之前还可以撤销和修改订单;发货之后还会追踪了解顾客购物体验。

(3)网络渠道设计必须充分考虑顾客支付的安全性。网商应该根据各地区经济发展的水平和环境条件,尽量设计多种购物结算方式供顾客选择,如现金支付、网银信用支付、POS机刷卡等。更为重要的是,要充分考虑到网购的金融风险,保障顾客支付的安全性,尽量采用信用支付、第三方担保等较为安全的间接支付方式。

(4)网络渠道设计必须考虑建立高效的物流配送体系。物流配送的速度、质量、水平是考验网商运营水平的重要指标,也是影响顾客满意度的一个重要方面。因为网购具有价值实现的滞后性,购物者都会有焦急等待的心理,只有拿到所购货物心理才会踏实,因此,高效的物流配送系统是现代网商成功经营的保障。同时,高效的物流配送还能够降低经营成本,提高企业效益。也正因为网购对物流配送水平的要求,提示企业在设计电子渠道时考虑自身产品的特点,看看是否便于运输和配送,是否适合采用网络销售。如珠宝、机器设备、生鲜食品、家具、商品房等就不太适合网络销售,渠道设计者必须保持理性。

此外,由于电子营销渠道存在虚拟性、时空性、科技密集性等特性,电子渠道除了与传统渠道一样需要控制各个组织成员的渠道权力分配外,还应重点加强基于互联网的订货系统、物流配送系统和网络支付系统的管理,这对于企业渠道管理工作是一种新的挑战。

四、移动互联网渠道的发展

当今互联网时代,越来越多的消费者通过自己的智能手机、平板电脑、可穿戴设备等移动终端进行在线购买、支付和消费。据工信部统计,至2018年底,我国移动互联网用户已超12亿,户均移动互联网接入流量超1.3G,规模和消费力相当庞大。而且,因为智能手机等移动终端携带方便,目前功能已经非常强大,成为互联网环境下消费者喜爱的、离不开的交往与交易平台,特别是现代年轻人,已经习惯于使用移动互联网交往、购物消费与工作。智能手机已经成为他们的"爱人",他们可以利用碎片化的时间随时购物,既方便快捷又安全可靠,为此,移动客户端购物交易量近年来急剧上升,移动互联网渠道呈现蓬勃发展之势。

案例分享

象山枇杷:网络直销露头角

象山作为中国枇杷六大产区之一,枇杷的栽培面积达2.23万亩,与柑橘产业一起成为本地的优势产业。2017年整体气候适宜,象山枇杷获得了大丰收,总产量达8500吨,创下了历史新高。

大丰收欣喜之余，为了应对可能出现的销售压力，象山县政府早早就采取了措施保障产销平稳。县政府策划开展了“2017 象山网络枇杷直销节”，确立了通过网络特别是移动互联网终端直销象山枇杷的营销战略。通过五大活动篇章，从品牌传播、活动影响力、促进枇杷销售等方面，多管齐下，线上线下联动发力，在打通网络销售渠道的同时，带动了线下销售市场，为象山枇杷的销售打开了新的世界。

此次象山网络枇杷直销节活动刚开始的一个小时，各平台浏览量就达到五万人次，象山枇杷成为当季移动互联网农产品的网红，产销两旺。主打的象山白枇杷以其皮薄、肉厚、汁甜、新鲜等特点获得了消费者的青睐，在网上也得到了“象山白仙子”的美誉，成了象山农产品的一张名片。

（资料来源：《京华时报》，2017 年 5 月 31 日。）

1. 移动互联网渠道的界定

随着智能手机等移动通信设备的出现，互联网渠道发展到移动互联时代。互联网渠道是以固定终端计算机为依托的网络系统和交易平台，顾名思义，移动互联网渠道依托的是移动客户端设备。互联网渠道和移动互联网渠道共同构成了网络营销渠道。

所谓移动互联网渠道是指应用移动互联网设备提供可利用的产品和服务，以便使用计算机或其他能够使用的技术手段，通过移动终端完成交易活动。移动互联网渠道的媒介多为各种移动终端 App。移动终端 App(Application)就是移动应用服务网址、平台，是各个机构针对智能手机等移动终端设备连接到互联网的业务或者无线网卡业务而开发的应用程序。

2. 移动互联网渠道的特点

移动终端互联网是固定终端互联网因为信息技术升级的产物。根据尹元元、朱艳春等学者的研究，移动互联网渠道不仅具有一般电子渠道的特征，它还具有如下几方面特点：

(1)用户主动性

在获取信息的方式上，移动终端用户比固定终端用户更具主动性。固定终端用户信息的获取主要通过浏览的方式，较大的屏幕能够容纳更多的内容，便于浏览；移动终端用户获取信息主要通过搜索的方式，根据自身需要获取特定的信息。因此，移动终端用户更倾向于主动搜寻交易信息以满足自身及时需求，自主搜寻意识更强。而且，移动终端用户自我表达意识更强，用户逐渐掌握话语权，不再只是被动地接受企业推送的单方信息，而是主动与企业进行平等的对话，互动交流并做出快速反应与消费决策。

(2)时空无限性

移动终端体积小，方便携带的优点，以及覆盖范围日益广泛的 Wi-Fi 网络环境及 4G、5G 技术业务的普及，使得人们运用移动互联网消费变得随意、快捷、安全、有效，人们上网消费的环境不再局限于家中、网吧、办公室等固定场所，而是随时随地享受网络消费带来的方便快捷。而且，交易双方能够随时通过移动应用了解产品、服务和需求信息，可以随时随地在移动应用上下单、支付并完成交易，及时获得反馈信息和做出反应，不受时间和空间的限制。

(3)高互动性

移动互联网渠道具有高互动性。一方面，客户通过隐私性更强的移动终端与卖方实现更紧密的互动。企业可以与个别客户交流，为其设计个性化的产品和服务，客户也可以在移动客户端随时分享使用心得、商品评价、促销信息，从而增强客户与客户间、客户与企业间的互动。另一方面，移动终端 App 也可以增加一些趣味性、有吸引力、高互动性的活动、游戏、促销、广告等内容来与客户实现有效交流互动，如摇一摇、微信上墙等活动。

(4)社交化

社交化是移动互联网渠道的基本属性和重要特征。移动互联网渠道成员可以穿梭在各种论坛、贴吧、社交网站(天涯论坛、人人网、QQ 空间等)、微信、微博等社交平台，根据偏好安装社交、网购、视频、金融、旅游、音乐等各类应用，通过社交圈分享消费经验，发布交易及反馈信息，使虚拟社交圈拓展成为网络营销渠道，并使渠道成员间的社交功能逐步加强。移动互联网渠道店铺成员可以通过微店连接客户粉丝，与客户进行一对一互动、交流感情，培育信任感与顾客忠诚，同时可以一对一推介商品，实施精准营销，使客户获得满意的购物体验并在朋友圈分享。

(5)碎片化时间使用

很多移动终端 App 用户已经养成了在每天上班途中、中午休息、出差及晚上睡觉前等碎片化时间拿出手机查看资讯、上网购物或者玩游戏、听音乐的习惯，在休闲中工作，在休闲间消费。同时，移动终端 App 产品一般都具有机器学习能力，移动终端 App 用户都可以在不花费太多时间和精力的情况下学会使用，并且乐于尝试使用。

(6)用户黏性

移动终端 App 具有很强的实用价值，在使用过程中表现出极强的黏性。一旦客户将移动终端 App 下载到智能手机等移动设备上，并学会了使用，就会经常自觉不自觉地探索和使用，逐渐形成一种生活习惯，不离不弃。而且，探索性安装各种移动终端 App 可以有效打发受众的碎片化时间并且获得探索、创新的乐趣，并且逐渐增强客户黏性。

3. 移动互联网渠道的优势

移动互联网渠道除了具有一般电子渠道的优势，它还具有如下优势：

(1)移动互联网渠道的时空无限性带来的交易便捷性

移动终端 App 不仅可以满足顾客跨越时空的购物需求，还可以满足客户随时随地查找产品信息、查询新产品资料、企业优惠活动、订单运行状态等需求。因其方便快捷广受顾客青睐，移动终端 App 用户会迅速扩展。如果不小心成了网红，其粉丝量会呈几何级数增长。

(2)移动互联网渠道的高互动性带来的高推广效率

移动终端用户在有意无意间分享的消费体验信息和推送的交易链接，会有效提高渠道推广的效率。企业可以结合某些移动终端 App 对目标消费群进行精准营销，对锁定区域内的潜在消费者进行精准的产品或促销信息推送，以提高渠道推广效率。如微信内嵌的 LBS(Location Based Service)功能，通过摇一摇、查看附近的人等功能，锁定目标人群。QQ、支付宝也曾经通过抢红包、发红包等互动活动集聚了庞大的顾客群，并且有效黏住了顾客。

(3)移动互联网渠道自发形成的市场壁垒

由于移动互联网渠道的高用户黏性,移动终端App的功能强大,其往往附带特定的信息搜索路径、固定的支付系统和个性化的社交功能,用户改为使用其他移动终端App所需花费的流量成本、时间成本和精力成本较高,因此一般不易轻易转换移动终端App。移动终端App往往提供顾客期望的独特产品和服务,有效展示其个性和独特性使其不可替代,与顾客建立持久的联系和感情交流,有效提高了转换成本,从而提高顾客的忠诚度,形成市场壁垒。比如,用惯了360杀毒软件,再有人推荐使用其他如毒霸等杀毒软件,顾客就会不乐意和不适用。

4. 移动互联网渠道可能的局限

移动互联网渠道除了具有一般电子渠道的缺点,它还可能有一些特别的局限:

譬如,运营成本相对固定终端互联网渠道较高;相对于固定终端互联网渠道上的浏览器任意固定的普适性,移动互联网渠道上的移动终端App具有特殊性。移动终端App往往具有排他性,需分别使用相应的不同的系统才能有效运行。譬如现在很多视频网站,其播放器都是相互隔离、互不兼容的。当初苹果智能手机面世的时候,也因要安装其独特的驱动系统而被客户诟病和放弃。目前移动终端App运作系统包括Android系统(谷歌公司)、IOS系统(苹果公司)、Blackbery系统(黑莓公司)、Windows系统(微软公司)、Symbian系统(前诺基亚公司)、Bada系统(三星公司)等。而当App要为多个系统研发时成本就相对较高了。况且,移动终端App在使用之前必须下载安装,这样就增加了移动互联网客户的使用成本,包括货币成本、时间和精力成本,有的人受技术因素限制或者怕麻烦就不愿意安装使用了。

案例分享

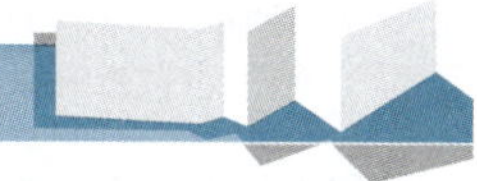

基于社交平台的微商

1. 什么是微商?

微商脱胎于微信朋友圈的个人代购,因发源于微信,发展于微信,所以称为微商。我们将企业或个人通过微信、微博等移动互联网社交平台进行推销、分销的商业活动都统称为微商。微商往往需要卖方囤货,是基于移动互联网进行推广和交易。随着传统电商流量红利渐失,移动与社交相结合微商市场逐渐发展成为各电商企业及品牌企业竞相布局的现代特殊销售渠道。据艾瑞咨询公司估计,微商法规出台、传统电商及品牌入局之后,预计2019年我国微商经营规模将达1万亿元。

2. 微商经营模式

按照渠道主题的性质不同,微商可分为品牌微商、平台微商和个人微商等。

品牌微商可根据品牌成熟情况分为两种:一种是新创品牌,成立分销团队,层层代理,最终通过微信等社交平台进行营销并实现销售;另一种是固有品牌,通过微商渠道发展起来,获得知名度与影响力。

平台微商是指企业成立一个专门的平台,连接上游厂家、品牌商和下游小微商户、个人,下游参与者通过平台可以实现手机开店,通过社交分享实现对上游产品的分销。

个人微商是指个人基于朋友圈推广、销售产品的渠道模式。

3.个人微商

以微店为例的个人卖家的操作流程如下：

(1)下载平台软件。使用手机下载微店或者拍拍微店等微商类软件。

(2)注册个人微店。下载平台软件后，打开微店，点击注册，在页面输入手机号，绑定手机号码，通过手机验证码设置微店密码。

(3)产品销售。注册成功后，通过从手机相册或者照相选取图片设置店铺图片，在输入店铺介绍，创建店徽等。然后，上传商品图片，输入商品描述、价格、数量、优惠等相关信息，创建店铺售卖的产品系列。

(4)营销推广。在微店界面通过一键分享，选择微信、朋友圈、QQ、QQ空间、新浪微博、易信、易信朋友圈、Facebook、Twitter、Pinterest社交媒介平台直接分享整个店铺或某一具体产品，朋友或者陌生人在社交平台上就可以通过链接直接在微店或者产品销售页面进行选择和交易。

(5)代理分销。如果店铺没有自由商品，可选择分销功能，选择准备售卖的商品或店铺信息进行推广。买方通过店铺的中转链接交易成功，系统会直接从卖方处结算并提成。

4.基于社交的微商优势

(1)实现了分散的线上线下流量的完全聚合。微商是以社交为基础的，微信、微博等社交平台不仅是一个客户汇集的平台，消费者信息在平台上主动展现，可以更精准地找到用户群，并在公众号上与客户建立无障碍的直接接触，实现个性推荐与精准营销。

(2)沟通成本低。基于社交的微商用户具有详尽的偏好，且微信、QQ等社交平台为用户和微商的沟通提供了极为便利的实时沟通途径，故而基于社交的微商沟通成本相对较低。

5.基于社交的微商劣势

(1)渠道成员的监管比较困难。目前微商分销方式过于分散，不易控制，特别是个人微商领域缺乏有效的监管机制。他们既不受企业的全面监管，也不受第三方移动交易平台的有效监督。

(2)价格问题。微商销售方式的参与者众多，采取代购及个人微店等经营方式的微商可以自由定价，定价随意，可能乱价，不利于价格管理。

(资料来源：尹元元、朱艳春主编，渠道管理(第二版)，人民邮电出版社，2017)

专　题

中国经销商群体的转型

一、中国经销商群体转型的原因及趋势

经销商是中国当代社会一个特殊的商业群体。早在20世纪90年代，随着改革开放的深入和市场经济的发展，批发市场如雨后春笋般壮大起来，成千上万的经销商随之涌现，各式各样的产品和品牌通过它们销往全国各地，渗透到市场的各个角落，制造商、零售商都要围绕它们来运作。

然而，随着市场经济的深入发展，中国流通商业的渠道格局发生了根本性的变革，传统的批发市场日渐衰落，而以大卖场、大连锁为代表的新兴渠道迅速兴起，并逐渐取代了经销商成为现代流通商业的主角，经销商的地位和处境也跟着发生了变化。一方面，大型零售终端的迅猛扩张严重挤压了经销商的生存空间，降低了经销商的流通利润，同时提高了经销商的渠道费用。零售商甚至撇开了经销商，直接找厂家供货。另一方面，制造商也在进行渠道管理创新，力图控制经销商以掌控渠道，甚至绕过经销商，与零售商建立直接的供货关系。因此，经销商承受着来自制造商和零售商的双重压力，昔日风光不再，生存前景堪忧！

1. 中国经销商群体的SWOT分析

中国经销商群体的SWOT分析见表9-1。

表9-1　中国经销商群体的SWOT分析

类别	因素
优势 (Strength)	1. 成本运营优势。 2. 深度分销优势。 3. 流转速度和资金优势。 4. 简单易操作优势。 5. 本地化网络资源优势。 6. 人员、仓储、物流优势。 7. 行业经验及商业信用优势。 8. 人脉关系资源优势
劣势 (Weakness)	1. 整体实力的劣势。 2. 品种和规模有限的劣势。 3. 不拥有品牌和强势终端的劣势。 4. 追逐利润和不关注品牌发展的劣势。 5. 人员素质和管理水平的劣势
机会 (Opportunity)	1. 深度分销。代理二、三线品牌销售；开拓、服务二、三线市场和区域细分市场。 2. 物流配送。为一线品牌提供配送服务；为各级终端市场和细分市场提供售后服务
威胁 (Threat)	1. 厂家追求直营，直供终端，自建网络。 2. 终端追求直供，撇开经销商，自营采购。 3. 厂家实力增强，管理水平提高，力争控制渠道。 4. 终端规模扩张，经营日趋现代化，提出匹配要求

2. 中国经销商群体的生存空间分析

中国市场地域辽阔，地区经济发展极不平衡，各行业特点又不一样，各地区风土人情差异很大，因此，厂家自营渠道在中国目前是行不通的，必须重视经销商的力量，发挥其本地化的分销优势，进行深度分销，这是厂家的必然选择。据统计，目前以卖场、连锁为代表的新兴渠道尽管在中心城市势头强劲，但从全国的总体销量来看，其平均份额不足30%，就北京、上海、广州而言，其份额也不超过50%，也就是说，以经销、批发为代表的传统渠道仍然是中国流通商业的主流渠道，经销商的分销功能不可或缺。虽然近年来网络渠道异军突起，大有主宰市场之势，但细究起来电子商务实际上是经销商模式在当今互联网环境下的一种创新发展。而且，中国十多年的市场经济发展在各个行业都锤炼出一批有实力，理念和能力超群的经销商，它们最了解中国市场的特性、最了解消费者、具有本地化资源优势，因而它们最专业，同时也是中国市场深度分销的中坚力量。

在中心城市市场，零售终端连锁经营成为现代商业的主体，经销商只能充当辅助和补充的角色。如沃尔玛、家乐福、上海联华、上海华联、北京华联等大型零售企业纷纷直接向厂家进货，部分生产企业为控制市场而自建销售网络。但是还有很多厂家需要经销商代其为大型零售终端提供物流配送服务，对中小零售点和细分市场进行深度分销，实现网络覆盖。中小企业更是需要仰仗经销商的网络和实力开拓市场，进入终端零售。一方面，经销商控制若干二、三线品牌，从而形成一种集群力量，有实力取得和零售商平等的谈判地位，零售商也需要取得掌握若干品牌的经销商的支持，以实现快速和高效采购。另一方面，中小企业和品牌由于势力和品牌影响力有限，不便与大型零售商建立直接的供货关系，无法承担巨额的通路费用，因此，更加需要借助经销商的本地化网络资源优势，人员、仓储、物流优势，行业经验和商业信用优势以及集群谈判和人脉关系优势，以实现销售目标。经销商实际上成了中小企业与终端零售商之间的联系“纽带”，这对于双方来讲都是非常重要的。

此外，在中国广大的地市级市场和农村乡镇市场，经销商的分销功能将越发重要和突出。中国地域辽阔，人口众多，分销层次复杂，下游市场潜力巨大，是未来主要的销售增长点和利润来源，具有广阔的发展前景，但分销成本问题一直困扰诸多生产企业，任何企业都无力完全自营销售。因此，制造商如果要拓展地市级市场和农村乡镇市场，必须借助经销商的力量。一些企业，如宝洁、娃哈哈、格兰仕等，已经深刻认识到这一点，它们将经销商视为自己销售队伍的一种延伸，加以培育和扶持，甚至建立起一种稳定的合作伙伴关系，充分体现了经销商的存在价值。

3. 中国经销商群体的转型趋势

近些年，渠道一方面向扁平化方向发展，导致连锁经营蓬勃兴起，取代经销商成为现代商业的主角，另一方面向纵深方向发展，销售重心日渐下移，致使经销商从原来的商业主角逐渐演变成辅助的角色。然而，新时期的经销商大多转型为“分销物流商”，肩负着深度分销和物流配送的重要功能，仍然是广大中国市场流通商业的主要力量。

在中心城市市场，零售终端扮演主角，但大终端不能代表一切，不能覆盖市场的全部，分散的消费群和区域细分市场，需要经销商、分销商去覆盖，特别是中国广大的农村、乡镇市场，更加需要经销商、分销商去做基层分销工作，去承担深度分销和物流配送的功能。因为中国市场环境过于复杂，任何一个企业都无力将分公司或连锁店建到中国所有的县和乡镇，就算企业将机构建到这一层次，也会无力支撑其巨额的渠道运作费用，无力承担这一庞杂体系的维护和管理工作。此外，随着大型零售终端在全国的不断扩张，这对于厂家的配送能力也是一个严峻的考验。在厂家不能直接送达的城市和地区，还需借助经销商的储运配送力量，对大终端提供及时、准确的配送服务，这是大型零售终端扩张对厂家提出的要求，也是连锁经营业态兴起赋予经销商的历史责任。因此，经销商虽然不再是现代城市商业的主角，但其作用却是不可忽视和不能替代的。

知识链接

中国经销商群体未来的六种赢利模式

1. 深度分销

经销商不再是坐在公司等生意和以销量取胜、薄利多销，而是采取区域化市场精耕细作的策略，建立完善的区域营销网络，提升区域市场控制力以赢得利润空间。

2. 体系化建设

加强公司体系化和规范化建设，对原本粗放式的个体经营模式进行改造、转型，培养专业营销队伍，加强品类管理、物流管理、客户管理，加强对终端的服务，组织管理体系重新构建，以加强对区域市场的管控能力。

3. 专业化细分

经销商如果不能在大品类、大市场、大渠道上形成优势，那么，可以选择自己有能力的细分领域"做精、做细、做专、做强"。

4. 区域市场品牌运营商

区域市场品牌运营商不同于区域经销商，它需要具备区域市场的战略布局、品牌推广、市场开发、市场管理、分销网络建设、售前售后服务等系统运营的职能，以拓展自己的生存空间。

5. 自有品牌经销商

越来越多的经销商不再甘心于长期"为他人作嫁衣"，开始逐步打造自有品牌，或者买断某一子品牌自主经营，以获得渠道主动权。

6. 向上下游发展

经销商从经销代理产品延伸到自有品牌生产或委托加工，以及自办超市卖场、专卖店、会所等实施连锁经营，向一体化方向发展。

（资料来源：尚阳. 营销渠道：设计、管理与创新[M]. 北京：中国物资出版社，2011）

二、重塑中国经销商群体

目前，中国部分经销商存在管理方式落后，管理能力不强，人员素质不高等问题，大多数经销商追逐短期利益，不太关注厂家的品牌发展，不太注重自身品牌建设，往往因为自身观念、质量和技术原因而被市场淘汰。中国经销商群体面临的首要任务是全面提升自身的竞争力。鉴于此，中国经销商群体应该从以下几个方面改善和提升竞争力：

(1)创新经营观念。例如，经销商在产品结构的选择上应该重视品牌、培养品牌、优化品牌，帮助企业在经营上提高档次，以适应更高层次的竞争需要。同时，经销商应该将自身当作品牌来塑造，增强竞争力。再如，经销商应该抛弃追逐短期利益的做法，注重和厂家、零售商建立合作伙伴关系，关注厂家的品牌建设和市场拓展，追求长期利益与合作双赢。

(2)学习营销技术。十几年来，中国营销实践和理论突飞猛进，营销技术日新月异，包括深度分销技术、品类管理技术、渠道维护技术、窜货处理技术、应收账款控制技术、客户关系管理技术等，经销商群体只有不断学习最新的营销技术，不断进行营销和管理创新，才能跟上市场发展的步伐。

(3)完善分销网络。在当今市场竞争中，谁拥有网络，谁就拥有市场，分销网络是经销商的核心竞争力。经销商只有不断开拓、完善自己的分销网络，提高网络质量，才能在渠道对话中获得话语权。

(4)提高服务水平。市场竞争已经从产品竞争、品牌竞争进入到服务竞争时代，企业最终成败的关键很大程度上取决于服务，而服务是经销商群体的核心能力所在。因此，经销商应该力争发挥自己的优势，提高自己的服务质量和水平，以提高市场竞争力。

(5)加强基础管理。管理的落后和不规范是中国经销商群体普遍的“软肋”，因为它们当中的大多数由“个体户”发展而来，一开始就没有建立一个良好的管理平台，因此目前的当务之急应该是进行管理硬件、软件的调整、升级，提高管理的专业化、规范化、信息化水平。

(6)提升员工素质。人是一切管理的中心，也是一切营销活动的载体，人的素质高低直接影响企业的经营观念、营销技术和服务水平，它是决定企业竞争成败的关键因素，而经销商群体目前面临的一大问题就是员工素质低下。由于体制的原因，经销商往往不能吸引到更多高素质的人员加盟，这就需要经销商群体建立一些激励机制，以吸纳更多有识之士，提高中国经销商群体的整体素质和市场竞争力，这才是解决问题的根本所在。

本章小结

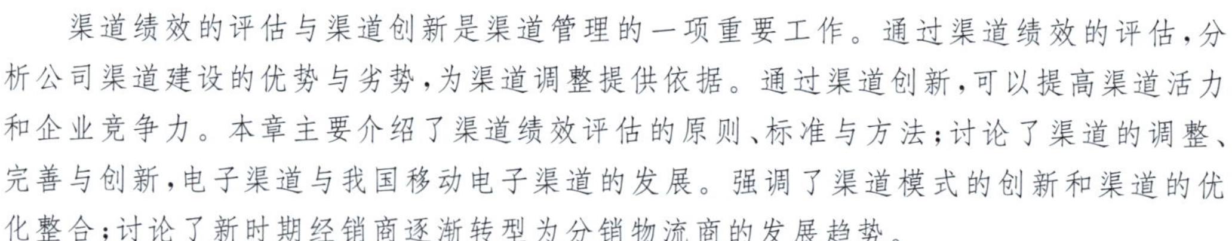

渠道绩效的评估与渠道创新是渠道管理的一项重要工作。通过渠道绩效的评估，分析公司渠道建设的优势与劣势，为渠道调整提供依据。通过渠道创新，可以提高渠道活力和企业竞争力。本章主要介绍了渠道绩效评估的原则、标准与方法；讨论了渠道的调整、完善与创新，电子渠道与我国移动电子渠道的发展。强调了渠道模式的创新和渠道的优化整合；讨论了新时期经销商逐渐转型为分销物流商的发展趋势。

思考与练习

一、名词解释

历史比较评估法　区域内比较评估法　渠道创新　电子渠道

二、选择题

1. 在集成分销阶段，联想将客户分成了两大类，一类是指(　　)，客户主要集中在政教系统、金融、电信等大行业；另一类是其他的个人、家庭、中小企业、中小政教客户。

A. 大客户　B. 老客户　C. 新客户　D. 好客户

2. 在对渠道进行调整前首先要对原有的渠道进行评估，在评估时要遵循有效性原则、经济性原则、可控性原则、(　　)原则。

A. 适应性　　B. 统一性　　C. 差异性　　D. 创新性

3. 新时期的经销商大多转型为“(　　)”,它肩负着深度分销和物流配送的重要功能。

A. 分销物流商　　B. 零售商　　C. 网络营销商　　D. 服务商

4. 就目前情况看,以电脑(互联网)为依托的电子营销渠道出现了两种新的发展趋势:移动的电子营销渠道和(　　)的电子营销渠道。

A. 社交网络　　B. 大数据　　C. 现代物流　　D. 云服务

三、简答题

1. 渠道评估应该遵循哪些基本原则?

2. 应该从哪些方面进行渠道财务贡献评估?

3. 渠道调整完善有哪些主要方向?

4. 渠道改进都有哪些主要策略?

四、论述题

谈谈你对营销渠道创新的认识。

训练设计

1. 选择一个你熟悉的生产企业,试从该企业渠道成员的数量、渠道成员的分布位置、渠道终端的效率和渠道成员的参与度等方面对该企业渠道的综合绩效进行定性的模拟评估。

2. 寻找、选择几个渠道创新的典型案例,在课堂上展开讨论,启发渠道创新思维,并结合我国消费者需求变化和消费品的分销状况,讨论未来十年我国消费品渠道可能的发展趋势。

应用分析

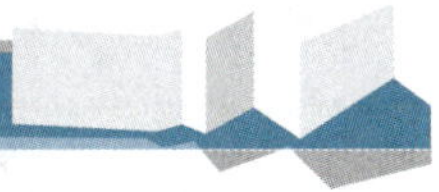

银行业零售化:招行创建咖啡银行

2016 年,招商银行联合韩国第一大咖啡连锁品牌——咖啡陪你(Caffebene)启动创新合作,未来双方将在国内推出咖啡银行。招商银行的咖啡银行,再次探索了银行业零售化经营的可能性,并成为股份制银行另一种形式上的网点扩张。从某种意义上说,咖啡银行也是目前国内大多数银行正在尝试的社区银行的一种,只不过,和一般的基于社区的银行不同,招商银行这次把社区银行开进了咖啡店,把金融服务和具体的商业形态结合了起来。从银行业发展的趋势来看,未来银行的“零售化经营”将成为一种全新的尝试。

1. 何谓银行的“零售化”经营

银行业是国之重器,承担了整个国民经济的资金融通和信贷投放,经过 1999—2000 年不良资产剥离和重组,银行业进入了快速发展的通道,目前已经成为金融资产最大的行业。按理来说,银行业大佬是习惯了用批发思维来做具体业务,在面对长期供不应求的信贷市场时,习惯于项目授信,批量授信,并用标准化的流程和手段来控制风险。

这也造成了目前中国金融体系的一种现象:在利率的长期管制下,公司业务用项目信贷和贸易融资的方式,结合产业发展的进度,用类似 B2B 的业务对接实现了银行信贷规模增长和资产的快速扩大。此外,在金融市场业务上,还可以通过资金、票据业务实现银行和其他金融业态的资金流动。这样一来,资金的主导权逐渐被强势的企业和集团所沉淀,而中小微企业和无信用记录的个人则很难通过这种方式来获得资金。

银行的零售化经营,就是打破这种单纯依靠大宗方式来获取利润的渠道,把银行的渠道和产品营销分散到各个具体的消费业态,也就是零售业态。零售化的特点就是银行成为零售链条的一个环节,而不是超脱于某个行业的,简单的资金供给者的角色。而最好的融入这种零售思路的做法,就是在实体上和某一种业态对接,直接把某个零售业态改造为银行的零售业务,培育银行的零售土壤。

和大额项目业务相比,零售业务给予银行的提升空间在于未来,也就是为以后银行的转型提供一个资源充足的客户基础。这和目前已经开启的利率市场化不无关系,银行的存贷利差必然会在这一轮市场化中缩小,甚至直接威胁部分中小银行的生存能力。而零售化经营可以拓宽银行的收入来源,延伸金融服务链条,把金融服务融入零售业态,通过银行卡、小额信贷、理财产品、电子银行以及附属的支付、结算、营销、整合等方面进行全面的金融服务。

2. 咖啡银行作何定位?

从招商银行网站的描述看,2014 年,招商银行不仅继续与咖啡陪你保持结算、收单领域的合作,还将在咖啡银行网点合作、特惠商户、客户优惠活动、小微金融产品等方面做更深入的探索。其中,双方首度发挥各自渠道优势,将银行“搬进”咖啡店,打造全新的咖啡银行模式。咖啡银行将一改银行的传统服务环境,将咖啡厅休闲、轻松的氛围和咖啡文化带入银行网点,为客户带来不一样的感知和体验。

对于咖啡陪你来说,银行的金融服务等于是一种增值服务,特别是对于有高端理财和增值需求的商务人士来说,具有较大的吸引力;而对于银行来说,融入具体的某个零售业态,可以直接发现零售业态的金融服务需求,并进行细分行业的金融产品设计,成熟之后可以作为一种金融服务特色在该行业推广。银行的金融服务并不需要全部覆盖所有的业务类型,这也是目前中国传统商业银行的软肋,不仅业务雷同,运作模式也大同小异。如果招行能够利用这次和咖啡陪你合作的机会,对整个银行的服务定位来一次改变,在差异化的服务中做出特色,那么银行的零售化特色将会更加明显。

从目前商业银行的转型发展来看,银行如何绕过电商、社交等大流量平台获取自己的客户渠道成为短期内的主要任务。由于银行系电商、信用卡商城以及民生推出的直销银行概念,在用户黏性和使用频率上都无法和传统的电商金融相比,银行的线上服务更多的是后端的资金供给和客服,而在直接的 C 端并不具有核心竞争力。在支付宝钱包、微信支付等移动在线支付概念的冲击下,银行被互联网渠道后台化的危险越来越大,而银行传统的线下渠道是目前可以进行渠道拓展的可行方式。

也正是因为如此,前段时间各大行热衷的社区银行也是力图延伸自己的前沿服务端口,接入生活、商务和便民环节,将银行的金融服务送到直接的 C 端,希望通过这种方式建立自己的客户关系管理渠道和营销渠道,建立银行业产品和服务的直接通道。就目前线下金融服务还不完全饱和的现状来说,建立快速便捷的社区金融服务、商圈金融服务具有一定的优势，也有利于改变银行服务差、效率低的印象。

3. 咖啡银行的另类运营

咖啡银行所承载的任务在于银行服务的延伸和客户入口的获得，并在某种程度上可以进行传统网点的部分产品营销业务。但在管理运营上，这种特殊的银行应该借鉴零售业的思路，而不是用银行的存贷款考核思路来进行管理。在银行的思路中，每一个支行网点都是独立考核单位，一年要拉多少存款，贷款规模的质量要在什么标准，要卖多少理财，开发多少个手机银行等，这种以完全的绩效和利润考核的方式并不适合社区银行、咖啡银行，至少在早期是不适合的。

零售业，包括线上线下的零售，在业务的发展逻辑上是完全不同于银行的。银行是一个运营风险的行业，在业务开展前就必须要衡量资金成本和可获收益，并且通过内部的FTP定价来进行利润考核，如果达不到要求，另可不做，以免造成不良资产背上包袱。而对于零售业来说，客户是最大的利益，为了客户的稳定和渠道的完整，即使是短期的贴钱也在所不惜，零售业的激烈竞争最后都将归结到这么几点：客户、流量、增值服务。其业务流程是根据客户的行为、消费习惯而改变的，零售迎合的是消费者，如果失去了这种能力，客户的转移将成为一种常态。如果咖啡银行要走进零售的商业圈，就必须要接受这种改变，作更多的下沉服务，迎合消费者。

在业务流程和系统设置上，这种嫁接某种具体商业形态的银行服务，应该给予客户更多的体验和选择能力，银行的前、中、后台的顺序应该是前台需求驱动，中后台需求匹配，这将对银行现有的运营模式和能力提出较大的挑战。零售业是一个服务烦琐、产品复杂的行业，而银行的产品基本上都是标准化的，银行需要在后台作更多系统的优化组合，以满足前端各种零售化金融的需求，做好标准化的同时做好个性化服务。而咖啡银行，充满了零售的味道，这种渠道变革的态度是值得肯定的。但是，这种味道能不能成为一种持久的回味，取决于银行是否真正吸收零售业的做法，来进行金融服务的流程再造。

（资料来源：中国营销传播官网）

【问题讨论】

1. 什么是招商银行的咖啡银行？

2. 怎样评价招商银行咖啡银行的渠道创新意义？

参考文献

[1] 胡介埙.分销渠道管理(第 4 版)[M].大连:东北财经大学出版社,2018
[2] 庄贵军.营销渠道管理(第三版)[M].北京:北京大学出版社,2018
[3] 王国才.营销渠道管理[M].北京:对外经济贸易大学出版社,2018
[4] 尹元元,等.渠道管理(第二版)[M].北京:人民邮电出版社,2017
[5] 秦勇,李东进.营销渠道管理[M].北京:中国发展出版社,2015
[6] 吕玉林,等.营销渠道决策与管理[M].北京:中国人民大学出版社,2015
[7] 张广玲.分销渠道管理[M].武汉:华中科技大学出版社,2014
[8] 胡春.市场营销渠道管理(第 2 版)[M].北京:清华大学出版社、北京交通大学出版社,2012
[9] 施娟.营销渠道管理[M].上海:上海财经大学出版社,2014
[10] 谭长春.快消品营销与渠道管理[M].北京:电子工业出版社,2013
[11] 常永胜.营销渠道:理论与实务(第 2 版)[M].北京:电子工业出版社,2013
[12] 陈涛.营销渠道管理[M].北京:机械工业出版社,2014
[13] 郭国庆.市场营销学通论(第 7 版)[M].北京:中国人民大学出版社,2017
[14] 赵晓飞.中国农产品营销渠道联盟问题研究[M].北京:中国社会科学出版社,2015
[15] 张闯.营销渠道管理(第 2 版)[M].大连:东北财经大学出版社,2015
[16] 杰拉尔德·L.曼宁,巴里·L.里斯.现代销售学:创造顾客价值(原书第 11 版).欧阳小珍等译.北京:机械工业出版社,2011
[17] 罗伯特·F.德怀尔,等.工业品营销(第 4 版)[M].吴长顺等译.北京:清华大学出版社,2011
[18] 朱迪·施特劳斯,等.网络营销(第 5 版)[M].石启亮等译.北京:中国人民大学出版社,2011
[19] 安妮·T·科兰,等.营销渠道(第 8 版)[M].北京:中国人民大学出版社,2013
[20] 伯特·罗森布罗姆.营销渠道——管理的视野(第 8 版)[M].宋华译,北京:中国人民大学出版社,2014
[21] 菲利普·科特勒,等.营销管理(第 15 版)[M].北京:中国人民大学出版社,2016